Introduzione al diritto internazionale privato

In copertina:

Donald Pols, direttore di Milieudefensie, e l'avvocata Channa Samkalden parlano alla stampa, il 29 gennaio 2021, dopo la sentenza con cui il Tribunale dell'Aja ha accertato la responsabilità di alcune società del Gruppo Shell per i danni provocati dallo sversamento di idrocarburi nei villaggi di Oruma e Goi, in Nigeria.

IUSTITIAM COLIMUS

Pietro Franzina

Introduzione al diritto internazionale privato

Giappichelli

VIA PO, 21 - TEL. 011-81.53.111 - FAX 011-81.25.100

http://www.giappichelli.it

ISBN/EAN 978-88-921-4223-7

L'opera è stata realizzata nell'ambito del Progetto europeo EJNita - Building bridges, 831373 - JUST-AG-2018/JUST-JCOO-EJN-AG-2018, cofinanziato dalla Commissione europea con i fondi del Programma Horizon 2020 - Justice Programme Just/2018/Action grants.

G. Giappichelli Editore

Questo libro è stato stampato su carta certificata, riciclabile al 100%

Stampa: Stampatre s.r.l. - Torino

Indice

pag.

Capitolo II

Le fonti e il loro coordinamento

Parte seconda

La giurisdizione

Capitolo I

Il problema della giurisdizione

Capitolo II

La disciplina della giurisdizione secondo il regolamento Bruxelles I *bis*

Capitolo III

La disciplina della giurisdizione secondo le norme generali di diritto comune

pag.

Parte terza

La legge applicabile

Capitolo I

Il problema della legge applicabile

Capitolo II

La legge applicabile ai contratti secondo il regolamento Roma I

pag.

Capitolo III

La legge applicabile alle obbligazioni extracontrattuali secondo il regolamento Roma II

Parte quarta

L'efficacia delle decisioni straniere

Capitolo I

Il problema della efficacia delle decisioni straniere

pag.

Capitolo II

L'efficacia delle decisioni secondo il regolamento Bruxelles I *bis*

Capitolo III

I procedimenti europei volti a favorire la circolazione dei titoli esecutivi

Capitolo IV

L'efficacia delle decisioni secondo le norme generali di diritto comune

Premessa

Di cosa tratta questo libro e come è strutturato

Questo libro tratta delle questioni di cui si occupa il diritto internazionale privato e illustra alcune delle norme che rispondono a tali questioni in Italia.

Si articola in cinque parti. La prima parte traccia le coordinate della disciplina, delineandone l'oggetto e le fonti. Le parti successive sono dedicate, ciascuna, ai grandi problemi della materia: il problema della giurisdizione, quello della legge applicabile, quello della efficacia delle decisioni straniere e quello della cooperazione fra autorità di Stati diversi. La trattazione di ogni problema si articola in due momenti: dapprima la discussione degli aspetti generali, quindi l'analisi di una ristretta selezione di norme, come le norme del regolamento (UE) n. 1215/2012 sulla competenza giurisdizionale e l'efficacia delle decisioni in materia civile e commerciale (Bruxelles I *bis*), quelle del regolamento (CE) n. 593/2008 sulla legge applicabile alle obbligazioni contrattuali (Roma I) e quelle del regolamento (CE) n. 864/2007 sulla legge applicabile alle obbligazioni extracontrattuali (Roma II).

Concepito come strumento per la didattica universitaria e come ausilio per la formazione e l'aggiornamento dei professionisti, il libro è privo di richiami dottrinali. Alcune indicazioni bibliografiche, quasi sempre limitate alla letteratura apparsa negli ultimi vent'anni, sono proposte in calce ad ogni capitolo, e – per i manuali e altre opere generali – alla fine del volume.

Un'appendice passa in rassegna le principali risorse utili al reperimento dei testi normativi, della giurisprudenza e della dottrina.

Nel sito *web* dell'editore, tramite la piattaforma «lamiaLibreria», il lettore troverà degli esercizi (alcuni dei quali svolti) utili a consolidare, e in qualche caso espandere, la conoscenza dei temi affrontati nel libro.

L'autore tiene ad esprimere un grazie sentito a Caterina Benini, Ester di Napoli, Giulio Monga e Marco Pasqua per i preziosi spunti forniti, e alla casa editrice Giappichelli per l'eccellente supporto prestato nelle varie fasi del lavoro.

Strumenti normativi citati nel testo solo in forma breve

Regolamenti

Regolamento (CE) n. 44/2001 del Consiglio, del 22 dicembre 2000, concernente la competenza giurisdizionale, il riconoscimento e l'esecuzione delle decisioni in materia civile e commerciale [Bruxelles I], in *G.U.C.E.*, L 12 del 16 gennaio 2001, p. 1 ss.

Regolamento (CE) n. 2201/2003 del Consiglio, del 27 novembre 2003, relativo alla competenza, al riconoscimento e all'esecuzione delle decisioni in materia matrimoniale e in materia di responsabilità genitoriale, che abroga il regolamento (CE) n. 1347/2000 [Bruxelles II *bis*], in *G.U.C.E.*, L 338 del 23 dicembre 2003, p. 1 ss.

Regolamento (CE) n. 1896/2006 del Parlamento europeo e del Consiglio, del 12 dicembre 2006, che istituisce un procedimento europeo d'ingiunzione di pagamento, in *G.U.C.E.*, L 399 del 30 dicembre 2006, p. 1 ss.

Regolamento (CE) n. 864/2007 del Parlamento europeo e del Consiglio, dell'11 luglio 2007, sulla legge applicabile alle obbligazioni extracontrattuali (Roma II), in *G.U.C.E.*, L 199 del 31 luglio 2007, p. 40 ss.

Regolamento (CE) n. 1393/2007 del Parlamento europeo e del Consiglio, del 13 novembre 2007, relativo alla notificazione e alla comunicazione negli Stati membri degli atti giudiziari ed extragiudiziali in materia civile o commerciale (notificazione o comunicazione degli atti) e che abroga il regolamento (CE) n. 1348/2000 del Consiglio, in *G.U.C.E.*, L 324 del 10 dicembre 2007, p. 79 ss.

Regolamento (CE) n. 593/2008 del Parlamento europeo e del Consiglio, del 17 giugno 2008, sulla legge applicabile alle obbligazioni contrattuali (Roma I), in *G.U.C.E.*, L 177 del 4 luglio 2008, p. 6 ss.

Regolamento (CE) n. 4/2009 del Consiglio, del 18 dicembre 2008, relativo alla competenza, alla legge applicabile, al riconoscimento e all'esecuzione delle decisioni e alla cooperazione in materia di obbligazioni alimentari, in *G.U.C.E.*, L 7 del 10 gennaio 2009, p. 1 ss.

Regolamento (UE) n. 1259/2010 del Consiglio, del 20 dicembre 2010, relativo all'attuazione di una cooperazione rafforzata nel settore della legge applicabile al divorzio e alla separazione personale [Roma III], in *G.U.U.E.*, L 343 del 29 dicembre 2010, p. 10 ss.

Regolamento (UE) n. 650/2012 del Parlamento europeo e del Consiglio, del 4 luglio 2012, relativo alla competenza, alla legge applicabile, al riconoscimento e all'esecuzione delle decisioni e all'accettazione e all'esecuzione degli atti pubblici in materia di successioni e alla creazione di un certificato successorio europeo, in *G.U.U.E.*, L 201 del 27 luglio 2012, p. 107 ss.

Regolamento (UE) n. 1215/2012 del Parlamento europeo e del Consiglio, del 12 dicembre 2012, concernente la competenza giurisdizionale, il riconoscimento e l'esecuzione delle decisioni in materia civile e commerciale (rifusione) [Bruxelles I *bis*], in *G.U.U.E.*, L 351 del 20 dicembre 2012, p. 1 ss.

Regolamento (UE) n. 655/2014 del Parlamento europeo e del Consiglio, del 15 maggio 2014, che istituisce una procedura per l'ordinanza europea di sequestro conservativo su conti bancari al fine di facilitare il recupero transfrontaliero dei crediti in materia civile e commerciale, in *G.U.U.E.*, L 189 del 27 giugno 2014, p. 59 ss.

Regolamento (UE) 2015/848 del Parlamento europeo e del Consiglio del 20 maggio 2015 relativo alle procedure di insolvenza (rifusione), in *G.U.U.E.*, L 141 del 5 giugno 2015, p. 19 ss.

Regolamento (UE) 2016/1103 del Consiglio, del 24 giugno 2016, che attua la cooperazione rafforzata nel settore della competenza, della legge applicabile, del riconoscimento e dell'esecuzione delle decisioni in materia di regimi patrimoniali tra coniugi, in *G.U.U.E.*, L 183 dell'8 luglio 2016, p. 1 ss.

Regolamento (UE) 2016/1104 del Consiglio, del 24 giugno 2016, che attua la cooperazione rafforzata nel settore della competenza, della legge applicabile, del riconoscimento e dell'esecuzione delle decisioni in materia di effetti patrimoniali delle unioni registrate, in *G.U.U.E.*, L 183 dell'8 luglio 2016, p. 30 ss.

Regolamento (UE) 2019/1111 del Consiglio, del 25 giugno 2019, relativo alla competenza, al riconoscimento e all'esecuzione delle decisioni in materia matrimoniale e in materia di responsabilità genitoriale, e alla sottrazione internazionale di minori, in *G.U.U.E.*, L 178 del 2 luglio 2019, p. 1 ss.

Regolamento (UE) 2020/1783 del Parlamento europeo e del Consiglio, del 25 novembre 2020, relativo alla cooperazione fra le autorità giudiziarie degli Stati membri nell'assunzione delle prove in materia civile o commerciale (assunzione delle prove) (rifusione), in *G.U.U.E.*, L 405 del 2 dicembre 2020, p. 1 ss.

Regolamento (UE) 2020/1784 del Parlamento europeo e del Consiglio, del 25 novembre 2020, relativo alla notificazione e alla comunicazione negli Stati membri degli atti giudiziari ed extragiudiziali in materia civile o commerciale («notificazione o comunicazione degli atti») (rifusione), in *G.U.U.E.*, L 405 del 2 dicembre 2020, p. 40 ss.

Direttive

Direttiva 2003/8/CE del Consiglio, del 27 gennaio 2003, intesa a migliorare l'accesso alla giustizia nelle controversie transfrontaliere attraverso la definizione di norme minime comuni relative al patrocinio a spese dello Stato in tali controversie, in *G.U.C.E.*, L 26 del 31 gennaio 2003, p. 41 ss.

Direttiva 2008/52/CE del Parlamento europeo e del Consiglio, del 21 maggio 2008, relativa a determinati aspetti della mediazione in materia civile e commerciale, in *G.U.C.E.*, L 136 del 24 maggio 2008, p. 3 ss.

Decisioni

Decisione 2001/470/CE del Consiglio, del 28 maggio 2001, relativa all'istituzione di una rete giudiziaria europea in materia civile e commerciale, in *G.U.C.E.*, L 174 del 27 giugno 2001, p. 25 ss.

Parte prima

Le coordinate della disciplina

Capitolo I

Oggetto e caratteri del diritto internazionale privato

Sommario: 1. Il diritto internazionale privato come diritto relazionale: (a) L'ordinamento giuridico e il suo altro; (b) L'esclusivo riferimento ai sistemi giuridici statali ...; (c) ... e alle fattispecie di natura privatistica. – 2. I problemi di cui si occupa il diritto internazionale privato. – 3. Il campo d'azione del diritto internazionale privato. – 4. Il diritto internazionale privato quale componente del diritto del foro. – 5. Il diritto internazionale privato, regolatore di fenomeni internazionali: (a) Il governo dei fenomeni di mobilità; (b) Il caso emblematico della *corporate human rights litigation*. – 6. Il diritto internazionale privato quale oggetto di sapere giuridico. – 7. Il diritto internazionale privato nella esperienza pratica del giurista.

1. Il diritto internazionale privato come diritto relazionale

Esistono nel mondo molti sistemi giuridici differenti. Le norme italiane sono diverse da quelle tedesche, che a loro volta differiscono da quelle cinesi come da quelle sudafricane. Diversi, del resto, sono gli apparati preposti al funzionamento dei vari sistemi: le autorità che amministrano la giustizia in Italia e le regole che ne disciplinano l'attività sono diverse da quelle che assolvono lo stesso compito in Danimarca e negli Emirati Arabi Uniti.

La diversità delle esperienze giuridiche sollecita in vario modo l'interesse del giurista. I cultori della comparazione si servono del confronto fra i vari sistemi per comprendere le strutture e i caratteri di ciascuno, o per ricavare delle indicazioni utili al rinnovo delle norme interne o alla elaborazione di regole internazionalmente uniformi. Chi si occupa di diritto internazionale privato tratta invece del modo in cui i diversi sistemi entrano in rapporto fra loro, cioè dell'atteggiamento che gli uni riservano alle espressioni degli altri.

(a) L'ordinamento giuridico e il suo altro

I sistemi giuridici non ignorano quanto avviene al di fuori del proprio orizzonte. Se è vero che ogni Stato ha il suo sistema, forgiato pensando ai bisogni della comunità su cui tale Stato esercita il potere di governo, è anche vero che la vita di ogni comunità è fatta di relazioni personali, familiari, economiche, sociali e culturali che ne trascendono i confini. Le persone si spostano da un luogo all'altro, da sempre: per lavoro, per amore, per mettere a frutto un talento, per sfuggire alla fame o alla violenza. Circolano ovviamente le merci e i capitali. E ancor più circolano le idee, l'arte, la cultura, le informazioni. Nessuno spazio è stagno. Nessun ambiente in cui si svolge la vita degli individui o l'attività delle imprese può essere realisticamente concepito, e tanto meno efficacemente governato, facendo astrazione degli altri ambienti. Allo stesso modo, nessun sistema giuridico può ignorare l'esistenza degli altri sistemi e la traccia lasciata sul reale dalle relative regole e dall'opera delle rispettive autorità.

Il diritto internazionale privato, in definitiva, si occupa delle relazioni che un sistema giuridico instaura con la realtà ad esso estranea, cioè con le norme prodotte dalle fonti degli altri sistemi e col lavoro delle relative autorità.

Le regole che compongono il diritto internazionale privato assolvono, in questo senso, una funzione che può dirsi relazionale. Non creano né definiscono il contenuto di posizioni giuridiche soggettive, come fanno invece le norme sostanziali. E non istituiscono né delineano procedimenti, come accade con le norme processuali. Le norme di diritto internazionale privato, per usare un'immagine, sono le «porte» del sistema a cui appartengono, i varchi attraverso i quali quest'ultimo si mette in comunicazione con gli altri sistemi, con le loro regole e i loro processi decisionali.

Si prenda, ad esempio, l'art. 25, co. 1, della legge 31 maggio 1995, n. 218, recante la riforma del sistema italiano di diritto internazionale privato. Le società, le associazioni, le fondazioni ed ogni altro ente, vi si dice, «sono disciplinati dalla legge dello Stato nel cui territorio è stato perfezionato il procedimento di costituzione». Questa disposizione ha, in sostanza, l'effetto di aprire l'ordinamento giuridico italiano alle società costituite all'estero, cioè a degli enti che devono la loro esistenza a norme estranee a tale ordinamento, spesso assai diverse da quelle ivi in vigore. Grazie all'art. 25 della legge n. 218/1995, e nei termini ivi stabiliti, le società straniere «esistono» anche nell'orizzonte del sistema giuridico italiano, con le caratteristiche loro impresse dalla legge del paese di costituzione. L'ordinamento italiano, riconoscendo come esistente una società conformata a regole diverse dalle proprie, dà in sostanza attuazione a quelle regole.

Le norme di diritto internazionale privato, beninteso, non sono le uniche investite di una funzione relazionale. I rapporti fra i sistemi statali e l'ordinamento internazionale, ad esempio, e quelli che legano i primi a certi ordinamenti religiosi sono trattati in altre discipline, segnatamente il diritto internazionale pubblico e il diritto ecclesiastico. Il diritto internazionale privato costituisce, in questo senso, un diritto relazionale speciale: si occupa solo dei rapporti che un sistema giuridico *statale* intrattiene con altri sistemi giuridici *egualmente statali*, ed entra in gioco unicamente rispetto a fattispecie ricomprese nel perimetro del *diritto privato*.

(b) L'esclusivo riferimento ai sistemi giuridici statali …

La prima delle limitazioni appena riferite indica che il diritto internazionale privato si occupa, per definizione, di relazioni «orizzontali»: relazioni, in altre parole, che intercorrono fra «eguali», perché mettono in contatto degli enti – i sistemi giuridici statali, appunto – che si riconoscono come omologhi. Si può dire, in questo senso, che il diritto internazionale privato presiede al *coordinamento* dei sistemi statali: la sua logica non è quella del comando, ma quella del dialogo e della coesistenza ordinata.

Limitandosi a mettere in comunicazione fra loro i sistemi giuridici statali, il diritto internazionale privato, in realtà, rischia di perdere di vista una parte non piccola della vita di relazione di persone e imprese: quella che forma l'oggetto di usi, ad esempio, o che obbedisce a regole e provvedimenti di realtà confessionali, associative o sindacali. Le norme di diritto internazionale privato, come si vedrà meglio più avanti, riescono a catturare questa parte del giuridico solo nella misura in cui uno Stato ne faccia proprie le espressioni, «statalizzandole». È quanto avviene, ad esempio, negli ordinamenti statali che attribuiscono efficacia nel proprio seno agli *status* familiari creati da regole religiose, oppure modificati o estinti da tribunali anch'essi religiosi. Ma la «mediazione» di un ordinamento statale, che oltretutto non sempre avviene, rischia di restituire un'immagine parziale o deformata dei fenomeni esaminati. Vi sono settori dell'agire umano, del resto, in cui le norme non statali costituiscono di fatto la prima fonte di regolamentazione dei rapporti fra i singoli (si pensi alla *lex sportiva*, per esempio, cioè alle regole che disciplinano i rapporti fra atleti, squadre e federazioni, lo svolgimento delle competizioni sportive, la risoluzione delle controversie che ne possono insorgere, etc.): leggere una realtà in sé non statale attraverso delle lenti capaci di cogliere soltanto le tracce che lascia nell'ordinamento di uno o più Stati non giova, evidentemente, alla sua comprensione.

Si spiega alla luce di questa sfortunata rigidità, che il diritto internazionale privato contemporaneo si sforza peraltro di mitigare, l'affermarsi di campi e di metodi d'indagine alternativi, come quello che va sotto il nome di diritto transnazionale, per tale intendendosi lo studio integrato dell'insieme delle regole – statali *e non statali* – che intervengono, combinandosi variamente fra loro, nella vita di relazione internazionale delle imprese e di altri soggetti «mobili».

(c) ... e alle fattispecie di natura privatistica

La seconda limitazione che definisce il perimetro del diritto internazionale privato, ossia la sua inerenza all'area privatistica, è figlia dell'epoca in cui la disciplina ha assunto la fisionomia «moderna» che ancora oggi in larga parte la connota: la seconda metà del XIX secolo. I giuristi di allora, in particolare quelli attivi nell'Europa continentale, credevano in una netta separazione tra il diritto pubblico e quello privato. Ai loro occhi, la possibilità che un ordinamento statale si aprisse verso l'esterno, facendo proprie le valutazioni e il punto di vista di altri ordinamenti, era concepibile solo entro uno spazio ristretto, quello in cui gli Stati – gli Stati liberali dell'epoca – erano disposti a moderare le rispettive prerogative di imperio: lo spazio del diritto privato, per l'appunto.

L'idea di una dicotomia tra diritto pubblico e diritto privato è estranea da tempo all'orizzonte del giurista: il confine fra le due aree è poroso, la loro interazione è nelle cose. Il lessico del diritto internazionale privato, tuttavia, è rimasto in un certo senso impigliato in quella vecchia opposizione. Molti hanno suggerito l'impiego di formule più appropriate per definire la materia, ma nessuna proposta è sin qui riuscita a guadagnarsi un ampio consenso.

In questa sede, al di là delle incertezze lessicali, preme segnalare che il diritto internazionale privato viene in gioco, nei fatti, quando si parla di persone, famiglia, contratti, fatti illeciti, imprese, lavoro, proprietà intellettuale, etc., ma che le sue norme, senza accontentarsi di regolare degli interessi ascrivibili al nucleo tradizionale del diritto privato, si fanno carico, quando occorre, anche della dimensione pubblicistica e regolatoria dei rapporti a cui si applicano. Ad esempio, chi analizzi con gli strumenti del diritto internazionale privato l'attività di intermediazione finanziaria è in grado di coglierne, accanto ai profili contrattuali e aquiliani, gli aspetti che attengono al governo dei mercati finanziari e all'opera di autorità regolatorie come la Consob.

Si collocano invece al di fuori dei confini della disciplina, pur con qualche occasionale punto di contatto, le questioni che si è soliti ricondurre al diritto penale, al diritto amministrativo, al diritto tributario e a quello della previdenza sociale.

2. I problemi di cui si occupa il diritto internazionale privato

Le norme di diritto internazionale privato si propongono di risolvere quattro grandi problemi: il problema della giurisdizione, quello della legge applicabile, quello della efficacia delle decisioni straniere e quello della cooperazione fra autorità di Stati diversi.

Il problema della giurisdizione riguarda la determinazione dei casi rispetto ai quali le autorità di un dato Stato debbono considerarsi legittimate ad esercitare le funzioni proprie del loro ufficio, e delle condizioni di esercizio di tali funzioni.

La società X, con sede a Milano, è stata incaricata dalla società canadese Y di svolgere un'indagine di mercato tesa a valutare il possibile interesse dei consumatori italiani per un prodotto messo a punto da quest'ultima. Ricevuto il rapporto d'indagine, Y rifiuta di versare a X l'intero corrispettivo pattuito, ritenendo errata la metodologia dell'elaborato. Convinta di aver esattamente adempiuto le obbligazioni assunte, X decide di agire in giudizio per far accertare il suo credito verso Y. Spetta alle norme sulla giurisdizione che operano in Italia stabilire se i giudici italiani siano abilitati a decidere la domanda di X, e in caso affermativo se tale loro legittimazione sia messa in discussione dal fatto che la società Y si è intanto rivolta alla Corte di Giustizia dell'Ontario affinché accerti, per contro, la cattiva qualità dell'opera svolta da X e l'infondatezza delle pretese affacciate da quest'ultima.

Il problema della legge applicabile consiste, invece, nell'individuare il sistema giuridico statale da cui debbono essere attinte le norme generali ed astratte deputate a regolare la fattispecie, cioè le norme incaricate di stabilire le conseguenze giuridiche che si tratta di ascrivere agli atti o ai fatti di cui si discute. Le regole che assolvono questa funzione sono chiamate anche norme sui conflitti di leggi, o semplicemente norme di conflitto.

L'austriaco Tizio è vittima di un incidente sciistico sulle piste di Zermatt, in Svizzera. L'infortunio si deve a un'imprudenza di Caio, un giovane *snowboarder* italiano in vacanza con i genitori. La somma chiesta da Tizio a titolo di risarcimento viene giudicata eccessiva dai genitori. Ne nasce un procedimento giudiziario instaurato dallo stesso Tizio davanti al Tribunale di Bologna, città dove abitano Caio e i suoi genitori. Spetta alle norme italiane di diritto internazionale privato – segnatamente le norme sulla legge applicabile – stabilire se il caso debba essere deciso secondo il diritto italiano, quello svizzero, quello austriaco o magari un altro ancora; cioè, se debbano essere tratte dalle regole di diritto privato dell'uno o dell'altro di tali paesi le norme che stabiliscono, tra le altre cose, la responsabilità dei genitori per i danni cagionati dai figli minorenni, le cause di esclusione della responsabilità e i criteri da impiegare per stabilire se un certo danno sia risarcibile o meno.

Il problema della efficacia delle decisioni straniere ruota attorno alla questione di sapere se, e a quali condizioni, le statuizioni delle autorità di un dato paese siano ammesse a spiegare i loro effetti nell'ordinamento di un paese diverso.

All'indomani del loro matrimonio, avvenuto dieci anni fa, gli italiani Mevio e Sempronia si sono stabiliti in Argentina, dove gestiscono un ristorante. Il loro rapporto è entrato in crisi, e Sempronia medita di rientrare in Italia. Prima di farlo, però, si è rivolta al Tribunale di Buenos Aires chiedendo lo scioglimento del matrimonio e un assegno di mantenimento a suo favore, a carico di Mevio. Le sue domande sono ora state accolte. Spetta alle norme che disciplinano in Italia l'efficacia delle decisioni straniere dire se la pronuncia resa a Buenos Aires sia ammessa a produrre degli effetti nell'ordinamento italiano. Ove la pronuncia risulti efficace in Italia, Sempronia potrà far valere nell'ordinamento italiano lo stato libero che ha così riacquisito (e magari risposarsi), così come potrà pretendere il rispetto della condanna di Mevio alla corresponsione dell'assegno, se del caso pignorando, sulla base della decisione argentina, l'immobile che lo stesso Mevio possiede in Italia, ove questi non provveda spontaneamente a versare quanto dovutole.

Il problema della cooperazione fra autorità di Stati diversi, infine, concerne le condizioni alle quali le autorità di uno Stato possono o debbono assistere le autorità di un altro Stato, segnatamente in relazione ad atti che queste ultime abbiano interesse a far compiere nel primo Stato.

In relazione a un procedimento giudiziario avviato in Brasile, si rende necessario ascoltare come testimone il sig. Bianchi, che risiede in Italia. È compito delle norme sulla cooperazione fra autorità di Stati diversi, o norme sulla assistenza giudiziaria internazionale, dire se e in che termini le autorità italiane possano procedere all'escussione del sig. Bianchi e trasmetterne il verbale ai giudici brasiliani.

I problemi ora tratteggiati sono legati l'uno all'altro a più di un titolo. Capita, in particolare, che le regole concernenti uno di quei problemi siano influenzate dal modo d'essere delle regole relative ad uno o più degli altri problemi. La possibilità di fare valere nel paese A una decisione resa nel paese B, ad esempio, dipende talora dalla circostanza che i giudici del paese B vantino sul caso una competenza coerente ai principi che governano la competenza giurisdizionale nel paese A.

Nell'esperienza pratica del professionista del diritto, del resto, è del tutto normale che i problemi di cui si discorre vengano in rilievo congiuntamente e siano l'oggetto di un esame combinato, se del caso in funzione di una strategia integrale. Ci si metta, per esempio, nei panni dell'avvocato che assiste la società italiana Alfa nell'azione che questa intende intraprendere nei riguardi della società serba Beta per gli atti di concorrenza sleale che questa ha compiuto in vari paesi. Egli dovrà: verificare se siano competenti in relazione a tale azione i giudici italiani, quelli serbi o quelli di altri paesi ancora; stabilire se i giudici identificati come competenti, ove fossero effettivamente investiti della domanda di Alfa, la deciderebbero nel merito sulla base della legge dell'uno o l'altro dei paesi con cui il caso è collegato; determinare se e a quali condizioni i giudici in questione riuscirebbero ad ottenere l'assistenza di cui potrebbero avere bisogno dalle autorità dei diversi paesi in cui dovessero trovarsi, ad esempio, degli elementi di prova utili; stabilire se e a quali condizioni gli effetti della futura decisione sul merito della controversia possano essere fatti valere in uno o più paesi diversi da quello in cui la decisione verrà resa, dove Alfa potrebbe volersi avvalere della condanna che confida di ottenere nei riguardi di Beta.

3. Il campo d'azione del diritto internazionale privato

In quali circostanze entra in gioco il diritto internazionale privato? Quali sono, in altre parole, i concreti scenari nei quali si rende necessario fare appello alle norme che popolano questa disciplina? La risposta è insita in quanto si è detto nei paragrafi precedenti circa la funzione relazionale del diritto internazionale privato e il genere di interrogativi a cui esso risponde: si tratta di rapporti e situazioni giuridiche che non si esauriscono nell'orizzonte di un unico paese, ma che presentano punti di contatto con la vita di due o più Stati.

Nella letteratura internazionalprivatistica si è soliti distinguere fra situazioni puramente interne e situazioni con elementi di internazionalità. Il diritto internazionale privato tratta delle seconde, mentre ignora le prime.

Per la verità, non è facile dire dove corra, esattamente, il confine fra i due insiemi. Molte volte, beninteso, il carattere internazionale di una fattispecie è così evidente da non richiedere spiegazioni: il contratto con cui Alfa, con sede a Roma, vende un carico di bottiglie di olio d'oliva a Beta, la centrale acquisti di una catena di supermercati russa, è evidentemente internazionale, mentre il contratto con cui la stessa Alfa si è procurata quell'olio presso Gamma, un oleificio di Bitonto, si presenta come interno. Talora, però, basta aggiungere alla descrizione del caso qualche circostanza di contorno, e le certezze si fanno meno ferme: il contratto fra Alfa e l'oleificio di Bitonto resta puramente interno anche se la prima ha spiegato al secondo che il carico è destinato al mercato russo, al punto che l'oleificio ha apposto alle bottiglie delle etichette in russo? E lo è anche se, in forza di quanto pattuito con Alfa, l'oleificio ha organizzato il trasporto delle merci sino a San Pietroburgo, dove verranno prese in carico da Beta?

Non è possibile soffermarsi in questa sede sulle complesse questioni che circondano il concetto di internazionalità, né dar conto compiutamente delle posizioni avanzate dalla dottrina. Conviene limitarsi a tre indicazioni generali.

La prima indicazione è che il concetto chiave, in quest'ambito, non è tanto l'internazionalità, quanto piuttosto la «estraneità» della fattispecie. Come si dirà meglio in seguito, la soluzione dei problemi di cui si occupa il diritto internazionale privato è affidata a norme che variano in linea di principio da uno Stato all'altro: esiste, in questo senso, un diritto internazionale privato italiano, che è diverso da quello belga, da quello di Singapore e da quello del Paraguay. Ciascun paese ha il proprio diritto internazionale privato perché ciascun paese, in linea di massima, decide come rapportare il *proprio* sistema giuridico a quelli altrui. L'Italia si serve di regole *italiane* di diritto internazionale privato per stabilire se e quando i giudici *italiani* sono competenti, per individuare la legge che gli stessi giudici *italiani* devono applicare a un dato caso, per decidere se abbiano effetto *in Italia* le decisioni straniere e se le autorità *italiane* possano assistere le autorità di uno Stato straniero. Quel che conta sapere, quando si ha a che fare con le norme di diritto internazionale privato italiane, è dunque se la fattispecie sia collegata in ogni suo aspetto *all'Italia* o presenti invece qualche contatto con la società, l'economia o il territorio di un paese diverso, e dunque rivesta, come si suol dire, un carattere di estraneità. Ciò significa che una situazione interamente collegata ad un unico paese, che dunque non può dirsi di per sé «internazionale», può nondimeno risultare «estranea» quando sia osservata da un paese diverso: anche una simile fattispecie entra nel campo d'azione del diritto internazionale privato.

La seconda indicazione generale è che il concetto di estraneità si atteggia in modo diverso a seconda di quale sia, di volta in volta, il problema a cui le norme di diritto internazionale privato sono chiamate a rispondere. Le norme che disciplinano l'efficacia in Italia delle decisioni straniere, per esempio, hanno vocazione ad applicarsi ogniqualvolta si faccia questione, per l'appunto, di una decisione resa da un'autorità non italiana: l'origine straniera della decisione è qui l'unico presupposto applicativo rilevante, senza che occorra interrogarsi sul carattere interno, o meno, della situazione sostanziale oggetto della decisione. Lo stesso dicasi per le norme sull'assistenza giudiziaria: vengono in gioco quando le autorità di un paese sono sollecitate ad assistere quelle di un altro, a nulla rilevando che il rapporto giuridico in discussione sia interno al primo Stato o internazionale.

Di fatto, le difficoltà sorgono soltanto per le norme sulla giurisdizione e quelle sulla legge applicabile. Le prime, come si è visto, dicono in sostanza se e in che termini le autorità di un paese possano esercitare in una data situazione le funzioni proprie del loro ufficio. Ciò che giustifica il ricorso a tali norme è la circostanza che le funzioni di cui viene sollecitato l'esercizio investano una persona o una cosa che si trovano per qualche aspetto al di fuori dello spazio del foro, cioè del paese a cui appartiene il giudice (ipoteticamente) chiamato a pronunciarsi sul caso. Così, visto che la tutela giurisdizionale di cognizione è preordinata ad ottenere un accertamento che faccia stato nei riguardi del convenuto, ed eventualmente un ordine rivolto a quest'ultimo, una fattispecie (processuale) sembrerebbe essere estranea al foro ogniqualvolta il convenuto sia collegato a un paese diverso da quello del giudice (perché è domiciliato o residente in tale diverso paese, perché ne ha la cittadinanza, etc.). Questo criterio, in realtà, non porta molto lontano: è vago, e non funziona sempre.

Un approccio alternativo consiste nel far leva su una caratteristica comune a quasi tutte le norme sulla giurisdizione e i conflitti di leggi: esse usano, per i loro scopi, dei riferimenti geografici, cioè riconnettono i loro effetti al verificarsi di determinate circostanze in determinati luoghi. Ebbene, se il luogo a cui si riferiscono si trova in un paese diverso da quello del foro, la fattispecie dovrebbe dirsi estranea. Un esempio: l'art. 51 della legge n. 218/1995 dispone che la legge applicabile alla proprietà e agli altri diritti reali è quella dello Stato in cui si trova il bene di cui si discute. Chi segue l'approccio appena riferito ne ricava che l'art. 51 ha vocazione ad applicarsi solo se si discute, in Italia, di beni situati all'estero, mentre non ha nulla da dire, ad esempio, se si discorre di beni localizzati in Italia, ancorché magari la loro proprietà sia rivendicata da un residente all'estero, o da uno straniero.

Anche questo approccio ha le sue aporie, di cui non può darsi conto in questa sede. La tesi appena riferita ha però il merito di evidenziare che la questione della estraneità si presta a risposte variabili a seconda della specifica norma di volta in volta considerata: è questa la terza indicazione che giova mettere da parte a proposito della nozione di estraneità. In fondo, non c'è nulla di insolito nel fatto che le singole norme che l'operatore è astrattamente chiamato ad impiegare indichino da sé i presupposti della loro operatività: se l'estraneità è uno di questi presupposti, nulla impedisce che norme diverse attribuiscano a tale concetto un significato diverso, adatto al loro oggetto e al loro modo di funzionare.

Molte disposizioni, è vero, non indicano in modo esplicito in che cosa si concreti l'estraneità che vale a renderle applicabili: spetta allora all'interprete fare luce su questo aspetto, tenuto conto di tutti gli indizi pertinenti. Ciò detto, non mancano casi in cui, invece, lo stesso legislatore provvede a specificare l'elemento di estraneità necessario e sufficiente ai fini di una data disposizione (o a precisare, il che è lo stesso, che certi elementi non bastano a rendere il rapporto internazionale). Se ne ha un esempio nel regolamento (CE) n. 1896/2006, del 12 dicembre 2006, sul procedimento europeo d'ingiunzione di pagamento, volto a facilitare la circolazione di certe decisioni fra gli Stati membri dell'Unione europea. Il regolamento dichiara di volersi applicare alle sole decisioni rese in relazione alle «controversie transfrontaliere», per tali intendendosi – precisa l'art. 3, par. 1 –

quelle in cui «almeno una delle parti ha domicilio o residenza abituale in uno Stato membro diverso da quello del giudice adito».

4. Il diritto internazionale privato quale componente del diritto del foro

Si è detto che ogni ordinamento giuridico statale possiede un proprio corpo di regole di diritto internazionale privato. Ebbene, le regole che formano il sistema di diritto internazionale privato di un certo Stato sono concepite, come è naturale che sia, avendo di mira gli interessi di quello Stato: rispecchiano i valori su cui si regge l'ordinamento dello Stato in questione e perseguono gli obiettivi selezionati da quest'ultimo, come ente politico.

Dal rilievo appena svolto discendono varie considerazioni. La prima, assai generale, riguarda la stessa ragion d'essere del diritto internazionale privato. Perché mai un ordinamento giuridico dovrebbe fare spazio a norme e decisioni non sue, o chiedere alle proprie autorità di non occuparsi di una data situazione, di fatto lasciando campo libero all'azione delle autorità di altri Stati? La risposta è semplice, almeno sul piano del principio: un ordinamento si apre all'esterno perché reputa che, in determinate circostanze e al ricorrere di certe condizioni, tale apertura contribuisca al soddisfacimento di *propri* interessi.

Si immagini, ad esempio, che un giudice norvegese abbia affidato il minore Tizio alle cure di Caio, facendo di quest'ultimo il tutore del primo. Si supponga ora che il piccolo Tizio erediti dei beni in Italia, e sorga l'esigenza di amministrarli. Riconoscere in Italia il provvedimento norvegese che ha istituito la tutela (e con esso le prerogative del tutore Caio) è, per l'Italia, un modo facile ed efficace di realizzare un obiettivo a cui essa stessa è sensibile: quello di garantire la pronta considerazione e la cura efficiente degli interessi, anche patrimoniali, dei minorenni. Se l'ordinamento italiano ignorasse per principio le misure già prese in Norvegia per la protezione di Tizio, le autorità italiane dovrebbero farsi carico *ex novo* di tale protezione, provvedendo esse stesse, verosimilmente, alla nomina di un tutore. Un'operazione, questa, non solo dispendiosa ma anche suscettibile di esiti poco soddisfacenti: se il piccolo vive a Oslo e ha lì il grosso dei suoi interessi, i giudici italiani farebbero oggettivamente fatica ad apprezzarne le necessità. Non solo, se le autorità italiane nominassero un tutore italiano, Tizio finirebbe con l'essere esposto ad una sorta di conflitto di obbedienze: i suoi affari verrebbero gestiti da due persone diverse, che potrebbero non pensarla alla stessa maniera. È difficile immaginare che i dissidi che ne seguirebbero giovino all'interesse del piccolo.

Insomma, gli Stati aprono il proprio ordinamento verso l'esterno perché – soppesati benefici e inconvenienti delle varie soluzioni possibili, e avuto riguardo ai nessi della fattispecie con altri paesi – ritengono che una simile apertura sia la risposta «giusta» ad esigenze che essi stessi vogliono soddisfare.

Si capisce, allora, che l'alternativa con cui si confronta lo Stato del foro non è fra l'aprirsi incondizionatamente ai prodotti giuridici altrui e il negare loro pregiudizialmente ogni effetto. Le norme di diritto internazionale privato definiscono non solo il se ma anche il quanto e il come dell'apertura verso l'esterno. Lo fanno sulla base di una considerazione bilanciata dei vari interessi in gioco, fissando a questo fine limiti e condizioni. Ad esempio, per restare al caso immaginato poc'anzi, l'ordinamento italiano è disposto a riconoscere effetto a una tutela aperta all'estero (non importa ora dire in base a che norme) solo a certe condizioni: occorre che la misura sia stata pronunciata da giudici effettivamente prossimi al minore (e come tali ben collocati per valutarne gli interessi: benissimo, in questo senso, se si tratta dei giudici del paese in cui il minore risiede abitualmente), e che nel procedimento svoltosi all'estero siano state rispettate certe garanzie minime, come quella che consiste nell'offrire al minore, avuto riguardo alla sua età e al suo grado di maturità, la possibilità di esprimere il proprio punto di vista e le proprie preferenze.

I rilievi appena svolti mostrano come l'apertura dell'ordinamento del foro, sospinta dagli interessi dello stesso Stato del foro, debba per forza fare i conti con i valori che rappresentano l'ossatura del suo ordinamento: quelli costituzionali.

L'idea stessa che l'ordinamento del foro sia disposto ad aprirsi in qualche caso alla realtà giuridica ad esso estranea presuppone, in realtà, che tale ordinamento accolga di se stesso, a livello costituzionale, l'immagine di un ordinamento aperto.

L'ordinamento italiano riveste, per la Costituzione repubblicana, un carattere aperto. La Carta costituzionale, per la verità, non contiene alcun esplicito riferimento al diritto internazionale privato e ai problemi di cui questo si occupa. Varie disposizioni segnalano tuttavia che la Costituzione non solo ammette ma senz'altro promuove il dialogo fra l'ordinamento italiano e le fonti esterne [1]. Lo si ricava, ad esempio, dall'art. 11 della Costituzione, là dove dispone che l'Italia «consente, in condizioni di parità con gli altri Stati, alle limitazioni di sovranità necessarie ad un ordinamento che assicuri la pace e la giustizia fra le Nazioni». La norma indica la vocazione costituzionale dell'Italia a prendere parte in modo attivo alla vita di relazione internazionale, con le esigenze che questa comporta. Tali esigenze possono essere molto diverse fra loro, e diversi sono i mezzi con cui possono essere affrontate. Il diritto internazionale privato figura fra questi mezzi, pur non essendo richiamato come tale nella Carta.

In definitiva, il diritto internazionale privato trova nella Costituzione tanto il suo fondamento quanto i suoi limiti: le sue norme assolvono una funzione coerente con la logica generale di apertura propria della Costituzione, perseguono interessi la cui selezione è guidata da valori costituzionali e comportano, in funzione di tali interessi, delle soluzioni tecniche che debbono essere rispettose della Carta.

Le vicende che hanno condotto all'elaborazione della già citata legge n. 218/1995, cioè il testo che contiene la maggior parte delle norme internazionalprivatistiche italiane di fonte interna, illustrano bene il rilievo rivestito in questo

[1] Corte cost., 24 ottobre 2007, n. 349.

campo dalla Costituzione. La legge del 1995 costituisce infatti, almeno in parte, la risposta data dal legislatore alla riscontrata illegittimità di alcune norme di diritto internazionale privato anteriori alla riforma, sancita dalla Corte costituzionale in due pronunce. Nella sentenza 5 marzo 1987, n. 78, l'unica di cui si darà conto in questa sede, la Corte si è occupata dell'art. 18 delle disposizioni preliminari al codice civile del 1942 (le c.d. preleggi). Questo prevedeva, in breve, che il divorzio di coniugi di diversa cittadinanza fosse regolato «dalla legge nazionale del marito al tempo della celebrazione del matrimonio». La Corte, pur riconoscendo la specificità delle norme sulla legge applicabile – norme che non disciplinano la fattispecie sotto il profilo materiale, ma si limitano a dire da quale ordinamento vada attinta tale disciplina – ha osservato che anche tali norme incarnano dei valori: adottano in nome di essi «una scelta di ordine normativo», la quale non può non confrontarsi, ha detto la Corte, con le scelte di fondo compiute a livello costituzionale. Ebbene, la scelta sottesa all'art. 18 delle preleggi, quella del «riconoscimento al marito di una posizione preminente nella famiglia», rispecchia una visione patriarcale della famiglia che la Corte in quell'occasione ha constatato essere irrimediabilmente in contrasto con il principio della eguaglianza morale e giuridica dei coniugi sancito dagli articoli 3, co. 1, e 29, co. 2, della Costituzione. Da qui l'incostituzionalità dell'art. 18 delle preleggi e l'invito al legislatore a colmare la lacuna con una norma conforme alla Carta.

5. Il diritto internazionale privato, regolatore di fenomeni internazionali

Gli interessi e i valori capaci di modellare le norme di diritto internazionale privato sono in genere connessi al governo di fenomeni economici e sociali che trascendono l'orizzonte del foro: fenomeni, in questo senso, internazionali.

(a) Il governo dei fenomeni di mobilità

Sono tipicamente internazionali, nell'accezione appena proposta, i fenomeni che alludono all'idea di movimento e si lasciano descrivere con le metafore del flusso: la mobilità delle persone attraverso le frontiere, lo scambio di merci e in genere di risorse economiche fra paesi diversi, il trasferimento di dati personali, etc.

Beninteso, gli Stati dispongono di molti mezzi per governare questi fenomeni. Le politiche di uno Stato relative ai rapporti commerciali internazionali, ad esempio, possono tradursi nell'imposizione di dazi, nella creazione di zone franche, nella predisposizione di linee di finanziamento o di speciali strumenti assicurativi a beneficio delle imprese esportatrici, etc. Fra le leve che uno Stato può azionare a questo fine vi è anche il diritto internazionale privato. Le sue norme possono infatti essere congegnate in modo tale da imprimere una forma – la forma voluta dallo Stato che le detta – ai rapporti privatistici in cui si concretano gli scambi.

Si consideri, per un'illustrazione, quanto segue. L'attività di impresa genera inevitabilmente qualche lite. Chi vende merci, ad esempio, ha interesse a sapere che cosa debba prepararsi a fare, o quali iniziative potrebbe dover subire, ove le merci non vengano pagate, o che la loro qualità venga contestata. Il rischio del contenzioso è in sé ineliminabile. Esso chiede, semmai, di essere gestito in modo razionale. Spetta agli Stati definire se e a quali condizioni i propri giudici sono disponibili a rendere giustizia. Vi provvedono, lo si è detto, attraverso le norme che regolano la giurisdizione. Ebbene, tali norme, a seconda di come siano concepite, possono ora facilitare una gestione efficace del contenzioso, ora ostacolarla.

Fra le norme italiane regolatrici della giurisdizione vi è l'art. 4, co. 2, della legge n. 218/1995. In base ad essa i giudici italiani, quando pure siano in linea di principio competenti a conoscere di una causa relativa a diritti disponibili, devono nondimeno astenersi dal deciderla se le parti si siano accordate fra loro per affidarne la cognizione a un giudice straniero; cioè, come si dice, se sia intervenuta fra le parti una valida deroga della giurisdizione. Tutto ciò alla sola condizione che l'accordo delle parti sia «provato per iscritto». In pratica, se una clausola del contratto di compravendita fra l'italiana Gamma e la coreana Delta attribuisce ai giudici di Seoul la competenza esclusiva a dirimere le eventuali liti relative al rapporto, il giudice italiano a cui Gamma chieda di condannare Delta al pagamento delle merci dovrà dichiararsi incompetente a fronte della semplice prova scritta della clausola.

L'art. 4, co. 2, della legge del 1995 dice varie cose dell'atteggiamento del legislatore italiano verso il commercio internazionale e le sue esigenze. Dice che il legislatore intende assecondare la tendenza delle imprese ad organizzare esse stesse, con gli strumenti dell'autonomia privata, la soluzione delle loro controversie, anche là dove ciò precluda ai giudici italiani di occuparsene.

La norma dice, più in generale, che il legislatore italiano, favorendo l'autodeterminazione delle imprese, vuole agevolare la proiezione internazionale della loro attività. Una norma come l'art. 4, co. 2, della legge n. 218/1995 accresce infatti la fiducia che gli attori del mercato possono ragionevolmente nutrire l'uno nei confronti dell'altro quanto alla tenuta degli accordi di pianificazione del contenzioso: fare affari è più facile se ognuna delle parti sa che cosa accadrà nell'ipotesi in cui insorga una lite, potendo confidare nel rispetto, ad opera dei giudici dei vari Stati interessati, degli impegni assunti dalle parti stesse.

Il peso attribuito dal legislatore italiano alle esigenze appena tratteggiate appare ancora maggiore se si considera che gli accordi di deroga della giurisdizione sono soggetti, nell'ordinamento italiano, a un trattamento più liberale di quello riservato agli accordi relativi alla competenza per territorio. Questi ultimi, previsti dall'art. 28 del codice di procedura civile, sono simili agli accordi di deroga della giurisdizione perché mirano anch'essi a regolare in anticipo la gestione della lite, indicando l'ufficio giudiziario territorialmente competente. Se ne discostano, però, perché operano sul piano interno, anziché internazionale. Gli accordi sulla competenza per territorio, ove predisposti da una sola delle parti, sono validi quanto alla forma, in forza dell'art. 1341 del codice civile, solo se l'altra parte li abbia specificamente approvati per iscritto. Tale condizione non è invece prescritta per gli accordi di cui all'art. 4, co. 2, della legge 1995, ancorché questi ultimi producano effetti ben più drastici dei primi (escludono la possibilità che qualsiasi giudice italiano si pronunci sul caso).

Come ha chiarito la Corte costituzionale, questa diversità di trattamento non ha nulla di irragionevole[2]. Le situazioni poste a raffronto – la alterazione per accordo della semplice competenza per territorio e l'esclusione convenzionale della giurisdizione italiana – sono infatti, per la Corte, «palesemente disomogenee, perché, se nel primo caso rilevano principalmente le esigenze di tutela del contraente più debole, nel secondo caso entrano in gioco anche esigenze di carattere internazionale, che il legislatore, nella sua discrezionalità, può ben ritenere prevalenti». È in nome di tali esigenze che il legislatore italiano ha inteso favorire, con la norma in discorso, «una più libera esplicazione dell'autonomia privata nella scelta della giurisdizione». Né si può dire, ha aggiunto la Corte costituzionale, che rendendo più facilmente derogabile la giurisdizione italiana il legislatore italiano impedisca ai singoli di affermare il proprio diritto fondamentale di agire e difendersi in giudizio: tale diritto può infatti essere assicurato «nell'ambito della giurisdizione prescelta», secondo una logica di «tendenziale fungibilità delle giurisdizioni», cioè di ritenuta equivalenza della funzione giurisdizionale per come è svolta nei vari Stati. Lo stesso art. 4 della legge del 1995, del resto, prevede che la deroga divenga inefficace se il giudice straniero designato dalle parti declina la giurisdizione o comunque non può conoscere della causa. In pratica, per tornare all'esempio di poco sopra, il fatto che il giudice italiano adito da Alfa debba astenersi dal pronunciarsi in ossequio all'accordo di deroga non significa negare ad Alfa un giusto processo, posto che un tale processo possa svolgersi a Seoul, quantunque in base a regole molto diverse da quelle italiane.

Insomma, l'ordinamento italiano si apre agli ordinamenti stranieri (e ai relativi giudici) in vista di obiettivi – come la promozione dei rapporti d'affari a carattere internazionale – che il legislatore è libero, nella sua discrezionalità, di reputare prevalenti su altre esigenze. Nel compiere tale valutazione, il legislatore deve vegliare affinché l'apertura così realizzata non comprometta altri valori dell'ordinamento.

(b) Il caso emblematico della *corporate human rights litigation*

La valenza politica delle norme di diritto internazionale privato si presenta sotto una luce particolarmente vivida nei procedimenti in cui si faccia questione della tutela di interessi collettivi. Sono tali, ad esempio, i procedimenti instaurati da più persone per la tutela di un interesse che le unisce come gruppo (come certe azioni collettive promosse dai detentori di titoli obbligazionari nei confronti dell'emittente di quei titoli per le false informazioni riportate nel prospetto), o alle azioni avviate da enti preposti alla cura di un interesse collettivo contro chi ne minacci l'integrità. Ma sono tali, sia pure più sottilmente, anche i procedimenti

---

[2] Corte cost., 18 ottobre 2000, n. 428 (ord.).

che, per quanto volti in via immediata alla tutela di un singolo, sottendano una strategia di più ampio respiro, tesa a promuovere – tramite un'azione pilota – un interesse generale.

Le illustrazioni più spettacolari di questo genere di procedimenti si incontrano nel campo della c.d. *corporate human rights litigation*. L'espressione allude ai procedimenti, perlopiù in sede civile, con cui singoli o organizzazioni invocano la responsabilità di un'impresa per gravi violazioni dei diritti fondamentali. Si tratta in genere di procedimenti promossi nei confronti di un'impresa stabilita in un paese economicamente avanzato, davanti ai giudici di tale paese, per violazioni commesse da (soggetti collegati a) tale impresa in paesi in cui quest'ultima si rifornisce di materie prime o di semilavorati. Le violazioni per le quali viene affacciata la responsabilità consistono sovente nell'impiego di manodopera minorile o nell'imposizione di condizioni di lavoro incompatibili con la dignità della persona. In molti casi, le violazioni lamentate consistono altresì in atti di inquinamento massivo, lesivi dell'economia delle comunità locali, nonché – di recente – da pratiche che alimentano il cambiamento climatico (si assiste allora a una sorta di convergenza fra *human rights litigation* e *climate change litigation*).

Eccone un esempio. Nel febbraio del 2021, undici organizzazioni non governative stabilite in vari paesi hanno promosso davanti al Tribunale di Saint-Etienne, in Francia, un procedimento civile nei confronti di Casino, una società francese a cui fa capo un'importante catena di supermercati[3]. Secondo gli attori, Casino avrebbe omesso di vigilare in modo adeguato sull'attività degli allevatori, attivi in Brasile e in Colombia, da cui proviene la carne venduta nei suoi supermercati. Per rifornire Casino, gli allevatori in questione avrebbero condotto delle estese campagne di deforestazione, nuocendo tanto alle popolazioni indigene quanto all'equilibrio climatico del pianeta. In sostanza, è stato chiesto al giudice civile francese di pronunciarsi sulle ricadute ambientali e sociali del modo in cui il gruppo Casino ha strutturato e organizzato la «catena del valore», lunga decine di migliaia di chilometri, della quale si serve per rifornire i propri punti vendita.

Le domande a cui risponde il diritto internazionale privato rivestono, in scenari di questo genere, un rilievo centrale. Spetta davvero al giudice francese occuparsi di domande come quelle appena descritte, posto che le lesioni lamentate si sono prodotte lontano dalla Francia? E in base a quali regole sostanziali va stabilito se la convenuta è responsabile di quanto le viene attribuito?

La risposta è importante per le parti come per gli Stati coinvolti. Il codice di commercio francese, a seguito di una riforma intervenuta nel 2017, esige che le imprese di grandi dimensioni adottino un «piano di vigilanza» volto a prevenire il rischio che la propria attività e quella dei propri partner d'affari dia luogo a violazioni gravi dei diritti umani o a seri danni ambientali. La previsione, che ha pochi eguali in altri ordinamenti, traduce un ambizioso disegno politico, ispirato ai prin-

---

[3] <https://envol-vert.org/en/campaign/dobledealing-casino>.

cipi della responsabilità sociale dell'impresa. In sostanza, il legislatore francese ha inteso promuovere un rinnovamento del modo di fare impresa dei grandi attori dell'industria e del commercio, e lo ha fatto imponendo loro degli obblighi la cui violazione – ecco un aspetto cruciale ai fini che qui interessano – può essere fatta valere anche da altri soggetti privati, tramite un'azione civile.

Questo obiettivo politico rischierebbe di essere frustrato senza il supporto di regole internazionalprivatistiche appropriate: regole sulla giurisdizione, in particolare, giacché l'attuazione di una norma come quella di cui si discorre presuppone, nei fatti, che siano i giudici francesi a pronunciarsi sulle asserite violazioni della stessa. Se una grande impresa francese riuscisse a sottrarsi al giudizio dei giudici francesi (facendo leva sul fatto che gli atti su cui non ha vigilato sono stati compiuti all'estero), la norma perderebbe molto probabilmente gran parte della sua forza. I giudici di un paese diverso dalla Francia potrebbero non ritenere applicabile la legge francese, oppure – pur ritenendola applicabile – potrebbero essere restii a servirsi di una norma come quella descritta, perché espressiva di una politica assai lontana da quella seguita nel proprio paese.

Insomma, il diritto internazionale privato, a dispetto del carattere molto tecnico che le sue disposizioni sembrano rivestire, assolve in molti casi una funzione politico-sociale di rilievo: le sue norme, a seconda della fisionomia che presentano, possono ora rafforzare i valori di un ordinamento, ora frustrarne fatalmente la realizzazione.

6. Il diritto internazionale privato quale oggetto di sapere giuridico

Una lunga tradizione accademica accosta, in Italia, il diritto internazionale privato al diritto internazionale pubblico. I cultori delle due materie compongono un'unica comunità scientifica, frequentano i medesimi luoghi di elaborazione del pensiero (le stesse riviste, le stesse società scientifiche) e seguono i medesimi percorsi di reclutamento accademico.

Questo approccio ha, in realtà, poco seguito altrove. Nella maggior parte dei paesi, gli internazionalprivatisti popolano una comunità scientifica a sé stante (come in Spagna), oppure integrano, assieme agli specialisti di altri settori, la più ampia famiglia dei privatisti (così in Germania e in Francia).

Le diverse sensibilità sottese a queste variazioni nazionali non devono far pensare che la disciplina formi l'oggetto, nei vari paesi, di impostazioni fra loro incompatibili. Alcune «scuole» nazionali, è vero, conservano dei tratti distintivi (uno stile proprio, una predilezione per determinati temi, etc.), ma si tratta di specificità che vanno in genere attenuandosi. Una parte non piccola del dibattito scientifico, del resto, si svolge oggi in sedi che non rivendicano, deliberatamente, alcuna specifica appartenenza nazionale, come lo *Yearbook of Private International Law* e il *Journal of Private International Law*, due periodici fondati rispettivamente nel 1999 e nel 2005, o sfocia in opere collettive che riuniscono, proprio per riflettere l'apporto delle diverse culture nazionali, autori di varia provenienza:

emblematiche la *Encyclopedia of Private International Law*, uscita nel 2017, e la collana degli *Elgar Commentaries in Private International Law*. Il moderno confronto scientifico sul diritto internazionale privato, a dire il vero, si è sempre sviluppato anche in seno ad istituzioni di respiro universale, tuttora attive, come l'Institut de Droit international, creato nel 1873, e l'Accademia di diritto internazionale dell'Aja, attiva dal 1923. Rilevante, del resto, è anche il contributo alla discussione offerto da società scientifiche e da formazioni di studiosi di dimensione regionale, come la Asociación Americana de Derecho Internacional Privado, operante dal 1975, il GEDIP – Groupe européen de droit international privé, costituito nel 1991, o la più recente European Association of Private International Law.

In Italia, la produzione scientifica relativa al diritto internazionale privato, oggi meno abbondante di quanto non sia stata in passato, ruota in larga parte attorno a periodici specializzati come la *Rivista di diritto internazionale* (fondata nel 1906), la *Rivista di diritto internazionale privato e processuale* (1965) e *Diritto del commercio internazionale* (1987), e si traduce in studi monografici ospitati in diverse collane, come quella – giunta all'ottantaseiesimo volume – degli *Studi e pubblicazioni della Rivista di diritto internazionale privato e processuale*.

7. Il diritto internazionale privato nella esperienza pratica del giurista

Quali operatori giuridici incrociano il diritto internazionale privato nel loro lavoro? E con quale frequenza vi si imbattono?

Tutti i professionisti del diritto che si occupano a qualche titolo di situazioni di natura privatistica possono dover affrontare delle questioni di diritto internazionale privato. Capita, ad esempio, all'avvocato incaricato di redigere i contratti che legano un'impresa a partner stranieri; al giudice investito del divorzio di due coniugi stranieri residenti in Italia; al notaio a cui si domandi di procedere alla divisione di un'eredità fatta di beni situati in Stati diversi; al consulente del lavoro incaricato di determinare le conseguenze del distacco all'estero dei dipendenti di un'impresa; al consulente in proprietà industriale a cui si prospetti la necessità di proteggere un marchio in più paesi; all'ufficiale di stato civile a cui venga presentato per la trascrizione un atto di matrimonio formato da autorità straniere; al liquidatore di un'assicurazione alle prese con un sinistro occorso all'estero; all'ufficiale giudiziario cui si chieda di notificare un atto giudiziario straniero; al funzionario consolare che, per rilasciare un documento di identità, debba sincerarsi dell'esistenza di un rapporto di famiglia conformato da norme o decisioni straniere.

La frequenza con cui si incontrano casi caratterizzati da elementi di estraneità riflette in genere tre fattori: la proiezione internazionale delle imprese stabilite in un paese, l'intensità delle dinamiche migratorie che lo interessano e l'importanza che rivestono, per i patrimoni dei singoli e delle famiglie, i cespiti stranieri. Qualche cifra basta a dare l'idea del rilievo dei fattori testé evocati in un paese come l'Italia.

L'Italia è ancora uno dei grandi attori del commercio internazionale. Nel 2018, stando alle rilevazioni dell'Organizzazione Mondiale del Commercio, figurava al nono posto nella classifica mondiale dei paesi esportatori e all'undicesimo dei paesi importatori per valore delle merci scambiate (quanto ai servizi occupava rispettivamente il quattordicesimo e il dodicesimo posto per valore dei servizi forniti e ricevuti). L'Annuario statistico dell'Istat e dell'Ice informa che quell'anno le imprese esportatrici erano 123.410, le importatrici 90.303, e che il rapporto tra fatturato c.d. estero e fatturato complessivo (vale a dire, la loro propensione all'esportazione) era pari nell'insieme al 30,7%, raggiungendo il 46,2% nel settore delle manifatture.

Quanto ai movimenti migratori, l'Italia continua ad essere la meta di consistenti flussi dall'estero. All'inizio del 2021, i residenti in Italia in possesso di una cittadinanza straniera erano, secondo l'Istat, poco più di cinque milioni, una cifra in linea con la media dei dieci anni precedenti. Assai consistenti, e per di più in crescita, sono per contro i flussi in uscita. A fine 2018, il numero di italiani stabilmente residenti all'estero, iscritti all'apposita anagrafe, istituita con la legge 27 ottobre 1988, n. 470, era anch'esso di poco superiore, secondo il Ministero dell'interno, ai cinque milioni. A questi vanno aggiunti i molti emigrati non iscritti a tale anagrafe: nel 2016, per esempio, questa contava 283.151 italiani nel Regno Unito, mentre la rete consolare – secondo fonti giornalistiche – stimava che i connazionali stabilmente nel paese fossero circa seicentomila. La mobilità internazionale delle persone è del resto un fenomeno multiforme. Per misurarne la dimensione vanno considerati anche i frontalieri, quelli, cioè, che pur mantenendo la residenza in Italia, si recano regolarmente per lavoro oltre confine. I frontalieri italiani in Svizzera, per esempio, superavano nel 2020, stando all'Ufficio federale di statistica svizzero, le ottantamila unità.

Circa i patrimoni personali e familiari, basti dire che nel 2017, stando all'Agenzia delle Entrate, la ricchezza detenuta all'estero dai contribuenti italiani (disponibilità liquide in conti correnti, strumenti finanziari, beni immobili, etc.) superava i 217 miliardi di Euro, e faceva capo a più di centocinquantamila persone.

Bibliografia

In generale

BODEN D., *Erga: Contribution sémantique et lexicale à une étude unifiée des relations entre ordres juridiques*, in *Revue critique de droit international privé*, 2021, p. 5 ss.

ELHOUEISS J.-E., *L'élément d'extranéité préalable en droit international privé*, in *Journal du droit international*, 2003, p. 39 ss.

MILLS A., *The Confluence of Public and Private International Law*, Cambridge University Press, 2009.

MUIR WATT H., FERNÁNDEZ ARROYO D.P. (a cura di), *Private International Law and Global Governance*, Oxford University Press, 2014.

RUIZ ABOU-NIGM V., MCCALL K., FRENCH D. (a cura di), *Linkages and Boundaries in Private and Public International Law*, Hart, 2018.

WAI R., *Transnational Liftoff and Juridical Touchdown: The Regulatory Function of Private International Law in an Era of Globalization*, in *Columbia Journal of Transnational Law*, 2002, pp. 209-274.

ZUMBANSEN P., *Transnational Law: Theories and Applications*, in P. ZUMBANSEN (a cura di), *The Oxford Handbook of Transnational Law*, Oxford University Press, 2021, pp. 3-30.

Spunti per approfondire

CALZOLAIO E., *Comparazione giuridica e diritto internazionale privato: spunti di riflessione*, in G. CONTALDI, F. MARONGIU BUONAIUTI, M.I. PAPA, A. ZANOBETTI (a cura di), *Liber amicorum Angelo Davì*, Editoriale Scientifica, 2019, pp. 57-77.

CAMPIGLIO C., *Identità culturale, diritti umani e diritto internazionale privato*, in *Rivista di diritto internazionale*, 2011, pp. 1029-1064.

DAVÌ A., *Il riconoscimento delle situazioni giuridiche costituite all'estero nella prospettiva di una riforma del sistema italiano di diritto internazionale privato*, in *Rivista di diritto internazionale*, 2019, pp. 319-419.

FRANZINA P., *The Integrated Approach to Private and Public International Law – A Distinctive Feature of Italian Legal Thinking*, in G. BARTOLINI (a cura di), *A History of International Law in Italy*, Oxford University Press, 2020, pp. 262-282.

KADNER GRAZIANO T., *Private International Law in Legal Education in Europe and Selected Other Countries*, in J. VON HEIN, E.-M. KIENINGER, G. RÜHL (a cura di), *How European is European Private International Law?*, Intersentia, 2019, pp. 333-354.

MICHAELS R., *Private International Law and the Question of Universal Values*, in F. FERRARI, D.P. FERNÁNDEZ ARROYO (a cura di), *Private International Law – Contemporary Challenges and Continuing Relevance*, Edward Elgar, 2019, pp. 149-177.

Capitolo II

Le fonti e il loro coordinamento

Sommario: 1. A colpo d'occhio. – 2. Le fonti interne: la legge n. 218/1995: (a) Oggetto e portata applicativa della legge del 1995; (b) Vicende della legge successive alla sua adozione; (c) La legge n. 218/1995 e il diritto internazionale privato uniforme. – 3. Il diritto internazionale privato uniforme: considerazioni generali: (a) Ragioni dell'unificazione; (b) Attori e luoghi del processo di unificazione. – 4. Il diritto internazionale privato convenzionale. – 5. Il diritto internazionale privato dell'Unione europea: (a) Diritto internazionale privato e integrazione economica regionale; (b) Diritto internazionale privato e circolazione delle persone; (c) Portata e fondamento della competenza dell'Unione; (d) I due versanti, interno ed esterno, dell'azione dell'Unione; (e) Le forme di integrazione differenziata; (f) Caratteristiche comuni delle norme dell'Unione; (g) L'influenza del diritto dell'Unione oltre l'ambito del diritto derivato. – 6. La «cura» dei testi uniformi. – 7. Rapporti tra norme poste da fonti diverse: (a) Il carattere cedevole delle norme interne di fronte alle convenzioni; (b) Il primato del diritto dell'Unione sulle norme interne; (c) Il rapporto fra diritto derivato dell'Unione e convenzioni dell'Unione; (d) Il rapporto fra diritto dell'Unione e convenzioni degli Stati membri; (e) Le clausole di compatibilità e di disconnessione.

1. A colpo d'occhio

Le norme di diritto internazionale privato che si applicano in Italia discendono da fonti diverse. Alcune sono prodotte da fonti interne, altre si incontrano in convenzioni internazionali in vigore per l'Italia, altre ancora in misure legislative dell'Unione europea e in convenzioni concluse da quest'ultima.

Il quadro è, sotto questo profilo, piuttosto complesso. Beninteso, l'operatore giuridico italiano si imbatte in norme convenzionali e in norme europee anche in altri settori. In nessun'altra area del diritto, tuttavia, le fonti diverse da quelle interne occupano uno spazio tanto esteso come nel diritto internazionale privato e rivestono il rilievo che hanno in quest'ambito.

Consapevoli dei limiti del particolarismo, cioè della diversità delle regole nazionali, gli Stati cooperano fra loro da decenni per unificare il diritto internazionale privato. Quella realizzata sin qui è peraltro un'unificazione parziale, affidata a testi di portata circoscritta. Le regole uniformi affrontano quasi sempre specifici problemi, spesso in relazione a particolari aree della materia: ad esempio la legge applicabile ai contratti (solo la legge applicabile, solo ai contratti), oppure l'assistenza in materia di notifiche (solo in tema di notifiche, nient'altro). Non esiste, insomma, una disciplina uniforme a carattere organico. Esistono piuttosto degli strumenti settoriali, caratterizzati da una portata più o meno vasta.

Conviene passare dapprima in rassegna le varie fonti singolarmente, per poi affrontare le questioni che insorgono allorché la fattispecie rientri, almeno *prima facie*, nella sfera di norme prodotte da fonti diverse.

2. Le fonti interne: la legge n. 218/1995

In Italia, le norme di diritto internazionale privato di matrice interna – quelle «di diritto comune», come si dice – sono raccolte perlopiù nella legge n. 218/1995, recante la riforma del sistema italiano di diritto internazionale privato.

(a) Oggetto e portata applicativa della legge del 1995

Come indica l'art. 1, la legge del 1995 «determina l'ambito della giurisdizione italiana, pone i criteri per l'individuazione del diritto applicabile e disciplina l'efficacia delle sentenze e degli atti stranieri». Quella racchiusa nella legge n. 218/1995 è, in definitiva, una disciplina a carattere organico, integrale: le sue norme affrontano tutti i problemi del diritto internazionale privato (anche quello dell'assistenza giudiziaria, anche se l'art. 1 non lo dice in modo esplicito) e lo fanno con riguardo all'intero spettro del diritto privato. Poche sono le norme internazionalprivatistiche di fonte interna collocate in altre testi. Fra queste, ad esempio, gli articoli 11 e 26 del decreto legislativo 12 gennaio 2019, n. 14, recante il codice della crisi d'impresa e dell'insolvenza, che stabiliscono in quali casi spetti al giudice italiano provvedere all'apertura di una procedura per la regolazione della crisi o dell'insolvenza disciplinata dallo stesso codice.

L'ampiezza della sfera applicativa della legge del 1995 non deve trarre in inganno. Dato che le norme interne «cedono» a quelle uniformi, come si dirà a tempo debito, la disciplina di molte fattispecie va cercata, in realtà, nelle pertinenti convenzioni internazionali o nelle misure dell'Unione applicabili al caso.

Entrata in vigore in due tempi (il 1° settembre 1995 per l'insieme delle sue disposizioni, il 31 dicembre 1996 per le norme sull'efficacia delle decisioni e l'assistenza giudiziaria), la legge n. 218/1995 consta di cinque titoli. Il primo descrive l'oggetto della legge e tratta dei rapporti fra le fonti; il secondo reca le norme generali in tema di giurisdizione; il terzo tratta del problema della legge applicabile, dedicandovi tanto delle norme generali quanto delle norme relative a specifici settori (spesso integrate da norme sulla giurisdizione relative ai medesimi settori); il quarto titolo riguarda l'efficacia delle sentenze e degli atti stranieri e l'assistenza giudiziaria; il quinto detta norme transitorie e finali.

(b) Vicende della legge successive alla sua adozione

La legge del 1995 ha conosciuto, nel tempo, relativamente poche modifiche. Le più significative sono maturate nell'ambito di riforme di più ampio respiro, come quella della filiazione: il decreto legislativo delegato 28 dicembre 2013, n.

154, adottato per dar corso in vari settori alla riforma della filiazione di cui alla legge 10 dicembre 2012, n. 219, è intervenuto, fra le altre cose, sulle disposizioni in materia di filiazione della legge n. 218/1995. Anche l'istituzione delle unioni civili, nel 2016, ha reso necessario emendare la legge del 1995. Vi ha provveduto il decreto legislativo 19 gennaio 2017, n. 7.

La relativa stabilità che ha conosciuto la legge n. 218/1995 si spiega, in parte, alla luce del ricordato carattere cedevole delle sue disposizioni. Il legislatore italiano non ha dovuto mettere mano troppo spesso alla legge perché intere porzioni del testo hanno semplicemente cessato di operare a seguito dell'entrata in vigore di convenzioni e atti dell'Unione. Le novità, in altri termini, sono soprattutto venute da fuori, portate da testi che si sono imposti sulle norme interne senza che queste dovessero essere abrogate o modificate. Un esempio per tutti: le norme della legge n. 218/1995 in tema di successioni *mortis causa* sono oggi quasi del tutto inoperanti, pur restando in vigore, giacché si applica al loro posto un atto dell'Unione, il regolamento n. 650/2012 sulle successioni a causa di morte.

(c) La legge n. 218/1995 e il diritto internazionale privato uniforme

L'erosione del diritto internazionale privato di fonte interna, particolarmente rapida nei primi quindici anni di questo secolo, era già cospicua, per la verità, prima della legge del 1995. Vari accorgimenti sono stati adottati già allora dal legislatore per raccordare la riforma agli sviluppi del diritto uniforme. È bene ricordarne tre.

Innanzitutto, la legge dichiara all'art. 2 che le disposizioni in essa contenute «non pregiudicano l'applicazione delle convenzioni internazionali in vigore per l'Italia» (all'epoca, il diritto internazionale privato uniforme era solo convenzionale: l'Unione avrebbe preso a legiferare in questo campo solo più tardi). Di fatto, la norma si propone di mettere ordine in un paesaggio normativo già allora affollato, risolvendo in partenza i conflitti suscettibili di insorgere al suo interno. Si parlerà di questa disposizione più avanti, trattando del coordinamento fra le fonti.

Il secondo accorgimento è consistito nel trarre ispirazione dalle norme uniformi per rinnovare il diritto internazionale privato «comune». Ad esempio, il principio del riconoscimento automatico delle sentenze straniere, la cui introduzione sul piano interno si deve proprio alla riforma del 1995, riprende, con diverse varianti, una soluzione adottata, in origine, dalla convenzione di Bruxelles del 27 settembre 1968 sulla competenza giurisdizionale e l'esecuzione delle decisioni in materia civile e commerciale [1].

In terzo luogo, in taluni settori, la legge n. 218/1995, anziché prendere semplicemente a modello i testi uniformi, ha fatto proprio il contenuto di alcuni di essi, affidando loro la disciplina di situazioni estranee al loro campo di applicazione. Si tratta del più originale dei tre accorgimenti e, al tempo stesso, del più problematico. Va esaminato più da vicino.

---

[1] Attuata in Italia con legge 21 giugno 1971, n. 804.

Alcune disposizioni della riforma prevedono che certe convenzioni in vigore per l'Italia siano applicabili «in ogni caso» alle situazioni rientranti in determinati settori. È il caso, ad esempio, dell'art. 57 della legge n. 218/1995, sulla legge applicabile ai contratti. La disposizione non detta alcun criterio per individuare la legge regolatrice dei contratti. Si limita a stabilire che le obbligazioni contrattuali «sono in ogni caso regolate dalla convenzione di Roma del 19 giugno 1980 sulla legge applicabile alle obbligazioni contrattuali, resa esecutiva con la legge 18 dicembre 1984, n. 975». Ora, al momento dell'adozione della legge del 1995, la convenzione di Roma era in vigore per l'Italia da oltre quattro anni, e aveva ricevuto piena attuazione sul piano interno (tramite la legge del 1984 che lo stesso art. 57 si preoccupa di menzionare). Era, insomma, uno strumento già operante nell'ordinamento italiano, applicabile per forza propria alle fattispecie ricomprese nella sua sfera. A che fine, dunque, è stata richiamata?

Il senso dell'operazione risiede nell'inciso «in ogni caso». La convenzione non detta una disciplina esaustiva dei conflitti di leggi in materia di contratti. Dichiara espressamente di non volersi occupare di certi aspetti del fenomeno contrattuale, lasciando liberi i singoli Stati contraenti – anche l'Italia, dunque – di colmare quei vuoti come credono. Ebbene, il legislatore italiano del 1995 ha deciso di far uso di questa libertà per assoggettare gli aspetti non disciplinati dalla convenzione alle stesse norme della convenzione: dichiarandola applicabile «in ogni caso», il legislatore ha stabilito, in altre parole, che il regime della convenzione opera, in Italia, anche in relazione a casi che tale regime, di per sé, non pretende di regolare, purché comunque relativi alla materia contrattuale e non oggetto di norme più specifiche. Si dirà meglio più avanti quali siano precisamente queste fattispecie, e che cosa implichi per esse il rinvio disposto dall'art. 57 della legge[2].

L'intento di questo e di simili rinvii operati dalla legge del 1995 è quello di mettere in comunicazione fra loro le norme interne e quelle uniformi, allineandone i contenuti e riducendo, così, il grado di complessità del quadro di insieme. Sull'attuazione di questo disegno hanno pesato due criticità.

Da un lato, la funzione «estensiva» del rinvio «in ogni caso» è stata spesso fraintesa dagli operatori. In molti casi, per esempio, la giurisprudenza ha invocato l'art. 57 della legge n. 218/1995 per giustificare il ricorso alla convenzione di Roma in casi nei quali questa era pacificamente applicabile per forza propria. Il malinteso, anche se privo talora di conseguenze pratiche, ha contribuito ad alimentare una confusione – questa, invece, assai pericolosa – sui rapporti tra le fonti.

Dall'altro lato, e soprattutto, è accaduto che alcuni dei richiami compiuti dal legislatore siano divenuti obsoleti. Alcuni dei testi richiamati sono stati infatti sostituiti da testi nuovi. Simili avvicendamenti, in sé normali, avrebbero richiesto un legislatore sensibile alla «cura» delle proprie leggi. Quello italiano, invece, non ha quasi mai ritenuto di dover aggiornare i rinvii formulati nel 1995. Il caso dell'art.

---

[2] Parte terza, Capitolo II, § 17.

57 è emblematico anche sotto questo aspetto: la convenzione di Roma del 1980 è stata sostituita, a partire dal 2009, dal regolamento n. 593/2008, del 17 giugno 2008, sulla legge applicabile alle obbligazioni contrattuali, noto anche come regolamento Roma I. Il testo dell'art. 57 è però rimasto inalterato. Ciò ha costretto gli interpreti a stabilire se il richiamo ivi stabilito dovesse ancora essere inteso in senso «storico», cioè come riferito alla convenzione, o esigesse piuttosto una lettura evolutiva, implicante un richiamo al regolamento. Interrogativi di questo genere, ripropostisi anche per altri rinvii effettuati dalla legge, hanno ricevuto in dottrina e in giurisprudenza risposte diverse. Si sono manifestate delle divergenze anche in relazione ai rinvii per i quali il legislatore si era rappresentato la possibilità di una modifica del testo convenzionale richiamato: l'art. 3, co. 2, della legge n. 218/1995, di cui si parlerà diffusamente più avanti, richiama (senza la formula «in ogni caso» ma sempre a fini «espansivi») alcuni dei criteri contenuti nella già citata convenzione di Bruxelles del 1968, precisando che tale richiamo deve intendersi fatto anche alle «successive modificazioni» di tale convenzione, se in vigore per l'Italia. Quando la convenzione di Bruxelles è stata sostituita dal regolamento n. 44/2001, divenuto applicabile nel 2002, la formula appena ricordata si è dimostrata incapace di fornire agli operatori la chiarezza di cui avevano bisogno. Il legislatore, che pure avrebbe potuto risolvere ogni cosa con una legge di una riga, non ha da allora trovato il tempo di mettere mano alla questione.

3. Il diritto internazionale privato uniforme: considerazioni generali

Le norme di diritto internazionale privato di fonte interna producono per definizione delle risposte «relative»: dicono, cioè, quale soluzione debba ricevere uno dei quattro problemi di cui si occupa la disciplina (quale giudice è competente, quale legge si applica, come circolano le decisioni, come avviene la cooperazione internazionale), ove questo venga affrontato dal punto di vista dell'ordinamento a cui tali norme appartengono, e solo da quello. Per sapere come il medesimo problema verrebbe risolto dalle autorità di un ordinamento diverso bisogna assumere la prospettiva di tale diverso ordinamento e interrogarne le norme di diritto internazionale privato.

(a) Ragioni dell'unificazione

Nella misura in cui le norme di diritto internazionale privato dello Stato A sono diverse da quelle dello Stato B, è dunque possibile che il medesimo problema riceva una data soluzione se osservato dall'angolatura del primo Stato e una soluzione differente se esaminato dall'angolatura del secondo.

Quando a differire sono le norme sulla competenza giurisdizionale, possono verificarsi dei «conflitti di giurisdizione», positivi o negativi. Si ha un conflitto positivo quando le autorità di due o più Stati si considerano tutte legittimate a pronunciarsi sul caso: se le autorità di più Stati decidono il caso nel merito, è possibile che le loro decisioni siano diverse, se non contraddittorie. Ricorre invece un conflitto negativo quando nessuno degli Stati con cui la fattispecie è collegata si considera competente a decidere la situazione. Si profila, allora, un diniego di giustizia.

Se sono diverse le norme relative alla legge applicabile, è possibile che agli occhi delle autorità dello Stato A la fattispecie sia soggetta a una legge diversa da quella ritenuta applicabile dalle autorità dello Stato B. Se il contenuto materiale delle due leggi è differente, è possibile che le posizioni giuridiche degli interessati si rivelino esistenti o inesistenti, tutelabili o non tutelabili, a seconda dello Stato dalla cui prospettiva vengano osservate. Ad esempio, può accadere che Calpurnia e Filano debbano considerarsi marito e moglie se il loro matrimonio viene osservato dall'angolatura dello Stato A (le cui norme di conflitto richiamano una legge che considera valido il matrimonio), mentre debbano considerarsi giuridicamente due estranei dall'angolatura dello Stato B (perché le norme di conflitto di B conducono all'applicazione di una legge che qualifica il loro matrimonio come nullo). Per alludere a questo stato di cose si parla di discontinuità delle posizioni giuridiche nello spazio, o di situazioni «claudicanti».

Se a differire sono le norme sull'efficacia delle decisioni, è possibile che la medesima decisione, resa nello Stato C, sia riconoscibile in A e non lo sia in B. Può del resto accadere che mentre lo Stato A apre le proprie porte alle decisioni rese nello Stato B, quest'ultimo non faccia altrettanto con le omologhe decisioni provenienti da A. Anche questo mette in forse la continuità spaziale delle situazioni attraverso le frontiere.

Considerazioni analoghe, con gli adattamenti del caso, valgono per le norme sull'assistenza giudiziaria. Se le autorità dello Stato A sono disposte a cooperare con le autorità straniere, comprese quelle dello Stato B, mentre queste ultime si negano a simili richieste, i due Stati faranno verosimilmente fatica a dialogare fra loro per l'amministrazione di casi di interesse comune.

Vari accorgimenti possono essere adottati per mitigare gli inconvenienti provocati dal particolarismo delle regole di diritto internazionale privato di matrice interna. Alcuni di tali accorgimenti sono responsabili a loro volta di qualche criticità. L'unica strategia radicale volta a contenere, o eliminare, i difetti del particolarismo consiste nell'introduzione di regole di diritto internazionale privato internazionalmente uniformi. Unificando le norme sulla giurisdizione operanti nello Stato A e nello Stato B si annulla, virtualmente, il rischio che si verifichino dei conflitti positivi di giurisdizione. Se si unificano in quei due Stati anche le norme sulla legge applicabile, ci si assicura che il medesimo rapporto venga valutato in base alla medesima legge – e dunque negli stessi termini – a prescindere dal fatto che ad occuparsene siano le autorità dell'uno o dell'altro paese.

A ben guardare, l'adozione di regole uniformi di diritto internazionale privato produce un risultato che va al di là dei vantaggi appena ricordati: gli Stati che mettono in comune le rispettive regole di diritto internazionale privato sono Stati che di fatto, per questa via, rendono più agevole e più giuridicamente sicura la vita delle persone e delle imprese con interessi distribuiti fra tali Stati. Il diritto uniforme «fluidifica» la vita di relazione internazionale, mitigando gli ostacoli insiti nel particolarismo delle regole nazionali.

Nessuno Stato è tenuto a rinunciare alle proprie regole di diritto internazionale privato per servirsi di regole uniformi. Gli Stati che decidono di servirsi di regole uniformi lo fanno perché le ritengono vantaggiose.

Diversi sono i fattori che possono pesare sulle scelte che gli Stati compiono a questo proposito. Si prenda, ad esempio, la convenzione Unidroit del 24 giugno 1995 sulla restituzione dei beni culturali rubati o illecitamente esportati. Il suo scopo è quello di migliorare la cooperazione fra gli Stati contraenti in funzione del contrasto al traffico illecito di beni culturali. La convenzione detta delle regole uniformi di cui può avvalersi, ad esempio, il proprietario di un bene culturale rubato che intenda agire in giudizio per recuperarlo all'estero, da chi ne ha il possesso. Rientra fra queste una norma che disciplina in modo uniforme, negli Stati contraenti, la giurisdizione a conoscere di tali azioni. L'esistenza di una simile norma riduce il rischio di conflitti di giurisdizione e accresce l'efficienza dell'azione di recupero. Un paese come l'Italia, con un ingentissimo patrimonio storico e culturale, ha ovviamente interesse alla predisposizione di strumenti capaci di rendere più efficace a livello internazionale la protezione del suo patrimonio culturale, anche attraverso gli strumenti del diritto privato.

(b) Attori e luoghi del processo di unificazione

Il diritto internazionale privato può essere unificato con mezzi diversi. Gli Stati interessati possono, in particolare, concludere fra loro delle convenzioni, o trattati: convenzioni che danno vita a norme uniformi, che istituiscono un'organizzazione incaricata di facilitare l'elaborazione di norme siffatte, o ancora convenzioni che attribuiscono a un'organizzazione il potere di adottare essa stessa delle norme uniformi di questo tipo.

La prima via, quella implicante l'adozione di trattati recanti norme di diritto internazionale privato uniforme senza la mediazione di un'organizzazione, è la più semplice e diretta. Si è soliti distinguere fra trattati bilaterali e multilaterali, a seconda che l'accordo sia pensato per vincolare solo due Stati oppure una pluralità di Stati. Italia e Cina, per esempio, hanno stipulato fra loro, il 20 maggio 1991, una convenzione bilaterale che detta delle regole uniformi sul reciproco riconoscimento delle sentenze.

La seconda via, quella che comporta la creazione di organizzazioni incaricate di agevolare l'unificazione del diritto, è responsabile della parte più cospicua delle norme uniformi che popolano la materia. La principale organizzazione costituita a questo scopo è la Conferenza dell'Aja di diritto internazionale privato, ma varie altre organizzazioni hanno contribuito e tuttora contribuiscono alla stesura di testi uniformi che riguardano (anche) il diritto internazionale privato: fra esse la Commissione internazionale dello stato civile, il Consiglio d'Europa e l'Unidroit cioè l'Istituto internazionale per l'unificazione del diritto privato.

La Conferenza dell'Aja, l'unica su cui è possibile in questa sede spendere qualche parola, ha il compito – come si legge all'art. 1 del suo statuto – di lavorare alla progressiva unificazione delle regole di diritto internazionale privato.

Eretta in organizzazione permanente nel 1955, la Conferenza esiste in realtà da oltre un secolo: nel 1893 fu convocato sotto questo nome il primo di una serie di incontri diplomatici volti alla messa a punto di testi uniformi di diritto internazionale privato. Oggi la Conferenza conta novanta membri (ottantanove Stati, fra cui l'Italia, e un'organizzazione internazionale, l'Unione europea).

La Conferenza opera perlopiù avviando e organizzando fra i suoi membri la discussione di progetti di convenzioni multilaterali. Gli Stati membri della Conferenza sono autorizzati, a questo titolo, a partecipare alle trattative per l'elaborazione di nuove convenzioni, ma non sono tenuti a ratificare le convenzioni adottate all'esito di tali trattative. Prendendo parte al negoziato, tuttavia, ciascuno di essi si dà l'opportunità di influenzare la fisionomia dei testi in discussione. Una convenzione che riflette il punto di vista dei vari Stati è, in effetti, una convenzione che ha più *chances* di rivelarsi utile e opportuna ai loro occhi.

Sono sortite dalla Conferenza, da quando questa ha assunto carattere permanente, una quarantina di convenzioni. L'Italia ne ha concluse diciannove.

La terza via che gli Stati possono percorrere per unificare il diritto internazionale privato, quella che prefigura il trasferimento ad un'organizzazione del potere di adottare delle norme uniformi, è quella più complessa e la più politicamente impegnativa. Sin qui, l'unica organizzazione a cui sia stato attribuito un potere di questo genere è l'Unione europea. Concludendo il trattato di Amsterdam del 2 ottobre 1997, gli Stati membri dell'Unione hanno affidato all'Unione stessa (allora, alla Comunità europea) il potere di adottare delle misure – anche di carattere legislativo – nel settore della «cooperazione giudiziaria in materia civile», che oggi forma l'oggetto dell'art. 81 del trattato sul funzionamento dell'Unione europea, inserito nel titolo V, relativo allo «spazio di libertà, sicurezza e giustizia» che l'Unione stessa ha il compito di realizzare.

4. Il diritto internazionale privato convenzionale

Due o più Stati, come detto, possono concludere fra loro una convenzione internazionale che rechi norme uniformi. Divenendone parti, si obbligano a far sì che le questioni oggetto della convenzione vengano decise dalle rispettive autorità secondo le norme ivi stabilite.

I trattati sono accordi conclusi per iscritto, regolati dal diritto internazionale, con cui due o più Stati, o organizzazioni internazionali, assumono reciprocamente diritti e obblighi. Si tratta di posizioni che fanno capo solamente alle parti del trattato: la sfera degli Stati terzi, salvo eccezioni che qui non rilevano, non ne è incisa.

La formazione di una convenzione implica un negoziato, più o meno lungo e complesso, che si conclude con l'adozione del testo. Come dice l'art. 9 della convenzione di Vienna del 23 maggio 1969 sul diritto dei trattati[3], l'adozione presuppone il consenso di tutti gli Stati che hanno partecipato all'elaborazione del testo. L'adozione, tuttavia, non esprime il consenso degli Stati ad assumere gli obblighi e a far propri i diritti previsti dalla convenzione: il consenso necessario a tale scopo deve essere espresso con modalità particolari, tipicamente con la ratifica.

La Costituzione italiana riserva al Capo dello Stato il compito di ratificare i trattati. La ratifica di alcuni trattati – di fatto, tutti i trattati relativi al diritto internazionale privato – va preventivamente autorizzata dalle Camere, ai sensi dell'art. 80 della Costituzione.

I trattati entrano in vigore al verificarsi delle condizioni ivi previste. Di solito, quando si parla di convenzioni multilaterali, occorre che il trattato abbia fatto l'oggetto di un certo numero di ratifiche. Per esempio, con riferimento alla convenzione di Monaco del 5 settembre 1980 sulla legge applicabile ai nomi e ai prenomi[4] è stato necessario attendere tre ratifiche: la convenzione è entrata in vigore tre mesi dopo la terza.

Come ogni norma, anche le norme convenzionali nascono, vivono e muoiono. Varie sono le circostanze nelle quali un trattato cessa di produrre i suoi effetti. Uno Stato vincolato da una convenzione può per esempio «denunciarla», cioè dichiarare di non volerne più essere parte. La convenzione cesserà allora di produrre i suoi effetti nei confronti di quello Stato alle condizioni di solito previste dalla convenzione stessa. La cessazione degli effetti di un trattato coincide in molti casi con l'entrata in vigore di un nuovo trattato concepito per sostituirlo: la convenzione dell'Aja del 19 ottobre 1996 concernente la competenza, la legge applicabile, il riconoscimento, l'esecuzione e la cooperazione in materia di responsabilità dei genitori e delle misure di protezione dei minori[5], ad esempio, ha sostituito la convenzione dell'Aja del 5 ottobre 1961 sul medesimo tema nei rapporti fra gli Stati vincolati da entrambi gli strumenti.

Non è infrequente che, nel ratificare una convenzione, gli Stati vi appongano delle riserve o formulino delle dichiarazioni, a vari fini e con vari effetti. La riserva è una dichiarazione unilaterale mediante la quale uno Stato indica di non voler essere vincolato da una data disposizione della convenzione, o di sottrarsi ad uno o più dei suoi effetti. Le condizioni di ammissibilità di simili dichiarazioni sono in genere definite nella convenzione di cui trattasi. La loro funzione consiste nel conferire al regime uniforme un certo grado di flessibilità (una uniformità assoluta potrebbe spingere qualche Stato a non ratificare il trattato). Ad esempio, la convenzione dell'Aja del 15 novembre 1965 relativa alla notifica di atti giudiziari ed extra-giudiziali in materia civile e commerciale[6] ammette che le autorità di uno

---

[3] Attuata in Italia con legge 12 febbraio 1974, n. 112.

[4] Attuata in Italia con legge 19 novembre 1984, n. 950.

[5] Attuata in Italia con legge 18 giugno 2015, n. 101.

[6] Attuata in Italia con legge 6 febbraio 1981, n. 42.

Stato contraente possano servirsi della posta per effettuare una notifica in un altro Stato contraente, a meno che quest'ultimo dichiari di opporvisi. L'Italia non ha fatto alcuna dichiarazione al riguardo; altri Stati, invece, come l'India e il Giappone, si sono avvalsi di tale facoltà. Le autorità italiane, pertanto, non possono invocare la convenzione del 1965 per notificare un atto in tali paesi tramite la posta.

Le convenzioni internazionali recanti norme uniformi di diritto internazionale privato sono pensate per produrre i loro effetti soprattutto davanti alle autorità degli Stati contraenti: giudici, ufficiali di stato civile, funzionari consolari, etc. Sorge, alla luce di ciò, l'esigenza di dare attuazione alle norme in questione sul piano interno, adattandovi le norme statali. In genere, l'ordinamento italiano si adatta alle convenzioni di diritto internazionale privato mediante un procedimento c.d. speciale, o di rinvio. Per ogni convenzione da attuare in questo modo viene emesso un ordine di esecuzione, cioè un provvedimento (impartito quasi immancabilmente con una legge, di solito la stessa che provvede, a monte, ad autorizzare la ratifica) mediante il quale viene data «piena ed intera esecuzione» alla convenzione in questione. Gli operatori interni sono allora tenuti ad applicare le norme racchiuse nella convenzione in virtù di quell'ordine.

La possibilità di ricorrere al procedimento speciale discende dalla circostanza che le convenzioni di diritto internazionale privato uniforme contengono, perlopiù, delle norme *self-executing*: norme, cioè, formulate in modo tale da poter trovare applicazione in ambito interno senza che occorra l'elaborazione di norme aggiuntive che ne completino i contenuti o ne precisino gli effetti. Presentano questo carattere, per esempio, gli articoli 12 e 13 della convenzione dell'Aja del 25 ottobre 1980 sugli aspetti civili della sottrazione internazionale di minori[7]. Vi si prevedono le condizioni alle quali può essere ordinato il ritorno in uno Stato contraente di un minore illecitamente trasferito o trattenuto in un altro Stato contraente: le «istruzioni» di cui le autorità statali possono aver bisogno in relazione a questi casi si rinvengono già tutte in tali disposizioni.

Le norme convenzionali, quantunque attuate sul piano interno in virtù di un provvedimento nazionale, quale l'ordine di esecuzione, debbono essere trattate dall'operatore giuridico interno come tali. La loro interpretazione non obbedisce ai canoni dell'ordinamento interno (in Italia, quelli dell'art. 12 delle preleggi), ma alle regole stabilite a questo fine dall'ordinamento internazionale, codificate nell'art. 31 e seguenti della convenzione di Vienna del 1969 sul diritto dei trattati. Il rilievo dato da queste regole allo scopo e all'oggetto del trattato impone all'interprete di vigilare affinché le disposizioni ivi contenute non siano ricostruite in modo diverso nei vari Stati contraenti: avrebbero in effetti poco senso gli sforzi fatti per pervenire a un enunciato normativo che si vuole comune a più Stati, se poi a quell'enunciato viene attribuito nei diversi Stati un senso differente. Il rischio che ciò avvenga è particolarmente elevato con le convenzioni riguardanti il diritto in-

[7] Attuata in Italia con legge 15 gennaio 1994, n. 64.

ternazionale privato, perché esse impiegano delle espressioni tecniche comunemente utilizzate anche nelle norme interne («contratto», «successione», etc.), ma non necessariamente intese dappertutto allo stesso modo.

Nell'accostarsi alle espressioni che si incontrano in una convenzione, l'interprete non può presumere che esse rivestano il significato loro attribuito nell'ordinamento in cui lui stesso opera. Salvo non vi siano speciali ragioni per pensare diversamente, le formule tecnico-giuridiche impiegate da un testo uniforme vanno intese, come si dice, in modo autonomo: devono essere ricostruite avendo riguardo agli scopi della norma in cui sono inserite e alla luce del loro contesto, a prescindere dal fatto che, per questa via, tali espressioni possano finire con l'avere, agli effetti di quel testo, un significato diverso da quello che possiedono nel sistema nazionale.

L'art. 2 della legge n. 218/1995 rispecchia questa preoccupazione là dove dispone di tener conto, nell'interpretazione delle convenzioni in vigore per l'Italia, «del loro carattere internazionale e dell'esigenza della loro applicazione uniforme».

5. Il diritto internazionale privato dell'Unione europea

Le norme di diritto internazionale privato che si applicano oggi in Italia derivano, per una parte consistente, da atti normativi dell'Unione europea basati sulla competenza che gli Stati membri, come detto, hanno deciso di attribuire a quest'ultima nel 1997, nel campo della cooperazione giudiziaria in materia civile.

Per comprendere il senso e la portata dell'opera dell'Unione in questo contesto conviene dar conto innanzitutto delle ragioni che hanno spinto a «comunitarizzare» il diritto internazionale privato. Si parlerà poi della estensione e delle modalità di esercizio della competenza dell'Unione in questo ambito, e di alcune caratteristiche generali delle norme basate su tale competenza. Si accennerà, da ultimo, all'influenza che esercita il diritto dell'Unione sul diritto internazionale privato degli Stati membri al di fuori dei campi coperti da specifici atti di diritto derivato.

(a) Diritto internazionale privato e integrazione economica regionale

Il mercato interno, per usare la definizione dell'art. 26, par. 2, del trattato sul funzionamento dell'Unione europea, è uno spazio senza frontiere interne, esteso all'insieme degli Stati membri dell'Unione, nel quale è assicurata la libera circolazione delle merci, delle persone, dei servizi e dei capitali. Si tratta di uno spazio economicamente integrato, ma giuridicamente plurale. Le relazioni che uniscono fra loro gli attori economici – le imprese con altre imprese, le imprese con i loro dipendenti, con i consumatori, con banche e assicurazioni, etc. – formano l'oggetto di regole sostanziali che variano da uno Stato all'altro, e di procedimenti giudiziari suscettibili di svolgersi ora in uno Stato membro ora in un altro, secondo norme processuali assai diverse a seconda del paese considerato.

L'Unione europea non possiede una competenza generale per armonizzare il diritto privato e il diritto processuale civile. Può introdurre norme uniformi in specifici settori (quello dei trasporti, ad esempio). Più in generale, ai sensi dell'art. 114 del trattato sul funzionamento dell'Unione, può ravvicinare le legislazioni degli Stati membri ove ciò sia necessario alle esigenze del mercato interno. Non può, però, spingersi oltre. Di fatto, malgrado l'esistenza di molte norme uniformi, ogni Stato continua ad avere un proprio diritto dei contratti e della responsabilità civile, un proprio diritto della crisi di impresa, un proprio diritto processuale civile, etc.

La diversità delle norme sostanziali e processuali nazionali pone le imprese e gli altri protagonisti della vita economica di fronte a un caleidoscopio di scenari non appena varcano l'orizzonte del proprio paese e operano sul piano internazionale. Le pretese invocate da X nei confronti di Y potrebbero essere fondate, o non esserlo, a seconda della legge applicabile al rapporto che li lega; e ove pure ne fosse certa la fondatezza, la loro tutela potrebbe essere più facile o più difficile (più economica o più cara) a seconda che ad occuparsene siano i giudici di un certo Stato o quelli di un altro.

Spetta alle norme di diritto internazionale privato, lo si è detto, individuare il giudice competente e la legge applicabile. Se però anche le norme di diritto internazionale privato variano da paese a paese, compiere un pronostico attendibile sulle conseguenze giuridiche di un'operazione economica a carattere internazionale diventa molto difficile. Tali difficoltà possono indurre qualcuno a rinunciare alle opportunità offerte dall'integrazione economica, e di operare nel chiuso del proprio mercato nazionale: un mercato magari meno attraente di quello europeo, ma almeno giuridicamente unitario e in questo senso meno rischioso.

Letta con le lenti dell'economista, la diversità delle norme astrattamente suscettibili di regolare il rapporto si traduce, per l'operatore, in un incremento dei costi di transazione. Si indicano con questa espressione i costi di cui un attore economico deve farsi carico per operare nel mercato, cioè per intrattenere delle relazioni (efficienti e consapevoli) con altri attori. Di fatto, informarsi sul giudice competente e sulla legge applicabile comporta dei costi, e quei costi si moltiplicano se l'indagine deve vertere sulle norme (anche di diritto internazionale privato) di due o più paesi, e sulle strategie utili a gestirne gli eventuali conflitti.

Alfa, stabilita in Italia, aspira a vendere i suoi prodotti anche in Francia e in Spagna. Per stabilire da quale legge saranno regolati i contratti di compravendita che si appresta a concludere a questo fine, deve: (*a*) stabilire davanti ai giudici di quale Stato, o di quali Stati, potrebbe dover essere instaurata un'ipotetica lite relativa a quei contratti; (*b*) interrogare le norme sulla legge applicabile in vigore negli Stati così identificati. Ora, se le norme sulla competenza giurisdizionale in vigore in Italia fossero diverse da quelle in vigore in Francia e in Spagna, si renderebbe necessario, per rispondere alla prima domanda, indagare separatamente le norme sulla competenza giurisdizionale italiane, quelle francesi e quelle spagnole. Potrebbe emergerne che sono disposti ad occuparsi di un'eventuale lite tanto i giudici italiani quanto quelli francesi. A quel punto, per affrontare il secondo quesito bisognerebbe esaminare le norme sulla legge applicabile operanti rispettivamente in

Italia e in Francia. Se si trattasse di norme difformi, potrebbe capitare che le prime assoggettino il contratto a una legge diversa da quella designata allo stesso fine dalle seconde. All'esito di un'indagine di questo tipo, già di per sé gravosa, ecco lo scenario che si presenta ad Alfa: essa può agire (o deve essere pronta ad essere convenuta in giudizio) davanti ai giudici di due Stati diversi, e per far valere davanti ad essi le proprie ragioni deve richiamarsi ora ad una legge (che magari le giova) ora ad un'altra (che invece le nuoce), a seconda del paese in cui sia instaurato il giudizio. Insomma, ancor prima di vendere in modo informato la prima partita di merce, Alfa dovrebbe raccogliere e compulsare molti dati giuridici, e attrezzarsi per tenere aggiornate le conoscenze così acquisite.

Ridurre i costi di transazione unificando le norme di diritto internazionale privato significa incentivare gli operatori a proiettare la propria attività oltreconfine. Significa anche allontanare il pericolo di distorsioni della concorrenza. Si immaginino due imprese, una stabilita in un paese con una forte domanda interna, l'altra in un paese con una domanda interna stagnante. Se gli alti costi di transazione, in sé identici per le due imprese, inducessero entrambe a ripiegare sul proprio mercato nazionale, la prima se la passerebbe meglio della seconda, giacché quest'ultima – per le caratteristiche del suo mercato nazionale – ha più bisogno della prima di proiettare la propria attività al di là del proprio paese. Di fatto, i costi di transazione, ancorché magari identici per tutti in valore assoluto, rischiano di colpire alcuni operatori più di altri. Nessun progetto di integrazione economica è veramente in grado di fiorire senza mitigare simili fattori di disgregazione.

Alla luce di queste e simili considerazioni, si capisce la conclusione, fra gli allora sei Stati membri della Comunità economica europea, della già citata convenzione di Bruxelles del 1968 sulla competenza giurisdizionale e il riconoscimento delle decisioni in materia civile e commerciale. Pur agendo al di fuori della cornice istituzionale della Comunità, gli Stati in questione davano seguito con tale iniziativa all'art. 220 del trattato istitutivo della Comunità economica europea, che prefigurava l'avvio di negoziati volti alla «semplificazione delle formalità» relative al riconoscimento e all'esecuzione delle decisioni. Alla convenzione, entrata in vigore nel 1973, venne affiancato un accordo – il protocollo di Lussemburgo del 3 giugno 1971 [8] – con cui gli stessi Stati contraenti attribuivano alla Corte di Giustizia (allora «delle Comunità europee») la competenza a pronunciarsi in via pregiudiziale sui quesiti relativi all'interpretazione della convenzione di Bruxelles ad essa rivolti dai giudici degli Stati contraenti. L'accorgimento rispondeva a due preoccupazioni: garantire l'uniformità dell'interpretazione della convenzione, offrendo ai giudici dei diversi Stati membri la possibilità di sottoporre i loro dubbi a un interlocutore unico, la Corte di Giustizia; garantire uno stretto raccordo fra la convenzione e le altre norme europee, affidando al medesimo organo il ruolo di interprete ufficiale dell'una e delle altre.

Gli Stati membri della Comunità, animati da un analogo spirito, avviarono in

[8] Attuato in Italia con legge 19 maggio 1975, n. 180.

quegli stessi anni fra loro un negoziato volto alla unificazione delle norme sulla legge applicabile alle obbligazioni contrattuali ed extracontrattuali. Abbandonato il secondo dei due temi, la trattativa sarebbe sfociata nella convenzione di Roma del 19 giugno 1980 sulla legge applicabile alle obbligazioni contrattuali, anch'essa corredata, come si dirà meglio più avanti, di appositi protocolli volti ad assicurarne l'interpretazione uniforme da parte della Corte di Giustizia.

Il mercato interno non ha più smesso, da allora, di aver bisogno di norme di diritto internazionale privato uniforme. Col trattato di Amsterdam, l'Unione, finalmente investita del potere di adottare essa stessa delle norme di questo genere, ha sviluppato la propria azione su due piani. Da un lato, ha provveduto a rivedere le convenzioni di Roma e di Bruxelles, sostituendole con due atti di diritto derivato, già citati: il regolamento n. 44/2001 ha preso il posto della convenzione di Bruxelles (meritandosi in tal modo l'appellativo – non ufficiale – di regolamento Bruxelles I), nel frattempo sostituito dal regolamento n. 1215/2012 (Bruxelles I *bis*), mentre la convenzione di Roma è stata rimpiazzata dal citato regolamento n. 593/2008 (Roma I). Dall'altro lato, l'Unione ha provveduto ad armonizzare altre aree del diritto internazionale privato, egualmente strategiche per il funzionamento del mercato. Si inquadrano in questa strategia il regolamento n. 864/2007 sulla legge applicabile alle obbligazioni extracontrattuali (Roma II) e il regolamento n. 1346/2000 sulle procedure di insolvenza, poi sostituito dal regolamento 2015/848.

(b) Diritto internazionale privato e circolazione delle persone

L'Unione europea, però, non presiede soltanto a un processo di integrazione economica. Come dice l'art. 3, par. 2, del trattato sull'Unione, essa aspira a costituire «uno spazio di libertà, sicurezza e giustizia senza frontiere interne, in cui sia assicurata la libera circolazione delle persone». Anche questo progetto di integrazione – non dominato da logiche economiche – si alimenta di rapporti privatistici. E anche questi rapporti rischiano di subire gli inconvenienti della diversità delle regole nazionali, una diversità del resto più pronunciata di quella che si incontra nel campo delle relazioni di natura commerciale, data la sostanziale assenza di iniziative di armonizzazione del diritto materiale. Chi si sposta da un paese all'altro, o vi trasferisce una parte del suo patrimonio personale, diviene fatalmente titolare di situazioni giuridiche personali e familiari caratterizzate da elementi di internazionalità. Si immagini che l'italiano Tizio si sia stabilito in Polonia, dove ha sposato Caia, polacca, assieme alla quale ha acquistato un appartamento a Cracovia. Una vicenda in fondo molto ordinaria, come questa, dà vita a un gran numero di questioni di diritto internazionale privato. Ad esempio: quale legge regola i rapporti patrimoniali fra Tizio e Caia? Se uno dei due volesse divorziare, ai giudici di quale paese dovrebbe rivolgersi? E, alla morte di Tizio, quale legge regolerà i diritti successori di Caia, sapendo che una parte del patrimonio di lui si trova in Italia?

Il legislatore dell'Unione si è avvalso della competenza oggi prevista all'art.

81 del trattato sul funzionamento per dettare delle norme uniformi concernenti una gamma piuttosto vasta di questioni come quelle appena evocate: il regolamento n. 2201/2003 (Bruxelles II *bis*), oramai sul punto di essere sostituito (dal 1° agosto 2022) dal regolamento 2019/1111 (Bruxelles II *ter*), disciplina la giurisdizione e l'efficacia delle decisioni in materia matrimoniale (divorzio, separazione personale e annullamento del matrimonio) e in materia di responsabilità genitoriale (affidamento della prole minore, diritto di visita del genitore non affidatario, etc.); il regolamento n. 1259/2010 (Roma III) individua la legge applicabile al divorzio. Si incontrano, poi, norme uniformi sulla giurisdizione, la legge applicabile e l'efficacia delle decisioni in materia di obbligazioni alimentari (contenute nel regolamento n. 4/2009), in materia di successioni per causa di morte (il già menzionato regolamento n. 650/2012) e di rapporti patrimoniali fra coniugi e fra persone unite civilmente (i regolamenti 2016/1103 e 2016/1104).

(c) Portata e fondamento della competenza dell'Unione

La ricognizione appena proposta mostra l'ampiezza della competenza attribuita all'Unione europea nel settore del diritto internazionale privato. L'art. 81, par. 1, del trattato sul funzionamento affida all'Unione, in effetti, il compito di promuovere la cooperazione giudiziaria «nelle materie civili con implicazioni transnazionali», cioè, in pratica, in relazione all'intero spettro del diritto privato.

L'Unione, ai sensi dell'art. 81, par. 2, può introdurre regole uniformi relative a tutti i problemi di cui si occupa il diritto internazionale privato. Si parla della soluzione dei «conflitti di leggi e di giurisdizione», del «riconoscimento … delle decisioni giudiziarie ed extragiudiziali», della «cooperazione nell'assunzione dei mezzi di prova» come della «notificazione e … comunicazione transnazionali degli atti giudiziari ed extragiudiziali». Sempre in base all'art. 81, par. 2, l'Unione può promuovere un «accesso effettivo alla giustizia» e lo sviluppo di «metodi alternativi per la risoluzione delle controversie»: è quanto ha fatto, ad esempio, con la direttiva 2003/8 recante norme minime comuni relative al patrocinio a spese dello Stato nelle controversie transfrontaliere e con la direttiva 2008/52 relativa a determinati aspetti della mediazione in materia civile e commerciale.

L'art. 81, spingendosi oltre il perimetro tradizionale del diritto internazionale privato, dà inoltre all'Unione il potere di adottare misure tese ad eliminare gli «ostacoli al corretto svolgimento dei procedimenti civili, se necessario promuovendo la compatibilità delle norme di procedura civile applicabili negli Stati membri». Come si vedrà più avanti, ciò ha permesso la creazione di specifici procedimenti civili di matrice europea, come il procedimento europeo di ingiunzione di pagamento, istituito dal già citato regolamento n. 1896/2006, o il procedimento per il rilascio dell'ordinanza europea di sequestro conservativo dei conti bancari, di cui al regolamento n. 655/2014.

Le diverse azioni che l'Unione può intraprendere nel campo della cooperazione giudiziaria in materia civile trovano il loro fondamento, come indica l'art. 81

del trattato sul funzionamento, nel «principio di riconoscimento reciproco delle decisioni giudiziarie ed extragiudiziali». La formula, stando alla lettura che sembra preferibile, allude all'idea che l'integrazione perseguita dall'Unione tramite l'affermazione della libertà di circolazione dei fattori produttivi e delle persone, comporta delle forme di «comunicazione» fra gli ordinamenti degli Stati membri: nessun ordinamento statale deve rinunciare alla propria identità (lo ricorda l'art. 67, par. 1, del trattato sul funzionamento, stabilendo che lo spazio di libertà, sicurezza e giustizia va costruito «nel rispetto dei diritti fondamentali nonché dei diversi ordinamenti giuridici e delle diverse tradizioni giuridiche degli Stati membri»), ma ognuno è chiamato ad aprirsi alle espressioni degli altri. Come in altri settori del diritto dell'Unione europea, il principio del mutuo riconoscimento evoca anche qui un atteggiamento di accettazione della diversità in funzione di un disegno comune: il «buon funzionamento del mercato interno» (richiamato nell'art. 81, par. 2, del trattato) e l'effettiva realizzazione dei benefici offerti dalla circolazione delle persone attraverso le frontiere.

Al principio del mutuo riconoscimento (delle decisioni, e più in generale dei valori giuridici stranieri) si ricollega l'idea che gli Stati membri ripongano l'uno nei confronti dell'altro un elevato grado di fiducia. L'integrazione economica e politica presuppone questa fiducia: cruciale, sotto questo aspetto, è l'esistenza fra gli Stati membri di un comune patrimonio di valori fondamentali (il principio di legalità, il rispetto dei diritti umani, etc.). Al tempo stesso, l'integrazione corrobora la fiducia: la pratica degli scambi rinsalda i contatti e la conoscenza reciproca dei vari segmenti nazionali della società europea e concorre a costruire, fra chi vi partecipa, il senso di un destino comune.

(d) I due versanti, interno ed esterno, dell'azione dell'Unione

Le misure previste dall'art. 81 vengono adottate, per regola, secondo la procedura legislativa ordinaria di cui all'art. 294 del trattato sul funzionamento dell'Unione europea. Solo per le misure relative al diritto di famiglia si segue una procedura speciale, prevista all'art. 81, par. 3: alla loro adozione provvede il Consiglio, che delibera all'unanimità previa consultazione del Parlamento europeo.

Come per le altre competenze settoriali dell'Unione, anche la competenza relativa alla cooperazione giudiziaria in materia civile presenta tanto una dimensione interna (quella che si traduce nell'adozione di regolamenti, direttive e decisioni) quanto una dimensione esterna. Ciò significa che l'Unione può concludere in questo campo anche delle convenzioni internazionali, assumendo in nome proprio i diritti e gli obblighi che ne derivano.

L'Unione si è avvalsa in diverse occasioni di tale competenza esterna. Lo ha fatto, ad esempio, per aderire allo statuto della Conferenza dell'Aja di diritto internazionale privato, diventandone, nel 2007, un membro accanto agli Stati membri. Ma lo ha fatto anche, e soprattutto, per diventare parte di specifiche convenzioni contenenti norme uniformi di diritto internazionale privato, come la convenzione dell'Aja del 30 giugno 2005 sugli accordi di elezione del foro [9]. Lo ha fatto, altresì, per dar vita a regole uniformi estese ad alcuni Stati terzi all'Unione, ma ad essa strettamente legati dal punto di vista sociale ed economico: è quanto è avvenuto con la convenzione di Lugano del 30 ottobre 2007 concernente la competenza giurisdizionale, il riconoscimento e l'esecuzione delle decisioni in materia civile e commerciale [10], su cui si avrà modo di tornare.

Le convenzioni concluse dall'Unione, una volta in vigore per essa, vincolano – ai sensi dell'art. 216, par. 2, del trattato sul funzionamento – anche i singoli Stati membri dell'Unione. Ad esempio, per quanto l'Italia non sia parte della convenzione dell'Aja del 2005 testé citata, i giudici italiani sono nondimeno tenuti ad applicarla: non farlo significherebbe, per l'Italia, incorrere in una violazione (non già della convenzione, visto che questa non vincola in quanto tale l'Italia, ma) dell'art. 216, par. 2, del trattato sul funzionamento dell'Unione.

(e) Le forme di integrazione differenziata

Il diritto internazionale privato dell'Unione si applica, per regola, in tutti gli Stati membri. Esistono, tuttavia, dei meccanismi di integrazione differenziata, da cui discendono delle norme operanti solo in alcuni Stati membri, e non in altri.

Un apposito protocollo allegato ai trattati istitutivi riconosce all'Irlanda (e al Regno Unito, prima che questo lasciasse l'Unione) un regime c.d. di *opting in* rispetto alle misure nel campo della cooperazione giudiziaria in materia civile, e più in generale rispetto a quelle concernenti la costruzione dello spazio di libertà, sicurezza e giustizia. In pratica, l'Irlanda può decidere di volta in volta se concorrere all'adozione di una certa misura, o meno. Se dichiara di volerlo fare, la misura viene adottata col suo voto e produce effetto in Irlanda e nei confronti di essa.

Un altro protocollo accorda invece alla Danimarca un regime di *opting out*. Rispetto alle politiche relative allo spazio di libertà, sicurezza e giustizia, la Danimarca occupa sempre la stessa posizione di uno Stato terzo. La Danimarca non prende parte all'adozione delle misure dell'Unione in quest'ambito e non è toccata dagli effetti delle stesse.

Opera poi, in generale, il meccanismo generale della cooperazione rafforzata. Come dice l'art. 20 del trattato sull'Unione, una parte degli Stati membri può fare ricorso alle istituzioni dell'Unione per esercitare delle competenze non esclusive dell'Unione (come quella relativa alla cooperazione giudiziaria in materia civile) allo scopo di promuovere la realizzazione degli obiettivi dell'Unione stessa e di consolidare il suo processo di integrazione. Le misure adottate nell'ambito di una cooperazione rafforzata vincolano i soli Stati membri che intendono parteciparvi, senza condizionare gli altri. La formula si è mostrata utile nel campo del diritto internazionale privato della famiglia, dato che l'art. 81, par. 3, del trattato sul fun-

---

[9] <http://hcch.net>.

[10] *G.U.U.E.*, L 339 del 21 dicembre 2007, p. 3 ss.

zionamento dell'Unione richiede, in questo specifico settore, la necessità di un voto unanime in sede di Consiglio. Il regolamento Roma III sulla legge applicabile al divorzio è il frutto di una cooperazione rafforzata e così i successivi regolamenti 2016/1103 e 2016/1104, sui regimi patrimoniali. Constatata l'impossibilità di ottenere il consenso di alcuni Stati membri, gli Stati membri interessati a cooperare fra loro in questi campi hanno convinto gli altri Stati a non opporsi all'adozione delle predette misure e ad accettare l'idea che le stesse si sarebbero applicate solo negli Stati favorevoli alla loro adozione e nei confronti di questi.

(f) Caratteristiche comuni delle norme dell'Unione

L'appartenenza all'ordinamento giuridico dell'Unione conferisce alle norme basate sull'art. 81 del trattato sul funzionamento alcune caratteristiche comuni.

Basti qui citarne due. La prima riguarda i parametri di legittimità delle norme in discorso. Trattandosi di norme che appartengono al diritto derivato dell'Unione, non valgono per esse i parametri costituzionali di questo o quello Stato membro, ma i parametri del diritto primario dell'Unione, compresi quelli desumibili dalla Carta dei diritti fondamentali e – attraverso l'art. 6, par. 3, del trattato sull'Unione – dalla convenzione europea dei diritti dell'uomo. In pratica, se una disposizione contenuta in un regolamento si pone in contrasto con l'imperativo del giusto processo, come inteso dall'art. 6 della convenzione europea dei diritti dell'uomo e dall'art. 47 della Carta dei diritti fondamentali dell'Unione europea, tale disposizione – ove non si presti ad un'interpretazione «adeguatrice», tale da conformarlo a quei parametri – dovrà considerarsi invalida.

La seconda caratteristica concerne l'interpretazione del diritto internazionale privato dell'Unione. I canoni da impiegare sono quelli del diritto dell'Unione, non quelli del diritto interno. Le nozioni tecniche impiegate dalle norme europee esigono, salvo limitatissime eccezioni, di essere ricostruire in modo autonomo, cioè – come detto – prescindendo dalle categorie del diritto interno. Il giudice statale che nutra un dubbio circa il significato da attribuire a una particolare disposizione della legislazione europea può rivolgersi alla Corte di Giustizia in forza della competenza in via pregiudiziale attribuita a quest'ultima ai sensi dell'art. 267 del trattato sul funzionamento dell'Unione. Numerose pronunce sono state rese dalla Corte per chiarire l'interpretazione delle misure adottate nel campo della cooperazione giudiziaria e, in qualche caso, delle stesse convenzioni internazionali concluse dall'Unione. Di fatto, quando ci si accosta al diritto internazionale privato europeo non ci si può limitare a considerare i testi adottati dalle istituzioni, ma occorre guardare anche alla giurisprudenza della Corte di Giustizia.

(g) L'influenza del diritto dell'Unione oltre l'ambito del diritto derivato

La competenza prevista all'art. 81 del trattato sul funzionamento dell'Unione europea ha carattere concorrente. Nella misura in cui l'Unione non ha ancora esercitato i poteri che le spettano in questo campo, i singoli Stati membri sono dunque liberi di dotarsi delle norme di diritto internazionale privato che reputano opportune, siano esse interne o convenzionali.

Non si tratta, peraltro, di una libertà assoluta. Gli obblighi imposti agli Stati dal diritto primario dell'Unione possono infatti, in qualche caso, condizionarne le scelte anche nel settore del diritto internazionale privato. Varie sono le norme primarie suscettibili di incidere su queste scelte. Una di queste, l'unica su cui è possibile soffermarsi, è l'art. 21 del trattato sul funzionamento dell'Unione europea: «Ogni cittadino dell'Unione ha il diritto di circolare e di soggiornare liberamente nel territorio degli Stati membri, fatte salve le limitazioni e le condizioni previste dai trattati e dalle disposizioni adottate in applicazione degli stessi».

Una sentenza resa dalla Corte di Giustizia – la sentenza *Grunkin*, del 2008 – illustra il peso che tale norma può avere sulle norme di diritto internazionale privato degli Stati membri [11]. Il caso, sorto in Germania, riguardava il cognome del piccolo Leonard Matthias, figlio dei coniugi Dorothee Paul e Stefan Grunkin, entrambi tedeschi. Si noti che non esistono (ancora), a livello europeo, delle norme uniformi che individuino nei casi internazionali la legge applicabile al nome e al cognome delle persone: ogni Stato membro ha le proprie. In Danimarca, paese in cui il ragazzo era nato e in cui entrambi i genitori risiedevano, Leonard Matthias viene iscritto all'anagrafe col cognome Grunkin-Paul, formato dai cognomi di entrambi i genitori, come previsto dalla legge danese. Qualche anno dopo, i genitori chiedono di iscrivere il figlio con quello stesso cognome nel libretto di famiglia tenuto a Niebüll, in Germania. La richiesta viene però respinta perché le autorità tedesche, applicando le norme di conflitto tedesche, considerano il caso regolato dal diritto tedesco (in quanto legge del paese di cittadinanza dell'interessato), il quale non consente l'attribuzione al figlio del cognome di entrambi i genitori. La Corte di Giustizia ha osservato che il fatto, per un cittadino dell'Unione, di essere obbligato a portare, nello Stato membro di cui è cittadino, un cognome differente da quello già attribuitogli e registrato nello Stato membro di nascita e di residenza, ostacola l'esercizio della libertà di circolazione garantito dal diritto primario. Ad essere in questione è l'identità dell'interessato, che rischia di non essere unica attraverso le frontiere, all'interno dello spazio di libertà, sicurezza e giustizia che l'Unione, invece, si propone di costituire. Di qui la conclusione della Corte, secondo cui il diritto primario dell'Unione osta all'impiego, in Germania, di regole di diritto internazionale privato nazionali come quelle che entravano in gioco nel caso in discussione. Detto in altri termini: finché questa parte del diritto internazionale privato non viene armonizzata dalle istituzioni dell'Unione, la Germania è libera di darsi le regole che vuole per individuare la legge applicabile al nome e al cognome delle persone, ma non può, così facendo, ostacolare la libera circolazione delle persone garantita dal diritto dell'Unione.

---

[11] Corte Giust., 14 ottobre 2008, *Stefan Grunkin e Dorothee Regina Paul*, causa C-353/06, ECLI:EU:C:2008:559.

6. La «cura» dei testi uniformi

Le norme subiscono gli effetti del tempo. La loro capacità di soddisfare i bisogni per cui sono state adottate viene talora messa in forse per l'emergere di circostanze nuove (per esempio, l'avvento di nuove tecnologie o la trasformazione dei fenomeni economici e sociali a cui le norme stesse intendono rispondere), il mutare del quadro normativo (ad esempio, a seguito dell'adozione di norme nuove in aree contigue) e l'evolversi della sensibilità politica. Questo rischio investe tutte le norme, comprese quelle di diritto internazionale privato.

Vi sono vari modi per reagire all'obsolescenza di una regola. Il più radicale, quando si tratta di norme scritte, consiste nel modificarne il testo, o nell'adottare una norma tutta nuova. L'effettiva percorribilità di tale via dipende in misura non piccola dal processo necessario a questo scopo.

L'iter da seguire per le norme di fonte interna dipende da regole e prassi costituzionali che variano da paese a paese. In Germania, per esempio, le norme di diritto internazionale privato di fonte interna, molte delle quali sono racchiuse nella legge introduttiva al codice civile, sono state riviste in più occasioni nel corso degli anni, ad esempio in occasione dell'adozione dei principali regolamenti dell'Unione, in funzione della efficace applicazione degli stessi sul piano interno.

Per le norme uniformi il discorso è diverso. Le convenzioni internazionali, specie multilaterali, sono testi difficili da cambiare. In generale, la modifica di una convenzione presuppone l'accordo degli Stati che ne sono vincolati (al limite solo di una parte di quegli Stati, per modifiche che saranno efficaci per i soli Stati interessati). Ma il processo è gravoso, a prescindere dall'ampiezza delle alterazioni da apportare al testo, e abbraccia quasi sempre un periodo di tempo piuttosto lungo. Nel 1993, per esempio, la Conferenza dell'Aja di diritto internazionale privato decise di iscrivere all'ordine del giorno dei suoi lavori la revisione della convenzione del 5 ottobre 1961 sulla protezione dei minori: la messa a punto di un nuovo strumento ha richiesto poco più di tre anni (un tempo piuttosto breve per questo genere di atti), ma la convenzione che ne è sortita – la già citata convenzione dell'Aja del 19 ottobre 1996 – è entrata in vigore sul piano internazionale solo nel 2002, e ci sono voluti altri cinque anni perché gli Stati contraenti del nuovo testo fossero pari, nel numero, a quelli del vecchio.

Queste rigidità contribuiscono a spiegare l'importanza che ha assunto, nel corso del tempo, il lavoro svolto da diverse organizzazioni internazionali per provvedere alla «cura» dei propri testi, cioè per promuovere, nei limiti del possibile, l'adeguamento di quei testi a bisogni nuovi o non contemplati in origine, senza passare per una formale modifica dei testi stessi. La Conferenza dell'Aja ha investito una parte consistente delle proprie risorse in iniziative di questo genere. In seno alla Conferenza vengono convocati periodicamente degli incontri a cui partecipano delegati degli Stati ed altri esperti per discutere delle difficoltà pratiche incontrate nell'applicazione di specifiche convenzioni. Queste riunioni si concludono con l'approvazione di atti, in sé non vincolanti, che esprimono gli orientamenti emersi dal dibattito. Non di rado, questi documenti suggeriscono la soluzione da dare a problemi interpretativi o a difficoltà pratiche ricorrenti, che gli operatori tendono in genere a seguire, perché frutto di una discussione approfondita e condivisa. L'art. 31 della convenzione di Vienna del 1969 sul diritto dei trattati, del resto, valorizza, quale strumento di interpretazione, la prassi seguita dagli Stati nell'applicazione di un trattato: le posizioni maturate in seno a questi incontri, proprio perché basate sulle esperienze convergenti degli Stati, fungono legittimamente da guida per il pratico.

L'Unione provvede in modo diverso alla cura delle sue norme. Va ricordato, per cominciare, che l'opera di interpretazione svolta dalla Corte di Giustizia è responsabile talora di innovazioni importanti. Si deve alla Corte, per esempio, la messa a punto di soluzioni originali concernenti la disciplina della competenza giurisdizionale in materia di diffamazione internazionale, specie nell'ipotesi in cui la pubblicazione che si assume essere lesiva della reputazione sia stata diffusa *online*, e non sia dunque localizzabile in modo appropriato tramite i criteri previsti dalle norme europee riguardanti la giurisdizione in materia di responsabilità per fatto illecito, non pensati dai redattori di dette norme per questo genere di scenari.

Bisogna considerare, in secondo luogo, che il processo legislativo dell'Unione è assai più efficiente del processo di elaborazione (e rielaborazione, quando necessario) di una convenzione: i testi dell'Unione sono adottati da istituzioni di tipo permanente, sulla base di procedure che si concludono con deliberazioni che, anche quando coinvolgono gli Stati (rappresentati in seno al Consiglio), sono assunte di regola a maggioranza (il riferimento è alla procedura legislativa ordinaria). Si deve a questa efficienza se, nell'arco di pochi anni, alcuni testi normativi dell'Unione hanno fatto a tempo ad essere sostituiti da testi nuovi (volti a superare le difficoltà sperimentate con quelli precedenti) non una ma più volte. La cooperazione fra gli Stati membri dell'Unione in tema di notifica di atti giudiziari, per esempio, è stata disciplinata dapprima dal regolamento n. 1348/2000, sostituito dal regolamento n. 1393/2007, ora rimpiazzato dal regolamento 2020/1784, di cui si parlerà più avanti.

Si noti che il legislatore dell'Unione, quando decide di apportare delle modifiche di un certo rilievo ad un testo esistente, procede sovente alla sua «rifusione». Adotta, cioè, un testo che sostituisce completamente il testo precedente, pur magari riprendendone in buona parte i contenuti. Per l'interprete, come si vedrà meglio più avanti, ciò implica la possibilità di attingere, per il testo nuovo (quello «rifuso», o «recast»), agli indirizzi maturati in relazione a quello precedente, nella misura in cui non si tratti di regole sostanzialmente nuove.

7. Rapporti tra norme poste da fonti diverse

Capita non di rado, se ne è accennato, che norme di diritto internazionale privato prodotte da fonti diverse siano *prima facie* applicabili alla medesima fattispecie. Tre fattori, di solito, spiegano l'insorgenza di queste situazioni di concorso di norme: la forte espansione del diritto internazionale privato uniforme, la pluralità delle sedi in cui il processo di unificazione internazionale della materia è andato sviluppandosi e il carattere settoriale dei testi che ne sono sortiti. Un'applicazione cumulativa delle varie norme deve generalmente essere esclusa. Seguire una di esse, infatti, significa quasi sempre violare le altre, o comunque alterarne gli effetti. Occorre pertanto identificare, fra i vari regimi che si contendono la fattispecie, quello a cui spetta fornire la disciplina del caso, e ignorare gli altri.

L'individuazione del regime pertinente obbedisce in parte a principi e regole generali, e in parte a soluzioni specifiche operanti per testi particolari.

(a) Il carattere cedevole delle norme interne di fronte alle convenzioni

La prima regola generale di cui è bene dar conto è contenuta nell'art. 2, co. 1, della legge n. 218/1995. Come già ricordato, vi si prevede che le disposizioni della legge «non pregiudicano l'applicazione delle convenzioni internazionali in vigore per l'Italia», cioè non interferiscono con gli effetti che discendono da tali convenzioni. In pratica, quando si tratta di una fattispecie ricompresa nel campo di applicazione di una convenzione, l'operatore deve volgersi in prima battuta alla convenzione stessa: potrà attingere dalle norme interne solo se e nella misura in cui ciò non rechi pregiudizio alla piena efficacia della convenzione.

La soluzione accolta dall'art. 2 della legge n. 218/1995 previene l'insorgere del genere di conflitti per i quali verrebbe altrimenti in gioco l'art. 117, co. 1, della Costituzione, nella parte in cui subordina la potestà legislativa dello Stato (e delle Regioni) al rispetto degli obblighi internazionali dell'Italia: l'eventuale contrasto fra una norma internazionalprivatistica interna ed una convenzionale va infatti risolto a favore della seconda senza scomodare la Corte costituzionale.

(b) Il primato del diritto dell'Unione sulle norme interne

Trova posto fra i principi generali sul coordinamento delle fonti anche quello del primato del diritto dell'Unione sulle norme interne. Queste ultime non pregiudicano l'efficacia del diritto dell'Unione. Il giudice italiano, in caso di contrasto, deve seguire quest'ultimo e disapplicare le norme prodotte dalle fonti interne.

> Aicha, una cittadina marocchina residente in Italia, si rivolge al Tribunale di Mantova perché sciolga il matrimonio che la unisce a Karim, anch'egli marocchino. In base a quale legge va decisa la domanda? Due norme, a prima vista, si offrono di rispondere al quesito: l'art. 31 della legge n. 218/1995 e il già citato regolamento Roma III sulla legge applicabile al divorzio. Il primato del diritto dell'Unione impone al Tribunale di servirsi del regolamento e di ignorare la legge n. 218/1995. Le conseguenze pratiche sono di un certo momento: se seguisse la legge del 1995, il Tribunale dovrebbe decidere la domanda in base alla legge marocchina, perché l'art. 31 rende applicabile in questi casi la legge nazionale comune dei coniugi; affidandosi al regolamento, invece, si servirà verosimilmente della legge italiana, giacché il regolamento utilizza quale criterio principale la residenza abituale comune dei coniugi, che nella specie si trova in Italia.

A rafforzare gli effetti del primato concorre il principio di leale cooperazione. L'art. 4, par. 3, co. 2, del trattato sull'Unione chiede agli Stati membri di adottare «ogni misura di carattere generale o particolare atta ad assicurare l'esecuzione degli obblighi derivanti dai trattati o conseguenti agli atti delle istituzioni dell'Unione». Di fatto, tanto il legislatore statale quanto le singole autorità nazionali devono adoperarsi affinché le norme europee spieghino in modo pieno i loro effetti. Là dove il diritto dell'Unione opera col concorso delle norme interne, ciò implica la necessità di queste ultime di adottare una lettura per quanto possibile idonea a salvaguardare l'effetto utile delle norme dell'Unione.

Il fatto che il diritto dell'Unione goda di una posizione di primato non significa che le norme europee neghino sistematicamente ogni rilievo, nel proprio ambito di applicazione, alla disciplina di fonte interna. Nulla impedisce che esse rimettano alle norme di fonte interna degli Stati membri la regolamentazione di particolari situazioni, pur ricomprese nella sfera applicativa delle prime.

Anche le convenzioni concluse dall'Unione, essendo vincolanti per gli Stati membri in forza dell'art. 216, par. 2, del trattato sul funzionamento, prevalgono, nei termini appena indicati, sulle norme interne.

(c) Il rapporto fra diritto derivato dell'Unione e convenzioni dell'Unione

Le norme contenute nelle misure legislative dell'Unione non possono, senza violare il diritto primario, privare le convenzioni concluse dall'Unione della loro efficacia. In sostanza, un eventuale contrasto fra un regolamento e una convenzione dell'Unione andrebbe risolto a favore della seconda: il primo dovrebbe infatti, su questa base, reputarsi invalido.

(d) Il rapporto fra diritto dell'Unione e convenzioni degli Stati membri

Alcune misure legislative dell'Unione disciplinano delle situazioni che rientrano nella sfera applicativa di convenzioni internazionali concluse dai singoli Stati membri. Si prenda, ad esempio, il regolamento n. 650/2012. Le sue disposizioni disciplinano negli Stati membri, fra le altre cose, la giurisdizione rispetto alle controversie successorie. Tali disposizioni si applicano, in linea di principio, a tutte le controversie successorie con elementi di internazionalità, comprese quelle che riguardino la successione di cittadini di Stati terzi. L'Italia ha concluso nel 1868 una convenzione consolare con la Svizzera [12], le cui disposizioni regolano la competenza giurisdizionale dei giudici dei due Stati quando si tratti della successione di un cittadino svizzero residente in Italia o di un cittadino italiano stabilitosi in Svizzera. Le soluzioni del regolamento e quelle della convenzione sono divergenti. I giudici italiani, investiti di una causa relativa all'eredità di un cittadino svizzero residente in Italia, devono seguire la convenzione o il regolamento?

Ai sensi dell'art. 351, par. 1, del trattato sul funzionamento dell'Unione euro-

---

[12] Attuata in Italia con regio decreto 5 maggio 1869, n. 5052.

pea, le disposizioni dei trattati, e dunque anche degli atti emanati dalle istituzioni in forza delle competenze ivi previste, «non pregiudicano i diritti e gli obblighi derivanti da convenzioni concluse, anteriormente al 1° gennaio 1958 ..., tra uno o più Stati membri da una parte e uno o più Stati terzi dall'altra». Il conflitto fra il regolamento n. 650/2012 e la convenzione italo-svizzera del 1868 va dunque risolto in favore della convenzione: questa è anteriore all'avvio del processo di integrazione europea ed è stata conclusa dall'Italia con uno Stato estraneo a quel processo (se si trattasse di uno Stato membro dell'Unione europea, questo scrupolo non avrebbe senso: fra Stati membri prevale senz'altro la norma posteriore).

Per le convenzioni di diritto internazionale privato uniforme concluse fra Stati membri e Stati terzi dal 1958 in avanti (ovvero, secondo l'interpretazione preferibile, da quando l'Unione ha preso a legiferare nel campo del diritto internazionale privato), la salvaguardia «generale» appena descritta non è operante. A coordinare tali convenzioni con le misure legislative emanate dall'Unione intervengono delle regole specifiche contenute in tali misure. Si prenda, per esempio, l'art. 19 del regolamento Roma III sulla legge applicabile al divorzio. Vi si dice che il regolamento non osta alla applicazione delle convenzioni che uno Stato membro abbia concluso con uno Stato terzo prima della adozione del regolamento stesso. Ebbene, avendo la Francia concluso col Marocco, nel 1981, una convenzione bilaterale sulla legge applicabile al divorzio, il diritto dell'Unione non pretende che i giudici francesi impieghino il regolamento Roma III quando, così facendo, violerebbero tale convenzione bilaterale.

(e) Le clausole di compatibilità e di disconnessione

Non è infrequente imbattersi in norme analoghe a quella appena descritta in convenzioni multilaterali recanti norme uniformi di diritto internazionale privato. Pur di evitare conflitti, i redattori di tali convenzioni preferiscono di solito subordinare le norme da essi elaborate ad altre norme in vigore per gli Stati contraenti, alle condizioni di volta in volta ritenute opportune. Le disposizioni rivolte a questo scopo si chiamano clausole di subordinazione o di compatibilità.

In qualche convenzione si incontrano delle previsioni accostabili a quelle appena evocate, ma più sofisticate. Si tratta delle c.d. clausole di disconnessione. Anch'esse mirano a risolvere preventivamente un contrasto fra strumenti normativi, escludendo l'operatività di quello in cui sono inserite là dove si tratti di fattispecie ricomprese nella sfera applicativa di uno strumento concorrente.

Previsioni di questo genere sono frequenti nelle convenzioni concluse dall'Unione europea con Stati terzi per uniformare delle aree del diritto internazionale privato in cui operano misure legislative della stessa Unione. Si è detto poc'anzi che il diritto derivato dell'Unione cede il passo alle convenzioni della stessa Unione. L'entrata in vigore di una tale convenzione dovrebbe dunque precludere l'applicazione di qualsiasi norma derivata con essa incompatibile, così come l'adozione di nuove misure egualmente incompatibili con la convenzione. Un esito tanto drastico può, tuttavia, essere evitato allorché la convenzione rinunci a disciplinare determinate fattispecie, che pure rientrerebbero nel suo campo di applicazione, lasciandone la regolamentazione alla legislazione dell'Unione. Si tratta, in pratica, di identificare all'interno delle fattispecie regolate dalla convenzione un sottoinsieme di situazioni che presentino un nesso speciale con l'Unione: sono, queste, le fattispecie che, verosimilmente, l'Unione ha più interesse a regolare con proprie norme, e – nel contempo – quelle che gli Stati non membri dell'Unione (ma vincolati dalla convenzione) possono più facilmente tollerare di vedere disciplinate da una fonte diversa dal regime convenzionale.

Il compito delle clausole di disconnessione è precisamente quello di identificare all'interno delle situazioni ricomprese nella sfera della convenzione le situazioni che la convenzione non pretende di regolare allorché un gruppo di Stati contraenti ha, per esse, una propria disciplina uniforme, e di lasciar liberi quegli Stati di regolare dette situazioni con le proprie regole. Un'illustrazione è fornita dalla convenzione dell'Aja del 2005 sugli accordi di elezione del foro, già citata. La convenzione è in vigore per l'Unione europea nei rapporti con alcuni Stati terzi, come Messico e Singapore. Le norme che essa detta regolano una questione – la designazione del giudice competente su accordo delle parti – di cui si occupa anche una misura legislativa dell'Unione europea: il già menzionato regolamento Bruxelles I *bis*. Ebbene, ai sensi del suo art. 26, par. 6, la convenzione dell'Aja non pregiudica l'applicazione delle regole di un'organizzazione di integrazione economica regionale – come l'Unione – la quale sia parte della convenzione stessa: ciò, però, solo nel caso in cui nessuna delle parti del giudizio risieda in uno Stato parte della convenzione, che non sia anche uno Stato membro dell'organizzazione. In altri termini, se si fa questione in Italia di una lite che oppone una società italiana e una società messicana, la convenzione «vuole» applicarsi e prevale sul regolamento Bruxelles I *bis*, mentre se si tratta di una controversia intercorrente fra una società italiana e una società dell'Uzbekistan, che non è uno Stato parte della convenzione, la convenzione non pretende di applicarsi e lascia spazio, in Europa, al regolamento. La stessa soluzione vale, a maggior ragione, qualora si tratti di una controversia fra parti che siano tutte stabilite nell'Unione: la convenzione, pure astrattamente applicabile, fa spazio alle norme europee.

Bibliografia

In generale

BARIATTI S., *Lo sviluppo delle competenze comunitarie in materia di diritto internazionale privato*, in ID., *Casi e materiali di diritto internazionale privato comunitario*[2], Giuffrè, 2009, pp. 3-91.

BIAGIONI G., *Carta UE dei diritti fondamentali e cooperazione giudiziaria in materia civile*, Editoriale Scientifica, 2018.

BOSCHIERO N., *Cooperazione giudiziaria in materia civile e commerciale (dir. comunit.)*, in *Enciclopedia del diritto* (Annali, vol. I), Giuffrè, 2007, pp. 344-394.

CAMPIGLIO C. (a cura di), *Un nuovo diritto internazionale privato*, Wolters Kluwer, 2019.

FRANZINA P., *The Relationship between EU Legislation and International Instruments in the Field of Private International Law*, in J. VON HEIN, E.-M. KIENINGER, G. RÜHL (a cura di), *How European is European Private International Law?*, Intersentia, 2019, pp. 19-52.

JOHN T., GULATI R., KÖHLER B. (a cura di), *The Elgar Companion to the Hague Conference on Private International Law*, Edward Elgar, 2020.

LUZZATTO R., *Riflessioni sulla c.d comunitarizzazione del diritto internazionale privato*, in G. VENTURINI, S. BARIATTI (a cura di), *Nuovi strumenti di diritto internazionale privato – Liber Fausto Pocar*, Giuffrè, 2009, pp. 613-625.

PICONE P. (a cura di), *Diritto internazionale privato e diritto comunitario*, Cedam, 2004.

POCAR F. (con la collaborazione di C. Honorati), *Il nuovo diritto internazionale privato italiano*[2], Giuffrè, 2002.

SALERNO F., *Il vincolo al rispetto dei diritti dell'uomo nel sistema delle fonti del diritto internazionale privato*, in *Diritti umani e diritto internazionale*, 2014, pp. 549-565.

SALERNO F., *La cooperazione giudiziaria in materia civile*, in G. STROZZI (a cura di), *Diritto dell'Unione europea. Parte speciale*[5], Giappichelli, 2017, pp. 483-531.

Spunti per approfondire

DI BLASE A., *Sull'interpretazione delle convenzioni e delle norme dell'Unione europea in materia di diritto internazionale privato*, in *Rivista di diritto internazionale privato*, 2020, pp. 5-32.

GUZZI S., *La ricostruzione di nozioni autonome nella cooperazione giudiziaria civile da parte della Corte di giustizia dell'Unione: fra interpretazione sistematica, ponderazione di valori e principio di uguaglianza*, in *Diritto del commercio internazionale*, 2020, pp. 941-952.

MARINAI S., *I valori comuni nel diritto internazionale privato comunitario*, Giappichelli, 2007.

MARINO S., *Il diritto all'identità personale e la libera circolazione delle persone nell'Unione europea*, in *Rivista di diritto internazionale*, 2016, pp. 797-825.

MILLS A., *Constitutional Law and Private International Law*, in J. BASEDOW, F. FERRARI, P. DE MIGUEL ASENSIO, G. RÜHL (a cura di), *Encyclopedia of Private International Law*, Edward Elgar, 2017, pp. 453-457.

MOSCONI F., *Disposizioni generali di diritto internazionale privato nazionale e diritto internazionale privato uniforme*, in *Rivista di diritto internazionale privato e processuale*, 2003, pp. 661-670.

SALERNO F. (a cura di), *Convenzioni internazionali e legge di riforma del diritto internazionale privato*, Cedam, 1997.

SALERNO F., *Sull'attualità del carattere di «sistema» del diritto internazionale privato italiano*, in G. CONTALDI, F. MARONGIU BUONAIUTI, M.I. PAPA, A. ZANOBETTI (a cura di), *Liber amicorum Angelo Davì*, Editoriale Scientifica, 2019, pp. 323-347.

Parte seconda

La giurisdizione

Capitolo I

Il problema della giurisdizione

Sommario: 1. La giurisdizione fra sovranità statale e diritti individuali. – 2. I compiti: regolare la competenza, coordinare i procedimenti. – 3. L'incidenza del diritto internazionale sulla giurisdizione. – 4. La competenza giurisdizionale. – 5. Il coordinamento fra procedimenti. – 6. Il trattamento processuale della *quaestio iurisdictionis*.

1. La giurisdizione fra sovranità statale e diritti individuali

La sovranità di uno Stato si manifesta nell'attività dei suoi organi. Il lavoro dei giudici, traducendosi nella emanazione di comandi o nella costituzione o modificazione di situazioni giuridiche, rappresenta una delle più tipiche espressioni del potere statale. Stabilendo i casi in cui le proprie autorità sono legittimate a svolgere questo genere di funzioni, lo Stato traccia il perimetro della propria azione quale gestore della vita di relazione di persone ed imprese. Dice, in altre parole, a favore di chi, in quali circostanze ed entro che limiti esso si candida ad esercitare, tramite i propri organi, alcune delle sue prerogative essenziali.

Ogni Stato si fa carico delle esigenze della comunità stabilita sul suo territorio, mentre si disinteressa, in linea di massima, delle esigenze di altre comunità, che può presumere essere affidate alla cura di altri Stati. Distinguere fra il primo ed il secondo gruppo di esigenze non è agevole. I bisogni e le aspettative dei membri della comunità di un dato Stato possono venire in gioco anche in situazioni che non si esauriscono nell'orizzonte di quel solo Stato, risultando collegate, per qualche aspetto, al territorio, alla società o all'economia di uno Stato diverso.

Si immagini che l'italiana Tizia e l'italiano Caio si siano stabiliti da cinque anni per lavoro a Londra, dove è nato il figlio Mevio. Nella coppia è ora insorta una crisi, e i due – che hanno deciso di vivere separati – sono in disaccordo sul tempo che ciascuno può passare con il piccolo. In scenari di questo genere si rende necessario l'intervento di un giudice. Ma ai giudici di quale paese Tizia e Caio debbono o possono rivolgersi a questo fine? Se uno dei due sollecitasse una pronuncia dei giudici italiani, questi sarebbero disposti ad occuparsi del caso? Non si può negare che la situazione interessi in qualche misura l'Italia, se è vero che i genitori e il figlio sono tutti italiani. Ma i legami della situazione col Regno Unito sono almeno altrettanto evidenti, ed è facile intuire che i giudici inglesi si dichiarerebbero anch'essi pronti ad assumere le decisioni che la vicenda richiede.

Regolare la giurisdizione significa, in un caso di questo genere, stabilire se i giudici italiani possano esercitare le proprie funzioni in rapporto alla vicenda del piccolo Mevio; e, ove possano farlo, e siano stati effettivamente sollecitati in questo senso da uno dei genitori, significa stabilire se e in che termini essi debbano eventualmente tener conto della circostanza che l'altro genitore abbia nel frattempo sottoposto il caso ai giudici inglesi, dichiaratisi a loro volta competenti.

La risposta agli interrogativi riguardanti la giurisdizione è importante per gli Stati interessati come per gli individui esposti alle decisioni delle relative autorità.

Per gli Stati la risposta è importante perché, per governare in modo pieno ed effettivo la realtà sociale, non è sufficiente emanare delle regole generali ed astratte: occorre anche poter intervenire con atti e misure concrete, entrare nel vivo delle relazioni che popolano quella realtà, plasmandone gli effetti.

Sapere se uno Stato è pronto ad amministrare una certa vicenda tramite i propri organi può avere un rilievo pratico cruciale sia per chi agisce in giudizio (l'attore), sia per la persona che viene chiamata davanti al giudice (il convenuto).

I diritti vantati dall'attore potrebbero essere protetti più efficacemente dai giudici di un certo paese anziché da quelli di un altro. Si immagini, per esempio, che le prove che dimostrano la fondatezza delle pretese invocate da Alfa nei confronti di Beta siano in possesso di Beta. Per Alfa diviene quindi essenziale ottenere dal giudice, a tempo debito, un provvedimento che imponga a Beta di esibire in giudizio quelle prove. Le condizioni alle quali un simile provvedimento può essere reso sono stabilite dalla legge che regola il processo, che è immancabilmente la legge del foro (*lex fori regit processum*). Ebbene, può darsi che i giudici dello Stato X dispongano a questo fine, in base alla loro legge processuale, di poteri particolarmente pervasivi, ignoti invece al diritto processuale dello Stato Y. Agire nello Stato X significa allora, per l'attore, avere delle *chance* di vincere la causa, mentre agire nello Stato Y vorrebbe dire votarsi ad una quasi sicura soccombenza. La giurisdizione, in un caso come quello appena immaginato, determina in ultima analisi se le posizioni giuridiche invocate da una parte possano dirsi effettive, cioè concretamente protette, o meno.

Anche per il convenuto, il fatto di doversi difendere davanti ai giudici di un dato paese può comportare conseguenze assai diverse da quelle che discenderebbero dal difendersi davanti ai giudici di un altro. Potrebbe essere in grado di presentare agevolmente le proprie ragioni agli uni e non invece agli altri, ad esempio perché i secondi siedono in un paese distante, di cui il convenuto ignora la lingua e le norme. Il secondo scenario potrebbe comportare dei costi e degli inconvenienti pratici significativamente superiori a quelli del primo scenario. Di fatto, il processo potrebbe rivelarsi, per il convenuto, giusto oppure iniquo a seconda che si svolga nello Stato A o nello Stato B. L'attribuzione della giurisdizione a un giudice «geograficamente giusto» è in questo senso una condizione necessaria affinché il processo sia «giusto» nel suo complesso. La disciplina internazionalprivatistica della giurisdizione si presenta così condizionata da imperativi di rilevanza costituzionale. Il diritto dell'attore di avere ascolto presso un giudice per lui ragionevolmente accessibile, del resto, non è né più né meno importante del diritto del convenuto di contrastare agevolmente le pretese dell'attore (che potrebbero essere infondate o addirittura vessatorie). Una disciplina della giurisdizione che favorisse senza ragione una parte rispetto all'altra violerebbe un principio cardine del giusto processo – quello della parità delle armi – e aprirebbe la strada a tatticismi e abusi.

Ogni Stato definisce con proprie regole il «raggio d'azione» delle proprie autorità e le condizioni alle quali queste ultime debbono considerarsi legittimate ad intervenire. Le considerazioni che guidano uno Stato nella elaborazione di queste regole sono diverse e si combinano variamente fra loro. Quelle che seguono sono quelle più ricorrenti.

Uno Stato, per cominciare, può voler costruire le proprie norme relative alla giurisdizione in modo tale da assicurarsi il pieno controllo di situazioni che gli stanno particolarmente a cuore, e che intende dunque poter amministrare tramite i propri organi. Istruirà allora i suoi giudici ad occuparsi di dette situazioni anche in casi collegati con Stati diversi. L'art. 97 della legge federale svizzera di diritto internazionale privato del 1987, ad esempio, attribuisce ai giudici svizzeri la cognizione delle azioni reali aventi ad oggetto un bene immobile situato in Svizzera, a prescindere dal fatto che la lite contrapponga persone che non risiedono in Svizzera e non sono cittadini svizzeri, o faccia seguito ad atti o fatti intervenuti al di fuori del territorio svizzero (ad esempio un atto di disposizione della proprietà perfezionatosi all'estero, che però si assuma essere avvenuto in modo viziato). Regole analoghe si riscontrano peraltro in quasi tutti i sistemi internazionalprivatistici nazionali, e in molti testi uniformi (compresi, come si vedrà, alcuni in vigore per l'Italia).

Nel disciplinare la giurisdizione, in secondo luogo, gli Stati si sforzano in genere di contemperare, per le ragioni dette poc'anzi, gli interessi di tutte le parti del procedimento: l'interesse dell'attore di ottenere ascolto presso un giudice facilmente accessibile e capace di fare effettivamente giustizia nel caso concreto; l'interesse del convenuto a non subire iniziative arbitrarie e imprevedibili, o peggio vessatorie. Riflette questa preoccupazione l'idea che la giurisdizione vada attribuita ai giudici di uno Stato con cui il rapporto dedotto in giudizio risulta collegato in modo oggettivo. Ad esempio, il codice tunisino di diritto internazionale privato del 1998 consente ai giudici tunisini di dichiararsi muniti di giurisdizione in materia di fatti illeciti quando il fatto generatore è occorso in Tunisia (anche in questo caso si tratta di una regola di largo impiego, rintracciabile in altri paesi e in norme di matrice convenzionale ed europea, come si vedrà). Collegamenti di indole obiettiva come questo obbediscono, del resto, anche ad uno scrupolo di efficienza e di buona amministrazione della giustizia: l'esistenza di un legame stretto fra la fattispecie di cui si discute ed il paese del foro agevola, ad esempio, l'istruzione della causa (se le fonti di prova sono situate nel foro, il giudice le assumerà più facilmente), e prefigura una decisione più consapevole del contesto sociale in cui il caso si inserisce. Questo scrupolo per l'adozione di soluzioni equilibrate non è peraltro assoluto. Non di rado gli Stati prevedono nelle loro norme sulla giurisdizione dei criteri c.d. esorbitanti, che consentono ai relativi giudici di pronunciarsi su situazioni che intrattengono col foro solo legami assai tenui. È tale, per esempio, uno dei criteri di giurisdizione previsti all'art. 32 della legge n. 218/1995, in materia matrimoniale: il giudice italiano può pronunciarsi su una domanda di divorzio anche quando l'unica circostanza che leghi la fattispecie all'Italia sia la celebrazione del matrimonio in Italia: una circostanza che potrebbe essere del tutto estemporanea, e non riflettere di fatto alcunché della vita della coppia. Si tratta peraltro di una regola di impiego oramai limitatissimo per il sopravvenire delle norme uniformi contenute nel già citato regolamento Bruxelles II *bis*, e prossimamente nel regolamento Bruxelles II *ter*.

Infine, è normale che uno Stato voglia allontanare nei limiti del possibile il pericolo di duplicazioni e sovrapposizioni tra il lavoro dei propri giudici e quello dei giudici di altri Stati verosimilmente interessati a trattare il caso. Ciò implica la predisposizione di regole tese a prevenire, ove possibile e opportuno, oppure a gestire *ex post*, l'eventualità che su una medesima causa o su cause connesse siano sollecitati a pronunciarsi le autorità di due Stati. Rispondono a questa esigenza, fra le altre, le norme che disciplinano la litispendenza internazionale, cioè la situazione che si verifica quando domande oggettivamente e soggettivamente identiche pendono di fronte a giudici di Stati diversi. Vari sistemi internazionalprivatistici – compreso quello italiano, come si vedrà – al pari di alcuni testi uniformi, regolano questo fenomeno. Per esempio, l'art. 58 della legge uruguayana di diritto internazionale privato del 2020 prevede che il giudice uruguayano, ancorché munito di giurisdizione, possa sospendere il procedimento davanti a sé quando un procedimento identico sia stato anteriormente avviato in un altro paese.

2. I compiti: regolare la competenza, coordinare i procedimenti

Le norme sulla giurisdizione, come emerge dalla ricognizione appena proposta, assolvono compiti diversi. Alcune provvedono a definire l'ambito della giurisdizione dei giudici di un dato Stato. Altre provvedono a coordinare il lavoro delle autorità del foro con quello delle autorità di altri Stati, quando i procedimenti di cui sono rispettivamente investite riguardino la medesima situazione o siano altrimenti collegati fra loro.

Le norme del primo gruppo, quelle relative alla competenza giurisdizionale, stabiliscono se i giudici dello Stato del foro sono abilitati a decidere il merito di una domanda di cui siano investiti, o ad esercitare, più in generale, le funzioni proprie del loro ufficio. L'idea sottesa a queste norme è che l'autorità investita di una domanda, ancorché istituita per svolgere il genere di funzioni sollecitate dall'attore (comporre le liti, emettere provvedimenti cautelari, amministrare interessi privati, etc.), possa intervenire sul caso specifico di cui è chiamata ad occuparsi solo se questo rientri nel novero dei casi di cui tale autorità è legittimata ad occuparsi. La competenza giurisdizionale è precisamente la legittimazione che l'autorità adita deve sincerarsi di possedere prima di dar corso alla domanda di cui è investita.

Si tratta di una legittimazione che spetta, quando sussiste, all'insieme delle autorità di un dato paese. Si dice dunque che il «giudice italiano è competente», o che sussiste la «giurisdizione italiana», per intendere che le autorità italiane sono, globalmente considerate, abilitate ad occuparsi del caso. Ove lo siano, spetterà poi ad altre norme – le norme sulla competenza per territorio, per valore, per materia, etc. – il compito di identificare, fra i diversi uffici giudiziari del paese, quello o quelli a cui compete la frazione di giurisdizione spendibile nel caso concreto. Insomma, sono le norme sulla giurisdizione che dicono se il caso rientra in prima battuta fra quelli su cui possono pronunciarsi i giudici italiani, mentre sono altre norme a stabilire, in seconda battuta, se la causa vada introdotta davanti al giudice di pace di Empoli o al tribunale di Alessandria.

L'esigenza pratica della verifica della giurisdizione sorge allorché il caso, per via dei suoi collegamenti con uno Stato diverso dal foro, non possa dirsi indubitabilmente ricompreso nella sfera giurisdizionale del paese del foro.

Accanto alle norme sulla competenza giurisdizionale, come detto, operano le norme sul coordinamento fra i procedimenti instaurati in Stati diversi. Il loro scopo è, in generale, quello di favorire l'efficiente amministrazione della giustizia e prevenire una duplicazione di attività, come nel caso della litispendenza evocato sopra, per far sì che le autorità di due o più Stati, a vario titolo coinvolte nella trattazione di un caso, raccordino efficacemente la loro azione rispettiva. È quanto accade, ad esempio, quando i giudici di un paese adottino delle misure provvisorie, destinate ad essere seguite da misure di carattere definitivo rese in un altro paese; o quando i giudici di un paese siano competenti a pronunciarsi su certi aspetti specifici di una vicenda, ma debbano conformarsi alle decisioni di carattere generale o alle direttive dei giudici di un paese diverso.

Le norme che appartengono ai due insiemi ora delineati operano in modo diverso. Sembra però opportuno proporne una trattazione unitaria. In fondo, le prime influiscono sulle seconde, e le seconde sulle prime: solo esaminando entrambi i gruppi di norme si può sapere se davvero, alla fine, saranno i giudici di un dato Stato o quelli di un altro ad emettere una decisione sul caso.

3. L'incidenza del diritto internazionale sulla giurisdizione

Le norme sulla giurisdizione, lo si è visto, sono forgiate dai singoli Stati secondo le loro preferenze, le loro priorità politiche e i rispettivi valori costituzionali. Nella misura in cui quelle preferenze, quelle priorità e quei valori cambiano da paese a paese, varia anche il contenuto delle regole sulla giurisdizione: alcune sono comuni a molti Stati, ma altre variano in modo sensibile da paese a paese. È vero che esistono delle regole uniformi sulla giurisdizione, ma il loro contenuto è comunque deciso dagli Stati, e ogni Stato è libero, in linea di principio, di non aderirvi.

La libertà di cui godono gli Stati nel tracciare l'ambito della giurisdizione dei propri giudici non è peraltro assoluta. Le norme dell'ordinamento giuridico internazionale impongono, in questo campo, qualche limite. È il caso, in particolare, delle norme consuetudinarie sull'immunità degli Stati e dei loro beni dalla giurisdizione civile degli altri Stati. Tali norme, trasfuse e rielaborate nella convenzione delle Nazioni unite sulle immunità giurisdizionali degli Stati, adottata il 2 dicembre 2004, peraltro non ancora in vigore, impongono agli Stati di astenersi in certi casi dall'esercitare nei confronti degli altri Stati e dei loro organi le funzioni proprie della giurisdizione civile. Uno Stato che permettesse ai propri giudici, tramite le regole sulla giurisdizione, di esercitare le funzioni del loro ufficio nei casi ora indicati si candiderebbe pertanto a commettere un illecito internazionale. È quanto accadrebbe, ad esempio, se un giudice italiano, chiamato a pronunciarsi sul licenziamento intimato da un'ambasciata straniera a un suo dipendente, non si limitasse a condannare lo Stato convenuto al risarcimento del danno, ma disponesse la reintegrazione del dipendente nel posto di lavoro. Gli Stati sono infatti immuni in base al diritto internazionale consuetudinario dalla giurisdizione civile degli altri Stati, quando questa si esprima in provvedimenti che pretendano, come in questo caso, di condizionarne materialmente l'organizzazione. I contorni delle norme internazionali in tema di immunità emergono da una prassi abbondante, arricchita da pronunce di giudici internazionali, e di cui non è possibile dare conto qui.

Va invece spesa qualche parola sul problema, in un certo senso speculare al precedente, consistente nello stabilire se vi siano dei casi in cui uno Stato possa essere tenuto, in base al diritto internazionale, ad esercitare la giurisdizione ove i relativi giudici, secondo le regole interne, si dichiarerebbero incompetenti. Il dubbio nasce dalla constatazione che i giudici civili possono talora essere chiamati a pronunciarsi sulle conseguenze (privatistiche, evidentemente) di fatti costituenti gravi violazioni del diritto internazionale: degli atti di tortura, per esempio, o di terrorismo, in relazione ai quali la vittima chieda che gli autori e quanti li hanno sostenuti o coperti siano condannati al risarcimento del danno. Domande di questo genere, spesso proposte anche per gettare luce su fatti di rilevanza anche collettiva, rischiano di incontrare ostacoli giuridici e fattuali insormontabili nel paese in cui i fatti stessi si sono verificati, ad esempio per la sostanziale impunità di cui godono i responsabili. Da qui il tentativo di investire della causa i giudici di uno Stato diverso: uno Stato con cui i fatti sono meno intensamente collegati (o non sono collegati per nulla), ma i cui giudici – liberi da condizionamenti – sarebbero in grado di fare giustizia. Può lo Stato indicato da ultimo precludere ai propri giudici di pronunciarsi su un caso siffatto, anche là dove sia chiaro che l'attore, agendo altrove, andrebbe incontro, nei fatti, ad un diniego di giustizia?

La Corte europea dei diritti dell'uomo ha avuto modo di pronunciarsi sulla questione nel caso *Naït-Liman*. Questi, in breve, i fatti all'origine del ricorso. Nel 1992, il tunisino Abdennacer Naït-Liman viene espulso dall'Italia, dove risiedeva, e riaccompagnato in patria dalle autorità tunisine. In Tunisia subisce degli atti di tortura, che imputa ad un ordine impartito dal Ministro degli interni. Un anno dopo riesce a riparare in Svizzera. Nel 2001, saputo che il Ministro è di passaggio in Svizzera, sollecita l'avvio di un'indagine penale (che però non si svolgerà, avendo nel frattempo l'indagato fatto ritorno in Tunisia) e agisce davanti ai giudici svizzeri per il risarcimento del danno che ha patito. Invoca una particolare regola svizzera attributiva della giurisdizione che crede fatta per casi come il suo. L'art. 3 della legge federale svizzera di diritto internazionale privato istituisce un foro c.d. di necessità, permettendo ai giudici elvetici di dichiararsi competenti, ove normalmente non lo sarebbero, come nel caso in discussione, quando risulti che un procedimento all'estero (in Tunisia, nella specie) «non è possibile o non può essere ragionevolmente preteso». Ciò, però, a condizione che la fattispecie presenti una «sufficiente connessione» con la Svizzera. I giudici svizzeri reputano insussistente quest'ultima condizione, con una decisione di cui non è in discussione la conformità al diritto svizzero, e si dichiarano pertanto incompetenti. Naït-Liman si rivolge allora alla Corte europea dei diritti dell'uomo affinché questa accerti che la declinatoria di giurisdizione dei giudici elvetici costituisce una violazione degli obblighi nascenti dall'art. 6 della convenzione europea dei diritti dell'uomo, sul diritto a un equo processo (diritto che implica, come ha da tempo chiarito la stessa Corte, il diritto di ricevere ascolto da un giudice).

Nella decisione finale sul caso, resa nel 2018, la Grande Camera della Corte ha ritenuto che la Svizzera non avesse violato gli obblighi scaturenti dall'art. 6 della convenzione [1]. Ha innanzitutto ricordato che il diritto di accedere alla tutela giurisdizionale non ha carattere assoluto, ma può essere limitato dalla legge, in funzione di un fine legittimo, purché le limitazioni ad esso apportate siano proporzionali a detto fine. Il primo requisito era senz'altro soddisfatto nel caso di specie, avendo i giudici svizzeri operato nel solco delle previsioni del loro paese. Anche il secondo requisito, ha detto la Corte, doveva considerarsi sussistente, giacché uno Stato, nel limitare i poteri dei propri giudici in casi come quello in discorso, obbedisce a considerazioni che la convenzione reputa legittime: la volontà di riservare la cognizione delle domande giudiziarie a un giudice sufficientemente vicino alle prove, capace come tale di acquisirle facilmente; lo scrupolo di emanare una decisione capace di trovare esecuzione nel paese interessato, se diverso dal foro; il desi-

---

[1] Corte eur. dir. uomo (Grande Camera), 15 marzo 2018, *Naït-Liman* c. *Svizzera*, ricorso n. 51357/07, ECLI:CE:ECHR:2018:0315JUD005135707.

derio di non rendere indebitamente attrattivi i giudici locali, che rischierebbero di venire investiti di un carico di lavoro difficile da gestire; la volontà di non alimentare tensioni diplomatiche tra lo Stato del foro e quello in cui un'ipotetica decisione dovrebbe essere eseguita. Anche il terzo requisito, quello della proporzionalità, è stato considerato soddisfatto. Per svolgere questa valutazione, la Corte ha provveduto a misurare l'ampiezza del margine di apprezzamento lasciato dall'art. 6 della convenzione ai singoli paesi. Per la Corte, il fatto che la prassi internazionale non segnali l'esistenza di una regola consuetudinaria sulla giurisdizione civile universale (cioè sul potere di qualsiasi Stato di statuire in sede civile sulle conseguenze di violazioni gravi di norme poste a presidio di valori fondamentali, ovunque commesse), e il fatto che pochissimi paesi si siano dotati di una regola sul *forum necessitatis*, segnala – agli effetti dell'art. 6 della convenzione europea dei diritti dell'uomo – che i singoli paesi (compresa dunque la Svizzera) godono in questo campo di un margine particolarmente esteso. Negando a Naït-Liman l'ascolto giurisdizionale che questi sollecitava, la Svizzera si è mossa all'interno di tale margine, e non ha dunque violato l'art. 6 della convenzione.

La pronuncia, che non è qui possibile approfondire, mostra quanta strada debba ancora essere percorsa per giungere (anche solo in Europa) all'affermazione di un dovere internazionale di ascolto giurisdizionale per chi lamenti una grave violazione dei suoi diritti fondamentali e rischi di non avere altre strade per far valere le proprie ragioni. La pronuncia può peraltro essere letta, con un certo ottimismo, come una base per sviluppi ulteriori. La Corte non ha escluso, sul piano del principio, la configurabilità di un obbligo internazionale di esercitare la giurisdizione (una asserzione, questa, non scontata), e ha motivato l'infondatezza delle doglianze di Naït-Liman nei confronti della Svizzera sulla base di circostanze – come la diffusione ancora insufficiente della regola del *forum necessitatis* nei sistemi internazionalprivatistici statali – suscettibili di mutare in avvenire.

4. La competenza giurisdizionale

Le norme sulla competenza giurisdizionale possono assumere fisionomie assai diverse. La loro variabilità dipende da molteplici fattori. Le norme che regolano la legittimazione a svolgere funzioni giurisdizionali di cognizione, ad esempio, non sono necessariamente identiche a quelle concernenti la giurisdizione volontaria; le norme concernenti le controversie commerciali non assomigliano per forza a quelle applicabili alle liti familiari, etc. Ad alimentare la varietà delle regole in discorso concorrono del resto anche fattori per così dire culturali. Non tutti i paesi si accostano allo stesso modo alla regolamentazione della giurisdizione. In alcuni prevale l'idea che la giurisdizione vada disciplinata tramite regole rigide, caratterizzate da un'alta prevedibilità astratta: regole capaci, come tali, di produrre esiti certi, meccanici, sottratti alla discrezionalità del giudice. Altri, al contrario, sono inclini a lasciare al giudice adito un margine di apprezzamento ampio, permettendogli di valutare caso per caso se i nessi che uniscono la fattispecie al paese del foro bastino a giustificare l'esercizio della giurisdizione nel caso concreto.

La scansione appena riferita sembrerebbe opporre i paesi dell'Europa continentale (e i molti che ne condividono la sensibilità, ad esempio in America Latina e in larga parte dell'Asia orientale) ai paesi di *common law*. Se è indubbio che il valore della certezza astratta è più sentito nei primi che nei secondi, l'esame delle regole effettivamente seguite nei paesi delle due aree porta a credere che le differenze – che pure sono reali e importanti – non vadano esasperate.

Anche nei paesi di *common law* i giudici, per valutare la propria giurisdizione, si affidano in larga parte a criteri predeterminati (dal legislatore o dalla giurisprudenza). Semmai, a differenza di quanto generalmente avviene nei paesi di *civil law*, possono dichiararsi sprovvisti di giurisdizione – quando pure i criteri predeterminati direbbero il contrario – quando ritengano inopportuno, valutate le circostanze del caso di specie, l'esercizio da parte loro della giurisdizione. Opera a questo fine la dottrina del *forum non conveniens*, che permette al giudice di astenersi dal prendere cognizione della lite ove ritenga di essere un foro inappropriato. I parametri impiegati per giungere a una simile conclusione possono essere diversi (e spesso variano da un paese all'altro), ma in genere attengono alla collocazione delle prove necessarie a pronunciarsi sul caso e alla intensità dei nessi fra la vicenda oggetto del giudizio ed il foro. Ad esempio, nel caso *Voth*, la High Court australiana ha ritenuto che non fosse appropriato decidere in Australia la domanda di risarcimento proposta da una società australiana nei confronti di un fiscalista del Missouri, negli Stati Uniti, le cui negligenze erano all'origine di certe sanzioni applicate dalle autorità tributarie statunitensi alla stessa società australiana[2]. La High Court ha ritenuto che il caso presentasse dei nessi nettamente più stretti con gli Stati Uniti, e che la società attrice potesse agevolmente far valere le proprie ragioni in quest'ultimo paese. Da qui la decisione di declinare la competenza.

Nei paesi di *civil law*, come detto, la tradizione è nel senso di raccogliere questo genere di valutazioni in norme generali ed astratte stabilite dal legislatore, al cospetto delle quali il giudice è chiamato a compiere, in linea di principio, un mero lavoro di sussunzione: ricondotta la fattispecie sotto la norma pertinente, spetta a quest'ultima stabilire se il giudice debba esercitare la giurisdizione, o debba invece guardarsene dal farlo. La norma attributiva della giurisdizione, vista da questa angolatura, conferisce all'attore un diritto di «ascolto» giurisdizionale che il giudice adito non saprebbe negargli, neppure in nome di interessi pubblici (l'efficiente svolgimento del giudizio, etc.) a cui pure l'ordinamento del foro potrebbe essere sensibile.

La rigidità che caratterizza l'approccio appena descritto si rispecchia nella fisionomia delle regole sulla giurisdizione, cioè nella loro formulazione e nel loro

---

[2] High Court (Australia), 13 dicembre 1990, *Voth* c. *Manildra Flour Mills Pty Ltd*, <http://www.austlii.edu.au>.

modo di operare. Si prenda, ad esempio, l'art. 40 della legge n. 218/1995, in materia di adozione: «I giudici italiani hanno giurisdizione in materia di adozione allorché: a) gli adottanti o uno di essi o l'adottando sono cittadini italiani ovvero stranieri residenti in Italia; b) l'adottando è un minore in stato di abbandono in Italia».

La norma, seguendo uno schema del tutto consueto, si compone di due elementi. Il primo serve a tracciare il perimetro di operatività della norma. Il legislatore si serve qui, come è usuale, di una categoria giuridica, indicando che l'art. 40 viene in gioco ogniqualvolta si faccia questione di una domanda in materia di adozione. Il secondo elemento è il c.d. titolo o criterio di giurisdizione, o base giurisdizionale. Si chiama così la circostanza che, perfezionandosi nel paese del foro, legittima i relativi giudici ad esercitare la giurisdizione. Nell'esempio appena fatto, i titoli di giurisdizione sono più d'uno: l'art. 40, lett. *a*), eleva a titolo di giurisdizione tanto la cittadinanza quanto la residenza di ciascuno degli adottanti e dell'adottando; la lett. *b*) fa altrettanto con la presenza del minore, quando si tratti di minore in stato di abbandono.

Di fatto, trattandosi di titoli di giurisdizione indicati come concorrenti (titoli, cioè, che operano sullo stesso piano, l'uno accanto all'altro, senza che esista fra loro una gerarchia), il giudice italiano deve verificare se il caso risulti legato all'Italia in ragione dell'una o dell'altra delle circostanze predette (la cittadinanza degli adottanti, la loro residenza, etc.). Se la risposta è sì, il giudice si dichiarerà munito di giurisdizione. Solo quando ciò non avvenga, dovrà declinare la giurisdizione, cioè dichiararsi sprovvisto del potere di decidere la domanda. La declinatoria della giurisdizione constata l'insussistenza di un presupposto del processo. È dunque una pronuncia che definisce il processo «in rito», senza che si faccia luogo a una decisione di merito. Le ragioni dell'attore, in quel caso, non sono pregiudicate dalla pronuncia: per farle valere, dovrà però rivolgersi altrove.

Ebbene, non tutte le regole sulla giurisdizione operanti nei paesi di *civil law* sono per forza caratterizzate dalla rigidità appena descritta. La norma svizzera che istituisce il foro di necessità, ricordata nel paragrafo precedente, mira precisamente a rendere flessibili, ove occorra, le norme operanti in via ordinaria, giacché consente al giudice elvetico di dichiararsi competente quando queste ultime norme gli chiederebbero di declinare la giurisdizione: il giudice, come detto, deve stabilire se l'attore potrebbe ragionevolmente instaurare l'azione altrove, e valutare se il caso presenti con la Svizzera una «sufficiente connessione». Tanto la prima quanto la seconda verifica implicano la ponderazione delle specifiche circostanze della causa e non tollerano meccaniche semplificazioni.

Vari, del resto, sono gli accorgimenti tecnici capaci di conferire alle regole sulla giurisdizione, di stampo europeo continentale, un certo grado di flessibilità. Alcuni testi uniformi, ad esempio, prevedono la possibilità che la causa, instaurata davanti ai giudici di uno Stato, venga alla fine decisa dai giudici di uno Stato diverso, quando ciò appaia opportuno a qualche titolo. L'art. 8 della convenzione dell'Aja del 1996 sui minori prevede, per esempio, che il giudice di uno Stato contraente, competente a pronunciarsi sulla protezione di un minore in base alla convenzione, possa chiedere ai giudici di un altro Stato contraente di occuparsi del caso al suo posto, allorché ritenga che un trasferimento della causa sia nell'interesse del minore. Il già citato regolamento 2016/1103, per limitarsi ad un solo altro esempio, consente al giudice competente a pronunciarsi sui rapporti patrimoniali fra coniugi di declinare la competenza ove l'ordinamento del foro non riconosca il matrimonio in questione (ad esempio, perché si tratta di un matrimonio fra persone dello stesso sesso e la legge del foro vi neghi ogni effetto). Ai sensi dell'art. 9 del regolamento, sovviene allora – per evitare un diniego di giustizia – la competenza c.d. alternativa dei giudici di un altro Stato membro, disposto a riconoscere l'unione.

Al di là delle costruzioni appena evocate, il principale fattore di flessibilità della disciplina della competenza giurisdizionale è dato dall'autonomia privata. In numerosi sistemi internazionalprivatistici nazionali – di *civil law* come di *common law* e di altre derivazioni – le regole obiettive possono talora essere derogate da un accordo concluso fra le parti. Queste, in altre parole, possono talora identificare esse stesse, nei modi previsti dalle norme pertinenti ed entro i limiti ivi fissati, lo Stato (o addirittura il singolo giudice) abilitato a statuire sulla lite, se del caso escludendo la competenza delle autorità altrimenti competenti in via obiettiva. Anche diversi strumenti uniformi prevedono questa opportunità: è il caso, per esempio, del regolamento Bruxelles I *bis*, di cui si parlerà diffusamente più avanti.

L'estesa valorizzazione dell'autonomia privata nel campo della giurisdizione non rispecchia soltanto un percepito bisogno di flessibilità. Rispecchia un bisogno di efficienza nella gestione del contenzioso che sta a cuore comprensibilmente alle parti, e che gli stessi Stati ritengono spesso meritevole di considerazione: se il giudice competente è stato preventivamente scelto dalle parti, non è necessario interrogare le norme obiettive, spesso complesse, che pretendono di localizzare – in modo obiettivo – la lite, e si riduce drasticamente il rischio di contestazioni su quale debba essere la sede del processo. Certo, dando alle parti la possibilità di scegliere il giudice competente, gli Stati rinunciano, in qualche caso, al «controllo» che altrimenti avrebbero sul rapporto oggetto del giudizio. È però un sacrificio che gli stessi Stati sono in grado di modulare (ad esempio ammettendo la possibilità di una scelta solo per le liti relative a certe materie), e le cui implicazioni non devono essere esagerate: in fin dei conti, se un ordinamento si considera «aperto», e vede l'attività giurisdizionale di altri Stati come equivalente alla propria (anche se informata a regole diverse), è ragionevole che quell'ordinamento demandi alle parti, quanto meno in certi casi, la determinazione della sede del contenzioso.

5. Il coordinamento fra procedimenti

Capita, come detto, che giudici di Stati diversi siano investiti di domande identiche, o connesse. Alfa agisce contro Beta nello Stato X chiedendo che la seconda sia condannata a pagare il prezzo delle merci fornite dalla prima; e intanto Beta agisce contro Alfa nello Stato Y affinché venga accertato che le merci consegnate non sono conformi al contratto, e che nulla dunque è dovuto a titolo di prezzo.

Escludere in radice il rischio che si verifichi uno scenario come quello appena descritto è di fatto impossibile: finché le norme attributive della giurisdizione variano da Stato a Stato è possibile, lo si è visto, che la loro applicazione generi un conflitto positivo di competenze[3]; la stessa unificazione delle norme attributive non esclude necessariamente tale eventualità, perché non di rado le stesse norme uniformi sono congegnate (per ottime ragioni) in modo tale da offrire alle parti l'opportunità di trovare ascolto presso giudici di Stati diversi. La contemporanea pendenza di più procedimenti relativi alla medesima lite costituisce nondimeno un problema: pregiudica una ragionevole allocazione delle risorse dedicate alla giustizia (per quale ragione bisognerebbe far fare a due giudici il lavoro che potrebbe benissimo svolgere un giudice solo?), e soprattutto pone le premesse per un conflitto di giudicati (chi assicura che i due giudici, se messi entrambi nelle condizioni di decidere il merito, non pervengano a statuizioni diverse, o addirittura inconciliabili?).

Da qui l'opportunità di istituire un coordinamento fra l'azione rispettiva dei giudici in questione, ad esempio – come si è avuto modo di accennare parlando di litispendenza – consentendo ad uno dei due di sospendere il procedimento innanzi a sé in attesa della definizione dell'altro. Si coglie anche qui il riflesso dell'idea, già evocata, della fungibilità delle giurisdizioni statali: la circostanza che il giudice di uno Stato sospenda un procedimento instaurato innanzi a lui per la contemporanea pendenza all'estero di una causa identica o connessa rispecchia il convincimento che il giudice investito della causa estera possa svolgere – secondo le proprie regole – un'attività in fondo equivalente a quella del primo giudice, a cui dunque è ragionevole flettersi in nome di una efficiente amministrazione della giustizia.

L'esigenza di coordinare fra loro due o più procedimenti può peraltro presentarsi anche in scenari diversi da quello appena considerato, e richiedere a questo titolo delle soluzioni tecniche adeguate alle circostanze e ai valori in gioco. Le norme della convenzione dell'Aja del 13 gennaio 2000 sulla protezione internazionale degli adulti[4], non in vigore per l'Italia, ne offrono una buona illustrazione. Stando alla regola di base, posta all'art. 5, il potere di adottare misure per la protezione di un maggiorenne che non sia in grado di provvedere da solo ai propri

[3] Parte prima, Capitolo II, § 3.

[4] <http://hcch.net>.

interessi spetta alle autorità dello Stato in cui la persona di cui trattasi ha la sua residenza abituale. Significa che se il tedesco Klaus vive a Praga e, a causa dell'età, sperimenta una forma di decadimento cognitivo, spetta ai giudici cechi, in base alla convenzione, assumere le misure del caso, ad esempio nominandogli un amministratore che lo assista in certe decisioni. Senonché, in base all'art. 7, la convenzione ammette che anche i giudici dello Stato di cittadinanza – i giudici tedeschi, in questo caso – possano prendere tali misure. Questa competenza concorrente è circondata di particolari cautele, volte appunto a favorire il coordinamento fra sfere giurisdizionali diverse: i giudici dello Stato di cittadinanza possono rivendicare la competenza in parola solo se ritengono di essere meglio collocati degli altri per apprezzare l'interesse della persona di cui trattasi, e comunque solo dopo averne informato le autorità dello Stato di residenza abituale. La loro legittimazione, del resto, viene meno se le autorità del paese di residenza dell'adulto ritengono di prendere esse stesse delle misure, o si determinano nel senso che non occorre adottarne alcuna.

6. Il trattamento processuale della *quaestio iurisdictionis*

La disciplina della giurisdizione è fatta anche di disposizioni che completano in vario modo le regole sulla competenza giurisdizionale e quelle sul coordinamento delle sfere giurisdizionali statali.

Si collocano in quest'ambito le norme concernenti il trattamento processuale della *quaestio iurisdictionis*. Vari gli interrogativi che si pongono a questo proposito. Ad esempio, a chi spetta introdurre nel dibattito processuale la questione della sussistenza della giurisdizione? Se il convenuto non formula un'eccezione a questo riguardo, può il giudice, che nutra dei dubbi sulla sua competenza, investirsi d'ufficio di una decisione sul punto?

Ogni ordinamento statale si dà sul punto le sue regole, eventualmente derogate dalle norme uniformi applicabili. In Italia, l'art. 11 della legge n. 218/1995 prevede che il difetto di giurisdizione del giudice italiano deve per regola essere eccepito dal convenuto. Può essere rilevato dal giudice d'ufficio, in qualunque stato e grado del processo, in particolare, «se il convenuto è contumace ... ovvero se la giurisdizione italiana è esclusa per effetto di una norma internazionale», ad esempio perché il convenuto è uno Stato straniero che nel caso di specie gode di immunità.

E ancora: sulla base di quali riscontri va decisa la questione di giurisdizione? Quelli di cui la parte interessata ha fornito una piena prova o anche quelli che ha meramente allegato? La questione è delicata, perché se la giurisdizione dipende da circostanze che sono rilevanti anche ai fini del giudizio di merito (c.d. circostanze doppiamente rilevanti), pretendere la prova di quelle circostanze già in funzione della giurisdizione equivale ad accordare il diritto di essere ascoltato da un giudice solo a chi proponga una domanda proposta fondata nel merito. Una compressione, questa, problematica: chi chiede giustizia dovrebbe poter essere ascoltato anche quando le sue ragioni risultano, alla fine, infondate. Spetta anche qui alle norme del foro stabilire se e in che misura l'accesso alla giustizia possa essere limitato in ragione della mancata prova di circostanze rilevanti anche per il merito (perché lo impone l'efficiente svolgimento del giudizio, il contrasto all'abuso del processo, etc.).

Vanno determinati secondo le norme del foro relative al trattamento processuale della questione di giurisdizione anche i modi e i tempi della decisione di detta questione. In Italia, l'art. 187, co. 3, del codice di procedura civile permette al giudice di mettere in decisione la questione relativa alla giurisdizione prima di trattare e istruire la causa nel merito, ma gli consente anche di disporre, in alternativa, che la questione sia decisa unitamente al merito.

L'art. 41 del codice consente peraltro ad ognuna delle parti, finché la causa non sia decisa nel merito in primo grado, di chiedere alle sezioni unite della Corte di cassazione di regolare la giurisdizione, cioè di dichiarare se nella specie sussista, o meno, la giurisdizione italiana. Il ricorso proposto a questo effetto, ove non appaia manifestamente infondato, comporta la sospensione del procedimento di primo grado. La possibilità di promuovere un regolamento di giurisdizione mira a sgomberare il prima possibile il campo da una questione, quella relativa alla giurisdizione, che rischia per sua natura di rendere inutile il procedimento.

Bibliografia

In generale

FUMAGALLI L., *Criteri di giurisdizione in materia civile e commerciale e rispetto dei diritti dell'uomo: il sistema europeo e la garanzia del due process*, in *Diritti umani e diritto internazionale*, 2014, pp. 567-591.

MAILHE F., *L'organisation de la concurrence internationale des juridictions*, Economica, 2016.

MICHAELS R., *Territorial Jurisdiction after Territoriality*, in P.J. SLOT, M. BULTERMAN (a cura di), *Globalisation and Jurisdiction*, Kluwer Law International, 2004, pp. 105-130.

MICHAELS R., *Jurisdiction, Foundations*, in J. BASEDOW, G. RÜHL, F. FERRARI, P. DE MIGUEL ASENSIO (a cura di), *Encyclopedia of Private International Law*, Edward Elgar, 2017, pp. 1042-1051.

MILLS A., *Private Interests and Private Law Regulation in Public International Law Jurisdiction*, in S. ALLEN, D. COSTELLOE e altri (a cura di), *The Oxford Handbook of Jurisdiction in International Law*, Oxford University Press, 2019, pp. 330-354.

RYNGAERT C., *Selfless Intervention – The Exercise of Jurisdiction in the Common Interest*, Oxford University Press, 2020.

VON MEHREN A.T., *Theory and Practice of Adjudicatory Authority in Private International Law*, in *Recueil des cours de l'Académie de droit international de La Haye*, 2002, vol. 295, pp. 9-431.

Spunti per approfondire

FRANZINA P., *The Changing Face of Adjudicatory Jurisdiction*, in S. FORLATI, P. FRANZINA (a cura di), *Universal Civil Jurisdiction – Which Way Forward?*, Brill, 2020, pp. 170-187.

GAJA G., *Il regolamento di giurisdizione e il suo ambito di applicazione in ambito internazionale*, in G. VENTURINI, S. BARIATTI (a cura di), *Nuovi strumenti di diritto internazionale privato – Liber Fausto Pocar*, Giuffrè, 2009, pp. 405-412.

ROORDA L., RYNGAERT C., *Public International Law Constraints on the Exercise of Adjudicatory Jurisdiction in Civil Matters*, in S. FORLATI, P. FRANZINA (a cura di), *Universal Civil Jurisdiction – Which Way Forward?*, Brill, 2020, pp. 74-98.

ROSSI P., *Controversie di lavoro e immunità degli Stati esteri: tra codificazione e sviluppo del diritto consuetudinario*, in *Rivista di diritto internazionale*, 2019, pp. 1-44.

Capitolo II

La disciplina della giurisdizione secondo il regolamento Bruxelles I *bis*

1. Il regolamento Bruxelles I *bis* nel quadro delle fonti

Il regolamento (UE) n. 1215/2012, o Bruxelles I *bis*, reca norme uniformi sulla giurisdizione e l'efficacia delle decisioni. Si applica in «materia civile e commerciale», con alcune cospicue esclusioni: esulano dal regolamento i procedimenti e le decisioni concernenti il diritto delle persone, della famiglia e delle successioni. Il regolamento, inoltre, non disciplina le procedure di insolvenza e non interferisce con esse. Analogamente dicasi per l'arbitrato.

Le norme di fonte interna relative alla giurisdizione non hanno, per principio, alcun ruolo da giocare nelle situazioni soggette al regolamento. Il regolamento affida nondimeno la disciplina di alcune di queste situazioni alle norme interne dello Stato membro del foro (in Italia, le norme della legge n. 218/1995). Questa specie di «delega» entra in gioco, salvo eccezioni, quando il convenuto sia una persona domiciliata al di fuori dell'Unione europea.

Il regolamento non pregiudica l'applicazione delle convenzioni internazionali concluse dall'Unione, come la convenzione dell'Aja del 2005 sugli accordi di scelta del foro. Sono egualmente preservate dal regolamento le norme contenute in convenzioni in vigore per gli Stati membri, come la convenzione di Ginevra del 1956 sui contratti di trasporto di merci su strada [1], e quelle racchiuse in misure legislative dell'Unione, come il regolamento generale sulla protezione dei dati personali [2].

2. A colpo d'occhio

Il regolamento Bruxelles I *bis* reca un sistema di regole sulla giurisdizione. Vi si incontrano disposizioni che disciplinano la competenza giurisdizionale dei giudici degli Stati membri, disposizioni sul coordinamento dei procedimenti pendenti in più Stati secondo gli schemi della litispendenza e della connessione c.d. privativa, e disposizioni sul trattamento processuale delle questioni appena evocate (la questione dell'accertamento della giurisdizione, ad esempio).

Le norme concernenti la competenza giurisdizionale ruotano attorno al principio *actor sequitur forum rei*, sancito all'art. 4: la competenza spetta, in generale, ai giudici dello Stato membro del domicilio del convenuto. Concorrono col foro generale alcune competenze speciali, previste agli articoli 7, 8 e 9. Vi sono poi delle competenze esclusive, stabilite all'art. 24, che rendono inoperanti tanto la regola generale quanto i fori speciali. Completano il quadro due norme in tema di proroga della giurisdizione: l'art. 25 sugli accordi di elezione del foro, e l'art. 26 sulla proroga tacita. Si incontrano poi tre regimi «esaustivi», cioè tre corpi di regole sulla giurisdizione tendenzialmente autosufficienti: uno per le liti in materia assicurativa, un altro in tema di contratti conclusi dai consumatori, il terzo per i contratti individuali di lavoro. Il regolamento tratta infine della competenza ad emettere provvedimenti provvisori e cautelari.

3. Genesi e vicende del regolamento

Il regolamento Bruxelles I *bis* costituisce, come detto, la più recente incarnazione del regime uniforme originariamente introdotto dalla convenzione di Bruxelles del 27 settembre 1968. Modificata in più occasioni, la convenzione è stata sostituita dal regolamento n. 44/2001 (Bruxelles I), a sua volta «rifuso» nel regolamento Bruxelles I *bis*, applicabile dal 10 gennaio 2015.

---

[1] Attuata in Italia con legge 6 dicembre 1960, n. 1621.

[2] Regolamento (UE) 2016/679 del Parlamento europeo e del Consiglio, del 27 aprile 2016, relativo alla protezione delle persone fisiche con riguardo al trattamento dei dati personali, nonché alla libera circolazione di tali dati, *G.U.U.E.*, L 119 del 4 maggio 2016, p. 1 ss.

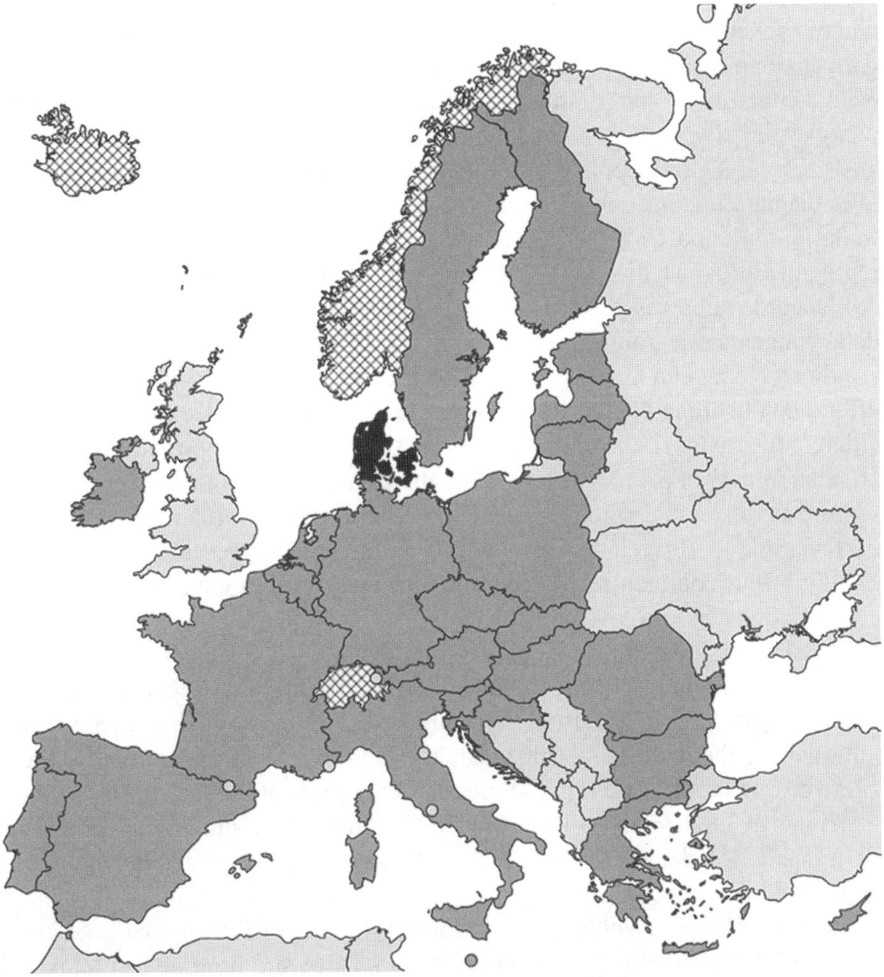

Tavola 1. Norme uniformi sulla giurisdizione in materia civile e commerciale

In grigio scuro gli Stati vincolati dal regolamento Bruxelles I *bis*; in nero la Danimarca, soggetta al regolamento in forza dell'accordo del 2005 con la Comunità europea; il tratteggio indica gli Stati vincolati dalla convenzione di Lugano del 2007

Si parlerà di «regime di Bruxelles» per alludere alla disciplina dettata da questi testi quando non sia necessario o opportuno distinguere fra l'una e l'altra delle sue declinazioni storiche. Malgrado le modifiche apportate alle sue singole disposizioni, l'impianto del regime di Bruxelles e i principi che lo ispirano sono rimasti infatti fondamentalmente inalterati.

Il rapporto di continuità che lega il regolamento Bruxelles I *bis* ai suoi predecessori implica la possibilità, per l'interprete, di ricostruire le norme attuali alla luce dell'esperienza maturata sui testi precedenti. La stessa Corte di Giustizia richiama sovente per il regolamento Bruxelles I *bis* la propria giurisprudenza sulla convenzione di Bruxelles e il regolamento n. 44/2001. La Corte, del resto, non esita a rifarsi nelle sue pronunce anche ad altri documenti «storici», come la relazione esplicativa della convenzione del 1968, elaborata da Paul Jenard [3].

Il regolamento si applica in tutti gli Stati membri. L'Irlanda ne è vincolata per aver dichiarato il suo *opt in*, come previsto dal già ricordato protocollo allegato ai trattati [4]. Il Regno Unito, che aveva seguito la stessa strada, non è più soggetto al regolamento dal 31 dicembre 2020, cioè dalla fine del periodo transitorio previsto dall'accordo sul recesso dall'Unione europea. La Danimarca, estranea agli sviluppi della cooperazione giudiziaria civile in base al regime di *opting out* già illustrato, è nondimeno soggetta al regolamento. Lo è in forza di un accordo concluso a questo effetto con la allora Comunità europea [5]. L'accordo permette alla Danimarca di decidere se «attuare il contenuto» delle modifiche via via apportate al regolamento, allineando così la propria posizione a quella degli altri Stati membri. Il paese si è sempre avvalso di tale facoltà, anche in occasione dell'ultima rifusione [6].

Il regime di Bruxelles possiede, se è permessa l'espressione, un gemello. Nel 1988 gli Stati contraenti della convenzione di Bruxelles conclusero a Lugano una convenzione con la Svizzera e altri Stati estranei alla allora Comunità europea, ma collegati ad essa da stretti vincoli economici e sociali. Tale convenzione replicava pressoché alla lettera la convenzione di Bruxelles, di fatto estendendone l'operatività agli Stati terzi in questione. Quando la convenzione di Bruxelles venne sostituita dal regolamento n. 44/2001, emerse la necessità di «aggiornare» la convenzione di Lugano del 1988, per allinearla al regolamento. Ne è sortita la citata convenzione di Lugano del 30 ottobre 2007, attualmente in vigore nei rapporti fra l'Unione, l'Islanda, la Norvegia e la Svizzera (ne è parte anche la Danimarca, che si trova dunque, anche in relazione agli Stati indicati da ultimo, nella stessa posizione degli altri Stati membri dell'Unione). Dopo la rifusione del regolamento n. 44/2001 ad opera del regolamento Bruxelles I *bis*, si è prodotto un nuovo disallineamento fra il regime di Bruxelles e quello di Lugano. Non è però alle viste una nuova modifica della convenzione di Lugano. Le differenze fra Bruxelles e Lugano sono peraltro contenute, e un protocollo allegato alla convenzione di Lugano ne promuove un'interpretazione coerente a quella fornita, specie dalla Corte di Giustizia, alle norme europee. I due regimi, anche se non più perfettamente coincidenti, soggiacciono così a una interpretazione largamente omogenea.

---

[3] *G.U.C.E.*, C 59 del 5 marzo 1979.

[4] Parte prima, Capitolo II, § 5.

[5] *G.U.U.E.*, L 299 del 16 novembre 2005, p. 62 ss.

[6] V., da ultimo, il comunicato apparso in *G.U.U.E.*, L 182 del 10 luglio 2015, p. 1.

4. Il campo di applicazione

Apposite disposizioni del regolamento Bruxelles I *bis* delimitano la sfera di applicazione materiale e temporale del regolamento stesso. Lo fanno con riguardo alle norme sulla giurisdizione come a quelle sulla efficacia delle decisioni.

Sotto l'aspetto temporale, l'art. 66 prevede che il regolamento si applichi alle azioni iniziate dopo il 10 gennaio 2015, data a partire dalla quale il regolamento è divenuto applicabile nella sua interezza. Le azioni anteriori restano soggette alla disciplina previgente, anche laddove i relativi procedimenti si concludano dopo quella data.

Quanto alla sfera applicativa materiale, la norma di riferimento – l'art. 1 – opera per così dire in due sensi: in positivo, stabilisce che il regolamento si applica «in materia civile e commerciale»; in negativo, elenca una serie di figure giuridiche che il regolamento non intende disciplinare, benché comprese nel perimetro della materia civile e commerciale o strettamente connesse ad essa.

(a) Nozione di materia civile e commerciale

Il regolamento non definisce in modo espresso il concetto di materia civile e commerciale. È pacifico che si tratti di una nozione autonoma. La sua estensione corrisponde a quella delle «materie civili» di cui ragiona l'art. 81 del trattato sul funzionamento dell'Unione europea. La formula abbraccia l'intero spettro del diritto privato, cui si contrappone la «materia fiscale, doganale e amministrativa», e a maggior ragione la materia penale.

È priva di rilievo, rispetto alla applicabilità *ratione materiae* del regolamento, la natura del giudice adito. Conta solo la natura delle posizioni giuridiche su cui verte il giudizio (se si tratta di determinare la competenza) o delle posizioni incise dalla decisione (se si fa questione della efficacia della stessa). Soggiace dunque al regolamento, per esempio, la domanda giudiziale proposta in sede penale per reclamare il risarcimento del danno cagionato dall'imputato.

La Corte di Giustizia ha chiarito nella sentenza *LTU* che i rapporti fra la pubblica amministrazione e un privato non sono per ciò solo estranei al regime di Bruxelles. Lo sono soltanto se il soggetto pubblico è intervenuto nel rapporto in discussione esercitando delle potestà di imperio, cioè avvalendosi di prerogative che gli competono in quanto gestore di interessi pubblici e che dunque fuoriescono dalla sfera dei rapporti inter-individuali [7]. Nel caso *Sunico* è stato chiesto alla Corte di chiarire se rientrassero nella materia civile e commerciale le pretese risarcitorie avanzate dai Commissioners for Her Majesty's Revenue and Customs (l'ente britannico preposto all'esazione delle imposte) nei confronti dei responsabili di una frode fiscale. La Corte ha risposto affermativamente, rilevando che nel caso

---

[7] Corte Giust., 14 ottobre 1976, *LTU Lufttransportunternehmen GmbH & Co. KG* c. *Eurocontrol*, causa 29-76, ECLI:EU:C:1976:137.

di specie i Commissioners non invocavano alcuna prerogativa pubblica, ma agivano sul piano privatistico, chiedendo la riparazione del danno cagionato dalla frode [8].

L'applicabilità del regolamento non è esclusa dalla circostanza che si discuta di posizioni giuridiche rette da norme ispirate a interessi pubblicistici: nella sentenza *FlyLAL I*, la Corte ha ricondotto alla materia civile e commerciale le azioni proposte da un'impresa di trasporto aereo per il danno provocatole dall'abuso di posizione dominante posto in essere da un'impresa concorrente, benché il diritto *antitrust* si proponga la cura di un interesse collettivo, la funzionalità del mercato [9].

(b) Materie escluse

Ai sensi dell'art. 1, par. 2, il regolamento non si applica allo stato e alla capacità delle persone fisiche né ai rapporti patrimoniali fra coniugi e fra partner di unioni civili. Attengono allo stato delle persone fisiche e alla loro capacità, fra gli altri, i procedimenti di separazione e divorzio, quelli in materia di filiazione e quelli concernenti la protezione dei minori. Esulano dal regolamento Bruxelles I *bis* anche «le obbligazioni alimentari» e «i testamenti e le successioni».

Si collocano al di fuori della sfera del regolamento pure «i fallimenti, le procedure relative alla liquidazione di società o altre persone giuridiche che si trovino in stato di insolvenza, i concordati e le procedure affini». Ad essi si applica oggi il regolamento 2015/848 sulle procedure di insolvenza. Come ha chiarito la Corte di Giustizia nella sentenza *Deko Marty*, rientra nel campo di applicazione delle norme sull'insolvenza, ed è come tale estranea al regime di Bruxelles, l'azione tesa a revocare i pagamenti effettuati dal fallito nel periodo immediatamente precedente il suo dissesto, trattandosi di un'azione che scaturisce direttamente dalla procedura di insolvenza [10]. Sempre in tema di insolvenza, la Corte ha affermato nella sentenza *Kintra* che rientra, invece, nel regime di Bruxelles l'azione intrapresa dal curatore di un fallimento per conseguire da un terzo il corrispettivo dei servizi prestatigli dall'impresa fallita: benché promossa dal curatore del fallimento e destinata a beneficiare in ultima analisi i creditori dell'impresa, un'azione siffatta – a differenza della revocatoria fallimentare – non deriva direttamente dalla procedura di insolvenza e non si giustifica solamente in funzione dei suoi scopi [11].

L'art. 1, par. 2 annovera fra le materie escluse anche l'arbitrato. Il considerando n. 12 spiega che il regolamento non intende impedire ai giudici di uno Stato membro, investiti di una controversia per la quale le parti hanno concluso una con-

---

[8] Corte Giust., 12 settembre 2013, *The Commissioners for Her Majesty's Revenue & Customs* c. *Sunico ApS e altri*, causa C-49/12, ECLI:EU:C:2013:545.

[9] Corte Giust., 23 ottobre 2014, *flyLAL-Lithuanian Airlines AS* c. *Starptautiskā lidosta Rīga VAS e Air Baltic Corporation AS*, causa C-302/13, ECLI:EU:C:2014:2319.

[10] Corte Giust., 12 febbraio 2009, *Christopher Seagon* c. *Deko Marty Belgium NV*, causa C-339/07, ECLI:EU:C:2009:83.

[11] Corte Giust., 4 settembre 2014, *Nickel & Goeldner Spedition GmbH* c. *«Kintra» UAB*, causa C-157/13, ECLI:EU:C:2014:2145.

venzione arbitrale, di rinviare le parti all'arbitrato o di sospendere il procedimento in ossequio a detta convenzione. Il regolamento non impedisce allo stesso modo ai giudici statali di esaminare l'eventuale nullità, inoperatività o inapplicabilità della convenzione arbitrale. La decisione relativa alle questioni ora indicate non beneficia peraltro delle disposizioni del regolamento in tema di efficacia delle decisioni. Ne gode invece la decisione di merito resa dal giudice di uno Stato membro che abbia dichiarato nulla, inoperante o inapplicabile una convenzione arbitrale e che si sia dunque pronunciato sul merito della lite.

La francese Alfa e l'italiana Beta sono legate da un contratto di collaborazione. La prima, lamentando il mancato rispetto degli impegni presi dalla seconda, si è rivolta al Tribunale di Roma, chiedendo la risoluzione del contratto e il ristoro dei danni patiti. Costituendosi in giudizio, Beta ha eccepito che, contestualmente alla conclusione del contratto, le parti hanno convenuto di affidare la composizione di eventuali liti a un collegio di tre arbitri. Il regolamento Bruxelles I *bis* non impedisce al Tribunale di Roma di dichiararsi sprovvisto di giurisdizione in ossequio alla convenzione arbitrale e di rimettere dunque le parti all'arbitrato, se così dispongono le norme (estranee al regolamento) che disciplinano i rapporti tra giurisdizione statale e arbitrato. Peraltro, ove il Tribunale – magari ritenendo invalida la convenzione arbitrale – rigetti l'eccezione di Beta e affermi la propria giurisdizione, la sentenza che emetterà sul merito della lite potrà essere fatta valere negli altri Stati membri secondo il regolamento Bruxelles I *bis*.

Il regolamento è inapplicabile, in forza della esclusione della materia arbitrale, ai procedimenti accessori a un arbitrato, come quelli riguardanti la costituzione di un tribunale arbitrale. Non si applica neppure ai procedimenti volti ad ottenere l'annullamento di una sentenza arbitrale o il riconoscimento e l'esecuzione della stessa. Nella sentenza *Gazprom*, la Corte di Giustizia ha affermato che il regime di Bruxelles, per il fatto di non disciplinare l'arbitrato, non impedisce al giudice di uno Stato membro né di riconoscere, né di rifiutarsi di riconoscere una *anti-suit injunction* emessa da arbitri, cioè un provvedimento con cui un tribunale arbitrale vieti ad una parte del procedimento arbitrale di agire davanti ai giudici di uno Stato membro [12]. Simili provvedimenti mirano a preservare l'efficacia della convenzione arbitrale, evitando che la controversia, già pendente davanti agli arbitri, formi altresì l'oggetto di un procedimento giudiziario statale.

In precedenza, nel caso *Allianz*, riferendosi alle *anti-suit injunctions* emesse non già da arbitri ma da giudici di uno Stato membro (ma sempre allo scopo di salvaguardare gli effetti di una convenzione arbitrale), la Corte aveva affermato l'incompatibilità di tali provvedimenti con il regime di Bruxelles [13]. Si trattava, in quel caso, di una controversia relativa al noleggio di una nave e al danno riportato

---

[12] Corte Giust., 13 maggio 2015, *"Gazprom" OAO* c. *Lietuvos Respublika*, causa C-536/13, ECLI:EU:C:2015:316.

[13] Corte Giust., 10 febbraio 2009, *Allianz SpA e Generali Assicurazioni Generali SpA* c. *West Tankers Inc.*, causa C-185/07, ECLI:EU:C:2009:69.

da quest'ultima urtando un molo del porto di Siracusa. Ne era scaturito un procedimento davanti al Tribunale di Siracusa, nel corso del quale una delle parti si era rivolta alla High Court inglese affinché ordinasse alle altre di astenersi dal proseguire il giudizio in Italia; ciò allo scopo di «difendere» la convenzione arbitrale conclusa fra le parti del contratto di noleggio. La Corte di Giustizia ha affermato che un simile provvedimento contrasta con il principio per cui ciascun giudice statale accerta la propria competenza. Un giudice di uno Stato membro (la High Court inglese: all'epoca il Regno Unito era uno Stato membro dell'Unione) non ha titolo per pronunciarsi sulla competenza di un giudice di un altro Stato membro (il Tribunale di Siracusa). La pratica di emettere provvedimenti di questo genere, ha aggiunto la Corte, contraddice la fiducia che gli Stati membri si accordano reciprocamente sotto il regime di Bruxelles.

5. Il requisito dell'internazionalità

Il regolamento Bruxelles I *bis* si applica solo quando si faccia questione di fattispecie che presentino un elemento di internazionalità. Questa condizione è soddisfatta anche quando il caso si presenti collegato solo con uno o più Stati terzi. Il regolamento, in altre parole, non si occupa soltanto delle liti intra-europee, ma tratta, in generale, dei casi internazionali di cui possano essere investiti i giudici degli Stati membri. Nella giurisprudenza della Corte di Giustizia, il principio è stato affermato nel caso *Owusu*. Si trattava dell'azione intentata a Londra da una persona residente nel Regno Unito, vittima di un infortunio occorso durante una vacanza in Giamaica. L'attore imputava il sinistro alla negligenza del locatore della villa in cui erano avvenuti i fatti, anch'egli stabilito nel Regno Unito, e di alcune società giamaicane. La Corte ha ritenuto che, per valutare la propria competenza, i giudici inglesi dovessero servirsi del regime di Bruxelles, e solo di quello: ha infatti rilevato che la situazione litigiosa presentava un carattere internazionale, considerando invece privo di rilievo il fatto che la vicenda riguardasse, oltre allo Stato del foro, solo uno Stato estraneo all'Unione [14].

In una pronuncia successiva, relativa al caso *Lindner*, la Corte ha chiarito che è sufficiente a rendere internazionale una situazione, ai fini della applicabilità del regime di Bruxelles, il fatto che la domanda sia proposta, in uno Stato membro, nei confronti di un cittadino di un diverso Stato membro, anche là dove ne sia ignoto il domicilio, che potrebbe dunque trovarsi, in ipotesi, nello stesso paese del giudice [15]. L'affermazione è significativa, perché il domicilio del convenuto, come si vedrà fra un istante, ha un ruolo centrale nel regime di Bruxelles, mentre la cit-

---

[14] Corte Giust., 1° marzo 2005, *Andrew Owusu* c. *N.B. Jackson, che opera con il nome commerciale "Villa Holidays Bal-Inn Villas" e altri*, causa C-281/02, ECLI:EU:C:2005:120.

[15] Corte Giust., 17 novembre 2011, *Hypoteční banka a.s.* c. *Udo Mike Lindner*, causa C-327/10, ECLI:EU:C:2011:745.

tadinanza è pressoché irrilevante. Insomma, ai fini della internazionalità conta qualsiasi contatto significativo fra la fattispecie e la realtà estranea al foro, compresi i contatti di cui il regolamento non ritiene di servirsi per individuare il giudice competente, come la nazionalità delle parti.

6. Il domicilio del convenuto

Il regolamento Bruxelles I *bis* fa largo uso del concetto di domicilio. Che cosa deve intendersi per domicilio, e a quali fini il regolamento impiega tale nozione?

(a) Concetto di domicilio

Il termine domicilio, non definito dal regolamento, designa in generale il luogo in cui una persona intrattiene la parte più significativa delle sue relazioni, quello nel quale convergono i suoi interessi.

Ogni ordinamento giuridico stabilisce con proprie norme dove si trovi il domicilio di una persona. L'art. 43 del codice civile italiano, ad esempio, identifica in generale il domicilio di una persona fisica «nel luogo in cui essa ha stabilito la sede principale dei suoi affari e interessi»; per le persone giuridiche, ai sensi dell'art. 46, si ha riguardo alla sede, con la precisazione che in caso di discordanza fra la sede risultante dai registri e la sede effettiva, i terzi possono considerare come sede anche quest'ultima. Le soluzioni ora indicate, corredate da specificazioni e presunzioni, differiscono da quelle che assolvono la medesima funzione in altri ordinamenti.

Per operare in modo uniforme nei diversi Stati membri, il regolamento indica come debba determinarsi, ai suoi fini, il domicilio di una persona.

L'art. 62 concerne il domicilio delle persone fisiche. La disposizione usa la tecnica dei conflitti di leggi: non stabilisce che cosa debba intendersi per domicilio, ma dice da quale ordinamento vadano tratte le norme che lo determinano. Ai sensi dell'art. 62, par. 1, al fine di determinare se una parte ha il domicilio nello Stato del foro, il giudice adito applica la propria legge. Significa, per intendersi, che il giudice italiano deve ritenere domiciliata in Italia, ai fini del regolamento, la persona fisica per la quale si concretizzano in Italia i fatti che integrano il domicilio di una persona ai sensi degli articoli 43 e seguenti del codice civile. Ove l'interessato non risulti domiciliato nel foro, il giudice adito, al fine di stabilire se lo stesso è domiciliato in un altro Stato membro, applica la legge di detto Stato.

Il domicilio delle società e in genere degli enti si determina, agli effetti del regolamento, in base all'art. 63. Anziché indicare l'ordinamento da cui vanno ricavate le norme pertinenti, la disposizione stabilisce autonomamente che cosa deve intendersi per domicilio, escludendo per ciò solo la rilevanza dei criteri nazionali. Il domicilio, per il regolamento, corrisponde alla «sede statutaria» dell'ente, al luogo della sua «amministrazione centrale» oppure al suo «centro d'attività principale».

La sede statutaria è il luogo in cui la persona si considera legalmente stabilita secondo le norme che ne disciplinano l'esistenza e il funzionamento. L'informazione si desume, in genere, dal registro in cui l'ente è iscritto (in Italia, segnatamente il registro delle imprese). L'art. 63, par. 2, del regolamento precisa che nel caso dell'Irlanda e di Cipro, la sede statutaria coincide col «registered office»; se non esiste alcun «registered office» vale il «place of incorporation», ossia il luogo di acquisizione della personalità giuridica dell'ente. L'amministrazione centrale di una società o di un altro ente è nel luogo in cui l'ente ha la sua sede effettiva, cioè quello in cui vengono normalmente assunte le determinazioni dell'ente, o le principali fra esse. Rileva a questo fine, ad esempio, il luogo in cui si riunisce l'organo amministrativo o in cui operano i dirigenti. Il centro di attività principale di un ente, infine, è il luogo in cui questo conduce prevalentemente la propria attività. Così, ad esempio, la società costituita nei Paesi Bassi allo scopo di curare l'amministrazione di un immobile sito a Milano (dando in locazione le unità che lo compongono, provvedendo alla manutenzione delle stesse, etc.) deve ritenersi avere in Italia il proprio centro di attività principale.

Le tre proiezioni geografiche contemplate dall'art. 63 potrebbero realizzarsi in Stati diversi. Non essendovi una gerarchia fra i criteri anzidetti, l'ente dovrà ritenersi domiciliato in ognuno di tali Stati. La società del caso indicato da ultimo dovrà dunque considerarsi domiciliata tanto nei Paesi Bassi quanto in Italia.

(b) Usi del domicilio

Le norme sulla competenza giurisdizionale del regolamento Bruxelles I *bis* impiegano il concetto di domicilio per fini diversi. Il domicilio del convenuto costituisce, innanzitutto, un titolo di giurisdizione di portata generale: se ne parlerà nel prossimo paragrafo, esaminando l'art. 4 del regolamento. Conviene soffermarsi, intanto, sugli altri usi che il regolamento fa del concetto di domicilio.

Il regolamento distingue a seconda che il convenuto sia domiciliato in uno Stato membro dell'Unione o in uno Stato terzo. Lo fa per due ragioni. In primo luogo, perché nei confronti delle persone domiciliate nell'Unione (i convenuti «europei», per brevità) possono essere invocati solo i titoli di giurisdizione contemplati dal regolamento, mentre nei confronti degli altri la competenza può fondarsi anche su titoli stabiliti da norme interne. In secondo luogo, perché molte delle norme uniformi del regolamento sono applicabili solamente se il domicilio del convenuto si trova, per l'appunto, nel territorio di uno Stato membro.

(1) *Convenuti «europei» e convenuti «extra-europei»*

Ai sensi dell'art. 5, par. 1, del regolamento, le persone domiciliate nel territorio di uno Stato membro possono essere convenute davanti ai giudici di un altro Stato membro solo ai sensi delle norme uniformi dettate dal regolamento stesso. Se tali norme indicano che il giudice adito è incompetente, tale giudice deve spogliarsi della causa anche quando, per ipotesi, la causa rientri nell'ambito della giurisdizione dei giudici del foro ai sensi delle norme di fonte interna.

Rispetto alle persone che non sono domiciliate in uno Stato membro, la competenza dei giudici di ciascuno Stato membro «è disciplinata dalla legge di tale

Stato». Così dispone l'art. 6, par. 1, del regolamento, salvo enunciare delle eccezioni di cui si darà conto in appresso. In sostanza, il giudice italiano investito di una domanda rientrante nel campo di applicazione del regolamento, proposta nei confronti di una persona fisica che abita a New York o di una società stabilita in Vietnam, deve verificare la propria competenza prendendo a parametro (non già le norme uniformi dettate dal regolamento, ma) le norme interne italiane.

La società Alfa, di Massa Carrara, ha venduto a Beta, una società con sede a Doha, in Qatar, un carico di marmo. Beta, tuttavia, ha trattenuto una parte del prezzo, imputando ad Alfa – che ha curato il trasporto delle merci – la perdita di alcune lastre, occorsa mentre queste venivano scaricate presso il porto di Hamad. Alfa, che ritiene di non essere responsabile dell'accaduto, decide di agire in giudizio per far accertare il proprio diritto al saldo. Si rivolge per questo al giudice italiano. Quest'ultimo, rilevato che il domicilio di Beta si trova al di fuori dell'Unione europea, valuterà la propria competenza – perché così dispone l'art. 6, par. 1, del regolamento – sulla base delle norme di fonte interna che fissano l'ambito della giurisdizione italiana, ossia, nella specie, gli articoli 3 e 4 della legge n. 218/1995, esaminati oltre in questo libro. Potrà dunque dichiararsi competente se così prevedono tali disposizioni.

Per la Corte di Giustizia, il rinvio alle norme nazionali previste dall'art. 6, par. 1, è parte integrante del sistema della competenza del regolamento [16]. Le cause promosse nei confronti di convenuti extra-europei, in altre parole, non sono escluse dalla sfera del regolamento: il regolamento disciplina anche quelle, solo che, anziché dettare dei titoli propri, dispone per esse l'impiego di titoli di giurisdizione previsti dalle norme interne dello Stato del foro.

Per cogliere le ragioni della distinzione fra convenuti europei ed extra-europei, occorre tornare a quanto si è detto nel Capitolo precedente in merito ai c.d. fori esorbitanti [17]. Gli autori della convenzione di Bruxelles del 1968, al fine di rafforzare la fiducia fra gli Stati contraenti, quale presupposto per una più agevole circolazione delle decisioni nello spazio giudiziario europeo, hanno ritenuto di dover precludere, negli Stati contraenti, il ricorso a titoli di giurisdizione fondati su un legame troppo tenue fra il giudice e la lite. Una soppressione pura e semplice di quei titoli è stata però giudicata inopportuna: i fori esorbitanti sono, per gli Stati, un mezzo per amministrare delle fattispecie magari distanti dal foro, ma non per questo prive di interesse per essi. Da qui la decisione di impedire l'uso di titoli nazionali (potenzialmente esorbitanti) nei confronti delle persone domiciliate in Europa, permettendone invece l'impiego nei confronti delle persone stabilite in Stati terzi.

Nel 2000, al momento di «comunitarizzare» la disciplina della convenzione, ci si chiese se questa distinzione (di fatto, questo «privilegio» per i convenuti «europei») dovesse sopravvivere. La Commissione europea ne propose il superamento,

---

[16] Corte Giust., 7 febbraio 2006, parere 1/03, ECLI:EU:C:2006:81.

[17] Parte seconda, Capitolo 1, § 1.

incontrando tuttavia le resistenze del Parlamento europeo e del Consiglio. In occasione della rifusione del 2012, l'ipotesi non è stata neppure presa in considerazione.

Di fatto, sul punto, il quadro è rimasto quello accolto cinquant'anni fa dai redattori della convenzione di Bruxelles. Vero è, semmai, che nel redigere le norme sulla competenza giurisdizionale contenute in altri strumenti settoriali, il legislatore dell'Unione non ha mai veramente replicato lo schema appena descritto (limitandosi in un caso a ispirarsene). Il regolamento n. 4/2009 sulle obbligazioni alimentari e il regolamento n. 650/2012 sulle successioni, ad esempio, dettano delle norme sulla competenza giurisdizionale applicabili a prescindere dalle caratteristiche «geografiche» delle parti: valgono per tutte le situazioni con elementi di internazionalità, a prescindere dall'intensità dei loro legami con l'Unione europea, e rendono del tutto inoperanti, nel loro ambito, le norme di matrice interna.

(2) *Titoli di applicazione ristretta e di applicazione generale*

Molte delle norme attributive uniformi del regolamento presuppongono che il convenuto sia domiciliato in uno Stato membro. L'art. 7, per esempio, detta dei titoli di giurisdizione sulla base dei quali «[u]na persona domiciliata in uno Stato membro può essere convenuta in un altro Stato membro». Quei titoli non operano (almeno non per forza propria) quando si tratta di convenire in uno Stato membro una persona domiciliata in uno Stato terzo.

Non tutte le disposizioni del regolamento, tuttavia, sono soggette alla condizione appena indicata. Fanno eccezione, come si dirà più avanti, le norme di cui possono avvalersi il consumatore e il lavoratore subordinato per convenire in giudizio, rispettivamente, il professionista e il datore di lavoro; fanno eccezione pure l'art. 24, sui fori esclusivi, e l'art. 25, sulla proroga espressa della competenza.

7. Il foro generale del domicilio del convenuto

Ai sensi dell'art. 4, par. 1, del regolamento Bruxelles I *bis*, «le persone domiciliate nel territorio di un determinato Stato membro sono convenute, a prescindere dalla loro cittadinanza, davanti alle autorità giurisdizionali di tale Stato membro».

L'art. 4 è una norma di applicazione generale, nel senso che può essere invocata, salvo puntuali eccezioni, rispetto a qualsiasi domanda soggetta al regolamento, quale che sia la materia del contendere. Si tratta inoltre, per usare le parole del considerando n. 15, del «principio generale» che informa il sistema della competenza del regolamento. Come ricorda la Corte di Giustizia, le norme che derogano a tale principio richiedono, proprio per questo, un'interpretazione restrittiva [18].

La centralità del criterio riflette i diversi «meriti» che gli sono riconosciuti. Quello del domicilio del convenuto appare innanzitutto un criterio «giusto», perché assicura un certo equilibrio fra le parti del procedimento. L'attore decide, con

[18] V. già Corte Giust., 14 dicembre 1976, *Galeries Segoura SPRL* c. *Società Rahim Bonakdarian*, causa 25/76, ECLI:EU:C:1976:178.

la sua iniziativa, il *se* e il *quando* della lite. Pare equo lasciare al convenuto il potere di determinarne il *dove*, facendo del suo domicilio la sede «normale» del processo. L'equità, del resto, come già detto, vuole che il convenuto possa difendersi agevolmente: farlo davanti ai propri giudici significa in genere poter impiegare, per la difesa, delle risorse meno importanti di quelle necessarie per far valere le proprie ragioni altrove.

Il criterio del domicilio, in aggiunta, è un criterio di facile e obiettiva concretizzazione. L'attore, dovrebbe normalmente poter determinare in modo chiaro e rapido il paese del domicilio di quest'ultimo. Il domicilio, si è visto, è una proiezione socialmente significativa della persona: è un luogo in cui il convenuto lascia delle «tracce» di indole economica e sociale, e si presta come tale ad una agevole determinazione. Si tratta, in questo senso, di un criterio efficiente, capace di risparmiare alle parti e al giudice le incertezze insite in altri criteri, segnatamente quelli riferibili al rapporto che costituisce la materia del contendere.

L'art. 4, par. 1, del regolamento attribuisce la competenza in modo indifferenziato e globale alle autorità dello Stato membro del domicilio del convenuto. Spetta alle regole che provvedono all'interno di tale Stato alla ripartizione degli affari civili il compito di identificare di volta in volta il singolo ufficio giudiziario competente (si tratta, in Italia, delle norme del codice di rito sulla competenza per territorio, per materia e per valore). Ogni Stato membro gode sul punto di un'ampia discrezionalità, salvo il limite dell'art. 4, par. 2, del regolamento che vieta di discriminare sotto questo aspetto fra cittadini dello Stato del foro e stranieri: alle persone che non possiedono la cittadinanza dello Stato in cui sono domiciliate si applicano le norme sulla competenza dettate per i cittadini di detto Stato.

8. Le competenze speciali: caratteri comuni

La competenza generale dell'art. 4 non ha carattere esclusivo. Concorrono con essa le competenze speciali degli articoli 7, 8 e 9 del regolamento. Si chiamano speciali perché ciascuna di esse opera per una particolare classe di controversie.

Alcune competenze speciali operano per le controversie riguardanti una data materia: ve ne è una per le liti in materia di contratti, una per le liti in tema di obbligazioni extracontrattuali, un'altra per le azioni volte al recupero di un bene culturale, etc. Altre competenze speciali, invece, entrano in gioco per le domande che presentano delle particolarità di tipo processuale, segnatamente quando si tratta di domande connesse ad altre. Le competenze speciali in ragione della materia – quelle del primo insieme – si fondano sull'idea di prossimità. Certe controversie, in effetti, presentano un nesso particolarmente stretto con un dato luogo: è ragionevole che proprio i giudici di quel luogo possano occuparsi del caso. Le competenze speciali basate sulla connessione si giustificano invece per il valore assegnato all'armonia delle decisioni. Se una domanda è collegata a un'altra, è utile che un unico giudice possa deciderle entrambe: ove le domande in questione fossero esaminate da giudici diversi, questi potrebbero non coglierne i nessi, o potrebbero dover procedere, per apprezzare i fatti, alle medesime attività istruttorie.

Le competenze speciali, per il fatto stesso di concorrere con il foro generale, presentano – dall'angolatura dell'attore – un carattere facoltativo. La loro funzione, come emerge dall'*incipit* dell'art. 7 (ripreso all'art. 8), consiste nell'offrire all'attore la possibilità di attrarre il convenuto in uno Stato membro diverso da quello in cui il convenuto è domiciliato. L'attore opterà per l'una o l'altra soluzione comparandone i rispettivi vantaggi. Potrebbe per esempio preferire i giudici di uno Stato perché, ritenendo cruciale avere una decisione in tempi rapidi, confida nella particolare efficienza dell'apparato giudiziario di quel paese.

In realtà, sia pure in proporzioni diverse, tutti i fori speciali hanno lo scopo di convogliare la lite verso un giudice che ci si aspetta essere capace di amministrare in modo efficace la giustizia nel caso concreto: un giudice, dunque, abbastanza prossimo agli elementi oggettivi della lite, e capace nel contempo, se possibile, di assicurare una soluzione coerente e unitaria del contenzioso fra le parti, là dove questo comporti aspetti diversi o coinvolga una pluralità di soggetti.

Oltre agli obiettivi appena evocati – prossimità del giudice e concentrazione ed efficienza della cognizione – le competenze speciali debbono assicurare, come ricorda il considerando n. 16, un alto grado di prevedibilità. Il convenuto deve sempre essere in grado di rappresentarsi in anticipo in quale paese (diverso da quello del proprio domicilio) potrà essere citato in giudizio. In materia di obbligazioni extracontrattuali, per esempio, l'art. 7, punto 2, del regolamento Bruxelles I *bis* indica come competente, in concorso con i giudici dello Stato del domicilio del convenuto, il giudice del «luogo in cui l'evento dannoso è avvenuto». Questo criterio risponde in primo luogo a un'esigenza di prossimità. Il suo operare, inoltre, giova alle ragioni dell'armonia delle decisioni e assicura un alto grado di prevedibilità quanto alla individuazione del giudice competente.

Alfa, un'impresa di costruzioni di Udine, è stata incaricata di costruire un edificio a Tolmino, in Slovenia. Durante gli scavi per le fondazioni, realizzati con l'impresa austriaca Beta, un immobile vicino riporta dei danni strutturali, imputabili alla negligenza delle due società. Il proprietario dell'immobile danneggiato può agire in giudizio nei confronti sia di Alfa che di Beta, per averne un risarcimento, davanti al Tribunale di Nova Gorica, la cui circoscrizione comprende la cittadina di Tolmino, in forza dell'art. 7, punto 2, del regolamento Bruxelles I *bis*, essendosi verificato a Tolmino l'evento dannoso di cui si duole. Tale giudice è senz'altro prossimo ai fatti di causa (il che significa, per esempio, che può acquisire in modo particolarmente agevole le prove occorrenti al giudizio), ed è in grado di pronunciarsi sulle domande che l'attore intenda proporre nei confronti dell'uno come dell'altro convenuto (potrebbe diventare chiaro solo nel corso del giudizio come si distribuisca la responsabilità dell'accaduto fra Alfa e Beta). Si tratta, inoltre, di un giudice prevedibile: sia Alfa che Beta sono senz'altro in grado di rappresentarsi l'eventualità di essere convenute in giudizio in Slovenia in relazione ad una responsabilità fondata su fatti avvenuti in Slovenia.

Il triplice obiettivo perseguito dal legislatore – prossimità, armonia delle decisioni, prevedibilità – costituisce anche una guida per l'interprete. Nel ricostruire il significato delle disposizioni che istituiscono una competenza speciale va privilegiata, fra le varie soluzioni possibili, quella che facilita, per l'appunto, il raggiungimento dei fini ora indicati. Per le stesse ragioni, va esclusa un'interpretazione di tali disposizioni che conduca a risultati contrari a quei valori. Significativa, al riguardo, la sentenza resa dalla Corte di Giustizia nel caso *Besix*[19]. Si trattava di una controversia in materia contrattuale. Veniva in rilievo, pertanto, il foro speciale operante in questo campo, identificato – come si vedrà fra un attimo – col giudice del luogo in cui l'obbligazione litigiosa è stata o avrebbe dovuto essere eseguita (*locus solutionis*). La lite riguardava l'asserito inadempimento di un obbligo di non fare: l'obbligo, assunto dalla società convenuta nei confronti della società attrice, di non associarsi con terzi in funzione della partecipazione a gare d'appalto. La Corte, preso atto che l'impegno era stato pattuito senza alcuna limitazione geografica e che dunque il suo rispetto era esigibile dappertutto nel mondo, ha escluso *tout court* l'operatività della competenza speciale in materia di contratti. Non essendovi un unico *locus solutionis*, non si può – senza frustrare gli obiettivi di prossimità e prevedibilità che ispirano le competenze speciali – permettere all'attore di promuovere il giudizio in uno qualsiasi dei luoghi in cui l'obbligazione litigiosa avrebbe dovuto essere adempiuta.

Alcune delle competenze speciali previste dal regolamento presentano una peculiarità. Non assegnano genericamente la competenza ai giudici di un certo Stato (come fa l'art. 4, che indica come muniti di giurisdizione tutti i giudici dello Stato del domicilio del convenuto), ma giungono fino ad identificare, quanto meno sotto il profilo territoriale, il singolo ufficio giudiziario abilitato a conoscere della causa. L'art. 7, punto 2, sulla competenza in materia di obbligazioni extracontrattuali, ad esempio, parla testualmente del giudice del «luogo» (non dei giudici dello Stato) in cui l'evento dannoso è avvenuto. Nella sentenza *Volvo*, la Corte di Giustizia ha affermato che la disposizione ora indicata attribuisce a tale giudice «direttamente e immediatamente» sia la competenza giurisdizionale sia la competenza territoriale[20]. I criteri di riparto della competenza per territorio posti dalle norme interne sono di fatto senza effetto.

La particolarità ora descritta rispecchia gli obiettivi delle competenze speciali. Si prenda la prossimità: se si vuole veicolare il contenzioso verso un foro vicino alla controversia, non basta assegnare la competenza ai giudici italiani, presi nel loro insieme, ma occorre piuttosto indicare anche che ad occuparsi del caso sia il Tribunale di Vercelli, anziché quello di Latina o quello di Isernia.

---

[19] Corte Giust., 19 febbraio 2002, *Besix SA* c. *Wasserreinigungsbau Alfred Kretzschmar GmbH & Co. KG (WABAG) and Planungs- und Forschungsgesellschaft Dipl. Ing. W. Kretzschmar GmbH & KG (Plafog)*, causa C-256/00, ECLI:EU:C:2002:99.

[20] Corte Giust., 15 luglio 2021, *RH* c. *AB Volvo e altri*, causa C-30/20, ECLI:EU:C:2021:604.

9. La competenza speciale in materia contrattuale

L'art. 7, punto 1, del regolamento Bruxelles I *bis* istituisce una competenza speciale per le liti «in materia contrattuale». È una delle disposizioni più frequentemente invocate nella prassi relativa al regolamento, e una delle più problematiche.

(a) Prologo: la difficile localizzazione del contratto

In sintesi, l'art. 7, punto 1, prevede che le controversie relative a un contratto, quando non siano portate nello Stato del domicilio del convenuto ai sensi dell'art. 4, siano esperite nel luogo in cui il rapporto avrebbe dovuto ricevere attuazione: a seconda dei casi, quello in cui è stata o avrebbe dovuto essere eseguita l'obbligazione su cui verte il giudizio o l'obbligazione che caratterizza il contratto.

L'idea di fondo è chiara. Il contratto è uno strumento per programmare il futuro: crea delle aspettative (quella di ricevere un servizio, di conseguire la disponibilità di un bene, di incassare una somma di denaro, etc.), ed è dunque ragionevole pensare che proietti la sua essenza, il suo significato sociale ed economico, nel luogo in cui si materializzano tali aspettative.

Non è agevole, però, tradurre quest'idea in regola operativa, specie se una regola siffatta deve soddisfare – come detto – le esigenze di prossimità, prevedibilità e concentrazione del contenzioso propri dei fori speciali.

Sono almeno tre i fattori che rendono difficile localizzare un contratto. Il primo consiste nell'alto grado di astrazione che connota il fenomeno contrattuale. I contratti esistono, come tali, nel mondo del diritto, non in quello materiale. Beninteso, essi lasciano delle tracce nel mondo materiale: molti contratti modificano visibilmente la realtà materiale. Ma ciò non avviene sempre, e non sempre quelle tracce rispecchiano l'essenza del rapporto. Il contratto con cui Alfa concede a Beta lo sfruttamento di un'invenzione di cui detiene il brevetto, contro il pagamento di *royalties*, non si traduce come tale in alcunché di tangibile. Chi voglia situare nello spazio quel contratto fatica a trovarne un ancoraggio fisico.

Il secondo fattore risiede nella duttilità del contratto. Un contratto può assumere fisionomie diversissime, secondo le preferenze delle parti: i tipi legali sono molti, e in tutti i sistemi privatistici l'autonomia può esprimersi nella conclusione di accordi che sfuggono ai tipi legali, o ne costituiscono una combinazione. La ricerca di un criterio di localizzazione unico, buono per qualsivoglia contratto, si scontra con le innumerevoli possibili declinazioni dell'autonomia privata.

Il terzo fattore consiste nella varietà delle questioni che possono insorgere intorno a una fattispecie di natura contrattuale. Le liti relative a un contratto possono avere oggetti diversissimi: in alcune si discute dell'effettiva venuta ad esistenza di un accordo, in altre della valida formazione di un vincolo fra le stesse, in altre ancora della conformità della prestazione eseguita da una delle parti rispetto a quanto dovuto, etc. La costruzione di una regola unica per l'intera materia contrattuale implica la necessità di confrontarsi con i vari scenari in cui può esprimersi il contenzioso in quest'ambito.

(b) Genesi e articolazione interna dell'art. 7, punto 1

La norma che oggi si legge all'art. 7, punto 1, del regolamento ha avuto, se così si può dire, una vita travagliata. Figurava già nella convenzione di Bruxelles, ma ha conosciuto in occasione del passaggio al regolamento n. 44/2001 delle modifiche radicali, frutto di una diffusa insoddisfazione per l'assetto previgente.

Il testo sortito dalle modifiche – poi confermato quasi senza alterazioni nel regolamento Bruxelles I *bis* – non ripudia le soluzioni della convenzione di Bruxelles, ma le relega sullo sfondo della norma, collocando in primo piano delle soluzioni nuove, quasi antitetiche alle precedenti.

Le soluzioni ereditate dalla convenzione del 1968 si rinvengono nell'art. 7, punto 1, lett. *a*), del regolamento. Le soluzioni nuove sono contenute nell'art. 7, punto 1, lett. *b*), e si applicano – salvo quanto si dirà a tempo debito – quando la lite riguardi una compravendita di beni o una prestazione di servizi, i tipi contrattuali più diffusi nella prassi. Di fatto, la materia contrattuale è ripartita fra due campi: alcune fattispecie, le più ricorrenti, cadono sotto la lett. *b*); per tutte le altre vale la regola «tradizionale» della lett. *a*). L'art. 7, punto 1, lett. *c*), indica all'interprete quando deve servirsi della lett. *a*) e quando della lett. *b*).

L'illustrazione dell'art. 7, punto 1, si svilupperà in tre momenti. Per prima cosa conviene tracciare la portata applicativa della norma, spiegando che cosa rientri nella «materia contrattuale». Ci si concentrerà poi sulle regole speciali della lett. *b*): queste, ancorché presentate come una semplice specificazione della regola tradizionale, costituiscono nei fatti delle regole a parte, delle deroghe alla regola tradizionale. Da ultimo si parlerà della regola tradizionale, che proprio per il fatto di cedere alle regole speciali riveste per l'interprete un carattere residuale (opera, cioè, nella misura in cui non operano le regole speciali).

(c) Nozione di materia contrattuale

Il regolamento Bruxelles I *bis* non dice in modo esplicito che cosa debba intendersi per «materia contrattuale».

(1) *Autonomia del concetto*

È pacifico che l'espressione designi una nozione autonoma, per ricostruire la quale sarebbe dunque errato affidarsi ai concetti di questo o quell'ordinamento nazionale. Contano semmai gli obiettivi della norma e il contesto in cui questa è inserita. Il contesto comprende il regolamento Roma I sulla legge applicabile alle obbligazioni contrattuali, di cui si parlerà diffusamente più avanti: ciò che è contrattuale per quest'ultimo regolamento, lo è, in linea di principio, anche per l'art. 7, punto 1, del regolamento Bruxelles I *bis*, e viceversa.

(2) *Rapporti con altre disposizioni del regolamento in tema di contratti*

Un altro dato pacifico è che l'art. 7 punto 1, essendo solo una delle diverse disposizioni del regolamento che trattano di contratti, viene in gioco in realtà solo per alcune liti contrattuali. Gli articoli 17 e seguenti del regolamento disciplinano le liti relative ai «contratti conclusi da consumatori»; gli articoli 20 e seguenti concernono i «contratti individuali di lavoro»; l'art. 24, punto 1, regola i «contratti di locazione di immobili». Le liti relative alle fattispecie ora menzionate, proprio perché soggette a regole particolari, esulano dalla sfera dell'art. 7, punto 1. Lo stesso dicasi per le liti in materia di contratti assicurativi, dato che in materia di assicurazioni operano gli articoli 10 e seguenti del regolamento. Di fatto, cadono sotto l'art. 7, punto 1, tutti i contratti conclusi fra imprese (di scambio, di collaborazione, di finanziamento, di garanzia, etc.) e quelli – anche non commerciali – non sussumibili sotto alcuna delle categorie sopra indicate, come, ad esempio, il contratto che intercorre fra una società e un suo amministratore[21].

(3) *Il confine fra contratto e fatto illecito*

Più difficile è stabilire dove corra, di preciso, il confine fra la «materia contrattuale» e quella degli «illeciti civili dolosi o colposi», oggetto dell'art. 7, punto 2.

Nella sentenza *Handte*, la Corte di Giustizia ha affermato che la materia contrattuale «non può ricomprendere le fattispecie in cui non esista alcun obbligo liberamente assunto da una parte nei confronti di un'altra»[22]. Si trattava, allora, dell'azione intentata in Francia da una società francese che lamentava che certe apparecchiature industriali da essa acquistate non fossero idonee all'uso a cui erano destinate. L'azione – qui sta la particolarità del caso – era stata promossa dalla società francese direttamente nei confronti della società tedesca produttrice delle apparecchiature, ancorché queste fossero state acquistate dalla società attrice presso un altro soggetto, che se li era procurati dalla società tedesca. La Corte ha escluso che un'azione siffatta potesse essere ricondotta sotto la «materia contrattuale» ai fini del regime di Bruxelles, perché non esisteva alcun vincolo tra l'attore (l'acquirente finale dei beni) e il convenuto (la società produttrice). Gli obblighi che derivano dai vari contratti conclusi lungo una catena di negozi, come quella appena descritta, non sono del resto identici: il contratto tra il produttore e l'acquirente intermedio potrebbe essere diverso da quello fra quest'ultimo e l'acquirente finale. È ingiustificata, in queste circostanze, la pretesa di attrarre il produttore davanti al giudice del luogo della prevista attuazione dell'ultimo contratto: le norme derogatrici del foro generale, ha affermato la Corte, vanno interpretate in modo tale da consentire a un «convenuto normalmente accorto» di stabilire in anticipo, con ragionevole certezza, in quale paese potrà essere citato.

---

[21] Corte Giust., 10 settembre 2015, *Holterman Ferho Exploitatie BV e altri* c. *F.L.F. Spies von Büllesheim*, causa C-47/14, ECLI:EU:C:2015:574.

[22] Corte Giust., 17 giugno 1992, *Jakob Handte & Co. GmbH* c. *Traitements mécano-chimiques des surfaces SA (TMCS)*, causa C-26/91, ECLI:EU:C:1992:268.

Il passaggio della sentenza che collega la materia contrattuale all'esistenza di un «obbligo liberamente assunto da una parte nei confronti dell'altra» è stato ripreso in diverse pronunce successive, sia pure con accentuazioni diverse. Se nella sentenza *Handte* la Corte ha fatto leva soprattutto sul carattere relativo della efficacia del contratto (il produttore tedesco non poteva essere adito nel foro del contratto perché era estraneo al contratto su cui l'attore basava le sue pretese), la Corte ha messo l'accento in altre decisioni sul fondamento negoziale degli obblighi in discussione. Nella sentenza *Tacconi* ha escluso che avessero natura contrattuale le pretese risarcitorie avanzate da una società italiana nei confronti di una società tedesca, colpevole di aver abbandonato senza ragione una trattativa precontrattuale [23]. Per la Corte, una vicenda come quella in discorso ruota attorno alla violazione di un obbligo di fonte legale, quello di agire in buona fede nelle trattative, non dall'inadempimento di un obbligo «liberamente assunto».

Il caso *Brogsitter* ha dato alla Corte l'opportunità di precisare ulteriormente il suo pensiero sul tema [24]. Si discuteva in quel frangente della domanda proposta da un commerciante tedesco di orologi di lusso nei confronti di un orologiaio residente in Francia. Il primo aveva incaricato il secondo di sviluppare dei meccanismi di orologeria, ma quest'ultimo aveva poi utilizzato tali meccanismi anche per realizzare una propria linea di orologi, commercializzata in vari paesi, in concorrenza col commerciante tedesco. Da qui il dubbio se la domanda di risarcimento avanzata dal tedesco avesse natura contrattuale ai fini del regime di Bruxelles, o andasse piuttosto ricondotta alla materia degli illeciti, come in genere accade per le pretese fondate sulla violazione delle norme sulla concorrenza. Questa, in sintesi, la risposta della Corte: il fatto che le parti del procedimento siano legate da un contratto non basta, di per sé, a far rientrare il caso nell'alveo della materia contrattuale; occorre piuttosto accertare se il comportamento contestato dall'attore si presenti come l'inadempimento delle obbligazioni contrattuali assunte dal convenuto, «quali possono essere determinate tenuto conto dell'oggetto del contratto». Si tratta di verificare, allora, se «l'interpretazione del contratto sia "indispensabile" per stabilire la liceità del comportamento controverso, o al contrario la sua illiceità». Solo in caso affermativo, la lite va ascritta alla materia contrattuale.

Un approccio analogo è stato seguito dalla Corte nella sentenza *Granarolo* [25]. Questa la vicenda all'origine della pronuncia. Un'impresa francese, distributrice dei prodotti di una società italiana, lamentava che quest'ultima avesse bruscamente deciso di porre fine alla stabile relazione commerciale avviata anni prima fra le

---

[23] Corte giust., 17 settembre 2002, *Fonderie Officine Meccaniche Tacconi SpA* c. *Heinrich Wagner Sinto Maschinenfabrik GmbH (HWS)*, causa C-334/00, ECLI:EU:C:2002:499.

[24] Corte Giust., 13 marzo 2014, *Marc Brogsitter* c. *Fabrication de Montres Normandes EURL e Karsten Fräßdorf*, causa C-548/12, ECLI:EU:C:2014:148.

[25] Corte Giust., 14 luglio 2016, *Granarolo SpA* c. *Ambrosi Emmi France SA*, causa C-196/15, ECLI:EU:C:2016:559.

parti e concretatasi nella periodica conclusione di contratti di compravendita. L'impresa francese invocava la responsabilità della società italiana in base alla norma francese che subordina l'interruzione di una relazione con queste caratteristiche ad un preavviso scritto, commisurato alla durata della relazione. La Corte ha dato atto, per cominciare, che una relazione commerciale di lungo corso, instauratasi come nel caso di specie senza un contratto scritto, può in linea di principio essere considerata come un contratto agli effetti della norma che ora si legge nell'art. 7, punto 1, del regolamento Bruxelles I *bis*. Per verificarlo occorre procedere a un esame globale delle circostanze, onde accertare se le parti, sia pure tacitamente, abbiano convenuto di assumere fra loro delle obbligazioni con riferimento alla cornice generale del loro rapporto. Serve, a questo fine, una dimostrazione puntuale e specifica, suffragata da «elementi concordanti», come la regolarità delle operazioni concluse fra le parti e la loro «evoluzione nel tempo espressa in quantità e in valore», o ancora dall'esistenza di «eventuali accordi sui prezzi fatturati e/o sugli sconti accordati». Se all'esito di queste verifiche la relazione si presenta come contrattuale, devono reputarsi comprese nella «materia contrattuale», ai fini della giurisdizione, anche le domande relative alla violazione di un obbligo di fonte legale collegato alla relazione generale fra le parti, come appunto quello che impone a una parte di dare all'altra un congruo preavviso della cessazione del rapporto.

Più recentemente, nel caso *Wikingerhof*, la Corte ha collocato al di fuori della materia contrattuale (e dentro quella degli illeciti) un'azione diretta ad inibire determinate pratiche messe in atto dalla società che gestisce Booking, la nota piattaforma di prenotazioni alberghiere. Pratiche, queste, che l'attore – il gestore di un albergo in Germania – riteneva illecite, perché costituenti un abuso di posizione dominante. Dando peso a un elemento che la giurisprudenza precedente aveva lasciato in ombra, la Corte ha rilevato che l'attore, nell'atto introduttivo del giudizio, aveva indicato di porre a fondamento delle sue pretese una asserita violazione delle norme in materia di concorrenza, «indipendentemente da qualsiasi contratto o altro impegno volontario». L'attore faceva valere, infatti, di non avere potuto fare a meno di diventare un inserzionista di Booking, e di aver subito a questo titolo l'effetto pregiudizievole delle successive modifiche delle condizioni generali predisposte dalla piattaforma. Da qui la qualificazione della fattispecie come appartenente alla materia degli illeciti.

In definitiva, rientrano nella materia contrattuale, ai sensi del regolamento, le liti riguardanti un rapporto giuridico che tragga origine da un accordo, anche tacito, fonte di obblighi «liberamente assunti da una parte nei confronti dell'altra»: deve trattarsi di un rapporto la cui fisionomia dipenda dall'accordo, al punto che la fondatezza delle domande ad esso relative non può essere apprezzata se non avendo riguardo a quanto convenuto dalle parti. Quando il rapporto controverso abbia natura contrattuale nel senso ora indicato, le domande esperibili nel foro speciale non si limitano peraltro a quelle riguardanti gli effetti che scaturiscono in modo immediato dalla volontà delle parti, ma anche quelle relative alle conseguenze che la legge ricolleghi all'accordo, come l'obbligo di fornire un congruo[26] preavviso quando si ponga fine a una relazione di lunga durata. Nei casi in cui i fatti posti a fondamento dell'azione siano tali da costituire la violazione di obblighi tanto contrattuali quanto legali, può assumere rilievo la caratterizzazione – contrattuale o extracontrattuale – impressa dall'attore alle proprie pretese.

(4) *Validità del contratto e revocatoria ordinaria*

Dubbi circa la portata del foro speciale della materia contrattuale sono stati affacciati anche in situazioni diverse da quelle, appena esaminate, poste al confine fra contratto e fatto illecito. L'art. 7, punto 1, come detto, attribuisce la giurisdizione al giudice del luogo in cui l'*obbligazione* dedotta in giudizio è stata o doveva essere eseguita. Senonché, come detto, non tutte le domande riguardanti un contratto hanno ad oggetto in modo specifico una o più obbligazioni da esso derivanti. La Corte di Giustizia ha chiarito nella sentenza *Effer* che possono essere esperite nel foro della materia contrattuale anche le domande volte ad accertare la validità del contratto, e la sua stessa esistenza[27]. Se così non fosse, l'art. 7, punto 1, del regolamento verrebbe privato della sua portata pratica, poiché basterebbe ad una parte eccepire l'inesistenza o la nullità del contratto per eludere l'applicazione della norma.

Nella pronuncia relativa al caso *Profit Investment* la Corte ha precisato che deve ritenersi contrattuale, agli effetti del regime di Bruxelles, anche la domanda di restituzione proposta da chi abbia eseguito una prestazione in forza di un contratto poi rivelatosi invalido[28].

Nel caso *Feniks*, la Corte ha qualificato come contrattuale l'azione revocatoria ordinaria avente ad oggetto l'atto con cui un debitore dell'attore aveva ceduto un proprio bene ad un terzo, pregiudicando così il soddisfacimento delle pretese che il primo vantava nei confronti del secondo sulla base di un contratto[29]. Per la Corte, l'azione revocatoria mira infatti a far constatare, in un caso come quello descritto, il carattere pregiudizievole del trasferimento, cioè il pregiudizio arrecato dal trasferimento a diritti che discendono, per l'attore, «dalla forza vincolante del contratto e che corrispondono ad obbligazioni liberamente assunte dal suo debitore»: la causa di tale azione, ha affermato la Corte, «consiste quindi, in sostanza, nella violazione delle obbligazioni che il debitore ha assunto nei confronti del creditore».

---

[26] Corte Giust., 24 novembre 2020, *Wikingerhof GmbH & Co. KG* c. *Booking.com BV*, causa C-59/19, ECLI:EU:C:2020:950.

[27] Corte Giust., 4 marzo 1982, *Effer SpA* c. *Hans-Joachim Kantner*, causa 38/81, ECLI:EU:C:1982:79.

[28] Corte Giust., 20 aprile 2016, *Profit Investment SIM SpA* c. *Stefano Ossi e altri*, causa C-366/13, ECLI:EU:C:2016:282.

[29] Corte Giust., 4 ottobre 2018, *Feniks Sp. z o.o.* c. *Azteca Products & Services SL*, causa C-337/17, ECLI:EU:C:2018:805.

(d) La regola generale dell'art. 7, punto 1, lett. *a*)

L'art. 7, punto 1, lett. *a*), del regolamento Bruxelles I, stabilisce che, in materia contrattuale, una persona domiciliata in uno Stato membro dell'Unione europea può essere citata in un diverso Stato membro «davanti all'autorità giurisdizionale del luogo di esecuzione dell'obbligazione dedotta in giudizio».

(1) *L'obbligazione rilevante*

La sola obbligazione che conta, ai fini della competenza, è quella «dedotta in giudizio», cioè quella che funge da base della domanda giudiziale. Se la domanda mira, per esempio, a far dichiarare la risoluzione del contratto per inadempimento, o ad ottenere un risarcimento del danno, si tratta dell'obbligazione che l'attore afferma essere rimasta inadempiuta. È uno scrupolo di prossimità quello che ispira la soluzione ora riferita: se il giudice competente dev'essere vicino alla lite, ha senso identificarlo guardando all'oggetto specifico della lite stessa. Ciò significa, però, che se un medesimo contratto, come peraltro è normale, dà vita a due o più obbligazioni, la competenza a conoscere delle liti relative al contratto potrebbe appartenere a giudici di Stati diversi: un giudice dello Stato membro X se le domande dell'attore riguardano un'obbligazione eseguibile in X; uno dello Stato Y se si discute, invece, di un'obbligazione da eseguirsi in Y.

Nella sentenza *Shenavai*, la Corte di giustizia ha ritenuto di poter mitigare gli inconvenienti di questo stato di cose affermando che l'attore che ponga a fondamento delle sue domande molteplici obbligazioni del convenuto, può agire in relazione a *tutte* le predette obbligazioni davanti al giudice del luogo di adempimento dell'obbligazione principale [30]. È questo, in un certo senso, il centro di gravità del contenzioso: convogliarvi la cognizione delle varie domande facilita l'efficace amministrazione della giustizia e previene il rischio di decisioni confliggenti.

Ciò detto, come la Corte ha riconosciuto nella sentenza *Leathertex*, non è sempre possibile identificare, fra le obbligazioni dedotte in giudizio, un'obbligazione che possa dirsi principale: se la realizzazione dello scopo pratico del contratto dipende dal rispetto di obblighi fra loro omologhi, la soluzione sopra tratteggiata non è percorribile [31]. L'attore, a quel punto, per concentrare il contenzioso, può pur sempre agire nel foro del domicilio del convenuto. La competenza di quest'ultimo – lo si è visto – ha carattere generale, e abbraccia dunque ogni pretesa avanzata nei confronti del convenuto, quale ne sia il fondamento.

Il riferimento al luogo di esecuzione dell'obbligazione «dedotta in giudizio» si presenta di difficile concretizzazione quando il giudizio non riguardi di per sé una o più obbligazioni, ma investa piuttosto l'esistenza del contratto o la sua validità.

---

[30] Corte Giust., 15 gennaio 1987, *Hassan Shenavai* c. *Klaus Kreischer*, causa 266/85, ECLI:EU:C:1987:11.

[31] Corte Giust., 5 ottobre 1999, *Leathertex Divisione Sintetici SpA* c. *Bodetex BVBA*, causa C-420/97, ECLI:EU:C:1999:483.

La Corte ha fornito un chiarimento sul punto nella sentenza *Schmidt*[32]. Si trattava di una donazione di cui era contestata la validità (è pacifico, per inciso, che anche le donazioni, nel sistema del regolamento, appartengano alla materia contrattuale). La Corte ha ritenuto che l'obbligazione rilevante, ai fini della competenza, fosse l'obbligo – non importa se eseguito o da eseguire – che l'impugnativa, se accolta, avrebbe configurato come non dovuto: l'obbligo a cui l'attore, lamentando l'invalidità del contratto, mirava a sottrarsi.

(2) *L'individuazione del luogo di adempimento*

Per i casi che rientrano nella sfera applicativa dell'art. 7, punto 1, lett. *a*), del regolamento Bruxelles I *bis*, valgono tuttora[33], per la determinazione del *locus solutionis*, le indicazioni fornite dalla Corte di Giustizia nella pronuncia relativa al caso *Tessili*, una delle prime decisioni dedicate alla convenzione di Bruxelles[34].

La sentenza *Tessili* chiede al giudice adito di procedere in due fasi. Egli deve, innanzitutto, identificare la legge applicabile alla sostanza del contratto litigioso, servendosi delle norme di diritto internazionale privato del foro. Fatto questo, deve trarre da tale legge le norme che determinano il luogo di adempimento dell'obbligazione litigiosa: può dichiararsi competente ai sensi della lett. *a*) solo se quel luogo si trova nella sua circoscrizione.

Le norme materiali che presiedono alla determinazione del luogo di adempimento delle obbligazioni contrattuali variano da paese a paese. In quasi tutti i sistemi privatistici nazionali tali norme prevedono che si debba guardare innanzitutto agli eventuali accordi sul *locus solutionis* intervenuti fra le parti, e agli usi; in mancanza di un accordo, sovvengono in genere dei criteri legali, che danno rilievo alla natura della prestazione e alle circostanze. Per le obbligazioni pecuniarie – che sono le più difficili da situare nello spazio in modo empirico (i pagamenti sono ormai dappertutto interamente dematerializzati) – valgono regole che localizzano l'adempimento, ai fini del diritto, ora nel domicilio del creditore, ora nel domicilio del debitore, ora in un altro luogo ancora, a seconda del sistema privatistico considerato. Nel luogo indicato dai criteri ora evocati, il pagamento non lascia necessariamente una traccia tangibile. Solo in qualche caso, del resto, l'individuazione del luogo di pagamento comporta delle conseguenze pratiche di qualche rilievo: ad esempio, se il pagamento è dovuto nello Stato X, il debitore deve fare quanto è necessario, in base alla legge di X, affinché l'importo risulti disponibile al creditore in quel paese, sopportandone le relative spese (può trattarsi di regole che impongono l'uso di una certa valuta, o che prevedono particolari formalità a fini fiscali o di contrasto al riciclaggio).

---

[32] Corte Giust., 16 novembre 2016, *Wolfgang Schmidt* c. *Christiane Schmidt*, causa C-417/15, ECLI:EU:C:2016:881.

[33] Corte Giust., 23 aprile 2009, *Falco Privatstiftung e Thomas Rabitsch* c. *Gisela Weller-Lindhorst*, causa C-533/07, ECLI:EU:C:2009:257.

[34] Corte Giust., 6 ottobre 1976, *Industrie Tessili Italiana Como* c. *Dunlop AG*, causa 12/76, ECLI:EU:C:1976:133.

La società Gamma, di Monza, ha messo a punto un nuovo procedimento per la produzione di vernici, ottenendone un brevetto europeo. Conclude con Delta, una società con sede a Siviglia, un contratto con cui concede a quest'ultima il diritto di sfruttare l'invenzione per tre anni. Delta si impegna a versare a Gamma, a cadenze trimestrali, una somma pari al 5% del ricavato della vendita delle vernici prodotte col procedimento di Gamma. Dopo qualche tempo, però, Delta smette di pagare regolarmente le *royalties*. Gamma decide allora di agire in giudizio, affinché Delta venga condannata a versarle l'importo pattuito, oltre agli interessi. Si rivolge a questo fine al Tribunale di Monza. Quest'ultimo, per accertare la propria competenza, deve ripercorrere i passaggi stabiliti nella sentenza *Tessili*. Dovrà innanzitutto determinare la legge applicabile al contratto, impiegando le norme operanti in Italia di cui si darà conto più avanti (le norme del regolamento Roma I sulla legge applicabile alle obbligazioni contrattuali). Si supponga che, in base a tali norme, il contratto risulti sottoposto alla legge italiana. Dovrà quindi ricavare dalla legge italiana i criteri determinativi del luogo di adempimento dell'obbligazione rilevante ai fini della giurisdizione (l'obbligazione della spagnola Delta di pagare le *royalties*). Non avendo le parti pattuito alcunché circa il luogo dell'adempimento, viene in rilievo l'art. 1182, co. 3, del codice civile italiano: le obbligazioni pecuniarie, se originariamente liquide, vanno adempiute «al domicilio che il creditore ha al tempo della scadenza». Dato che il domicilio di Gamma è a Monza, il Tribunale di Monza è competente in forza dell'art. 7, punto 1, lett. *a*), del regolamento Bruxelles I *bis*. La conclusione sarebbe diversa se il contratto, sempre in base alle norme diritto internazionale privato operanti in Italia, fosse retto dalla legge spagnola: per l'art. 1171, co. 3, del codice civile spagnolo, infatti, il luogo di adempimento è, in un caso come quello in esame, il domicilio del debitore: essendo il debitore domiciliato in Spagna, il Tribunale di Monza sarebbe privo di giurisdizione.

Alle norme regolatrici della sostanza del contratto, come ha affermato la Corte nella sentenza *Zelger*, occorre fare capo anche per apprezzare, ai fini della giurisdizione, l'ammissibilità e gli effetti dell'eventuale accordo concluso dalle parti circa il luogo di adempimento dell'obbligazione litigiosa[35].

Tizio, di Roma, cede a Caio, di Berlino, il 30% del capitale di Alfa. Il corrispettivo della cessione, pari a 100.000 Euro, dev'essere versato da Caio entro 30 giorni tramite bonifico sul conto corrente di Tizio, a Roma. Il contratto precisa che ogni eventuale modifica al contratto stesso dovrà essere fatta per iscritto. Prima del termine, le parti si accordano per modificare il luogo di pagamento: decidono, senza scambiarsi alcuno scritto, che la somma andrà pagata da Caio in Germania, con un assegno circolare. Di fatto, l'acquirente Caio omette di versare quanto dovuto al venditore Tizio, il quale decide allora di agire in giudizio, rivolgendosi al Tribunale di Roma. Per verificare la propria competenza ai sensi dell'art. 7, punto 1, lett. *a*), del regolamento Bruxelles I *bis*, il giudice dovrà accertare se l'accordo orale intercorso fra le parti circa il *locus solutionis* sia valido ed efficace (ove lo fosse, il pagamento risulterebbe dovuto in Germania, e il Tribunale adito dovrebbe quindi dichiararsi incompetente). Tale verifica andrà fatta, ai fini della giurisdizione, conformemente alla legge applicabile al contratto. Ove il contratto sia soggetto alla legge italiana, opera l'art. 1352 del codice civile, per cui «[s]e le parti hanno convenuto per iscritto di adottare

[35] Corte Giust., 17 gennaio 1980, *Siegfried Zelger* c. *Sebastiano Salinitri*, causa 56/79, ECLI: EU:C:1980:15.

una determinata forma per la futura conclusione di un contratto, si presume che la forma sia stata voluta per la validità di questo»: l'accordo verbale è dunque invalido, e il *locus solutionis* va identificato con Roma. La risposta sarebbe diversa ove fosse applicabile la legge tedesca. Questa, infatti, assegna alle pattuizioni sulla forma delle modifiche del contratto una mera valenza di regole sulla prova. L'accordo risulterebbe allora idoneo a modificare il *locus solutionis*, e il Tribunale di Roma dovrebbe declinare la giurisdizione.

Laddove, nel foro, il contratto litigioso sia sottoposto a una normativa materiale internazionalmente uniforme, è da questa che vanno tratti i criteri determinativi del luogo di adempimento, come indicato dalla Corte di Giustizia nel caso *Custom Made*[36]. Non si tratta di una deroga alla giurisprudenza *Tessili*, ma di una sua applicazione particolare. Il dato decisivo resta quello di sapere da quali norme debba essere desunta, agli occhi del giudice adito, la regolamentazione materiale del rapporto litigioso: le norme così individuate – non importa se di matrice interna o internazionale – hanno vocazione a identificare, per l'art. 7 punto 1, lett. *a*), del regolamento Bruxelles I *bis*, anche il luogo di esecuzione dell'obbligazione rilevante.

Sul piano pratico, la precisazione apportata dalla sentenza *Custom Made* è rilevante allorché si discuta, per esempio, di un contratto di compravendita di beni mobili in un caso in cui non sia applicabile – per le ragioni che si vedranno poco sotto – la regola speciale dell'art. 7, punto 1, lett. *b*), primo trattino, del regolamento. La convenzione di Vienna dell'11 aprile 1980 sui contratti di compravendita internazionale di beni mobili[37], di cui si parlerà in seguito[38], detta dei propri criteri identificativi del luogo di adempimento. Se il contratto è disciplinato, nel foro, da tale convenzione, il *locus solutionis* va determinato, ai fini della giurisdizione, in base agli articoli 31 e 57 della convenzione.

(3) *Ragioni dell'impiego della legge applicabile*

Può sembrare sorprendente che, per risolvere una questione di giurisdizione, debbano essere utilizzate – come prescrive la sentenza *Tessili* – delle norme investite di una funzione diversa, quella consistente nell'individuare la legge applicabile al rapporto. Si tratta però di una soluzione razionale (anche se non necessariamente la più opportuna, quanto meno ad avviso dei suoi molti critici). Va ricordato che il foro della materia contrattuale è un foro delle attività «programmate» e dei vantaggi «attesi»: la giurisdizione, s'è detto, appartiene al giudice del luogo in cui il creditore è in diritto di ricevere quanto pattuito. Per stabilire che cosa sia dovuto, e dove lo sia, è ragionevole interrogare la fonte delle aspettative del creditore, vale a dire il contratto e le regole che lo disciplinano.

Alla luce di ciò, le soluzioni astrattamente percorribili, quanto all'individuazione del *locus solutionis* agli effetti della giurisdizione, sono due: forgiare dei

---

[36] Corte Giust., 29 giugno 1994, *Custom Made Commercial Ltd* c. *Stawa Metallbau GmbH*, causa C-288/92, ECLI:EU:C:1994:268.

[37] Attuata in Italia con legge 11 dicembre 1985, n. 765.

[38] Parte terza, Capitolo 1, § 12.

criteri determinativi nuovi, europei, che completino il funzionamento dell'art. 7, punto 1; oppure usare dei criteri esistenti, prendendoli lì dove si trovano, cioè nei sistemi privatistici statali. La Corte di Giustizia ha optato nella sentenza *Tessili* per questa seconda via, con la precisazione che il sistema pertinente, a questo fine, è quello deputato a regolare in generale il contratto litigioso. Si assicura, in questo modo, una sorta di «unica verità» sul contratto: una volta stabilito che il contratto soggiace a una certa legge, spetta a quella legge, e solo ad essa, pronunciarsi sull'esistenza, il contenuto e le modalità di esecuzione degli obblighi che ne discendono; e ciò non solo quando si discute del merito del rapporto, ma anche – a monte – quando ci si interroga sulla competenza dei giudici del foro.

Resta che il metodo *Tessili* presenta un duplice inconveniente. Da un lato, impone al giudice, per l'accertamento della giurisdizione, di identificare la legge che regola la sostanza del contratto. Dall'altro, rischia di condurre ad esiti non conformi ai già ricordati imperativi della prevedibilità e della prossimità. Se si tratta, in particolare, di obbligazioni pecuniarie, la loro localizzazione «giuridica» è affidata a criteri non solo difficili da predeterminare (proprio perché bisogna prima identificare la legge applicabile) ma soprattutto astratti, basati su presunzioni anziché su riscontri empirici. Si spiega alla luce di queste criticità il ridimensionamento della giurisprudenza *Tessili* in occasione del passaggio dalla convenzione di Bruxelles al regolamento n. 44/2001, e l'introduzione di regole nuove – quelle dell'art. 7, punto 1, lett. *b*) del regolamento Bruxelles I *bis* – ispirate ad una logica opposta.

(e) Le regole speciali dell'art. 7, punto 1, lett. *b*)

Come si è detto, l'art. 7, punto 1, lett. *b*), del regolamento Bruxelles I *bis* contiene due regole speciali, applicabili alle liti in tema di compravendita di beni e di prestazione di servizi. In materia di compravendita, l'art. 7, punto 1, lett. *b*), primo trattino attribuisce la competenza al giudice del «luogo, situato in uno Stato membro, in cui i beni sono stati o avrebbero dovuto essere consegnati in base al contratto». In caso di prestazione di servizi, invece, il secondo trattino indica come competente il giudice del «luogo, situato in uno Stato membro, in cui i servizi sono stati o avrebbero dovuto essere prestati in base al contratto».

(1) *Nozione di compravendita di beni e prestazione di servizi*

Anche i concetti di «compravendita di beni» e «prestazione di servizi», non definiti dal regolamento, vanno ricostruiti in modo autonomo.

Il termine compravendita evoca lo scambio di una cosa con un prezzo. La prestazione di servizi consiste invece in un'attività svolta per un corrispettivo in denaro, o comunque per una contropartita suscettibile di una valutazione economica.

Per precisare i contorni della nozione di compravendita agli effetti del regolamento vanno sciolti tre nodi interpretativi.

Il primo si deve ad un'improprietà linguistica che si riscontra in alcune versioni del regolamento, fra cui quella italiana (si ricordi che le misure dell'Unione sono adottate in tutte le lingue ufficiali dell'Unione stessa, e ogni versione ha il medesimo valore). Il testo italiano dell'art. 7 punto 1, lett. *b*), primo trattino, parla genericamente di compravendita di «beni», mentre altre versioni si riferiscono più precisamente ai beni mobili («für den Verkauf beweglicher Sachen») o in modo ancora più specifico ai beni mobili materiali, cioè alle merci («in the case of the sale of goods», «pour la vente de marchandises»). La disposizione va letta alla luce delle versioni appena indicate, e circoscritto alla compravendita di beni mobili materiali.

Un secondo problema ricostruttivo si presenta allorché le merci oggetto del contratto non esistano al momento della conclusione dell'accordo, ma debbano piuttosto essere fabbricate o prodotte in vista della loro consegna. È il caso, ad esempio, del contratto con cui un mobilificio si impegni a realizzare certi arredi. Di fatto, la qualificazione di questi contratti si presenta potenzialmente problematica solo quando i beni che si tratta di realizzare debbano rispondere alle particolari caratteristiche richieste dalla parte a cui i beni stessi sono destinati. Se, infatti, la fornitura di merci rispondenti agli standard usuali del fornitore è pacificamente inquadrabile nello schema dello scambio, la realizzazione di beni specificamente pensati per uno scopo o in funzione di determinate specifiche integra talora un'operazione di tipo diverso, caratterizzata dal lavoro (intellettuale o materiale) di chi si impegna a fornire i beni finiti. Nella sentenza *Car Trim*, la Corte di Giustizia ha affermato che nel concetto europeo di compravendita rientrano in linea di principio anche i contratti aventi ad oggetto la fornitura di beni da fabbricare o da produrre. Nei casi dubbi, il dato decisivo è l'obbligazione che caratterizza lo specifico contratto di cui si discute: il contratto che si caratterizzi per i servizi che una parte deve fornire all'altra va ricondotto sotto il concetto di prestazione di servizi[39].

Un terzo scenario in cui la qualificazione del contratto può rivelarsi problematico ricorre allorché la fornitura dei beni si accompagni alla prestazione di un servizio. È quanto avviene, ad esempio, quando il costruttore di un'apparecchiatura industriale si faccia carico, in base al contratto, anche della sua installazione e della formazione del personale adibito al suo impiego. Un contratto di scambio non cessa di essere una compravendita agli effetti del regolamento Bruxelles I *bis* se comporta delle prestazioni che abbiano, nell'economia dell'operazione, una mera valenza accessoria allo scambio stesso. Si esce, semmai, dal genere della compravendita quando il contratto si incentra sulla fornitura di un servizio, ancorché magari comprenda, a titolo accessorio, anche uno scambio.

Applicando il criterio della prestazione caratteristica, la Corte di Giustizia ha chiarito nella sentenza *Corman-Collins* come si debba procedere alla qualificazione di un contratto di distribuzione commerciale, o concessione di vendita; cioè un contratto con cui una parte si impegni ad acquistare periodicamente certi beni presso l'altra per distribuirli in un dato territorio o presso una certa cliente-

---

[39] Corte Giust., 25 febbraio 2010, *Car Trim GmbH* c. *KeySafety Systems Srl*, causa C-381/08, ECLI:EU:C:2010:90.

la[40]. Si tratta di rapporti dalla fisionomia variabile, che istituiscono perlopiù una stabile cornice di cooperazione fra le parti, all'interno della quale vengono concluse nel corso del tempo molteplici operazioni di scambio (alle condizioni predeterminate dalle parti, secondo un certo calendario, per importi minimi predefiniti, etc.). In sostanza, salva la necessità di una verifica delle circostanze del caso concreto, deve reputarsi estraneo al concetto di compravendita il contratto che stabilisca la cornice di cooperazione che le parti intendono instaurare fra loro, ancorché la loro relazione si concreti, poi, nella conclusione di una serie di contratti di scambio. Appartengono invece al genere della compravendita le singole operazioni di scambio realizzate fra le parti all'interno di tale cornice.

(2) *Il luogo di consegna dei beni*

In caso di compravendita, l'art. 7 punto 1, lett. *b*), del regolamento Bruxelles I *bis* permette all'attore di adire il giudice del «luogo, situato in uno Stato membro, in cui i beni sono stati o avrebbero dovuto essere consegnati in base al contratto». La sola obbligazione di cui interessa determinare il luogo di adempimento è l'obbligazione di consegnare i beni. Si tratta dell'obbligazione che caratterizza il contratto, quella che riassume in sé la funzione del rapporto. È irrilevante che la domanda giudiziale si riferisca a tale obbligazione. Come confermato dalla Corte di Giustizia nella sentenza *Color Drack*, tutte le domande relative a un contratto di compravendita di beni – comprese quelle intentate dal venditore che non abbia ricevuto il prezzo – possono essere portate innanzi ai giudici del luogo della consegna[41].

Che cosa deve intendersi, precisamente, per «consegna» agli effetti dell'art. 7, punto 1, lett. *b*), del regolamento? L'espressione evoca, in astratto, eventi diversi. Una compravendita internazionale comporta di solito il trasporto dei beni. Il trasporto, a sua volta, è molto spesso effettuato da imprese indipendenti (i vettori), incaricati dall'una o dall'altra parte, se del caso tramite uno spedizioniere. Non è raro, del resto, che siano coinvolti nel trasporto di una medesima partita di merci non uno ma più vettori (ad esempio, uno per la tratta marittima dell'itinerario, un altro per la successiva tratta su gomma). Da qui la necessità di sapere quale sia, esattamente, il «passaggio di mano» delle merci in cui si concretizzi la «consegna».

La Corte di Giustizia ha risposto a questi dubbi nella citata sentenza *Car Trim*. Ha affermato, innanzitutto, che, se le parti hanno pattuito fra loro che la consegna debba avvenire in un luogo particolare, quel luogo – scelto per regolare la sostanza del rapporto – vale anche ai fini della giurisdizione. L'art. 7, punto 1, del regolamento, dando rilievo al luogo in cui i beni devono essere consegnati «in base al contratto», valorizza per i propri fini delle pattuizioni che parrebbero riferirsi esclusivamente al merito del rapporto.

---

[40] Corte Giust., 19 dicembre 2013, *Corman-Collins SA* c. *La Maison du Whisky SA*, causa C-9/12, ECLI:EU:C:2013:860.

[41] Corte Giust., 3 maggio 2007, *Color Drack GmbH* c. *Lexx International Vertriebs GmbH*, causa C-386/05, ECLI:EU:C:2007:262.

L'accordo delle parti circa il luogo della consegna si presenterà in molti casi come una semplice clausola del contratto di compravendita. È importante considerare, peraltro, che l'art. 7, punto 1, non esige che l'accordo sul *locus solutionis* rivesta una forma particolare. Nulla impedisce, pertanto, di scorgere una pattuizione sul luogo della consegna nelle concordi manifestazioni di volontà che le parti si siano scambiate oralmente nel corso di una riunione o di una conversazione telefonica, purché idonee a vincolare le parti quanto alla sostanza del rapporto.

Questo liberalismo contrasta con l'approccio seguito dal regolamento quanto agli accordi di scelta del giudice competente, di cui si parlerà più avanti. La validità di questi ultimi accordi è infatti soggetta a precisi requisiti formali, indicati all'art. 25 del regolamento. Si potrebbe pensare che, in fondo, accordarsi sul luogo della consegna equivalga per le parti ad accordarsi sull'attribuzione della competenza a un dato giudice, e che i due negozi meritino dunque il medesimo trattamento. Così, però, non è. Il foro della materia contrattuale si determina partendo dal rapporto contrattuale e dando rilievo, a fini giurisdizionali, a una sua proiezione territoriale. Al regolamento non importa se quella proiezione dipende dall'autonomia privata o da criteri legali. Conta soltanto sapere in quale luogo l'obbligazione rilevante debba ritenersi dovuta a fini sostanziali. Quel medesimo luogo rileva, per il regolamento, anche agli effetti della competenza. Vi è insomma una duplice rilevanza, sostanziale e processuale, del luogo pattuito. Diversamente, un accordo di proroga della competenza rileva solo a fini processuali, e i suoi effetti sono dunque autonomi rispetto alla sostanza del rapporto litigioso. Per un accordo siffatto valgono quindi dei criteri (formali) appositi: quelli, appunto, dell'art. 25 del regolamento.

La distinzione ora affacciata tra accordo sul luogo dell'adempimento e accordo sul giudice competente va fatta guardando alla funzione che le parti hanno realmente assegnato alla loro pattuizione. Un accordo sul giudice competente «mascherato» da accordo sul luogo di adempimento va dunque trattato per quel che effettivamente è, e ritenuto valido solo se rispondente ai requisiti formali previsti per gli accordi sulla competenza. Non conta, in altre parole, la veste esteriore dell'accordo. Se l'accordo vuole solo indicare davanti a che giudice andranno portate le eventuali liti nascenti dal rapporto, e non pretende di regolare, se non nominalmente, il luogo di adempimento, si sarà di fronte a un accordo sulla competenza.

È un fatto, però, che non sempre le parti di un contratto di compravendita si preoccupano di designare convenzionalmente il luogo della consegna dei beni. Sul piano del diritto sostanziale, simili omissioni vengono facilmente ovviate ricorrendo a regole suppletive. È tale, ad esempio, quella che si legge all'art. 1510, co. 2, del codice civile italiano. In caso di vendita con trasporto, vi si dice, il venditore si libera dall'obbligo di consegnare le merci rimettendole al primo vettore o allo spedizioniere: il luogo della consegna è quello in cui avviene questa rimessione.

È lecito ricorrere a norme sostanziali di questo genere per stabilire il luogo della consegna ai fini della competenza giurisdizionale? Nella sentenza *Car Trim* la Corte di Giustizia lo ha escluso in modo netto, conformandosi al dichiarato intento del legislatore dell'Unione, espresso in occasione del passaggio dalla convenzione di Bruxelles al regolamento n. 44/2001. Ha così sancito l'abbandono – sia pure solo nell'ambito dell'art. 7, punto 1, lett. *b*) – dell'opposta soluzione seguita dalla Corte sotto la convenzione di Bruxelles. Per la Corte, la nozione di consegna, agli effetti della lett. *b*), va ricostruita in chiave autonoma, in funzione dei ricordati obiettivi di prossimità e prevedibilità. La consegna deve allora ritenersi dovuta, in mancanza di accordo, nel luogo in cui i beni sono stati o avrebbero dovuto essere materialmente consegnati all'acquirente alla destinazione finale degli stessi. Può dunque accadere che il diritto applicabile al contratto indichi come luogo di consegna il luogo X (ad esempio, quello della rimessione al primo vettore), ma che – ai fini dell'art. 7, punto 1, lett. *b*), del regolamento Bruxelles I *bis* – la consegna debba reputarsi dovuta nel luogo Y (il luogo in cui le merci, giunte a destinazione, sono state immesse nella materiale disponibilità del compratore).

Il rilievo attribuito dalla Corte alle pattuizioni delle parti circa il luogo della consegna suggerisce di riprendere la questione dei requisiti di un simile accordo. L'interrogativo sorge, ad esempio, quando le parti abbiano dato vita fra loro ad una contrattazione essenziale e stringata, condensando nel riferimento a un termine invalso negli usi una gamma di pattuizioni che, ove fossero state espresse distesamente dai contraenti, si sarebbero tradotte in un testo magari lungo e complesso. Nella pratica commerciale capita di frequente che le parti di un contratto di compravendita si servano di schemi predeterminati di allocazione degli obblighi e dei rischi connessi all'operazione, limitandosi a richiamare nel loro accordo lo schema prescelto, senza riprodurne il contenuto. È quanto accade, in particolare, quando il contratto includa il rinvio ad un Incoterm. Gli Incoterms sono termini standard definiti dalla Camera di Commercio Internazionale, sulla base dell'osservazione degli usi commerciali, con il fine precipuo di fungere da riferimento per gli operatori che vogliano servirsene, incorporandoli nell'accordo. Ad esempio, includendo nel contratto una clausola per cui i beni saranno forniti «EXW presso il deposito del venditore ad Arezzo, ai sensi degli Incoterms 2020», le parti esprimono la volontà di incorporare nell'accordo l'insieme delle pattuizioni che, secondo la Camera di Commercio Internazionale, si riassumono appunto nel termine EXW, cioè *ex works*. In breve, l'insieme di pattuizioni per cui, nell'esempio appena fatto, spetta al compratore farsi carico del trasporto delle merci da Arezzo fino al luogo di destinazione, dell'assicurazione delle stesse per tutto quel tragitto e, ove occorra, del loro sdoganamento. Scegliendo invece, per esempio, il termine FOB, cioè *free on board*, le parti avrebbero espresso la volontà di assoggettarsi a uno schema di allocazione degli oneri della vendita completamente diverso: nella vendita FOB, il venditore deve farsi carico del trasporto della merce a bordo della nave designata per il trasporto nel porto di imbarco convenuto, con l'intesa che il rischio di perdita o di danni passa al compratore con il caricamento della merce, e che spetta al compratore sostenere le spese da tale momento in avanti.

Certi Incoterms si accontentano di ripartire fra compratore e venditore gli oneri legati alla vendita o di fissare il momento di passaggio dei rischi dal venditore al compratore. Altri, invece, come EXW, stabiliscono anche che cosa sia richiesto al venditore per adempiere l'obbligo di consegna e in che luogo la consegna debba avvenire. Come indicato dalla Corte nella sentenza *Electrosteel*, l'incorporazione nell'accordo di un termine di questo secondo tipo implica la conclusione di un accordo sul luogo della consegna anche agli effetti della competenza [42].

Resta da dire come debba essere inteso il riferimento al luogo della consegna quando i beni oggetto del contratto vadano consegnati in due o più luoghi diversi. Nella già ricordata sentenza *Color Drack*, riferendosi al caso in cui la consegna debba avvenire in località diverse comprese nel territorio di un unico Stato, la Corte ha affermato che il principio di prossimità esige, in linea di massima, l'individuazione di un unico luogo di consegna. Va privilegiato, per la Corte, il luogo della consegna principale, per tale intendendosi quella economicamente più importante. Ove non sia possibile individuare quel luogo, l'attore può agire in uno qualsiasi dei luoghi in cui i beni sono stati o avrebbero dovuto essere consegnati.

(3) *Il luogo della prestazione dei servizi*

L'individuazione del luogo di prestazione di servizi è spesso piuttosto agevole. Se è vero che il concetto di servizio implica una attività, si tratta perlopiù di osservare dove quella attività è stata o avrebbe dovuto essere materialmente svolta.

I servizi a cui fa riferimento l'art. 7, punto 1, lett. *b*), possono peraltro concretarsi in attività assai diverse fra loro. Alcune sono localizzabili in modo univoco, perché si esauriscono in un solo luogo (ad esempio, la manutenzione di un impianto industriale). Per altre, invece, si rende necessaria una riflessione più articolata. È il caso, ad esempio, delle attività articolate in più fasi, svolte in Stati diversi, e di quelle che il prestatore conduce nel contempo in più Stati, come nel caso dell'agente commerciale, a cui il preponente abbia affidato la clientela di più paesi.

Proprio in relazione allo scenario indicato da ultimo, la Corte di Giustizia ha affermato nella sentenza *Wood Floor* che, in caso di fornitura di servizi in una pluralità di Stati membri, il giudice competente a conoscere di tutte le pretese fondate sul contratto è quello del luogo della fornitura principale dei servizi dell'agente, quale risultante dalle disposizioni del contratto [43]. Qualora non possa desumersi dal contratto l'indicazione di un luogo principale di fornitura voluto dalle parti, si ha riguardo al luogo di fornitura principale quale risulta dall'esecuzione effettiva del contratto stesso. Se anche così risulti impossibile stabilire detto luogo, il luogo di fornitura principale dei servizi dedotti in contratto dovrà identificarsi, per la Corte, nel luogo in cui l'agente è domiciliato, tale essendo il luogo a partire dal quale il prestatore organizza la propria attività e quello in cui lo stesso, con tutta probabilità, fornisce una parte non trascurabile dei servizi.

---

[42] Corte Giust., 9 giugno 2011, *Electrosteel Europe SA* c. *Edil Centro SpA*, causa C-87/10, ECLI:EU:C:2011:375.

[43] Corte Giust., 11 marzo 2010, *Wood Floor Solutions Andreas Domberger GmbH* c. *Silva Trade SA*, causa C-19/09, ECLI: ECLI:EU:C:2010:137.

(f) Il coordinamento fra le regole speciali e la regola generale

Le due regole speciali della lett. *b*), appena illustrate, operano al verificarsi di una duplice condizione: occorre, da un lato, che la controversia riguardi una compravendita di beni o una prestazione di servizi secondo il significato che le due espressioni rivestono nel regolamento; è necessario, dall'altro, che il luogo della consegna (in caso di compravendita) o quello della fornitura dei servizi (in caso di prestazione di servizi) si trovino sul territorio di uno Stato membro. Quando manchi anche una sola di queste condizioni, entra in gioco l'art. 7 punto 1, lett. *a*). La norma di raccordo dettata dall'art. 7, punto 1, lett. *c*), stabilisce per scrupolo di chiarezza che «la lettera a) si applica nei casi in cui non è applicabile la lettera b)».

Di fatto, si ricorre all'art. 7, punto 1, lett. *a*), sia quando si controverte su fattispecie contrattuali non riconducibili né a una compravendita di beni né a una prestazione di servizi (ad esempio la licenza di un marchio, un contratto di confidenzialità, un patto parasociale, un contratto di opzione, o ancora – stando a un'opinione non pacifica – un contratto di garanzia), sia quando si discute di una compravendita o di una prestazione di servizi allorché la consegna dei beni o la prestazione di servizi siano dovute, secondo i criteri esaminati sopra, in uno Stato terzo.

L'azienda vinicola X di Montalcino vende alla società tedesca Y, grossista di prodotti alimentari, alcune bottiglie di vino. L'intesa è che X curi la consegna delle bottiglie a Belgrado, presso un albergo che si rifornisce da Y. Il saldo non viene pagato, e X decide di agire in giudizio nei confronti di Y. Può agire in Germania, in forza dell'art. 4 del regolamento Bruxelles I *bis*. Può agire anche altrove? Trattandosi di un contratto di compravendita, è naturale fare riferimento, in prima battuta, all'art. 7, punto 1, lett. *b*), primo trattino. In questo caso, però, il luogo della consegna dei beni, convenuto fra le parti, non risulta «situato in uno Stato membro». Bisogna dunque ripiegare sulla lett. *a*). Occorre guardare all'obbligazione dedotta in giudizio (l'obbligo del grossista di pagare il prezzo), da localizzare secondo la legge regolatrice del contratto. Nella specie, se la causa viene portata davanti al giudice italiano e questo ritiene applicabile la convenzione di Vienna del 1980 sulla compravendita internazionale di beni mobili, si seguirà il criterio generale dell'art. 57, par. 1, lett. *a*), della convenzione, secondo cui il prezzo – salvo diverse pattuizioni – va pagato per regola presso la sede d'affari del venditore. L'azienda vinicola X potrà dunque agire davanti al Tribunale di Siena, nella cui circoscrizione ricade il comune di Montalcino.

Il percorso a cui la norma costringe l'interprete è oggettivamente tortuoso. Per sottrarsi a queste complicazioni è sempre possibile per le parti concludere un accordo di proroga della competenza ai sensi dell'art. 25 del regolamento, esaminato poco sotto.

10. La competenza speciale in materia di obbligazioni extracontrattuali

A norma dell'art. 7, punto 2, del regolamento Bruxelles I *bis*, una persona domiciliata in uno Stato membro può essere convenuta in un altro Stato membro, «in materia di illeciti civili dolosi o colposi», davanti al giudice «del luogo in cui l'evento dannoso è avvenuto o può avvenire».

(a) Nozione di materia di illeciti civili dolosi e colposi

L'espressione «illeciti civili dolosi e colposi», che si legge nella versione italiana, ha una portata significativamente più stretta delle espressioni impiegate agli stessi fini nella maggior parte delle altre versioni («in matters relating to tort, delict or quasi-delict», «en matière délictuelle ou quasi délictuelle», etc.). La Corte di Giustizia, per parte sua, ha accolto una ricostruzione particolarmente ampia della sfera applicativa della norma, affermando nella sentenza *Kalfelis* che vi rientra «qualsiasi domanda mirante a coinvolgere la responsabilità di un convenuto e che non si ricollega alla materia contrattuale» [44]. Nel caso *Frank Koot*, per esempio, la Corte ha ricondotto sotto la previsione in esame l'azione promossa da un creditore di una società volta a far dichiarare la responsabilità, per i debiti di quest'ultima, di un amministratore e di un azionista della stessa, per aver permesso che tale società continuasse ad operare benché sottocapitalizzata [45].

Rientrano pacificamente nella sfera dell'art. 7, punto 2, le azioni che fanno valere la responsabilità (anche oggettiva) nascente da incidenti stradali, dalla lesione di diritti della personalità, da pratiche commerciali scorrette fra imprese, da atti restrittivi della concorrenza, dalla violazione di diritti di proprietà intellettuale, etc.

La norma si applica alle domande in cui si chieda la riparazione di un danno già subito come a quelle che mirino a prevenire il verificarsi di un danno futuro.

Come chiarito dalla Corte nella sentenza *Folien Fischer*, può avvalersi del foro speciale dell'art. 7, punto 2, non solo chi si affermi vittima di una lesione, ma anche chi – venendo indicato come autore della stessa – chieda al giudice un accertamento negativo della propria responsabilità [46]. La competenza speciale in discorso, del resto, non obbedisce di per sé ad una esigenza protettiva della vittima, ma punta a far sì che la lite possa essere decisa da un giudice prossimo alla stessa.

(b) Il luogo dell'evento: la teoria dell'ubiquità

La Corte di Giustizia si è pronunciata sulla localizzazione del fatto illecito nella sentenza *Mines de Potasse d'Alsace* [47]. Si trattava allora della pretesa risarcitoria formulata da un'impresa orticola operante nei Paesi Bassi nei confronti di una impresa estrattiva francese, colpevole, secondo la prospettazione della prima, di

[44] Corte Giust., 27 settembre 1988, *Athanasios Kalfelis* c. *Banque Schröder, Hengst & Co. e altri*, causa 189/87, ECLI: ECLI:EU:C:1988:459.

[45] Corte Giust., 18 luglio 2013, *ÖFAB, Östergötlands Fastigheter AB* c. *Frank Koot e Evergreen Investments BV*, causa C-147/12, ECLI:EU:C:2013:490.

[46] Corte Giust., 25 ottobre 2012, *Folien Fischer AG e Fofitec AG* c. *Ritrama SpA*, causa C-133/11, ECLI:EU:C:2012:664.

[47] Corte Giust., 30 novembre 1976, *Handelskwekerij G.J. Bier BV* c. *Mines de potasse d'Alsace SA*, causa 21/76, ECLI:EU:C:1976:166.

aver inquinato con i suoi scarichi il fiume Reno, da cui l'attrice, centinaia di chilometri più a valle, attingeva l'acqua necessaria all'irrigazione delle sue piante. Si prospettava, in pratica, una dissociazione geografica degli elementi dell'illecito, giacché la lesione lamentata dall'attore appariva localizzabile nei Paesi Bassi, mentre la condotta all'origine della lesione era avvenuta in Francia. Da qui la domanda rivolta alla Corte di chiarire se il «luogo dell'evento» di cui parla la disposizione si riferisca all'uno o all'altro dei momenti predetti. La Corte, dando rilievo allo scopo e al contesto della norma, ha osservato che, agli effetti della competenza giurisdizionale, «il luogo del fatto generatore del danno può, secondo i casi, costituire un significativo collegamento non meno del luogo in cui il danno si è concretato». Considerato «lo stretto rapporto esistente fra i vari elementi costitutivi della responsabilità», la Corte ha ritenuto che non fosse opportuno dare rilievo solo al luogo della condotta o solo al luogo del concretarsi della lesione: ciascuno di quegli indici, si legge nella sentenza, «può infatti, a seconda delle circostanze, rivelarsi particolarmente utile dal punto di vista della prova e dello svolgimento del processo». Ha quindi concluso che qualora il luogo in cui è avvenuto il fatto non coincida col luogo in cui quest'ultimo ha causato un danno, l'espressione «luogo in cui l'evento dannoso è avvenuto» deve ritenersi riferibile tanto al «luogo ove è insorto il danno, quanto al luogo ove si è verificato l'evento generatore dello stesso». L'attore può dunque agire, a sua scelta, nell'uno o nell'altro luogo.

La soluzione, nota come teoria dell'ubiquità, è stata ripresa e precisata dalla Corte in svariate pronunce. Nella sentenza *Dumez France*, la Corte si è pronunciata sulla localizzazione del danno c.d. *par ricochet*, cioè indiretto [48]. Certe società francesi avevano convenuto in Francia delle banche tedesche, a cui imputavano di avere provocato illecitamente il fallimento di talune società tedesche, con cui le prime avevano previsto di sviluppare un investimento immobiliare. La Corte ha escluso che la norma sul foro dell'illecito permettesse alle società francesi di agire in Francia. Richiamandosi ai principi di prossimità e prevedibilità, ha affermato che ai fini della norma in esame conta solo il luogo in cui il fatto ha prodotto direttamente i suoi effetti dannosi nei confronti di colui che ne è la vittima immediata. Nella sentenza *Marinari*, la Corte ha precisato che la nozione di luogo in cui l'evento dannoso è avvenuto non può essere estesa fino al punto di ricomprendere il luogo in cui la vittima sostiene di aver patito un pregiudizio che sia la conseguenza di un danno iniziale verificatosi altrove [49]. In pratica, se si vuole che l'art. 7, punto 2, produca attribuzioni di competenza certe e prevedibili, conformi al principio di prossimità, occorre guardare unicamente al luogo in cui è avvenuta, alternativamente, la lesione dell'interesse protetto o la condotta che ne costituisce

---

[48] Corte Giust., 11 gennaio 1990, *Dumez France e Tracoba* c. *Hessische Landesbank (Helaba) e altri*, causa C-220/88, ECLI:EU:C:1990:8.

[49] Corte Giust., 19 settembre 1995, *Antonio Marinari* c. *Lloyds Bank plc e Zubaidi Trading Company*, causa C-364/93, ECLI:EU:C:1995:289.

la causa, ancorché la vittima potrebbe aver risentito delle conseguenze pregiudizievoli di quel fatto anche in un paese diverso.

(c) La localizzazione dell'illecito in alcuni contesti particolari

La natura della lesione lamentata e le circostanze del caso hanno un rilievo centrale nella applicazione del criterio del luogo dell'evento. Per comprendere il funzionamento dell'art. 7, punto 2, conviene dunque soffermarsi sull'interpretazione datane dalla Corte in rapporto a una selezione di situazioni particolari.

(1) *Il caso della responsabilità da prodotto*

Nel caso *Zuid-Chemie*, la Corte ha affermato che, in materia di responsabilità da prodotto, la lesione può localizzarsi esclusivamente nel luogo in cui si è verificato il danno iniziale lamentato dalla vittima, avuto riguardo, però, al «normale utilizzo del prodotto ai fini cui esso è destinato» [50]. Su questa base ha ritenuto che fosse localizzabile nei Paesi Bassi il danno lamentato da una società dei Paesi Bassi nei confronti di una società belga, accusata dalla prima di aver realizzato, nel suo stabilimento in Belgio, una sostanza – poi rivelatasi dannosa – destinata ad essere usata dalla prima per produrre (nei Paesi Bassi) dei fertilizzanti: è vero che la sostanza era stata realizzata in Belgio, ma il suo primo uso normale, noto al produttore belga, era avvenuto appunto nei Paesi Bassi.

(2) *Il caso della violazione dei diritti della personalità*

Dubbi particolarmente acuti circa la determinazione del *locus commissi delicti* sono stati affacciati con riferimento alla diffamazione e alla lesione dei diritti della personalità. Nella pronuncia relativa al caso *Shevill*, relativa a una notizia diffamatoria apparsa su una testata giornalistica a stampa, la Corte ha affermato che la vittima della diffamazione può esperire nei confronti dell'editore un'azione di danni sia dinanzi ai giudici dello Stato del luogo ove è stabilito l'editore della pubblicazione diffamatoria, in quanto «luogo di origine del fatto dannoso a partire dal quale la diffamazione è stata formulata e messa in circolazione», sia dinanzi ai giudici di ciascuno Stato dove la pubblicazione è stata diffusa e dove la vittima assume di aver subito una lesione della sua reputazione [51]. Ha però precisato che i giudici del luogo della condotta sono competenti (al pari dei giudici del foro generale del domicilio del convenuto, se diverso) a pronunciarsi sul risarcimento dei danni derivanti dalla diffamazione nella loro integralità, mentre i giudici del luogo in cui si è concretizzata la lesione sono competenti a conoscere dei soli danni cagionati nel rispettivo Stato. In pratica, se la vittima opta per questa seconda strada e agisce nel luogo in cui sono state distribuite alcune copie della pubblicazione, il

---

[50] Corte Giust., 16 luglio 2009, *Zuid-Chemie BV* c. *Philippo's Mineralenfabriek NV/SA*, causa C-189/08, ECLI:EU:C:2009:475.

[51] Corte Giust., 7 marzo 1995, *Fiona Shevill e altri* c. *Presse Alliance SA*, causa C-68/93, ECLI:EU:C:1995:61.

giudice adito potrà pronunciarsi solo sul pregiudizio riferibile a quelle copie. Si tratta della c.d. teoria del mosaico: il fatto, in sé unico, viene scomposto ai fini della competenza in una pluralità di situazioni distinte, per ognuna delle quali viene individuato un giudice competente.

La stessa Corte ha dovuto più tardi constatare che la soluzione ora descritta non può essere trasposta, quanto meno non senza importanti correttivi, all'ipotesi della lesione di diritti della personalità commessa *online*. Nell'affare *eDate*, constatato che la lesione non può in tal caso essere localizzata materialmente, ha indicato che la persona che si ritiene lesa ha la facoltà di esperire un'azione di risarcimento sia dinanzi ai giudici dello Stato del luogo di stabilimento del soggetto che ha immesso in circolazione tali contenuti, sia dinanzi ai giudici dello Stato membro in cui si trova il proprio centro d'interessi [52]. In entrambi i casi, ha precisato la Corte, l'attore può reclamare al giudice adito l'integralità del danno patito. L'affermazione secondo cui il danno può essere localizzato nel luogo in cui si concentrano gli interessi della vittima rompe sotto un duplice profilo con la linea seguita tradizionalmente dalla Corte in tema di localizzazione dell'illecito: perché, in funzione di un criterio di collegamento obiettivo, dà rilievo a una circostanza personale (il centro degli interessi della vittima), e perché, nei fatti, la persona di cui trattasi è quasi invariabilmente l'attore (laddove, nella sua giurisprudenza in questo campo, la Corte ha sempre cercato di non trasformare il *forum commissi delicti* in un *forum actoris*). È peraltro la particolare natura della lesione commessa *online* che impone la soluzione ora descritta. Nella motivazione della sentenza *eDate*, la Corte, richiamandosi secondo la tradizione ai principi di prossimità e prevedibilità, ha sottolineato, da un lato, che l'impatto prodotto sui diritti della personalità da un'informazione immessa nella rete può essere valutato meglio proprio dal giudice del luogo in cui la presunta vittima ha il proprio centro di interessi, il che suggerisce che l'attribuzione di competenza a tale giudice «corrisponde all'obiettivo di una buona amministrazione della giustizia». Dall'altro, ha fatto valere che la competenza del giudice del centro degli interessi della presunta vittima è conforme all'obiettivo della prevedibilità delle norme sulla competenza, ed è dunque rispettoso dei diritti del convenuto, poiché, in genere, chi diffonde l'informazione lesiva «è in condizione di conoscere i centri d'interessi delle persone che ne formano oggetto».

Si noti che il citato regolamento generale sulla protezione dei dati personali, nel forgiare, all'art. 79, par. 2, una specifica disposizione sulla competenza giurisdizionale applicabile alle azioni esperite nei confronti del titolare del trattamento o del responsabile del trattamento dei dati da parte di chi lamenti una violazione dei diritti garantiti da detto regolamento, ha attribuito la competenza, in via concorrente ai giudici dello Stato in cui il titolare del trattamento o il responsabile del trattamento hanno uno stabilimento, o ai giudici dello Stato in cui l'interessato ri-

---

[52] Corte Giust., 25 ottobre 2011, *eDate Advertising GmbH e altri* c. *X e Société MGN LIMITED*, cause riunite C-509/09 e C-161/10, ECLI:EU:C:2011:685.

siede abitualmente: una soluzione in fondo non dissimile, nell'impianto, da quella accolta nella sentenza *eDate*.

(3) *Il caso della violazione dei diritti di proprietà intellettuale*

La Corte di Giustizia è stata chiamata più volte a pronunciarsi sulla localizzazione degli illeciti consistenti nella violazione di diritti di proprietà intellettuale. Sono significative, fra le altre, le sentenze *Wintersteiger* e *Pez Hejduk*.

La prima ha riguardato una lite insorta fra una società austriaca e una società tedesca, entrambe produttrici di macchinari per la messa a punto di sci. L'austriaca Wintersteiger lamentava che la tedesca Products 4U si fosse procurata su Google la AdWord «Wintersteiger»: in pratica, digitando in «google.de» la parola «Wintersteiger» sarebbe apparso un annuncio della Products 4U. Riscontrando in questo comportamento una violazione del proprio marchio, registrato in Austria, la Wintersteiger ha convenuto la Products 4U in Austria, invocando quale titolo di giurisdizione la localizzazione del danno in Austria. La Corte ha chiarito che in base all'art. 7, punto 2, possono essere investiti di una causa di questo tipo sia i giudici dello Stato membro in cui il marchio è registrato, trattandosi dei giudici che «possono meglio valutare ... se ... sussista effettivamente una violazione del marchio nazionale protetto», sia i giudici dello Stato membro del luogo di stabilimento dell'inserzionista, in quanto luogo del fatto generatore del danno [53].

Nel caso *Pez Hejduk* era in discussione la responsabilità di una società tedesca per aver messo a disposizione sul proprio sito *web* delle fotografie scattate da una fotografa austriaca, senza il consenso di questa. La fotografa si era rivolta ai giudici austriaci chiedendo di essere risarcita. La Corte ha affermato che, trattandosi di diritti protetti in Austria, il danno poteva ritenersi essersi concretizzato in tale paese in ragione del fatto che il sito *web* in questione era accessibile in Austria [54].

(4) *Il caso degli illeciti concorrenziali*

Anche la localizzazione degli illeciti concorrenziali ha comportato talora delle difficoltà di rilievo. Emblematico il caso deciso dalla Corte di Giustizia nella sentenza *Cartel Damage Claims* [55]. Si trattava, in sintesi, delle pretese risarcitorie avanzate in Germania nei confronti di imprese stabilite in vari Stati membri dell'Unione, colpevoli di aver concluso fra loro un'intesa anticoncorrenziale, implicante in particolare un'artificiosa fissazione del prezzo di certi beni, dichiarata illecita dalla Commissione europea (si trattava, come si dice, di un'azione *follow-on*). Il tema era se il danno patito dalle varie vittime fosse localizzabile in Germania, e po-

---

[53] Corte Giust., 19 aprile 2012, *Wintersteiger AG* c. *Products 4U Sondermaschinenbau GmbH*, causa C-523/10, ECLI:EU:C:2012:220.

[54] Corte Giust., 22 gennaio 2015, *Pez Hejduk* c. *EnergieAgentur.NRW GmbH*, causa C-441/13, ECLI:EU:C:2015:28.

[55] Corte Giust., 21 maggio 2015, *Cartel Damage Claims (CDC) Hydrogen Peroxide SA* c. *Akzo Nobel NV e altri*, causa C-352/13, ECLI:EU:C:2015:335.

tesse fondare a questo titolo la giurisdizione del giudice tedesco. La Corte ha ritenuto che il luogo del fatto generatore, consistente nella limitazione della libertà contrattuale dei concorrenti danneggiati dall'intesa, può essere individuato, in linea di principio, in quello della conclusione dell'intesa stessa, salvo rilevare che nella specie questo criterio era inapplicabile, dato che l'intesa era consistita in una serie di accordi collusivi distinti, perfezionatisi in più luoghi. La Corte ha allora ribadito che il luogo in cui il danno si è concretizzato coincide col luogo in cui il danno si è concretamente manifestato: trattandosi qui di un danno consistente in costi supplementari pagati dai concorrenti a causa di un prezzo artificiosamente elevato imposto dalle parti dell'intesa, tale luogo è in linea di principio individuabile, per ogni asserita vittima dell'intesa, presso la sede della vittima stessa.

(5) *Il caso della responsabilità da prospetto*

Il caso *Effectenbezitters* offre una buona illustrazione delle difficoltà che circondano la localizzazione del danno provocato dalla diffusione di informazioni inesatte in chi abbia confidato nella loro corrispondenza al vero [56]. Si trattava nella specie dell'azione avviata nei Paesi Bassi da un'associazione di azionisti di un'importante società del settore del petrolio e del gas, quotata a Londra e a Francoforte, accomunati dal fatto di aver acquistato, detenuto o venduto azioni ordinarie di tale società attraverso un conto d'investimento detenuto nei Paesi Bassi. L'associazione lamentava che la società, convenuta in giudizio, avesse fornito informazioni incomplete e fuorvianti circa la propria responsabilità nell'incidente della piattaforma petrolifera Deepwater Horizon, del 2010, di fatto pregiudicando il valore delle loro azioni.

La Corte, dopo aver ribadito che il foro degli illeciti deve essere applicato in modo tale da condurre ad attribuzioni di competenza prevedibili, ha cominciato col richiamare una propria sentenza precedente, la sentenza *Kolassa*, dove ha osservato che una società che emette dei titoli senza conformarsi agli obblighi legali relativi al prospetto deve aspettarsi, qualora decida di far notificare il prospetto relativo al certificato in altri Stati membri, che operatori domiciliati in tali Stati membri investano su tale certificato e subiscano un danno in ragione della insufficienza delle informazioni ricevute [57]. Ha però aggiunto che l'obiettivo di prevedibilità perseguito dal regolamento non è assicurato allo stesso modo quando, nello Stato membro in cui si trova il conto d'investimento utilizzato per l'acquisto di titoli quotati in un altro Stato, l'emittente non è soggetto ad obblighi legali di pubblicità: in un caso siffatto – quello che ricorreva nella vicenda in discussione – il danno di cui l'emittente potrebbe dover essere chiamata a rispondere è localizzabile, agli effetti dell'art. 7, punto 2, solo nello Stato in cui l'emittente, ai fini della quotazione in borsa, era tenuta a redigere un prospetto.

---

[56] Corte Giust., 12 maggio 2021, *Vereniging van Effectenbezitters* c. *BP plc*, causa C-709/19, ECLI:EU:C:2021:377.

[57] Corte Giust., 28 gennaio 2015, *Harald Kolassa* c. *Barclays Bank plc*, causa C-375/13, ECLI:EU:C:2015:37.

11. La competenza speciale in materia di esercizio di una succursale

Non è possibile passare in rassegna in questa sede tutti gli altri fori speciali in ragione della materia previsti dal regolamento. Va perlomeno segnalato, tuttavia, il c.d. foro «quasi generale» previsto dall'art. 7, punto 5. Questo opera per le controversie concernenti «l'esercizio di una succursale, di un'agenzia o di qualsiasi altra sede d'attività» e permette all'attore di instaurare la lite in uno Stato membro diverso da quello del domicilio del convenuto, davanti al giudice del luogo in cui è situata, per l'appunto, la succursale, l'agenzia o la sede d'attività in questione.

Lo scenario a cui allude la norma si verifica quando un'impresa abbia attuato, nella sua organizzazione interna, un certo grado di decentramento. Cioè quando particolari attività riferibili all'impresa vengano svolte presso specifiche articolazioni locali della stessa, impegnate, ad esempio, nella gestione di certi rapporti con i clienti o dell'esecuzione di una parte dei contratti conclusi dall'impresa.

L'attribuzione della competenza al giudice che per brevità si chiamerà solo «della succursale» è coerente con gli obiettivi di prossimità e di prevedibilità sottesi ai fori speciali: la lite, se riguarda l'attività della succursale, è oggettivamente vicina al luogo in cui è stabilita ed opera la succursale; non è del resto irragionevole per il convenuto – che ha deciso come strutturare la propria presenza sul territorio e conosce meglio di ogni altro i rapporti che le sue sedi intrattengono con l'esterno – rappresentarsi l'eventualità di dovere rispondere in quel luogo dell'attività svolta, appunto, dalla succursale.

La Corte di Giustizia ha chiarito nella sentenza *Somafer* che le espressioni «succursale», «agenzia» e «altro centro di attività», da ricostruirsi in modo autonomo, si riferiscono a tutte le articolazioni di un'impresa, comunque denominate, che implichino un centro operativo capace di manifestarsi «in modo duraturo verso l'esterno come un'estensione della casa madre», dotato di una sua direzione e «materialmente attrezzato in modo da poter trattare affari con terzi» [58].

Nella medesima sentenza, la Corte ha chiarito che le controversie esperibili nel foro della succursale – quelle riguardanti «l'esercizio» della succursale stessa – comprendono non solo «le controversie vertenti sui diritti e sugli obblighi contrattuali o extracontrattuali relativi alla gestione propriamente detta dell'agenzia, della succursale o della filiale considerate in se stesse», come la locazione dell'immobile in cui si svolge l'attività del centro, ma anche, in particolare, le controversie relative agli impegni che la succursale ha assunto «in nome della casa madre». In quella medesima pronuncia, la Corte aveva aggiunto che gli impegni ora indicati, per poter rientrare nel fuoco della competenza speciale, «devono essere adempiuti nello Stato … in cui è stabilito detto centro operativo». Nel caso

---

[58] Corte Giust., 22 novembre 1978, *Somafer SA* c. *Saar-Ferngas AG*, causa 33/78, ECLI:EU:C:1978:205.

Lloyd's Register, tuttavia, la Corte è tornata sui suoi passi affermando che il concetto di controversia concernente l'esercizio di una succursale «non presuppone che gli impegni controversi assunti dalla succursale, a nome della casa madre, debbano essere eseguiti nello Stato ... in cui la succursale è stabilita» [59]. La più restrittiva interpretazione adombrata nella sentenza *Somafer*, ha osservato la Corte nel caso *Lloyd's Register*, presenta – tra gli altri – l'inconveniente di pregiudicare l'effetto utile del foro della succursale: ne comprometterebbe, cioè, la portata pratica, giacché quel foro finirebbe quasi sempre col coincidere con il foro della materia contrattuale. Un esito, questo, che male si concilia con gli scopi e la struttura dell'art. 7 del regolamento: se è vero che tale disposizione, istituendo l'una a fianco all'altra due distinte competenze speciali – quella delle liti in materia contrattuale e quella delle controversie nascenti dall'esercizio di una succursale – vuole offrire all'attore diverse alternative al foro generale, purché giustificate da ragioni di prossimità e prevedibilità.

Più di recente, nel caso *flyLAL II*, la Corte ha affermato che il foro della succursale può essere invocato anche quando i fatti di cui si duole l'attore (fatti illeciti, nella specie) siano riferibili tanto all'attività della casa madre quanto a quella del centro operativo locale di fronte al cui giudice l'azione viene portata. Per giungere a una simile conclusione occorre peraltro che la succursale abbia contribuito al verificarsi di quei fatti «in maniera effettiva e significativa» [60].

12. Le competenze speciali fondate sulla connessione

Gli articoli 8 e 9 del regolamento Bruxelles I *bis* istituiscono delle competenze speciali basate sulla connessione. Il loro scopo principale, come detto, è di consentire che due domande, fra loro legate, possano essere proposte davanti ad un unico giudice nell'interesse dell'economia processuale e soprattutto dell'armonia delle decisioni. In questa sede è possibile esaminare, oltretutto rapidamente, solo alcune delle competenze previste dall'art. 8, quelle di cui ai punti 1 e 2.

(a) Il foro del litisconsorzio passivo

L'art. 8, punto 1, del regolamento prevede che, in caso di pluralità di convenuti, una persona domiciliata in uno Stato membro può essere convenuta in un diverso Stato membro, davanti all'autorità giurisdizionale del luogo in cui uno qualsiasi dei convenuti è domiciliato. Occorre, però, che tra le domande proposte nei confronti dei vari convenuti «esista un collegamento così stretto da rendere opportuna una trattazione unica e una decisione unica onde evitare il rischio di giungere

---

[59] Corte Giust., 6 aprile 1995, *Lloyd's Register of Shipping* c. *Société Campenon Bernard*, causa C-439/93, ECLI:EU:C:1995:104

[60] Corte Giust., 5 luglio 2018, *AB "flyLAL-Lithuanian Airlines"* c. *"Starptautiskā lidosta 'Rīga'" VAS e "Air Baltic Corporation" AS*, causa C-27/17, ECLI:EU:C:2018:533.

a decisioni incompatibili derivanti da una trattazione separata». La precisazione è importante, perché una disposizione come quella appena ricordata, se non è corredata di idonee salvaguardie, può prestarsi ad un impiego abusivo: Tizio, per convenire Caio davanti ai giudici dello Stato X, un foro vantaggioso ai propri fini, potrebbe decidere di citarlo assieme a Sempronio, domiciliato proprio nello Stato X, pur non avendo in realtà da chiedere alcunché a Sempronio (quest'ultimo, nel lessico inglese, svolge la funzione di «anchor defendant»). La Corte di Giustizia si è mostrata sensibile all'esigenza di prevenire simili tatticismi, ma ha anche detto, nella sentenza *Freeport*, che per l'operatività del foro in discorso è sufficiente un nesso obiettivo fra le varie domande[61].

Se le domande proposte nei riguardi dei vari convenuti traggono origine dal medesimo fatto o dal medesimo atto (ad esempio, perché i convenuti sono tenuti in solido ad eseguire l'obbligazione contrattuale di cui l'attore chiede ragione), il requisito della connessione può pacificamente ritenersi riunito. L'art. 8, punto 1, tuttavia, opera anche quando le pretese avanzate nei riguardi dei singoli convenuti sono fra loro diverse per titolo e natura, salvo che, in tal caso, la verifica dell'esistenza di un vincolo fra le domande dipende dal contenuto delle varie domande e dei loro rispettivi rapporti.

Nel caso *Roche Nederland*, la Corte ha ritenuto che la norma sul foro del litisconsorzio passivo non possa applicarsi nell'ambito di un'azione per contraffazione di brevetto europeo, proposta nei confronti di più società stabilite in Stati membri differenti, per fatti che sarebbero stati commessi nel territorio di uno o più degli Stati medesimi: ogni azione per contraffazione di brevetto europeo deve infatti essere esaminata alla luce della normativa nazionale vigente in materia in ognuno dei singoli Stati per i quali il brevetto è stato rilasciato[62]. Il brevetto europeo, anche se si chiede con una domanda unica, assicura infatti un fascio di tutele brevettuali nazionali che per il resto rimangono distinte. Di conseguenza, qualora più giudici di Stati differenti vengano aditi con azioni per contraffazione di un brevetto europeo efficace in ognuno degli Stati medesimi – azioni avviate nei confronti di convenuti domiciliati in quegli stessi Stati per fatti commessi nei rispettivi territori – eventuali divergenze tra le varie decisioni non incidono su una stessa situazione di diritto. La conclusione, ha aggiunto la Corte, vale anche se le società convenute, appartenenti ad uno stesso gruppo, abbiano agito in modo identico o analogo, conformemente ad una politica comune elaborata da una sola di esse.

In pronunce successive, per la verità, come nel caso *Sapir*, la Corte ha adottato un parametro meno rigido, dando rilievo alla circostanza che i fatti all'origine delle diverse domande siano gli stessi e gli interessi perseguiti con esse siano con-

---

[61] Corte Giust., 11 ottobre 2007, *Freeport plc* c. *Olle Arnoldsson*, causa C-98/06, ECLI:EU:C:2007:595.

[62] Corte Giust., 13 luglio 2006, *Roche Nederland BV e altri* c. *Frederick Primus e Milton Goldenberg*, causa C-539/03, ECLI:EU:C:2006:458.

vergenti, ritenendo operante il foro ancorché il fondamento giuridico delle domande risulti diverso [63].

(b) Il foro della chiamata del terzo

A norma dell'art. 8, punto 2, del regolamento, qualora si tratti di chiamata in garanzia o altra chiamata di terzo, una persona domiciliata in uno Stato membro può essere citata in un altro Stato membro «davanti all'autorità giurisdizionale presso la quale è stata proposta la domanda principale», a patto però che la domanda «non sia stata proposta solo per distogliere colui che è stato chiamato in causa dalla sua autorità giurisdizionale naturale».

Il convenuto può servirsi di questa disposizione per agire a sua volta nei confronti di un terzo, davanti al medesimo giudice di fronte a cui è stato attratto, per essere tenuto indenne dalle conseguenze dell'accoglimento delle domande formulate nei suoi confronti. In un simile scenario entra in gioco l'art. 8, punto 2, quando il giudice adito non sia competente ad altro titolo a pronunciarsi sulla domanda proposta nei riguardi del terzo: la connessione tra la domanda dell'attore verso il convenuto e quella del convenuto nei riguardi del terzo basta allora a giustificare la cognizione di entrambe ad opera del primo giudice.

La norma, per la verità, non richiede in termini espressi che vi sia un nesso fra le due domande. Senonché, come confermato dalla Corte nella sentenza *Zurich España*, solo l'esistenza di un legame consente di escludere che la chiamata possa ritenersi proposta al solo fine di distogliere il terzo dal suo giudice «naturale» [64].

Quella prevista dall'art. 8, punto 2, è una competenza «derivata», nel senso che permette al giudice, competente a pronunciarsi su una certa domanda (quella «principale»), di statuire anche su un'altra. È irrilevante, ai fini dell'art. 8, punto 2, il titolo in virtù del quale il giudice adito è competente in relazione alla domanda principale.

13. Le competenze esclusive

L'art. 24 del regolamento elenca dei fori esclusivi. La competenza attribuita da tale norma è esclusiva. Rispetto alle domande ivi contemplate, la giurisdizione spetta unicamente ai giudici degli Stati ivi indicati: nessun altro giudice, quantunque in astratto munito di giurisdizione su altre basi (per esempio in forza dell'art. 4 o dell'art. 8), può prenderne cognizione. Ad esempio, l'art. 24, punto 1, attribuisce una competenza esclusiva a pronunciarsi «in materia di diritti reali immobiliari e di contratti di locazione di immobili» ai giudici dello Stato membro in cui

---

[63] Corte Giust., 11 aprile 2013, *Land Berlin* c. *Ellen Mirjam Sapir e altri*, causa C-645/11, ECLI:EU:C:2013:228.

[64] Corte Giust., 26 maggio 2005, *Groupement d'intérêt économique (GIE) Réunion européenne e altri* c. *Zurich España e Société pyrénéenne de transit d'automobiles (Soptrans)*, causa C-77/04, ECLI:EU:C:2005:327.

l'immobile di cui trattasi è situato. L'art. 24, punto 2, per limitarsi a un solo altro esempio, conferisce ai giudici dello Stato membro della sede la competenza esclusiva a pronunciarsi sulla valida costituzione di una società e sullo scioglimento della stessa, come sulla validità delle delibere dei rispettivi organi.

Due, in generale, sono le considerazioni che giustificano l'attribuzione di una competenza esclusiva. Da un lato, certe controversie presentano un legame talmente intenso con un dato paese da rendere non solo opportuno ma di fatto necessario lasciare ai giudici di tale paese il compito di occuparsene. Dall'altro, risulta essenziale, in certi contesti, allontanare il rischio di un conflitto di giudicati, concentrando la cognizione delle relative cause presso i giudici di un solo paese.

Entrambe le considerazioni appena richiamate sorreggono, per tornare al primo degli esempi che precedono, l'attribuzione della competenza in materia di immobili ai giudici del paese di situazione dell'immobile: quei giudici sono ovviamente prossimi alla causa, e sono quelli meglio collocati per applicare in modo appropriato le norme regolatrici del merito (che in questo campo sono, o almeno includono, invariabilmente le norme del paese di situazione). Evitando in partenza la possibile concorrenza di più giudizi in ordine al medesimo immobile si allontana inoltre il pericolo che vengano emanate decisioni contrastanti. Un conflitto sarebbe qui particolarmente inopportuno, data la speciale importanza che rivestono per l'economia i beni immobili: se non fosse chiaro a chi spetta un certo bene, perché sul punto esistono decisioni divergenti, risulterebbe di fatto impedito, ad esempio, l'impiego di quel bene come garanzia per operazioni di finanziamento.

Il rilievo di questo genere di considerazioni nelle aree coperte dall'art. 24 spiega per quale ragione le attribuzioni in questione operino indipendentemente dal domicilio delle parti e rivestano un carattere imperativo. È dunque irrilevante, ai fini della applicabilità dell'art. 24, la circostanza che il convenuto sia domiciliato nell'Unione o fuori; ed è senza effetto, rispetto all'art. 24, ogni eventuale accordo concluso fra le parti per far decidere ad un giudice diverso da quelli indicati da tale norma una delle cause ricomprese nella sua sfera di applicazione.

14. Gli accordi sulla competenza giurisdizionale

Il regolamento Bruxelles I *bis*, all'art. 25, offre alle parti la possibilità di concludere un accordo volto ad attribuire ai giudici di un certo Stato membro, o a un particolare ufficio giudiziario appartenente a un tale Stato, la competenza a pronunciarsi su una loro controversia, presente o futura. L'accordo delle parti, o *electio fori*, realizza una proroga (espressa) della giurisdizione: attribuisce al giudice scelto il potere di decidere la causa là dove tale potere non sussisterebbe su basi obiettive.

Non occorre che la scelta cada sui giudici di uno Stato con cui la lite sia collegata sotto il profilo oggettivo o soggettivo. Nulla impedisce, per esempio, che un'impresa italiana concluda con un'impresa portoghese un accordo in forza del quale le liti nascenti da un contratto che le leghi, magari concluso in Italia e da eseguirsi in Portogallo, siano decise dal tribunale di Parigi.

Si esprime nell'art. 25, come accennato nel Capitolo precedente, una delle grandi tendenze del diritto internazionale privato contemporaneo: la tendenza a valorizzare, con idonee cautele, l'autonomia privata. La legislazione dell'Unione europea è particolarmente sensibile all'autodeterminazione delle persone, e più ancora – come in questo caso – degli attori del mercato. Offrendo alle parti la possibilità di scegliere il giudice competente, il regolamento soddisfa due esigenze: favorisce l'iniziativa economica transnazionale di chi opera nel mercato interno, permettendo di regolare il contenzioso, sotto il profilo della competenza, nel modo ritenuto più opportuno; e prefigura la possibilità di una soluzione rapida ed efficiente della *quaestio iurisdictionis*, permettendo alle parti di definirne in anticipo l'esito con un semplice accordo, evitando così i dubbi e le incertezze che possano discendere, come si è visto, dall'impiego delle regole obiettive.

(a) Le condizioni di applicabilità dell'art. 25

L'applicabilità dell'art. 25, diversamente da quanto accade per l'art. 7, non è subordinata alla condizione che l'una o l'altra parte sia domiciliata in uno Stato membro dell'Unione europea. Occorre, semmai, che siano scelti i giudici di uno Stato membro. Come emerge dalla sentenza *Coreck Maritime*, l'ammissibilità e gli effetti di un accordo teso ad attribuire la competenza ai giudici di uno Stato terzo vanno apprezzati in linea di massima alla luce delle norme interne degli Stati membri interessati[65]. La stessa Corte ha peraltro avvertito in altre pronunce, come quella nel caso *Mahamdia*[66] e quella nel caso *Taser*[67], che occorre evitare il rischio che l'ossequio prestato a una proroga di competenza stipulata a favore di giudici di Stati terzi mini l'effetto utile del regolamento. Ove sia pattuita fra le parti la competenza di un giudice di uno Stato contraente della convenzione di Lugano che non sia uno Stato membro dell'Unione, valgono le norme della convenzione di Lugano del 2007. La *electio* a favore dei giudici di uno Stato contraente della convenzione dell'Aja del 2005 soggiace a tale convenzione, alle condizioni ivi stabilite.

L'art. 25 del regolamento si applica agli accordi aventi ad oggetto controversie già insorte oppure suscettibili di insorgere in avvenire, purché relative ad un rapporto giuridico «determinato». Può trattarsi delle liti riguardanti uno specifico contratto, o un insieme di contratti identificabili in forza dell'accordo; nulla impedisce che si tratti delle controversie originate da un determinato fatto illecito.

Nella prassi, gli accordi di proroga riguardano il più delle volte le liti suscettibili di insorgere in ordine a un contratto, e si presentano solitamente come speci-

---

[65] Corte Giust., 9 novembre 2000, *Coreck Maritime GmbH* c. *Handelsveem BV e altri*, causa C-387/98, ECLI:EU:C:2000:606.

[66] Corte Giust., 19 luglio 2012, *Ahmed Mahamdia* c. *République algérienne démocratique et populaire*, causa C-154/11, ECLI:EU:C:2012:491.

[67] Corte Giust., 17 marzo 2016, *Taser International Inc.* c. *SC Gate 4 Business SRL e Cristian Mircea Anastasiu*, causa C-175/15, ECLI:EU:C:2016:176.

fiche clausole inserite nel contratto stesso, come le seguenti: «Ogni controversia relativa alla validità del presente contratto o alle obbligazioni che ne discendono sarà decisa dal tribunale di Tallinn»; oppure: «Le eventuali controversie riguardante il rapporto fra le parti saranno decise dai giudici dei Paesi Bassi». Come ha chiarito la Corte di Giustizia nel caso *Apple Sales*, la circostanza che una *electio fori* si riferisca alle controversie relative ad un contratto non esclude di per sé che la scelta valga anche in relazione alle controversie vertenti su una violazione delle norme in materia di concorrenza collegata al contratto [68].

Per poter essere ricondotto sotto l'art. 25, l'accordo deve designare il giudice o i giudici a cui le parti intendono attribuire la competenza in modo sufficientemente preciso. La Corte, nella citata sentenza *Coreck Maritime*, ha peraltro affermato che non è necessario, a questo fine, che i termini della designazione siano ricavabili per intero solo dal tenore letterale dell'accordo di proroga. È sufficiente che la clausola individui gli elementi oggettivi su cui le parti si sono accordate per scegliere il giudice o i giudici competenti. È valida, pertanto, in relazione alle liti nascenti da un contratto di compravendita, la clausola che indichi come competente «il tribunale del luogo in cui si trova la sede del venditore».

(b) Gli effetti dell'accordo

Gli accordi di proroga della competenza producono, in linea di principio, due effetti. Da un lato, attribuiscono al giudice o ai giudici designati (o, come si dice, prorogati) il potere di decidere nel merito le domande rientranti nel perimetro dell'accordo stesso. Dall'altro, privano ogni altro giudice del potere di fare altrettanto, cioè sottraggono a giudici diversi la giurisdizione eventualmente loro conferita da altre norme (dall'art. 4, dall'art. 7, dall'art. 8; non invece dall'art. 24, dato il carattere imperativo delle attribuzioni previste da quest'ultima disposizione).

Il primo degli effetti ora evocato – l'effetto di proroga, o attributivo – deve intendersi sempre voluto dalle parti. Quello di deroga, invece, si produce «salvo diverso accordo tra le parti». Le parti sono libere, infatti, di designare un certo giudice come competente senza escludere la concorrente competenza di altri giudici (quelli che possono pronunciarsi sulla causa in base a un titolo obiettivo). Se l'intendimento è questo, le parti hanno però l'onere di esplicitarlo: nel silenzio, la competenza del giudice prorogato deve considerarsi esclusiva.

L'effetto di proroga e quello di deroga si producono solo quando l'accordo sia ammissibile e valido. Quanto all'ammissibilità, basti dire in questa sede che il regolamento esclude o limita l'autonomia delle parti in relazione a certe controversie (quelle dell'art. 24, o quelle previste dai regimi protettivi di cui si parlerà più avanti, dato che escludono in certi casi il ricorso all'*electio fori*).

---

[68] Corte Giust., 24 ottobre 2018, *Apple Sales International e a.* c. *MJA*, causa C-595/17, ECLI:EU:C:2018:854.

È bene, piuttosto, soffermarsi, invece, sulla validità dell'accordo, esaminandone i requisiti formali e quelli sostanziali.

(c) La validità formale

I requisiti formali a cui un accordo di proroga deve obbedire sono stabiliti dallo stesso regolamento Bruxelles I *bis*. La validità formale di una *electio fori* non può essere apprezzata sulla scorta di prescrizioni diverse. È dunque irrilevante che l'accordo si conformi, o meno, ai requisiti previsti per questo genere di atti dalle norme interne (ad esempio, il requisito della specifica approvazione per iscritto contemplato dall'art. 1341, co. 2, del codice civile italiano).

(1) *I singoli requisiti formali*

L'art. 25 del regolamento contempla una serie di requisiti formali fra loro alternativi. Ai sensi dell'art. 25, par. 1, lett. *a*), l'accordo è valido, innanzitutto, se è stato «concluso per iscritto» o se è risultato «provato per iscritto». Ricorre la prima ipotesi quando le parti del procedimento hanno prestato il loro consenso alla *electio* mediante una dichiarazione di volontà fatta per iscritto o con mezzi elettronici che ne permettano «una registrazione durevole». Ove il contratto concluso fra le parti risulti da una proposta scritta di una parte, che l'altra parte abbia accettato oralmente o per fatti concludenti, la proroga proposta non potrà dirsi conclusa per iscritto: il contratto, di per sé, ben potrebbe risultare perfezionato, ma non potrà dirsi altrettanto della pattuizione relativa alla competenza, se non intervengono altre circostanze e se non soccorrono altri requisiti dell'art. 25.

Perché l'accordo possa dirsi, invece, provato per iscritto occorre innanzitutto sincerarsi che le parti abbiano effettivamente pattuito un tale accordo, sia pure in forma non scritta. Ciò potrebbe emergere, per esempio, dalle concordanti manifestazioni di volontà che i rappresentanti delle parti si siano scambiati nel corso di una conversazione telefonica. La prova scritta dell'accordo potrà allora consistere in un testo successivamente inviato da una parte all'altra per confermare il tenore della pattuizione. Nel successivo giudizio, la parte che si rende autrice di una simile conferma potrà essere, come ha chiarito la Corte nella sentenza *Berghoefer*, indifferentemente l'attore o il convenuto[69].

Il responsabile degli acquisti di Alfa così scrive al direttore commerciale di Beta: «Faccio seguito al nostro incontro di ieri presso il vostro stand alla fiera di Budapest per confermarvi l'ordine di 100 pezzi del vostro prodotto X per un prezzo complessivo di 10.000 Euro; come concordato, in caso di controversia, la competenza spetterà al Tribunale di Milano». Una simile comunicazione, senza che Beta debba, da parte sua, scrivere alcunché ad Alfa, è sufficiente a far ritenere validamente pattuita, almeno sul piano formale, la competenza del Tribunale di Milano. Una formale reazione di Beta si renderà necessaria,

---

[69] Corte Giust., 11 luglio 1985, *F. Berghoefer GmbH & Co. KG* c. *ASA SA*, causa 221/84, ECLI: EU:C:1985:337.

semmai, quando questa contesti la ricostruzione indicata da Alfa circa gli accordi intervenuti oralmente: una smentita, se tempestiva, paralizzerebbe un'ipotetica invocazione del presunto accordo da parte di Alfa, mentre un'inerzia prolungata e non giustificata consoliderebbe la tesi di Alfa.

Dispone l'art. 25, lett. *b*), del regolamento Bruxelles I *bis* che la proroga è valida, quanto alla forma, anche quando sia stata conclusa «in una forma ammessa dalle pratiche che le parti hanno stabilito tra di loro». La norma allude alla situazione che si verifica quando due soggetti hanno instaurato fra loro una consuetudine di rapporti, nel quadro della quale sia usuale per le parti concludere accordi di elezione del foro in una forma diversa da quella scritta. Può non essere facile in pratica provare l'insieme delle condizioni ora descritte: l'esistenza di una consuetudine di rapporti fra le parti, il consolidamento in quell'ambito di una regola sulla forma, l'avvenuta stipulazione fra le parti di un accordo di proroga coerente a quella regola. Ma se la prova è fornita, allora l'accordo, benché non concluso per iscritto e non provato per iscritto, dovrà reputarsi formalmente valido.

Ai sensi dell'art. 25, par. 1, lett. *c*), del regolamento, infine, è valido «nel commercio internazionale» un accordo di proroga costituito dall'incontro di volontà manifestatesi «in una forma ammessa da un uso che le parti conoscevano o avrebbero dovuto conoscere» e che risulti «ampiamente conosciuto e regolarmente rispettato dalle parti di contratti dello stesso tipo nel settore commerciale considerato». Anche qui, come nello scenario precedente, il regolamento prende per così dire in prestito delle prescrizioni formali affermatisi altrove, nella pratica. A differenza della lett. *b*), tuttavia, che parla di usi invalsi fra le parti, la lett. *c*) si riferisce a regole usuali nell'ambiente sociale che fa da cornice alla relazione litigiosa. In questo senso, mentre la lett. *b*) può venire in gioco solo quando l'accordo intercorra fra soggetti che si conoscono al punto di aver stabilito fra loro delle consuetudini particolari, la norma della lett. *c*) può essere invocata anche quando le parti non abbiano avuto alcun contatto fra loro prima del rapporto in questione.

Se è provato che in un particolare segmento del commercio internazionale (ad esempio il commercio di una data materia prima, quale risulta praticato in una data regione del mondo) è usuale accettare oralmente le proposte scritte dell'altra parte, anche là dove queste rechino una clausola di scelta del foro, allora, in forza dell'art. 25, par. 1, lett. *c*), la clausola conclusa in conformità allo schema appena descritto dovrà reputarsi formalmente valida.

(2) *Il caso degli accordi di proroga contenuti nelle condizioni generali*

È alla luce dei requisiti di forma appena passati in rassegna che va affrontata la questione, ricorrente nella pratica, della invocabilità delle clausole di proroga figuranti nelle condizioni generali di contratto di una delle parti. Il problema si pone sia quando la parte che ha predisposto le condizioni agisce in giudizio davanti al giudice ivi designato (altrimenti privo di competenza), sia quando quella stessa parte è convenuta davanti a un giudice diverso da quello designato nelle condizioni e ne contesta, su questa base, la competenza.

Occorre sincerarsi, per cominciare, che la clausola attributiva sia stata realmente oggetto di pattuizione. I requisiti di forma presuppongono che le parti abbiano consentito all'accordo, e servono a verificare l'integrità e la consapevolezza delle loro determinazioni, che non possono essere solo presunte. Chiarito questo, bisogna accertare se la parte nei cui confronti viene invocata la clausola abbia consentito per iscritto alle condizioni generali dell'altra, o se il suo consenso possa comunque ritenersi provato per iscritto. In caso affermativo, la clausola risulterà valida ai sensi dell'art. 25, par. 1, lett. *a*). Per la Corte di Giustizia, come affermato nel caso *Trasporti Castelletti*, la clausola può ritenersi accettata quando nel testo del contratto firmato dalle parti compaia un richiamo espresso alle condizioni generali dell'altra, contenenti la clausola [70]. La stessa Corte aveva in precedenza affermato, nel caso *Estasis Salotti*, che il riferimento alle condizioni generali deve avere un carattere chiaro, tale da essere notato da una parte che faccia uso della normale diligenza, e che occorre altresì la prova che le condizioni generali contenenti la clausola siano state effettivamente comunicate dal predisponente all'altra parte [71]. Deve del resto escludersi, come ha osservato la Corte nella sentenza *Saey Home*, che la prova del consenso scritto delle parti in ordine alla *electio fori* contemplata nelle condizioni generali di una di esse possa trarsi dalle fatture che una parte abbia comunicato all'altra a seguito di prestazione da essa compiuta in esecuzione del contratto [72].

Ove non ricorrano le condizioni per affermare che il consenso delle parti risulti dato o provato per iscritto, converrà chiedersi se le circostanze del caso non segnalino, perlomeno, l'esistenza di un accordo fra le parti concluso in una forma ammessa dalle pratiche stabilite fra loro, secondo quanto previsto dall'art. 25, par. 1, lett. *b*), del regolamento. L'indagine viene talora tentata in casi in cui, nel corso della lunga relazione fra le parti, una di queste abbia sistematicamente inviato all'altra le proprie condizioni generali, recanti una clausola di proroga. Senonché, anche nella prospettiva della lett. *b*) dell'art. 25, il mero invio di un documento di condizioni generali assieme ad una o più fatture è di per sé insufficiente ai fini del perfezionarsi di un accordo di proroga: la prova dell'esistenza di un uso esige riscontri concordanti, non presunzioni. Analogamente dicasi, agli effetti della lett. *c*), per la prova degli usi del commercio internazionale.

---

[70] Corte Giust., 16 marzo 1999, *Trasporti Castelletti Spedizioni Internazionali SpA* c. *Hugo Trumpy SpA*, causa C-159/97, ECLI:EU:C:1999:142.

[71] Corte Giust., 14 dicembre 1976, *Estasis Salotti di Colzani Aimo e Gianmario Colzani s.n.c.* c. *Rüwa Polstereimaschinen GmbH*, causa 24/76, ECLI:EU:C:1976:177.

[72] Corte Giust., 8 marzo 2018, *Saey Home & Garden NV/SA* c. *Lusavouga- Máquinas e Acessórios Industriais SA*, causa C-64/17, ECLI:EU:C:2018:173.

(d) La validità sostanziale

Il rispetto delle prescrizioni di forma illustrate nelle sezioni precedenti non esclude che la volontà di una parte possa per qualche ragione risultare viziata quanto alla sostanza. La validità della *electio fori* potrebbe essere messa in dubbio, ad esempio, là dove il consenso di quella parte sia il frutto dei raggiri dell'altra parte o di un terzo. L'art. 25, par. 1, del regolamento Bruxelles I *bis* precisa che gli effetti di un accordo di proroga non si verificano ove questo sia «nullo dal punto di vista della validità sostanziale» secondo la legge dello Stato a favore delle cui autorità l'accordo stesso pretende di conferire la competenza.

A differenza di quanto avviene per i requisiti di forma – che il regolamento, come detto, fissa in modo autonomo – la validità sostanziale va misurata sulla base di parametri tratti dal diritto nazionale: il diritto del foro prorogato, cioè del paese ai cui giudici le parti hanno, *prima facie*, attribuito la competenza.

Il preambolo del regolamento chiarisce, nel considerando n. 20, che il riferimento alla *lex fori prorogati* non comprende soltanto le norme materiali ivi previste, ma anche le relative norme sui conflitti di leggi. Ciò significa che, ove si discuta della validità sostanziale di un accordo che designi come competente il Tribunale di Venezia e venga in gioco la questione della sua annullabilità per dolo, la soluzione non andrà ricercata necessariamente nelle norme materiali italiane in tema di vizi della volontà (qui, gli articoli 1439 e 1440 del codice civile), ma nel diritto – eventualmente diverso da quello italiano – indicato come applicabile dalle disposizioni che, in Italia, presiedono alla individuazione della legge regolatrice della sostanza degli accordi di proroga, delle quali si parlerà a tempo debito [73].

(e) L'indipendenza della clausola di proroga dal contratto a cui appartiene

Si è detto come, nella prassi, gli accordi di proroga della competenza assumano spesso la veste di clausole di un contratto più ampio. Sarebbe però errato desumerne che l'*electio fori* faccia corpo a tutti gli effetti col contratto a cui accede, seguendone sempre le sorti. È vero anzi il contrario. Recita l'art. 25, par. 5, del regolamento Bruxelles I *bis* che una clausola attributiva di competenza che faccia parte di un contratto «si considera indipendente dalle altre clausole contrattuali».

Questa separazione produce delle implicazioni pratiche di rilievo. Già nella sentenza *Benincasa*, resa quando il regime di Bruxelles non sanciva ancora in modo espresso l'indipendenza delle clausole in parola, la Corte di Giustizia ha affermato che il giudice designato dalle parti deve reputarsi competente a conoscere della causa instaurata innanzi a lui «anche nel caso in cui con l'azione venga richiesta ... la declaratoria di nullità del contratto che contiene la ... clausola» [74]. Di fatto, la clausola – se valida in base alle regole esaminate sopra – produce i suoi effetti di proro-

---

[73] Parte terza, Capitolo II, § 17.

[74] Corte Giust., 3 luglio 1997, *Francesco Benincasa* c. *Dentalkit Srl*, causa C-269/95, ECLI: EU:C:1997:337.

ga e di deroga anche quando sia inserita in un contratto invalido, o un contratto che, al momento dell'invocazione, abbia cessato di produrre effetti fra le parti.

L'indipendenza accresce l'efficacia dell'accordo di proroga e, in questo senso, corrobora l'atteggiamento di favore che il regolamento riserva all'autonomia privata. Se la clausola non fosse indipendente, il convenuto che intendesse neutralizzarne gli effetti potrebbe infatti sottrarsene eccependo, appunto, la nullità del contratto. Grazie alla separazione, un'eccezione di questo tenore, non inficia la competenza del giudice designato dalla *electio*: sarà insomma quest'ultimo a stabilire se il contratto deve considerarsi valido o invalido.

(f) La sfera di efficacia soggettiva e le vicende dell'accordo

L'accordo di proroga vincola per principio le parti che lo hanno stipulato. È pensato per venire in gioco in relazione alle domande proposte da una di quelle parti nei confronti dell'altra. Al di fuori di casi particolari, un soggetto estraneo all'accordo di proroga (ed estraneo al contratto in cui l'accordo eventualmente è inserito) può avvalersi degli effetti ivi previsti, o divenirne il destinatario, solo in quanto presti il proprio consenso ad esserne vincolato e tale nuovo assetto incontri l'accettazione dell'altra parte.

Nella sentenza *Refcomp*, la Corte di Giustizia ha potuto escludere su questa base, per l'assenza di una idonea manifestazione di consenso, che una clausola attributiva di competenza inclusa nel contratto stipulato tra il produttore di un bene e l'acquirente del medesimo potesse essere opposta al terzo sub-acquirente che, in esito ad una successione di contratti di trasferimento, aveva acquistato il bene in questione [75]. Analogamente, in assenza della prova del consenso alla modifica della sfera soggettiva dell'accordo, la Corte ha negato nel caso *Leventis* che una clausola di proroga figurante in un contratto concluso tra due società potesse essere invocata dai rappresentanti di una di esse – terzi, dunque, rispetto ai contraenti – con riferimento a un'azione risarcitoria diretta a far valere la loro responsabilità per presunti atti illeciti compiuti nell'esercizio delle loro funzioni [76].

Nella più recente sentenza *DelayFix*, la Corte, riferendosi a una clausola attributiva di competenza inserita in un contratto di trasporto tra un passeggero e una compagnia aerea, ha affermato che tale clausola non può essere opposta dalla compagnia a una società di recupero crediti alla quale il passeggero abbia ceduto il suo credito, a meno che, ai sensi della *lex fori prorogati*, detta società di recupero crediti sia subentrata al contraente iniziale in tutti i suoi diritti e obblighi [77].

---

[75] Corte Giust., 7 febbraio 2013, *Refcomp SpA* c. *Axa Corporate Solutions Assurance SA e altri*, causa C-543/10, ECLI:EU:C:2013:62.

[76] Corte Giust., 28 giugno 2017, *Georgios Leventis e Nikolaos Vafeias* c. *Malcon Navigation Co. Ltd e Brave Bulk Transport Ltd*, causa C-436/16, ECLI:EU:C:2017:497.

[77] Corte Giust., 18 novembre 2020, *Ryanair DAC* c. *DelayFix*, causa C-519/19, ECLI:EU: C:2020:933.

15. La proroga tacita

L'art. 26 del regolamento Bruxelles I *bis* contempla la possibilità di una proroga tacita della competenza giurisdizionale. Il giudice adito può dichiararsi competente a conoscere della domanda di cui sia stato investito quando, pur non sussistendo in suo favore nessun altro titolo di giurisdizione, il convenuto sia comparso e abbia omesso – consapevolmente o per errore – di eccepire l'incompetenza.

Lo schema descritto condivide con l'art. 25 l'idea che un giudice, altrimenti sprovvisto di giurisdizione, possa essere legittimato a decidere la lite in virtù di un accadimento esteriore, che il regolamento reputa idoneo a conferirgli la competenza: la designazione pattuita fra le parti, nel caso dell'art. 25; l'inerzia del convenuto, nel caso dell'art. 26.

Perché si produca una proroga tacita ai sensi dell'art. 26 devono ricorrere due condizioni. Da un lato il convenuto deve essere «comparso», cioè, nel linguaggio del regolamento, deve essersi costituito in giudizio. Occorre, dall'altro lato, che il convenuto ometta di contestare la giurisdizione del giudice adito. Ciò avviene, tipicamente, quando il convenuto si limiti a difendersi nel merito, facendo valere, ad esempio, che i fatti narrati dall'attore non corrispondono al vero, o che le norme relative al merito vanno intese diversamente da quanto suggerisce l'altra parte. La Corte di Giustizia ha peraltro riconosciuto, nella già citata sentenza *Elefanten Schuh* che, per evitare di incorrere in una proroga tacita, il convenuto che ritenga di dedurre delle ragioni di merito contro le domande dell'attore ha l'onere di eccepire preliminarmente l'incompetenza del giudice adito [78].

16. I regimi protettivi a carattere esaustivo

All'interno del regolamento si incontrano tre regimi speciali della competenza, che operano in modo separato dal resto delle altre norme. Si tratta, rispettivamente, di un regime applicabile alle liti in materia assicurativa, in materia di contratti conclusi dai consumatori e in materia di contratti individuali di lavoro.

I regimi speciali in discorso, che in questa sede saranno illustrati solo per cenni, sono accomunati da due caratteristiche. Sottendono innanzitutto una finalità protettiva, nel senso che si applicano a liti che contrappongono una parte tipicamente «forte» ad una tipicamente «debole», e dettano soluzioni che tengono conto di questo stato di cose, per assicurare alla parte debole condizioni di accesso effettivo alla giustizia. In secondo luogo, i tre regimi in questione si presentano come insiemi tendenzialmente esaustivi ed autosufficienti: le situazioni che rientrano nella loro sfera sono soggette, salvo specifiche eccezioni, solo alle norme ivi contenute.

---

[78] Corte Giust., 24 giugno 1981, *Elefanten Schuh GmbH* c. *Pierre Jacqmain*, causa 150/80, ECLI:EU:C:1981:148.

(a) La materia assicurativa

In materia di assicurazioni, la competenza giurisdizionale degli Stati membri è disciplinata dagli articoli da 10 a 16. Le sole norme generali di cui viene espressamente riservata l'applicazione sono l'art. 6, sulle azioni proposte nei confronti di convenuti domiciliati in Stati terzi all'Unione, e l'art. 7, punto 5, istitutivo del foro della succursale.

Avuto riguardo all'asimmetria che connota i rapporti fra l'assicuratore e la sua controparte, il regolamento distingue a seconda che si tratti di determinare la competenza in un'azione proposta dal primo o dal secondo. Ai sensi dell'art. 11, l'assicurato può agire nei confronti di un assicuratore domiciliato in uno Stato membro davanti ai giudici dello Stato del domicilio di quest'ultimo o, in un altro Stato membro, davanti al giudice del luogo in cui è domiciliato l'attore, qualora l'azione sia proposta dal contraente dell'assicurazione, dall'assicurato o da un beneficiario. Qualora l'assicuratore non sia domiciliato in uno Stato membro, ma vi possieda una succursale, egli è considerato, per le contestazioni relative al loro esercizio, come avente domicilio nel territorio di quest'ultimo Stato. L'art. 12 prevede che l'assicuratore possa essere altresì convenuto davanti al giudice del luogo in cui si è verificato l'evento dannoso, qualora si tratti di assicurazione della responsabilità civile o di assicurazione sugli immobili.

In materia di assicurazione della responsabilità civile, l'assicuratore può inoltre essere chiamato in causa, a norma dell'art. 13, davanti al giudice presso il quale è stata proposta l'azione della parte lesa contro l'assicurato, a patto però che la legge di tale giudice lo consenta.

Precisa l'art. 13 che gli articoli 10, 11 e 12 si applicano all'azione diretta della parte lesa contro l'assicuratore. Precisa altresì che se la legge relativa a tale azione prevede la chiamata in causa del contraente dell'assicurazione o dell'assicurato, il medesimo giudice può statuire anche nei loro confronti.

Se è l'assicuratore ad agire in giudizio, ad esempio per il pagamento del premio, vale l'art. 14. Qui il principio è che l'azione possa essere proposta solo davanti alle autorità giurisdizionali dello Stato membro nel cui territorio è domiciliato il convenuto, sia egli contraente dell'assicurazione, assicurato o beneficiario.

L'art. 15, infine, prevede le condizioni alle quali le norme attributive ora evocate possono essere derogate in forza di una *electio fori*. Coerente alla preoccupazione di proteggere la parte ritenuta debole, un accordo è ammissibile a patto che: sia posteriore al sorgere della controversia; consenta alla controparte dell'assicuratore di adire un giudice diverso da quelli competenti in via obiettiva (ferma restando la competenza di questi ultimi); ove sia stipulata fra parti aventi entrambe il domicilio o la residenza abituale nel medesimo Stato membro, abbia per effetto, anche nel caso in cui l'evento dannoso si produca all'estero, di attribuire la competenza ai giudici di tale Stato membro; sia stipulata da un contraente dell'assicurazione domiciliato in uno Stato terzo; che riguardi un contratto di assicurazione c.d. grandi rischi, come definito all'art. 16.

L'art. 26, par. 2, dispone che nei confronti del contraente dell'assicurazione, dell'assicurato, del beneficiario o della parte lesa, il giudice, prima di dichiararsi competente in forza di una proroga tacita, si assicura che il convenuto sia informato del suo diritto di eccepire l'incompetenza e delle conseguenze della comparizione o della mancata comparizione.

(b) I contratti conclusi dai consumatori

Rispetto alle liti relative ai contratti conclusi dai consumatori valgono gli articoli 17, 18 e 19 del regolamento Bruxelles I *bis*. Anche qui, è fatta salva l'applicazione dell'art. 6 e dell'art. 7, punto 5.

Proteggendo il consumatore, il legislatore dell'Unione, mira in realtà a garantire l'esplicazione piena ed efficace di una funzione essenziale del mercato interno: il consumo di beni e di servizi. Lo fa creando le condizioni affinché i consumatori si accostino con fiducia all'acquisto di beni e servizi, e abbandonino le remore che potrebbero impedire loro di sfruttare le opportunità dischiuse dall'integrazione economica regionale e, in generale, dallo sviluppo degli scambi internazionali. Per dare fiducia al consumatore, il regolamento si sforza di consentirgli un accesso particolarmente agevole alla giustizia, nel caso in cui, per esempio, si lamenti della cattiva qualità dei beni acquistati o dei servizi ricevuti. In breve, la protezione offerta dal regolamento Bruxelles I *bis* si concreta nella possibilità, per il consumatore, di attrarre il professionista presso i giudici del domicilio dello stesso consumatore, e di non subire gli effetti di un accordo di proroga predisposto dal professionista e alla cui conclusione non abbia di fatto potuto sottrarsi.

L'art. 17 fissa le condizioni di applicabilità del regime protettivo in esame. È necessario, ma non sufficiente, che la lite riguardi un contratto concluso da una persona, il consumatore, «per un uso che possa essere considerato estraneo alla sua attività professionale». La formula ricalca la definizione del termine consumatore che si rinviene all'art. 2, punto 1, della direttiva 2011/83 sui diritti dei consumatori [79], e deve essere letta in armonia con essa (lo impone la comune appartenenza dei due testi all'ordinamento giuridico dell'Unione).

Ove sia soddisfatta questa prima condizione, le norme protettive si applicano solo se il contratto di cui si discute sia una vendita a rate di beni mobili materiali oppure un'operazione di credito connessa con il finanziamento di una vendita di tali beni, oppure – più in generale – sia un contratto concluso con una professionista le cui attività commerciali o professionali si svolgono nello Stato membro in cui è domiciliato il consumatore, oppure sono dirette verso tale Stato membro o verso una pluralità di Stati che comprenda tale Stato membro.

---

[79] Direttiva 2011/83/UE del Parlamento europeo e del Consiglio, del 25 ottobre 2011, sui diritti dei consumatori, recante modifica della direttiva 93/13/CEE del Consiglio e della direttiva 1999/44/CE del Parlamento europeo e del Consiglio e che abroga la direttiva 85/577/CEE del Consiglio e la direttiva 97/7/CE del Parlamento europeo e del Consiglio, in *G.U.U.E.*, L 304 del 22 novembre 2011, p. 64 ss.

Di fatto, ciò significa che la protezione accordata dal regolamento Bruxelles I *bis* al consumatore non è estesa a tutte le operazioni di consumo. Tale operazione non vale – al di là del caso delle vendite a rate e del credito al consumo – quando si tratti di consumatori c.d. mobili. In pratica, vedendo la cosa dal lato del professionista, il regime protettivo entra in gioco solo in relazione a consumatori stabiliti in uno Stato verso cui il professionista stesso abbia rivolto la propria attività, pubblicizzandovi i propri prodotti o i propri servizi o svolgendovi altrimenti la propria attività commerciale. Nei fatti, questa limitazione consente al professionista un pieno controllo sulla eventualità di essere attratto da un consumatore in un procedimento instaurato da costui presso i giudici del proprio domicilio; uno scenario, questo, che specie per una impresa di non grandi dimensioni potrebbe comportare oneri finanziari e logistici importanti. Il professionista che non voglia sopportare tali oneri, o non sia ancora pronto a farlo, non deve far altro che astenersi dallo svolgere o indirizzare le proprie attività in certi Stati: i consumatori stabiliti in quegli Stati, con cui il professionista entri nondimeno in contatto, non potranno avvalersi nei suoi confronti delle disposizioni del regime protettivo.

Lo sviluppo del commercio *online* ha imposto una verifica della attualità e praticabilità del criterio distintivo appena illustrato, essendo spesso difficile dire in quali paesi un professionista operante sulla rete «indirizzi» la propria attività. Nella sentenza *Pammer*, la Corte di Giustizia ha escluso che la semplice accessibilità del sito *web* del professionista dal paese del domicilio del consumatore configuri le attività del professionista come «dirette» verso tale paese [80]. È necessario, piuttosto, che il professionista abbia manifestato la volontà di stabilire rapporti commerciali con i consumatori di uno o più altri Stati membri, tra cui quello sul cui territorio il consumatore è domiciliato. Occorre acclarare, per questo, l'esistenza di indizi anteriori alla conclusione del contratto di cui si discute. Fra tali indizi, si legge, «non figura la menzione su un sito Internet dell'indirizzo elettronico o geografico del commerciante né tantomeno l'indicazione dei suoi recapiti telefonici privi di prefisso internazionale» (informazioni, queste, non univoche). Gli indizi rilevanti sono, piuttosto, quelli che corrispondono ad «espresse manifestazioni di volontà di avviare rapporti commerciali con i consumatori» dello Stato membro in cui è domiciliato il consumatore, o con una pluralità di Stati che includano tale Stato, come «l'indicazione secondo cui [il professionista] offre i propri servizi ovvero i propri beni in uno o più Stati membri specificamente indicati». Questo non esclude che anche altri indizi, meno diretti, possano venire in considerazione a questo proposito, vuoi da soli, vuoi in combinazione fra loro. La lingua del sito e la moneta utilizzata per indicare il corrispettivo non forniscono, per regola, elementi pertinenti a questo riguardo, salvo non si tratti di un sito che consenta ai

---

[80] Corte Giust., 7 dicembre 2010, *Peter Pammer* c. *Reederei Karl Schlüter GmbH & Co. KG* e *Hotel Alpenhof GesmbH* c. *Oliver Heller*, cause riunite C-585/08 e C-144/09, ECLI:EU:C:2010:740.

consumatori di utilizzare lingue o monete diverse, che allora segnala la proiezione dell'attività del commerciante verso uno o più paesi determinati.

Come in materia assicurativa, anche le norme sul consumo disciplinano in modo distinto l'ipotesi dell'azione della parte «debole» e quella della parte «forte».

In base all'art. 18, par. 1, l'azione del consumatore contro il professionista può essere proposta davanti alle autorità giurisdizionali dello Stato membro in cui è domiciliato il professionista oppure, «indipendentemente dal domicilio dell'altra parte», cioè anche quando si tratti di professionista stabilito in uno Stato terzo, davanti al giudice del luogo (non dello Stato) in cui è domiciliato il consumatore. Si noti che, ai sensi dell'art. 17, par. 2, il professionista domiciliato in uno Stato terzo che possieda tuttavia una succursale, un'agenzia o qualsiasi altra sede d'attività in uno Stato membro, è considerato, per le controversie relative al loro esercizio, come avente domicilio in detto Stato membro.

Quando è il consumatore a subire l'iniziativa dell'altra parte, la competenza appartiene soltanto ai giudici dello Stato membro del domicilio del consumatore.

In tema di *electio fori*, l'art. 19 del regolamento detta una regola simile a quella già vista in materia assicurativa. Il professionista e il consumatore possono discostarsi dalle previsioni obiettive appena passate in rassegna solo con una convenzione: che sia posteriore al sorgere della controversia; che consenta al consumatore di adire un'autorità giurisdizionale diversa da quelle obiettivamente competenti; che, stipulata tra il consumatore e la sua controparte aventi entrambi il domicilio o la residenza abituale nel medesimo Stato membro, conferisca la competenza ai giudici di tale Stato membro, a patto però che la legge di quest'ultimo non vieti simili accordi.

Vale anche a favore del consumatore la regola già ricordata dell'art. 26, par. 2.

(c) I contratti individuali di lavoro

Alle liti riguardanti i contratti individuali di lavoro si applicano gli articoli da 20 a 23. Sono salvi anche qui, come in materia di consumo e di lavoro, l'art. 6 e l'art. 7, punto 5. È applicabile in materia di lavoro anche il foro del litisconsorzio passivo di cui all'art. 8, punto 1, ma solo se l'azione è proposta contro il datore.

Come per le controversie rette da altri regimi protettivi, opera anche qui la regola per cui il datore di lavoro extra-europeo che abbia una succursale, un'agenzia o qualsiasi altra sede d'attività in uno Stato membro, è considerato, per le controversie relative al loro esercizio, come domiciliato nel territorio di quest'ultimo Stato.

L'azione del lavoratore può essere instaurata, ai sensi dell'art. 21, nello Stato membro in cui il datore di lavoro è domiciliato oppure in quello nel quale, o a partire dal quale, il lavoratore svolge abitualmente la propria attività. Qualora il lavoratore non svolga in un solo paese la propria attività, il criterio indicato da ultimo lascia il posto a quello del luogo in cui è situata la sede d'attività presso la quale è stato assunto. L'azione del datore di lavoro contro il lavoratore può essere invece proposta solo nello Stato membro nel cui territorio il lavoratore è domiciliato.

Per l'ammissibilità della deroga convenzionale, l'art. 23 pone dei limiti simili a quelli già visti in relazione agli altri regimi protettivi, consentendo solo deroghe posteriori al sorgere della controversia o che consentano al lavoratore di adire un giudice diverso da quelli indicati dal regolamento come competenti in via obiettiva.

Nei confronti del lavoratore non può essere fatta valere una proroga tacita se, come già visto in materia di consumo e di lavoro, il giudice non si è prima assicurato che il convenuto sia informato del suo diritto di eccepire l'incompetenza e delle conseguenze della comparizione.

17. L'accertamento del titolo di giurisdizione

Il regolamento dedica un'unica disposizione all'accertamento del titolo di giurisdizione. L'unica questione affrontata riguarda il potere del giudice di introdurre d'ufficio il tema della propria competenza nel dibattito processuale. L'art. 27 si limita a stabilire che il giudice di uno Stato membro, investito di una controversia per la quale l'art. 24 stabilisce la competenza esclusiva dei giudici di un altro Stato membro, dichiara d'ufficio la propria incompetenza. Nulla si dice degli altri casi, dovendosi intendere che gli Stati membri sono liberi di seguire sul punto la soluzione da essi ritenuta preferibile (purché compatibile col regolamento). In Italia, come detto, vale l'art. 11 della legge n. 218/1995: spetta per regola al convenuto costituito eccepire l'incompetenza. La sua inerzia, del resto, produce per l'art. 26 del regolamento l'effetto di una proroga tacita.

La Corte di Giustizia ha preso posizione sul tema, evocato a suo tempo [81], dei riscontri di cui deve servirsi il giudice per apprezzare le c.d. circostanze doppiamente rilevanti, vale a dire quelle suscettibili di incidere tanto sulla decisione di merito quanto, a monte, sulla verifica della competenza giurisdizionale. Nella sentenza *Kolassa*, già citata, ha affermato che non è necessario procedere a un'istruzione probatoria dettagliata con riguardo a tali circostanze. Il giudice può fondarsi sulle allegazioni dell'attore, rimanendo comunque libero – per la Corte – di avvalersi a questo fine anche delle altre informazioni di cui disponga, comprese le contestazioni del convenuto. Può insomma basarsi sui fatti prospettati dall'attore, assumendoli come veri ai fini della pronuncia sulla competenza, ma non è necessariamente vincolato da tale prospettazione, potendo ad esempio disattenderla se smentita da altre risultanze o assolutamente implausibile.

18. Il coordinamento di procedimenti pendenti in più Stati

Il regolamento Bruxelles I *bis* dedica varie disposizioni al problema del coordinamento dei procedimenti che pendono contemporaneamente in più Stati. Due gli scenari considerati: la litispendenza e la connessione di cause (c.d. connessione privativa, per segnalare che qui, a differenza di quanto accade sotto l'art. 8, il

[81] Parte seconda, Capitolo I, § 6.

nesso fra le diverse cause giustifica la sospensione di uno dei procedimenti ed eventualmente una declinatoria della giurisdizione). La litispendenza si ha quando i diversi procedimenti sono identici fra loro, mentre ricorre un caso di connessione quando le cause in questione, come dice l'art. 30, benché non identiche, hanno «tra di loro un collegamento così stretto da rendere opportuna un'unica trattazione e decisione per evitare il rischio di giungere a decisioni incompatibili derivante da una trattazione separata». Alcune di queste disposizioni – gli articoli 29, 30 e 31 – riguardano la litispendenza e la connessione c.d. intra-europee: vengono in rilievo, in altri termini, quando cause identiche o connesse pendono davanti a giudici di Stati membri diversi. Altre disposizioni, ignote al regime di Bruxelles prima della rifusione del 2012, si riferiscono invece alla litispendenza e alla connessione c.d. extra-europee, quelle cioè in cui sia coinvolto anche un giudice di uno Stato terzo: sono gli articoli 33 e 34.

Per la funzione assolta, le disposizioni ora indicate occupano una posizione di cerniera fra le norme sulla giurisdizione e quelle sul riconoscimento delle decisioni. Interessano la giurisdizione perché incidono sul potere dei giudici di decidere le domande di cui siano investiti. Sono legate da una relazione stretta con la disciplina del riconoscimento perché, grazie ad esse, si riduce il pericolo che una decisione, resa in uno Stato membro, possa non essere ritenuta efficace in un altro Stato membro. Il regolamento esclude infatti la riconoscibilità di una decisione che sia in contrasto con una decisione resa nello Stato membro richiesto o ivi efficace, anche se pronunciata in uno Stato terzo. Le norme su litispendenza e connessione, prevenendo un simile contrasto, accrescono di fatto le *chances* di circolazione delle decisioni nello spazio giudiziario europeo.

(a) La litispendenza e la connessione c.d. intra-europee

Si applica l'art. 29 del regolamento, in tema di litispendenza, quando tra le medesime parti siano state proposte domande aventi il medesimo oggetto e il medesimo titolo davanti a giudici di Stati membri diversi. Entrambi i requisiti, l'identità soggettiva e quella oggettiva delle cause, sono stati intesi dalla Corte di Giustizia alla stregua di concetti autonomi, e ricostruiti in modo ampio. Nel caso *Gubisch*, la Corte ha ritenuto essere identiche, ai fini della norma europea sulla litispendenza, l'azione proposta in Germania dal venditore di un certo bene per ottenerne il prezzo e l'azione con cui il compratore aveva fatto valere in Italia il mancato perfezionamento del contratto o, in subordine, l'invalidità dello stesso [82]. È vero che si tratta di domande il cui oggetto immediato è diverso, ma per la Corte è decisivo il fatto che in entrambi i casi si faccia questione, essenzialmente, della «forza obbligatoria del contratto». Quanto all'identità soggettiva, la Corte ha affermato nella sentenza *Drouot Assurances* che il requisito in parola può dirsi soddisfatto an-

---

[82] Corte Giust., 8 dicembre 1987, *Gubisch Maschinenfabrik KG* c. *Giulio Palumbo*, causa 144/86, ECLI:EU:C:1987:528.

che quando le parti nei due procedimenti non siano le stesse, purché i rispettivi interessi risultino «identici e inscindibili» [83].

Non incide sull'applicabilità dell'art. 29 il titolo di giurisdizione reclamabile dai giudici investiti dei procedimenti paralleli. Può trattarsi di titoli uniformi, previsti dal regolamento, come di titoli nazionali resi applicabili attraverso l'art. 6. È indifferente, inoltre, il ruolo processuale delle parti nei due procedimenti. L'ipotesi più frequente è che i contendenti siano coinvolti nei due giudizi a parte invertite: chi è attore in un giudizio partecipa solitamente all'altro in veste di convenuto.

Ai sensi dell'art. 29, il giudice successivamente adito (o giudice prevenuto) sospende d'ufficio il procedimento, in attesa che il giudice adito in precedenza (o giudice preveniente) accerti la propria competenza. Se la competenza del giudice preveniente viene da questi accertata come sussistente, il giudice prevenuto dichiara la propria incompetenza a favore del primo, ancorché per ipotesi sia competente a norma del regolamento. Se invece il primo si dichiara incompetente, la sospensione del secondo non si giustifica più e la causa può essere riassunta.

Lo schema si connota per una certa rigidità. Il criterio di preferenza è la prevenzione temporale. La sospensione del procedimento prevenuto e la declinatoria sono effetti che conseguono al verificarsi delle condizioni poste dalla norma: il giudice interessato non può che darvi corso, senza alcuna discrezionalità.

Accade talora che, valendosi di questi caratteri, o abusando degli stessi, una parte cerchi di ostacolare l'azione dell'altra anticipandone l'iniziativa, agendo a questo fine davanti alle autorità di uno Stato membro in cui i procedimenti giudiziari siano più lenti che altrove. È il caso che si verifica quando Gamma, ricevuta una lettera di Delta che lamenta la cattiva qualità delle merci fornite dalla prima, si affretta ad agire contro Delta, prevenendone le mosse. La domanda proposta da Gamma potrebbe essere, al limite, una semplice domanda di accertamento negativo, volta cioè a far dichiarare l'infondatezza delle doglianze espresse (fuori e prima del giudizio) da Delta. Se l'azione è tempestiva, il giudice a cui Delta si rivolga in seconda battuta dovrà sospendere il giudizio innanzi a sé, in attesa che il giudice preventivamente adito da Gamma verifichi la propria competenza.

Questo giocare di anticipo serve fondamentalmente a guadagnare tempo, e a far leva su quel tempo (e sulla comprensibile volontà dell'altra parte di pervenire invece in fretta all'accertamento delle proprie ragioni) per intavolare su basi più vantaggiose un negoziato per una possibile composizione amichevole della lite.

La strategia potrebbe funzionare, al limite, anche là dove il giudice adito da Gamma sia incompetente. Se quel giudice dovesse impiegare mesi o anni per determinarsi in ordine alla propria (in)competenza, il giudice prevenuto non potrà far altro che attendere. A nulla varrebbe obiettare, come ha chiarito la Corte nella sen-

---

[83] Corte Giust., 19 maggio 1998, *Drouot assurances SA* c. *Consolidated metallurgical industries (CMI industrial sites), Protea assurance e Groupement d'intérêt économique (GIE) Réunion européenne*, causa C-351/96, ECLI:EU:C:1998:242.

tenza *Gasser*, che il giudice prevenuto finisce in questo modo per concorrere, con la sospensione, alla dilatazione dei tempi di risoluzione del contenzioso, a dispetto delle norme (internazionali, costituzionali e della stessa Unione europea) che sanciscono il diritto fondamentale del singolo a un processo di durata ragionevole [84].

Per contrastare questa pratica, il regolamento Bruxelles I *bis* prevede una eccezione alla norma sulla litispendenza. L'art. 31, par. 2, del regolamento stabilisce che, qualora fra i giudici aditi vi sia il giudice che le parti hanno designato come esclusivamente competente in forza di un accordo di proroga ai sensi dell'art. 25, qualsiasi giudice di un altro Stato membro debba sospendere il procedimento innanzi a sé in attesa che il giudice designato tramite l'accordo accerti la propria competenza, e ciò anche quando il giudice così designato non sia il giudice adito per primo.

L'art. 30 del regolamento disciplina l'ipotesi che si verifica ove siano pendenti davanti a giudici di Stati membri differenti delle cause fra loro connesse, nel senso spiegato sopra. Il giudice successivamente adito può, in questo caso, sospendere il procedimento. Solo se la causa davanti al giudice preveniente è pendente in primo grado, il giudice prevenuto può (non deve) dichiarare la propria incompetenza su richiesta di una delle parti, a condizione che l'autorità giurisdizionale precedentemente adita sia competente a conoscere delle domande proposte e la relativa legge processuale ne consenta la riunione.

(b) La litispendenza e la connessione c.d. extra-europee

Quando la medesima causa, fra le medesime parti, pende contemporaneamente di fronte a un giudice di uno Stato membro e a un giudice di uno Stato terzo si applica l'art. 33 del regolamento. Lo scenario è solo apparentemente simile a quello della litispendenza intra-europea. Il suo trattamento è, comprensibilmente, assai diverso. Un conto, infatti, è coordinare dei procedimenti paralleli fra Stati che cooperano fra loro, usano le stesse regole, condividono le stesse preoccupazioni e lo stesso patrimonio di valori; e un altro è soddisfare un'analoga esigenza di coordinamento fra Stati – uno europeo e uno extra-europeo – che potrebbero avere, sul processo civile e il modo di gestirlo, delle idee assai diverse. Nel primo caso la fiducia è nelle cose; nel secondo va verificata caso per caso. La rigidità e gli automatismi dell'art. 29 lasciano qui il posto a un atteggiamento cauto, incentrato sulla valutazione delle circostanze del singolo caso.

L'art. 33 si applica allorché il procedimento pendente nello Stato terzo sia stato instaurato prima di quello pendente nello Stato membro, e solo se la competenza del giudice europeo si fondi sul titolo generale dell'art. 4 del regolamento o sui titoli di competenza speciale degli articoli 7, 8 o 9. In pratica, la norma non si applica se il giudice europeo è stato convenzionalmente designato dalle parti come

---

[84] Corte Giust., 9 dicembre 2003, *Erich Gasser GmbH* c. *MISAT Srl*, causa C-116/02, ECLI: EU:C:2003:657.

competente (non importa se in forza di un accordo volto ad attribuirgli una competenza esclusiva o concorrente), se il convenuto è comparso senza eccepire il difetto di giurisdizione, dando luogo così a una proroga tacita, e se si tratta di un caso per cui operano le competenze imperative dell'art. 24 o quelle protettive.

L'art. 33 dispone in tal caso che il giudice europeo sospenda il procedimento innanzi a sé qualora ricorrano, cumulativamente, due condizioni. In primo luogo, la decisione destinata ad essere emessa nello Stato terzo deve presentarsi come verosimilmente riconoscibile nello Stato del foro (si parla al riguardo di prognosi di riconoscibilità): sarebbe inutile attivarsi per prevenire un conflitto di decisioni se la decisione con cui si teme che si verifichi il conflitto si rivela sin da subito inidonea a intralciare gli effetti della decisione attesa nell'Unione. In secondo luogo, è necessario che il giudice europeo sia convinto che la sospensione risulti «necessaria per la corretta amministrazione della giustizia». Le circostanze, in altre parole, devono essere tali da indicare che la sospensione è non solo compatibile con i valori del giusto processo, ma contribuisce alla loro migliore realizzazione nel caso di specie. Non si farà luogo alla sospensione, per esempio, quando il procedimento instaurato nello Stato terzo appaia destinato a durare per un tempo non ragionevole, o se l'apparato giudiziario dello Stato terzo in questione non fornisca garanzie di indipendenza. Nell'apprezzamento discrezionale demandatogli dall'art. 33, il giudice europeo terrà conto anche dei nessi che intercorrono fra la lite e lo Stato terzo in cui pende: la sospensione, sotto questo profilo, è più o meno giustificata a seconda che il nesso che lega la causa allo Stato terzo in questione sia più o meno significativo (secondo uno standard europeo, si intende).

Diversamente dall'art. 29, l'art. 33 non prevede che alla sospensione possa seguire una declinatoria di competenza. Ove il giudice dello Stato terzo si dichiari competente, il giudice europeo non deve spogliarsi della causa: ove il procedimento non europeo si concluda con una decisione riconoscibile nel foro, dichiarerà semmai l'estinzione del processo, risultando la lite definitivamente giudicata.

L'art. 34 detta, per i casi di connessione extra-europea, una regolamentazione per vari aspetti analoga a quella appena tratteggiata.

19. I provvedimenti provvisori e cautelari

Manca, nel regolamento, una definizione di provvedimento provvisorio e cautelare. Nella sentenza *Reichert*, la Corte ha ricondotto sotto questa categoria i provvedimenti diretti «alla conservazione di una situazione di fatto o di diritto», in quanto funzionali a «preservare diritti dei quali spetterà poi al giudice del merito accertare l'esistenza» [85]. Ne è un esempio il sequestro conservativo di merci, o di somme in un conto corrente. Risultano invece esclusi dal novero dei provvedi-

---

[85] Corte Giust., 26 marzo 1992, *Mario Reichert e altri* c. *Dresdner Bank AG*, causa C-261/90, ECLI:EU:C:1992:149.

menti cautelari di cui parla il regolamento i provvedimenti che, presi nel quadro di procedimenti accelerati o di urgenza, mirino ad anticipare gli effetti della pronuncia di merito che il richiedente auspica di ottenere a tempo debito. Occorre però tener conto delle peculiarità del caso concreto. Nel caso *Hans-Hermann Mietz*, la Corte ha affermato che l'ordine con cui un giudice non competente per il merito dispone in via provvisoria il pagamento di una controprestazione contrattuale non costituisce un provvedimento provvisorio ai sensi del regime di Bruxelles [86]. Ha ammesso, però, che una tale misura rientri nella nozione europea di misura cautelare se, da un lato, il rimborso della somma versata sia garantito per l'ipotesi in cui il ricorrente non risulti poi vittorioso nella causa nel merito, e, dall'altro lato, se il provvedimento richiesto riguardi solo determinati beni del convenuto che si situano, o che si devono situare, nella sfera di competenza territoriale del giudice adito.

La competenza a emettere misure cautelari è un attributo inerente alla competenza a decidere il merito di una lite. Il giudice a cui spetta la cognizione di una domanda ai sensi, per esempio, dell'art. 7 o dell'art. 25 del regolamento, è legittimato a pronunciarsi sulle istanze cautelari volte alla salvaguardia dei diritti in contesa.

A questa competenza inerente se ne affianca un'altra, non legata al merito. Dice l'art. 35 che i provvedimenti provvisori o cautelari previsti dalla legge di uno Stato membro possono essere richiesti ai giudici di tale Stato membro anche se la competenza a conoscere del merito spetti ai giudici di uno Stato membro diverso. In pratica, può essere chiesta al giudice italiano una misura cautelare (una misura che, in base alle norme italiane, i giudici italiani siano in linea di principio abilitati ad emettere) anche quando il merito delle ragioni da tutelare debba essere accertato, in base al regolamento, dai giudici spagnoli, greci o ungheresi.

Nella sentenza *Denilauler* la Corte ha osservato che l'emissione di misure di questo genere in un foro a cui non spetti la cognizione del merito della causa presuppone da parte del giudice una particolare circospezione e una conoscenza approfondita delle circostanze in cui il provvedimento dovrà esplicare i propri effetti: qualità, queste, che possono ritenersi riunite nel giudice del luogo, o in ogni caso dello Stato in cui si trovano i beni oggetto dei provvedimenti richiesti, essendo questo giudice «certamente il più qualificato per valutare le circostanze che possono condurre alla concessione od al rifiuto dei provvedimenti richiesti od alla prescrizione delle modalità e delle condizioni che l'istante dovrà rispettare per garantire il carattere provvisorio e cautelare dei provvedimenti autorizzati» [87].

Nel caso *Van Uden*, la Corte ha affermato che la concessione di provvedimenti provvisori o cautelari da parte di un giudice a cui non competa anche il merito

---

[86] Corte Giust., 27 aprile 1999, *Hans-Hermann Mietz* c. *Intership Yachting Sneek BV*, causa C-99/96, ECLI:EU:C:1999:202.

[87] Corte Giust., 21 maggio 1980, *Bernard Denilauler* c. *Snc Couchet Frères*, causa 125/79, ECLI:EU:C:1980:130.

della lite deve ritenersi subordinata all'esistenza di un nesso effettivo fra il foro e i provvedimenti richiesti [88]. In Italia, le cose non potrebbero andare diversamente, dato che ai sensi dell'art. 10 della legge n. 218/1995, esaminato più avanti [89], la giurisdizione cautelare dei giudici italiani, se slegata dalla competenza nel merito, sussiste soltanto «quando il provvedimento deve essere eseguito in Italia».

Come chiarito dalla Corte nel caso *Toto*, il giudice competente ai sensi dell'art. 35 del regolamento non è tenuto a dichiararsi incompetente ove il giudice di un altro Stato membro, competente sul merito, abbia già statuito su una domanda cautelare avente lo stesso oggetto e lo stesso titolo, fra le stesse parti [90]. Si trattava, nella specie, della controversia insorta fra un ente pubblico polacco e due società italiane, incaricate dal primo di realizzare una superstrada in Polonia. Le società costruttrici avevano agito in giudizio in Polonia affinché venisse dichiarata l'infondatezza delle doglianze in relazione ai lavori formulate dall'ente committente. Nel quadro del procedimento, le società italiane avevano anche chiesto che il giudice polacco ordinasse in via cautelare al committente di astenersi dall'escutere certe garanzie prestate nel loro interesse da una compagnia di assicurazioni bulgara. Il giudice polacco aveva però rigettato tali domande cautelari, ritenendo non provato il *fumus boni iuris*. Un'analoga domanda cautelare era stata allora proposta dalle costruttrici in Bulgaria. Da qui il dubbio che il giudice bulgaro adito a questo effetto dovesse dichiararsi incompetente su tale domanda, in ossequio alla decisione negativa presa dal giudice polacco (per giunta competente anche rispetto al merito) su una domanda pressoché identica. La Corte di Giustizia, come detto, ha escluso che la competenza cautelare del giudice bulgaro fosse soggetta a una simile limitazione.

Bibliografia

In generale

Briggs A., *Civil Jurisdiction and Judgments*[5], Informa Law, 2015.

Calvo Caravaca A.-L., Carrascosa González J. (a cura di), *Litigación internacional en la Unión Europea* (vol. I), Aranzadi, 2017.

Carbone S.M., Tuo C.E., *Il nuovo spazio giudiziario europeo in materia civile e commerciale: il regolamento UE n. 1215/2012*, Giappichelli, 2016.

Dickinson A., Lein E. (a cura di), *The Brussels I Regulation Recast*, Oxford University Press, 2014.

---

[88] Corte Giust., 17 novembre 1998, *Van Uden Maritime BV* c. *Kommanditge- sellschaft in Firma Deco-Line e altri*, causa C-391/95, ECLI:EU:C:1998:543.

[89] Parte seconda, Capitolo 3, § 9.

[90] Corte Giust., 6 ottobre 2021, *Skarb Państwa Rzeczypospolitej Polskiej reprezentowany przez Generalnego Dyrektora Dróg Krajowych i Autostrad* c. *Toto SpA - Costruzioni Generali e Vianini Lavori SpA*, causa C-581/20, ECLI:EU:C:2021:808.

GAUDEMET-TALLON H., ANCEL M.-E., *Compétence et exécution des jugements en Europe*[6], LGDJ, 2018.
GUINCHARD E. (a cura di), *Le nouveau règlement Bruxelles I bis*, Bruylant, 2014.
LAZIĆ V., STUIJ S. (a cura di), *Brussels I bis Regulation – Changes and Challenges of the Renewed Procedural Scheme*, T.M.C. Asser Press, 2017.
MAGNUS U., MANKOWSKI P. (a cura di), *Brussels I bis Regulation*, Otto Schmidt, 2016.
MALATESTA A. (con la collaborazione di G. Vitellino e N. Nisi), *La riforma del regolamento Bruxelles I*, Giuffrè, 2016.
MANKOWSKI P. (a cura di), *Research Handbook on the Brussels I bis Regulation*, Edward Elgar, 2020.
SALERNO F., *Giurisdizione ed efficacia delle decisioni straniere nel regolamento (UE) n. 1215/2012 (rifusione)*, Wolters Kluwer, 2015.

Spunti per approfondire

BARIATTI S., *Volontà delle parti e internazionalità del rapporto giuridico: alcuni sviluppi recenti nella giurisprudenza della Corte di giustizia sui regolamenti europei in materia di diritto internazionale privato*, in *Rivista di diritto internazionale privato e processuale*, 2019, pp. 513-534.
BIAGIONI G., *La connessione attributiva di giurisdizione nel regolamento CE n. 44/2001*, Cedam, 2011.
DANIELI D., *Mixed contracts under the Brussels I[a] Regulation: searching for a «jurisdictional identity»*, in *Journal of Private International Law*, 2018, pp. 532-548.
HARTLEY T.C., *The Brussels Convention in International Perspective*, in *Revue critique de droit international privé*, 2018, pp. 495-502.
LEANDRO A., *Le «anti-suit injunctions» a supporto dell'arbitrato: da West Tankers a Gazprom*, in *Rivista di diritto internazionale*, 2015, pp. 815-832.
LOPEZ DE GONZALO M., *Spazio giudiziario europeo* e forum non conveniens*: una difficile convivenza*, in *Diritto del commercio internazionale*, 2019, pp. 841-850.
PENASA L., *Litispendenza e connessione extraeuropee nel regolamento Bruxelles I bis*, in *Rivista di diritto processuale*, 2019, fasc. 3, pp. 717-748.
PENASA L., *Gli accordi sulla giurisdizione a favore di giudici di Stati terzi nel regolamento Bruxelles I bis*, in *Rivista di diritto processuale*, 2020, pp. 46-75.
SILVESTRI C., *Il foro lavoristico nell'Unione europea*, Edizioni Scientifiche Italiane, 2016.
VILLATA F.C., *L'attuazione degli accordi di scelta del foro nel regolamento Bruxelles I*, Cedam, 2012.

Capitolo III

La disciplina della giurisdizione secondo le norme generali di diritto comune

1. A colpo d'occhio

Le norme di fonte interna che regolano la giurisdizione italiana sono racchiuse perlopiù nella legge n. 218/1995. Accanto alle norme che delimitano l'ambito della giurisdizione italiana, vi si incontrano delle norme sulla litispendenza e sull'accertamento della giurisdizione. Fra le norme che delimitano l'ambito della giurisdizione, alcune si applicano a un'intera classe di procedimenti – quelli di cognizione, quelli volontari, quelli cautelari – quale che sia la materia oggetto del giudizio. Altre, invece, non trattate in questa sede, operano solo con riguardo a una data materia, come la filiazione o la protezione dei maggiorenni.

Come indicato a suo tempo, l'operatività delle norme comuni è esclusa ove si tratti di fattispecie soggette a convenzioni internazionali in vigore per l'Italia o per l'Unione europea, o a misure legislative dell'Unione, salvo non siano proprio tali convenzioni o tali misure a prevedere il ricorso alle regole interne, come avviene nel caso dell'art. 6 del regolamento Bruxelles I *bis*.

2. La regola generale sulla giurisdizione di cognizione

L'art. 3 della legge n. 218/1995 fissa le condizioni di carattere generale alle quali il giudice italiano è abilitato a decidere nel merito una causa di cognizione. Vi convivono tre distinte proposizioni: il co. 1, il primo periodo del co. 2 e il secondo periodo dello stesso co. 2.

(a) Il domicilio e la residenza del convenuto in Italia

La giurisdizione italiana, ai sensi dell'art. 3, co. 1, della legge n. 218/1995 sussiste quando il convenuto è domiciliato o è residente in Italia, o ha in Italia un rappresentante autorizzato a stare in giudizio a norma dell'art. 77 del codice di procedura civile. La norma fa salvi i casi in cui la giurisdizione italiana dipende da titoli attributivi previsti da regole speciali della stessa legge del 1995.

I termini domicilio e residenza vanno intesi nel significato loro attribuito nel diritto italiano, alla luce, dunque, degli articoli 43 e seguenti del codice civile. Sono già state brevemente illustrate le regole che presiedono nel diritto italiano alla determinazione del domicilio delle persone fisiche [1]. La residenza, che è il luogo in cui l'interessato «ha la dimora abituale», può non coincidere col domicilio. Ai fini dell'art. 3, co. 1, della legge n. 218/1995 è sufficiente, per affermare la giurisdizione, che il convenuto possieda in Italia, alternativamente, la residenza o il domicilio. Il convenuto che abbia trasferito all'estero, prima dell'avvio del procedimento, tanto il domicilio quanto la dimora abituale, ma che abbia omesso di compiere le dichiarazioni prescritte dalla legge per dare pubblicità al trasferimento, può essere considerato come ancora residente in Italia agli effetti dell'art. 3. Tanto si ricava dall'art. 44 del codice civile e dall'art. 31 delle disposizioni di attuazione del codice civile, secondo cui il trasferimento della residenza, se non accompagnato dalle comunicazioni prescritte, è inopponibile ai terzi di buona fede. L'omissione di tali formalità non è sanata, ove si tratti di un cittadino italiano, dall'iscrizione all'Anagrafe dei residenti all'estero [2].

Il domicilio delle persone giuridiche corrisponde, per l'art. 46 del codice, «al luogo in cui è stabilita la loro sede». Se la sede risultante dall'atto costitutivo o dai registri è diversa da quella effettiva, i terzi possono considerare come sede anche quest'ultima. I luoghi ora indicati coincidono, in sostanza, con quelli in cui si trova il domicilio di un ente agli effetti del regolamento Bruxelles I *bis*, secondo quanto dispone il già esaminato art. 63 del regolamento.

L'art. 3, co. 1, della legge, come accennato, permette di attrarre in giudizio in Italia anche la persona che abbia in Italia un «rappresentante autorizzato a stare in giudizio», cioè una persona incaricata di rappresentarlo in eventuali procedimenti. Un incarico a questo effetto deve per regola essere conferito espressamente e per iscritto. Così stabilisce l'art. 77 del codice di rito, salvo aggiungere che un simile incarico si presume attribuito da un soggetto che non abbia residenza o domicilio in Italia al suo procuratore generale e all'institore, cioè, rispettivamente, a chi ha il potere di rappresentarlo (in Italia) con riferimento alla generalità degli affari e a chi è preposto, in Italia, a un'impresa di tale soggetto o a una sua articolazione.

---

[1] Parte seconda, Capitolo II, § 6.

[2] Cass., 21 settembre 2017, n. 21922.

(b) Il rinvio ai criteri del regime di Bruxelles

L'art. 3, co. 2, primo periodo, della legge n. 218/1995 stabilisce che, in aggiunta alle ipotesi di cui al co. 1, la giurisdizione italiana sussiste «in base ai criteri stabiliti dalle sezioni 2, 3 e 4 del titolo II» della convenzione di Bruxelles del 27 settembre 1968, e ciò «anche allorché il convenuto non sia domiciliato nel territorio di uno Stato contraente», a patto, comunque, che la domanda giudiziale rientri, *ratione materiae*, «nel campo di applicazione della convenzione».

Il senso della norma può riassumersi come segue. Il legislatore del 1995, libero di dettare, per i convenuti extra-europei, i titoli di giurisdizione che preferiva (la convenzione di Bruxelles del 1968 recava all'art. 4 una norma pressoché identica a quella che oggi si legge all'art. 6 del regolamento Bruxelles I *bis*), ha ritenuto di far uso di questa libertà estendendo a tali convenuti alcuni dei titoli di giurisdizione previsti dalla convenzione. I titoli selezionati a questo fine (quelli «stabiliti dalle sezioni 2, 3 e 4 del titolo II» della convenzione), operano – sotto la convenzione – sul presupposto che il convenuto sia domiciliato in Europa, ma in forza dell'art. 3, co. 2, primo periodo, tale condizione viene meno: il giudice italiano è chiamato a servirsi di tali titoli anche quando, per l'appunto, l'azione sia proposta nei confronti di una persona domiciliata al di fuori dell'Unione.

I titoli europei che il legislatore italiano ha fatto propri corrispondono alle competenze speciali e a quelle protettive esaminate nel Capitolo precedente.

In forza dell'estensione ora riferita, per esempio, il giudice italiano può dichiararsi competente a conoscere di un'azione risarcitoria fondata su un illecito, proposta nei confronti di una persona domiciliata in uno Stato non europeo, allorché risulti essersi verificato in Italia l'evento dannoso di cui si duole l'attore. Il titolo di giurisdizione contemplato dalla norma europea pertinente – l'evento dannoso – vale a questo fine, in Italia, ancorché ne faccia difetto un presupposto: cioè, anche se il convenuto non sia domiciliato in uno Stato europeo.

Si noti che l'art. 3, co. 2, primo periodo, della legge non rinvia alle *norme* contenute in talune sezioni della convenzione di Bruxelles, ma ai *criteri* ivi stabiliti per regolare la giurisdizione. Nell'art. 3, co. 2, primo periodo, della legge del 1995 il legislatore ha forgiato una norma assemblando due componenti di origine diversa: la prima componente, predisposta dal legislatore nazionale, è quella che stabilisce i presupposti applicativi della disposizione in esame: occorre che la domanda giudiziale rientri nel campo di applicazione materiale della convenzione di Bruxelles e che il convenuto sia domiciliato fuori dell'Europa. La seconda componente corrisponde al titolo di giurisdizione: per affermare (o negare) la giurisdizione italiana valgono i titoli previsti nelle sezioni 2, 3 e 4 del titolo II della convenzione di Bruxelles. Valgono, si intende, i titoli che si addicono al caso di specie: se si tratta di una lite in materia di contratti, valgono i titoli previsti dalla convenzione per le liti in materia di contratti, mentre se si tratta di una chiamata in garanzia o di una controversia di consumo, valgono rispettivamente i titoli concernenti le chiamate in garanzia e le controversie di consumo.

La soluzione accolta dal legislatore risponde fondamentalmente a tre obiettivi: semplificare il paesaggio normativo, offrendo al giudice italiano la possibilità di prendere a riferimento, in questo campo, un unico insieme di titoli di giurisdizione – quelli del regime di Bruxelles – a prescindere dal fatto che il domicilio del convenuto si trovi in Europa o fuori; raccordare stabilmente la normativa di diritto comune a quella uniforme, rendendo operanti certi titoli europei nella interpretazione datane di volta in volta dalla Corte di Giustizia; mitigare gli effetti del trattamento discriminatorio – già discusso a suo tempo[3] – riservato dai testi europei ai convenuti extra-europei.

Senonché, con l'adozione del regolamento n. 44/2001, cioè con la «comunitarizzazione» della convenzione, è sorto rispetto al rinvio di cui all'art. 3, co. 2, primo periodo, della legge n. 218/1995 un problema interpretativo. Si tratta del problema di sapere se il richiamo fatto dalla legge del 1995 ai titoli di giurisdizione della convenzione dovesse intendersi in senso storico o in senso evolutivo: cioè, se occorresse scorgervi ancora un richiamo ai titoli della convenzione o piuttosto un richiamo ai titoli corrispondenti stabiliti nel regolamento Bruxelles I (e poi Bruxelles I *bis*). L'interrogativo non è privo di rilievo pratico perché il passaggio dalla convenzione al regolamento n. 44/2001 (e poi al regolamento n. 1215/2012) ha comportato, in qualche caso, delle modifiche sostanziali dei titoli in questione: vi sono casi in cui il rinvio alla prima versione di quei titoli produce esiti del tutto diversi da un rinvio alla loro versione nuova.

L'italiana Alfa vende alla russa Beta dei tessuti pregiati, consegnandoli a propria cura presso il magazzino che questa possiede alle porte di Mosca. Ricevute le merci, Beta rifiuta di pagarne il prezzo. Alfa decide allora di agire in giudizio per ottenere la condanna di Beta al pagamento. Sussiste la giurisdizione italiana? L'art. 6 del regolamento Bruxelles I *bis* rimette la risposta alle norme italiane, cioè, nella specie, all'art. 3, co. 2, primo periodo, della legge n. 218/1995. Se il rinvio ivi disposto è inteso come un rinvio ai titoli delle sezioni 2, 3 e 4 del titolo II della convenzione di Bruxelles del 1968, allora, per determinare la giurisdizione, occorre guardare al luogo di adempimento della specifica obbligazione dedotta in giudizio, anche quando questa non sia l'obbligazione caratteristica del contratto. Dato che qui l'obbligazione litigiosa è l'obbligazione pecuniaria gravante sulla russa Beta, la giurisdizione italiana deve ritenersi sussistente se le norme sostanziali regolatrici del contratto indicano tale obbligazione come eseguibile in Italia. A meno che le parti non abbiano convenuto altrimenti, l'obbligazione di Beta risulta eseguibile in Italia, nel domicilio di Alfa, sia che si applichi la già citata convenzione di Vienna sulla compravendita internazionale di beni mobili (art. 57), sia che si applichi la legge italiana (art. 1182 del codice civile italiano) o quella russa (art. 316 del codice civile russo). In pratica, in tutte le ipotesi ora immaginate si giunge alla conclusione che la giurisdizione italiana sussiste. Se il rinvio disposto dall'art. 3, co. 2, primo periodo della legge del 1995 viene inteso come un rinvio al regolamento Bruxelles I (o Bruxelles I *bis*), la giurisdizione italiana dovrà invece ritenersi insussistente: per i contratti di compravendita di beni, come si è visto a suo tempo, il titolo di

---

[3] Parte seconda, Capitolo II, § 6.

giurisdizione è oramai costituito – quale che sia l'obbligazione dedotta in giudizio – dalla consegna dei beni: e nel caso in discussione la consegna – si è detto – è avvenuta a Mosca.

Il legislatore del 1995, come osservato in precedenza, si è rappresentato la possibilità che la convenzione di Bruxelles potesse essere modificata e ha avuto cura di precisare che il rinvio ai titoli ivi previsti avrebbe operato, allora, in senso evolutivo: il richiamo fatto alla convenzione abbraccia, testualmente, le sue «successive modificazioni». Tale precisazione si è tuttavia rivelata ambigua, perché – a differenza delle modifiche apportate alla convenzione nei suoi primi trent'anni di vita (tutte di volta in volta implicanti l'adozione di un accordo sostitutivo di quello previgente) – l'avvento del regolamento Bruxelles I, che pure ha pacificamente rappresentato una «successiva modificazione» della convenzione di Bruxelles, non ha determinato una completa uscita di scena di detta convenzione. Il regolamento n. 44/2001 ha, sì, sostituito la convenzione nei rapporti fra gli Stati contraenti (come si legge all'art. 68 di quel regolamento), ma non ha impedito alla convenzione di restare in vita per regolare alcune situazioni, per quanto marginali: situazioni disciplinate dalla convenzione, ma non dal regolamento, perché riferite a territori estranei al territorio dell'Unione (come determinato ai sensi dell'art. 52 del trattato sull'Unione europea e dell'art. 355 del trattato sul funzionamento dell'Unione), ma nondimeno ricompresi nel territorio nazionale di alcuni Stati membri o comunque soggetti, per le relazioni internazionali, alla giurisdizione di questi ultimi (è il caso delle isole Wallis e Futuna, per quanto riguarda la Francia, o di Aruba per i Paesi Bassi). In sostanza, a seguito della «comunitarizzazione» della convenzione, il rinvio operato dall'art. 3, co. 2, primo periodo, della legge del 1995, anziché puntare univocamente al nuovo testo, ha potuto legittimamente essere inteso, testualmente, tanto come un rinvio alla convenzione (non essendo stata questa del tutto soppiantata dal regolamento n. 44/2001) quanto come un rinvio al regolamento n. 44/2001 e alla sua successiva rifusione.

La dottrina ha proposto di leggere nella disposizione – in armonia con le sue finalità (semplificare il quadro normativo, creare uno stabile raccordo fra le regole uniformi e quelle interne, etc.) – un rinvio «unico» al nuovo regime uniforme, quello «comunitarizzato».

La giurisprudenza, dal canto suo, ha oscillato fra l'una e l'altra delle letture possibili. La Corte di cassazione ha dapprima difeso la tesi del rinvio «storico» alla convenzione[4], quindi quella del rinvio evolutivo[5], poi di nuovo la tesi storica[6] e infine il suo opposto[7]. È un fatto, peraltro, che in nessuna delle pronunce ora riferite si faccia cenno a un dato che dovrebbe sgomberare il campo da tutti i

[4] Cass., sez. unite, 21 ottobre 2009, n. 22239.

[5] Cass., sez. unite, 13 dicembre 2018, n. 32362.

[6] Cass., sez. unite, 12 giugno 2019, n. 15748.

[7] Cass., sez. unite, 25 giugno 2021, n. 18299.

dubbi. Nel 2011, con l'entrata in vigore della convenzione di Lugano del 2007, la convenzione di Bruxelles del 1968 ha definitivamente cessato di produrre effetti anche rispetto al ridottissimo novero di situazioni che ancora le spettavano. La convenzione di Lugano, ai sensi del suo art. 69, par. 7, ha infatti sostituito la convenzione di Bruxelles quanto alle relazioni fra gli Stati membri dell'Unione e i territori estranei al territorio dell'Unione stessa ma ricompresi nel territorio nazionale di detti Stati, o per i quali essi sono responsabili delle relazioni internazionali. In pratica, per quanto qui interessa, ciò significa che in Italia la convenzione di Bruxelles non ha più, come tale, alcun ruolo da giocare. Ne consegue che non ha più senso leggere il rinvio operato dall'art. 3, co. 2, primo periodo, della legge n. 218/1995 come un rinvio alla convenzione di Bruxelles del 1968. Tale rinvio non può che essere inteso come un rinvio alle misure legislative dell'Unione che hanno preso il posto originariamente occupato dalla convenzione (il regolamento n. 44/2001 e, oggi, il regolamento n. 1215/2012), e – al limite – come un rinvio alla convenzione di Lugano ove si tratti di situazioni che tocchino taluno dei territori a cui si riferisce l'art. 69 di quest'ultima convenzione (fa poca differenza: la convenzione di Lugano del 2007 è, nelle disposizioni interessate dal rinvio, sostanzialmente identica al regolamento Bruxelles I *bis*).

Ricapitolando: nelle materie comprese nella sfera applicativa (della convenzione di Bruxelles, e oggi) del regolamento Bruxelles I *bis*, il giudice italiano è legittimato a decidere una domanda proposta nei confronti di un convenuto domiciliato al di fuori dell'Unione ogniqualvolta si perfezioni in Italia la circostanza indicata come titolo di giurisdizione dalle norme delle sezioni 2, 3, 4 e 5 del capo II del regolamento Bruxelles I *bis*, pertinenti al caso di specie.

(c) Il rinvio ai criteri determinativi della competenza per territorio

La terza e ultima proposizione che compone l'art. 3 della legge n. 218/1995 si serve, come la proposizione appena esaminata, di criteri estranei al testo della legge, presi in prestito ai fini di quest'ultima. L'art. 3, co. 2, secondo periodo, della legge, dispone che, rispetto alle «altre materie», cioè alle materie diverse da quelle coperte dal regime di Bruxelles (e non disciplinate in via esclusiva da altre regole uniformi), la giurisdizione italiana sussiste, oltre che in base ai titoli del co. 1, «anche in base ai criteri stabiliti per la competenza per territorio».

La norma «converte» in titoli di giurisdizione i criteri di competenza per territorio, quelli cioè che presiedono al riparto delle cause civili fra gli uffici giudiziari della Repubblica: verificandosi in Italia la circostanza che determina la competenza per territorio, risulta sussistente, a monte, la stessa giurisdizione italiana.

Non è il caso di farsi confondere da quella che potrebbe sembrare, a prima vista, una contraddizione. La competenza, è vero, è una «frazione» della giurisdizione, e logica vuole che ci si interroghi dapprima sulla giurisdizione e si passi solo poi – ove questa sussista – a occuparsi della competenza. L'art. 3, co. 2, secondo periodo, non sovverte quest'ordine: si tratta di una norma sulla giurisdizione, e come tale esige di essere considerata prima di affrontare il tema della competenza. Semplicemente, il legislatore si serve qui, per finalità relative alla giurisdizione, di un «materiale» normativo originariamente pensato per uno scopo diverso: la competenza per territorio, appunto. Anche qui, del resto, l'art. 3 fa propri i *criteri* sulla competenza per territorio, non le *norme* che se ne servono.

Si consideri, ad esempio, l'art. 24 del codice di procedura civile, che si applica alle cause relative «alla gestione di una tutela o di un'amministrazione patrimoniale conferita per legge o per provvedimento dell'autorità», e attribuisce la competenza a deciderle al «giudice del luogo d'esercizio della tutela o dell'amministrazione». Si tratta di una norma sulla competenza per territorio, ma grazie all'art. 3, co. 2, secondo periodo, della legge n. 218/1995, il criterio utilizzato – l'esercizio della tutela o dell'amministrazione – opera anche al fine di stabilire se una causa appartenente a quell'insieme (e non soggetta al regime di Bruxelles) rientri, o meno, nell'ambito della giurisdizione italiana.

Tizio, un consulente di Bellinzona, ha curato per lungo tempo, in forza di un provvedimento dei giudici svizzeri, il patrimonio finanziario dello svizzero Sempronio, divenuto incapace di provvedere ai propri interessi e bisognoso a questo titolo di protezione. Il compito di Tizio è consistito essenzialmente nell'amministrare le partecipazioni di Sempronio in varie società italiane e gli strumenti finanziari intestati a suo nome, detenuti presso banche italiane. L'amministratore nominato al suo posto, avendo rilevato negligenze e abusi nella gestione di Tizio, decide di agire nei confronti di quest'ultimo affinché venga condannato a risarcire Sempronio del danno così cagionatogli. Se si ritiene (come in effetti è plausibile) che la fattispecie sia estranea alla sfera di applicazione materiale del regolamento Bruxelles I *bis*, perché intimamente connessa alla protezione di un maggiorenne (che il regolamento non disciplina), allora è lecito, per verificare la sussistenza della giurisdizione italiana, servirsi dei criteri che presiedono in Italia alla determinazione della competenza per territorio, convertendoli in titoli di giurisdizione tramite l'art. 3, co. 2, secondo periodo, della legge n. 218/1995. Tizio, pur non essendo né domiciliato né residente in Italia, potrà allora essere convenuto in giudizio in Italia perché è in Italia che si trova, ai sensi dell'art. 24 del codice di rito, il «luogo d'esercizio ... dell'amministrazione» di cui deve rispondere.

Si discute se il rinvio disposto dall'art. 3, co. 2, secondo periodo, della legge permetta di trasformare in titoli di giurisdizione tutti i criteri impiegati in Italia per regolare la competenza per territorio, o se alcuni di questi siano, per qualche ragione, inidonei alla conversione. Il dubbio, che in questa sede può essere solo affacciato, riguarda soprattutto il criterio di cui all'art. 18, co. 2, del codice di procedure civile, che si applica allorché il convenuto «non ha residenza, né domicilio, né dimora nello Stato», o se la dimora risulta sconosciuta: la competenza per territorio è allora attribuita al «giudice del luogo in cui risiede l'attore». Impiegare questo criterio alla stregua di un titolo di giurisdizione significa realizzare un'estensione ragguardevole della giurisdizione italiana, di fatto svuotando di significato il principio stabilito all'art. 3, co. 1, della legge, secondo il quale la giurisdizione si fonda sul fatto che il convenuto (non l'attore) abbia in Italia il proprio domicilio o la propria residenza.

I giudici si sono occasionalmente serviti del combinato disposto dell'art. 3, co. 2, secondo periodo, della legge n. 218/1995 e dell'art. 18, co. 2, del codice di procedura civile per affermare la sussistenza della giurisdizione italiana in ragione della (sola) residenza dell'attore in Italia [8]. Tale orientamento si è manifestato quasi sempre in materia matrimoniale (un settore oramai soggetto a regole dell'Unione europea), e appare privo di riscontri nella giurisprudenza recente. Un'invocazione sistematica del criterio della residenza dell'attore, sia pure confinata entro i limiti di operatività dell'art. 3, co. 2, secondo periodo, della legge del 1995, appare poco o per nulla compatibile con l'idea, già discussa, secondo cui l'esercizio della giurisdizione, per essere pienamente conforme alla Costituzione, deve essere limitato ai casi in cui l'assoggettamento al potere del foro di chi non è collegato alla vita del foro risponda agli imperativi della ragionevolezza e dell'equità [9].

3. Accettazione e deroga convenzionale della giurisdizione italiana

L'art. 4 della legge n. 218/1995 permette alle parti del procedimento di accordarsi fra loro sia per accettare la giurisdizione italiana ove questa non sussisterebbe a titolo obiettivo, sia per derogarvi quando invece le norme obiettive la indichino come sussistente. La norma rispecchia la già ricordata tendenza alla valorizzazione dell'autonomia privata [10].

(a) Spazio di operatività della disciplina di diritto comune

La portata applicativa dell'art. 4 è limitata in ragione del primato delle norme uniformi in tema di proroga e deroga della giurisdizione. Si immagini, per esempio, che il Tribunale di Roma, chiamato ad accertare la fondatezza di una pretesa alimentare in un caso per il quale non sussiste normalmente la giurisdizione italiana, debba decidere che rilievo dare alla circostanza che il convenuto abbia omesso di dedurre alcunché in ordine alla competenza giurisdizionale: la norma pertinente non è l'art. 4 della legge n. 218/1995, ma la disposizione uniforme di cui all'art. 5 del regolamento n. 4/2009 sulle obbligazioni alimentari. Analogamente, ove le parti di un contratto di lavoro abbiano convenuto di attribuire al Tribunale di Stoccarda il compito di dirimere le liti nascenti dal rapporto, spetta agli articoli 23 e 25 del regolamento Bruxelles I *bis* stabilire se il giudice italiano, in ipotesi competente in via obiettiva, debba declinare la giurisdizione in ossequio all'accordo: l'art. 4 della legge n. 218/1995 non ha, anche qui, alcun ruolo da svolgere.

È invece all'art. 4 che bisogna fare capo, ad esempio, per sapere se il giudice

[8] Cass., sez. unite, 27 novembre 1998, n. 12056; Cass., sez. unite, 3 febbraio 2004, n. 1994.

[9] Parte seconda, Capitolo I, § 1.

[10] Parte seconda, Capitolo I, § 4; Parte seconda, Capitolo II, § 14.

italiano, adito in relazione a un contratto fra imprese, debba considerarsi incompetente per via della clausola di quel contratto che affida in via esclusiva ai giudici brasiliani la cognizione delle liti relative all'affare. L'art. 25 del regolamento Bruxelles I *bis* opera solo quando le parti si siano accordate per attribuire la competenza ai giudici di uno Stato membro. Come già si è detto, spetta alle norme interne – salvo non siano applicabili altre normative uniformi, come la convenzione di Lugano del 2007 o la convenzione dell'Aja del 2005 sugli accordi di elezione del foro – la disciplina dei casi in cui siano designati i giudici di uno Stato terzo.

(b) L'accettazione della giurisdizione

L'art. 4, co. 1, dispone che la giurisdizione italiana, quando pure faccia difetto in base all'art. 3, nondimeno sussiste se le parti l'abbiano convenzionalmente accettata e il loro accordo sia provato per iscritto. Il legislatore si accontenta della prova scritta dell'esistenza e del contenuto essenziale dell'accordo, senza imporre *ad substantiam* il rispetto di alcun requisito formale: un'intesa orale, documentata da uno scritto successivo, è sufficiente. È sufficiente, del resto, che sia provata per iscritto la volontà del convenuto di accettare la giurisdizione italiana: la volontà dell'attore è implicita nel fatto stesso dell'instaurazione del procedimento in Italia.

Si ha accettazione della giurisdizione, ai sensi dell'art. 4, co. 1, della legge, anche quando il convenuto «compaia nel processo senza eccepire il difetto di giurisdizione nel primo atto difensivo». Come l'art. 26 del regolamento Bruxelles I *bis*, anche qui l'inerzia del convenuto integra per il giudice adito una ragione sufficiente per dichiararsi competente.

La norma va letta alla luce dell'art. 11 della stessa legge n. 218/1995, a cui già si è accennato, secondo cui, in generale, il difetto di giurisdizione «può essere rilevato, in qualunque stato e grado del processo, soltanto dal convenuto costituito che non abbia espressamente o tacitamente accettato la giurisdizione italiana». È ammesso il rilievo ufficioso solo se il convenuto è contumace, se si tratta di azioni reali su immobili situati all'estero o se la giurisdizione italiana è esclusa per effetto di una norma internazionale. Nei casi indicati da ultimo, e solo in questi, l'inattività del convenuto non impedisce al giudice di introdurre di propria iniziativa la *quaestio iurisdictionis* nel dibattito processuale e di deciderla, se del caso, nel senso della insussistenza della giurisdizione.

(c) La deroga della giurisdizione

L'art. 4, co. 2, della legge del 1995 stabilisce che la giurisdizione italiana, altrimenti sussistente, «può essere convenzionalmente derogata a favore di un giudice straniero o di un arbitrato estero se la deroga è provata per iscritto e la causa verte su diritti disponibili».

Quanto al consenso, non occorre, dunque, che questo sia stato espresso per iscritto, ma basta che l'accordo delle parti trovi riscontro in uno scritto. La giurisprudenza considera soddisfatta tale condizione anche in caso di formazione c.d.

giudiziale del consenso, quale si realizza allorché, a fronte del sicuro consenso di una sola delle parti, l'altro soggetto produca in giudizio un atto indicante la volontà di avvalersi degli effetti dell'accordo [11]. Come si è già avuto modo di osservare, non occorre, in caso di predisposizione dell'accordo ad opera di una delle parti, la specifica sottoscrizione dell'altra ai sensi dell'art. 1341 del codice civile [12].

Nell'apprezzare l'esistenza del consenso delle parti, i giudici italiani hanno sovente ritenuto opportuno interpretare l'art. 4, co. 2, della legge n. 218/1995 alla luce della disciplina della *electio fori* risultante dal regime di Bruxelles. In particolare, si è affermato l'orientamento, ispirato dalla norma che ora si legge all'art. 25, lett. *c*), del regolamento Bruxelles I *bis*, secondo cui il consenso scritto di una parte soltanto del contratto può reputarsi sufficiente ai fini della deroga allorché depongano in tal senso gli usi del commercio internazionale [13]. La volontà di sottrarsi alla giurisdizione italiana deve peraltro essere formulata, secondo la Corte di cassazione, «in modo chiaro ed univoco» [14].

La seconda condizione da cui dipende l'efficacia della deroga è che la lite per la quale l'accordo viene invocato riguardi dei diritti di cui le parti possano disporre liberamente. La norma non chiarisce se la disponibilità del diritto vada verificata, ai fini dell'art. 4, secondo la legge italiana o secondo la legge, eventualmente diversa, che regola la sostanza del rapporto controverso. La prima delle due letture appare preferibile: l'accordo di deroga della giurisdizione italiana mira, di per sé, ad incidere sulle condizioni alle quali le parti possono avvalersi della tutela giurisdizionale somministrata dai giudici italiani, e solo in modo mediato influisce sulla sorte del rapporto controverso. Sembra dunque corretto ritenere che la disponibilità di un diritto debba valutarsi, agli effetti dell'art. 4, sulla base della legge italiana, in quanto *lex fori*, non in base alla legge applicabile al rapporto controverso.

È stata affacciata in giurisprudenza anche un'ulteriore condizione di efficacia della deroga, per così dire implicita. Per la Corte di cassazione, l'accordo delle parti deve comunque garantire «la possibilità di adire un giudice», secondo modalità tali da assicurare il «rispetto dei principi di valenza costituzionale e internazionale, posti a tutela del diritto ad un giudizio giusto ed imparziale» [15]. Una deroga che esponesse una delle parti a un diniego di giustizia sarebbe, in questo senso, inammissibile. Deve, per esempio, ritenersi inefficace una deroga in favore di giudici di un paese il cui apparato giudiziario appaia incapace di somministrare una tutela giurisdizionale conforme alle esigenze del giusto processo proprie dell'ordinamento italiano. Si tratta di una salvaguardia verosimilmente destinata ad operare solo in casi estremi, dove, per circostanze serie e debitamente comprova-

---

[11] Cass., sez. unite, 17 gennaio 2005, n. 731.

[12] Parte prima, Capitolo I, § 5.

[13] Cass., sez. unite, 14 febbraio 2011, n. 3568.

[14] Cass., sez. unite, 10 marzo 2000, n. 58.

[15] Cass., sez. unite, 7 giugno 2012, n. 9189.

te, l'esercizio della giurisdizione nel paese scelto non possa in alcun modo considerarsi equivalente all'esercizio della giurisdizione da parte dei giudici italiani.

La deroga alla giurisdizione italiana si accompagna, per definizione, all'attribuzione della competenza «a favore di un giudice straniero o di un arbitrato estero». L'art. 4, co. 2, evidentemente, può solo stabilire se l'accordo sia idoneo a produrre l'effetto preclusivo voluto dalle parti, senza dire alcunché circa l'effetto attributivo. È compito delle norme del paese ai cui giudici le parti hanno inteso far decidere la controversia (o di quelle che sovrintendono alla competenza degli arbitri) stabilire se l'accordo produca anche l'attribuzione voluta dalle parti.

Tiene conto di questo stato di cose l'art. 4, co. 3, della legge, ai sensi del quale la deroga è inefficace se il giudice incaricato declina la giurisdizione o comunque non può conoscere della causa. In pratica, per scongiurare il rischio di un diniego di giustizia, si prevede che, qualora l'effetto di proroga non possa prodursi, anche l'effetto di deroga viene meno: nulla osta, allora, a che la causa sia decisa in Italia.

4. Le azioni reali su beni immobili situati all'estero

L'art. 5 della legge n. 218/1995 sottrae sistematicamente all'ambito della giurisdizione italiana le «azioni reali aventi ad oggetto beni immobili situati all'estero». Norme analoghe si incontrano in pressoché tutti i sistemi internazionalprivatistici nazionali: spetta allo Stato di situazione dell'immobile, e solo a quello, dirimere tramite i suoi giudici le liti concernenti gli immobili. Nessuno Stato, del resto, è in genere disposto a dare ingresso nel proprio ordinamento a decisioni emesse all'estero concernenti beni immobili situati sul proprio territorio.

Diversamente dall'art. 24, punto 1, del regolamento Bruxelles I *bis*, che istituisce come si è visto una competenza esclusiva in materia immobiliare, l'art. 5 della legge del 1995 si applica soltanto alle azioni reali, non dunque alle azioni personali, come quelle aventi ad oggetto l'affitto di un terreno o la locazione di uno stabile.

5. La cognizione incidentale delle questioni preliminari

Ai sensi dell'art. 6 della legge n. 218/1995, il giudice italiano «conosce, incidentalmente, le questioni che non rientrano nella giurisdizione italiana e la cui soluzione è necessaria per decidere sulla domanda proposta». La disposizione chiarisce, in sostanza, che il giudice italiano deve essere munito di giurisdizione solo per emettere una statuizione idonea a conformare il diritto in contesa (in modo irretrattabile, una volta maturato il giudicato), cioè a dichiararlo esistente o inesistente, o a riconoscergli un certo contenuto e non un altro.

Se si tratta invece di risolvere una data questione solo in via incidentale, non occorre che il giudice italiano sia munito di giurisdizione. In altre parole, se per decidere la questione X, il giudice italiano deve preliminarmente prendere posizione sulla questione Y, perché la soluzione di quest'ultima (la questione preliminare) costituisce la premessa logica per decidere la prima (la questione principale), è sufficiente che sussista la giurisdizione in ordine alla questione X. Se la questione Y cade al di fuori dell'ambito della giurisdizione italiana, il giudice potrà conoscerne *incidenter tantum*: potrà cioè valutare la questione e assumere una posizione su di essa, ma la decisione emessa non farà stato su detta questione e potrà essere rimessa in discussione nel quadro di altri giudizi.

Tizio si rivolge al giudice italiano affinché accerti la responsabilità di Caio per aver danneggiato un bene di cui il primo si afferma proprietario. Caio fa valere, dal canto suo, che il bene di cui trattasi appartiene a lui, non a Tizio, e che il danneggiamento non ha dunque nulla di illecito, ed infine che Tizio è comunque sprovvisto di interesse ad agire. Il giudice italiano si riconosce competente a conoscere della questione (principale) della responsabilità aquiliana, ma è sprovvisto di competenza in ordine alla questione (preliminare) della proprietà: ciò non gli impedisce di prendere cognizione a titolo incidentale della questione proprietaria, beninteso qualora vi siano i presupposti perché ciò avvenga. La decisione che ne seguirà, pur implicando una valutazione sul punto relativo alla proprietà del bene, farà stato esclusivamente in ordine alla questione principale, lasciando impregiudicata la questione proprietaria.

6. Il momento determinante della giurisdizione

Le regole che determinano l'ambito della giurisdizione italiana impiegano sovente, come titoli di giurisdizione, delle circostanze suscettibili di perfezionarsi successivamente in luoghi diversi. Il domicilio di una persona, per esempio, può cambiare nel corso del tempo. Le stesse regole concernenti la giurisdizione possono mutare di contenuto: la circostanza, che ieri valeva a fondare la giurisdizione, potrebbe, a seguito di una riforma, risultare irrilevante, e viceversa.

Sorge, allora, la necessità di stabilire il momento al quale occorre avere riguardo per identificare i titoli rilevanti e accertarne la sussistenza.

La legge n. 218/1995 reca a questo proposito, all'art. 8, una soluzione di principio ed un correttivo. La soluzione di principio è quella dettata all'art. 5 del codice di procedura civile, a cui la norma rinvia: la giurisdizione, vi si dice, si determina con riguardo alla legge vigente e allo stato di fatto esistente al momento della domanda, da identificarsi sulla base delle norme processuali pertinenti, a partire dall'art. 39, co. 3, del codice di rito, che si riferisce alla notificazione della citazione, se la domanda è proposta con citazione, o al deposito del ricorso. Come chiarisce l'art. 5 del codice, «non hanno rilevanza … i successivi mutamenti della legge o dello stato medesimo». È il principio della *perpetuatio iurisdictionis*.

L'art. 8 della legge del 1995 – ecco il correttivo alla soluzione di principio – dispone tuttavia che «la giurisdizione sussiste se i fatti e le norme che la determinano sopravvengono nel corso del processo»: ad esempio, se il convenuto, una società che non è domiciliata in Italia, apre in Italia una sede di attività quando il procedimento è pendente (e la sussistenza della giurisdizione non è ancora stata accertata), mettendo a capo della stessa una persona autorizzata a rappresentare la società stessa con i terzi, cioè un rappresentante autorizzato a stare in giudizio.

Il correttivo conferisce alla *perpetuatio* un carattere asimmetrico: il sopravvenire di fatti nuovi e norme nuove rileva solo se conduce all'affermazione della giurisdizione. Esso risponde, in questo senso, al desiderio del legislatore di estendere la sfera della giurisdizione italiana, scongiurando il pericolo di un diniego di giustizia. Una tale estensione rischia nondimeno di dipendere dal verificarsi di circostanze fortuite, o peggio da fatti posti in essere dall'attore allo scopo di munirsi di un titolo di giurisdizione. La sua giustificazione, in assenza di adeguate salvaguardie, appare quanto meno dubbia.

7. La litispendenza

La legge n. 218/1995 detta all'art. 7 una norma sulla litispendenza internazionale. Il suo impiego è di fatto limitato alle ipotesi in cui non operino norme uniformi investite di una funzione analoga. Nel campo di applicazione del regolamento Bruxelles I *bis*, l'applicazione dell'art. 7 è dunque del tutto esclusa, mentre all'interno della sfera applicativa di altri strumenti europei – come i citati regolamenti Bruxelles II *bis* e II *ter*, o il regolamento n. 650/2012, che si occupano solo di litispendenza intra-europea – l'art. 7 viene in gioco quando la medesima causa sia pendente in Italia e in uno Stato estraneo all'Unione.

Ai sensi dell'art. 7, co. 1, della legge del 1995, il giudice italiano sospende il giudizio innanzi a sé allorché «sia eccepita la previa pendenza tra le stesse parti di domanda avente il medesimo oggetto e il medesimo titolo dinanzi a un giudice straniero». La causa pendente all'estero deve dunque essere identica, soggettivamente e oggettivamente, a quella instaurata in Italia, e deve aver avuto inizio prima di questa. La Corte di cassazione ha seguito in alcune pronunce un'interpretazione ampia e flessibile del requisito dell'identità obiettiva, indicando come decisiva l'identità dei «risultati pratici perseguiti dalle domande, a prescindere dall'identità del loro *petitum* immediato e del titolo specifico che esse fanno valere»; ciò in considerazione del fatto che la norma mira ad evitare «inutili duplicazioni di attività giudiziaria e ad eliminare il rischio di conflitto tra giudicati, obiettivi che sarebbero frustrati ove il giudizio nazionale e quello straniero potessero determinare risultati pratici fra loro incompatibili» [16]. La stessa Corte ha tuttavia accolto, in altri casi, una linea più rigorosa. Ha escluso, ad esempio, che il presupposto dell'identità obiettiva delle cause fosse soddisfatto in un caso in cui un procedimento italiano di separazione era stato preceduto dall'instaurazione di un giudizio di divorzio nel Principato di Monaco, ritenendo non trasponibile in via interpretativa sul piano del diritto comune l'opposta soluzione, seguita nei regolamenti Bruxelles II *bis* e II *ter*, secondo cui le cause di separazione personale, divorzio e annullamento del matrimonio che interessino la medesima coppia di coniugi debbono considerarsi identiche ai fini della litispendenza intra-europea [17].

---

[16] Cass., sez. unite, 28 novembre 2012, n. 21108.

[17] Cass., 4 febbraio 2021, n. 2654.

La sospensione prefigurata dall'art. 7 della legge si giustifica solo se il giudice italiano ritiene che la decisione destinata a sortire dal procedimento straniero preveniente «possa produrre effetto per l'ordinamento italiano». Occorre, in altre parole, che il giudice compia una prognosi della riconoscibilità della decisione di cui si prospetta l'emanazione da parte del giudice straniero. La valutazione va condotta sulla base delle norme che disciplinano il riconoscimento in Italia del genere di decisioni di cui trattasi. Vengono in rilievo a questo fine, salvo non operino delle regole uniformi, gli articoli 64 e seguenti della legge n. 218/1995, che saranno esaminati a tempo debito. Non tutte le condizioni a cui tali disposizioni subordinano il riconoscimento di una decisione straniera possono essere apprezzate in via prognostica, cioè quando il procedimento straniero è ancora pendente. Il giudice italiano può per esempio stabilire fin da subito se il giudice straniero possieda la competenza c.d. internazionale a cui si riferisce l'art. 64, lett. *a*), ma non può sapere se la sentenza straniera conterrà delle disposizioni incompatibili con l'ordine pubblico italiano, al cospetto delle quali la decisione si rivelerebbe irriconoscibile ai sensi dell'art. 64, lett. *g*).

Basta che le condizioni indicate sin qui siano riunite (identità oggettiva e soggettiva delle cause, prognosi positiva di riconoscibilità) perché il giudice italiano debba provvedere alla sospensione. La Cassazione ha escluso, al riguardo, che la sospensione possa essere subordinata a una specifica istanza rivolta a questo proposito al giudice da una delle parti: l'art. 7, co. 1, là dove richiede, testualmente, che sia «eccepita» la previa pendenza della medesima causa all'estero va intesa nel senso che la litispendenza deve essere dichiarata dal giudice ogniqualvolta l'esistenza dei relativi presupposti emerga dagli elementi offerti dalle parti [18].

Se il giudice straniero declina la propria giurisdizione o se il provvedimento straniero non è riconosciuto nell'ordinamento italiano (magari perché si materializza un ostacolo al riconoscimento non pronosticabile), «il giudizio in Italia prosegue, previa riassunzione ad istanza della parte interessata».

L'art. 7, co. 3 tratta del caso in cui la definizione di una causa straniera risulti pregiudiziale alla decisione di una causa italiana. In pratica, è l'ipotesi che si verifica allorché il giudice italiano debba decidere, per statuire sulla domanda di cui è investito, una questione su cui pende un procedimento all'estero. La sospensione del processo italiano costituisce per il giudice, in tale evenienza, una semplice facoltà. Per avvalersene, il giudice deve comunque sincerarsi che il provvedimento straniero atteso soddisfi le condizioni necessarie per essere riconosciuto in Italia. La Corte di cassazione ha chiarito che l'ipotesi contemplata dall'art. 7, co. 3, della legge integra «un'ipotesi eccezionale di sospensione facoltativa del processo» che, in quanto espressione di discrezionalità tecnica, postula una mera valutazione della idoneità del provvedimento pregiudiziale a produrre effetti in Italia [19].

---

[18] Cass., sez. unite, 28 novembre 2012, n. 21108.

[19] Cass., 13 giugno 2014, n. 13567.

8. La giurisdizione volontaria

L'art. 9 della legge n. 218/1995 traccia l'ambito della giurisdizione italiana allorché si faccia questione di attività giurisdizionale di tipo volontario.

La norma non precisa che cosa debba intendersi per giurisdizione volontaria, né come vada tracciato il confine che la separa dalla giurisdizione di cognizione. È pacifico, peraltro, che le formule ora ricordate vadano intese secondo il significato che esse rivestono nel diritto italiano. In sintesi, senza poter dar conto in questa sede della discussione che impegna i processualcivilisti circa i confini della giurisdizione volontaria, deve trattarsi di procedimenti riguardanti delle posizioni giuridiche di cui non si lamenti la lesione, mediante i quali venga chiesto al giudice di amministrare degli interessi privati, non di risolvere un conflitto. Rientrano in quest'ambito, ad esempio, il procedimento con cui un minore, raggiunta l'età richiesta a questo scopo, chieda di essere autorizzato a contrarre matrimonio, o il procedimento con cui, rispetto a un'amministrazione di sostegno in corso, si disponga la cessazione dell'amministratore e la nomina di un amministratore nuovo.

I titoli di giurisdizione previsti dall'art. 9 della legge operano in aggiunta a quelli previsti dalle norme speciali pertinenti (come l'art. 44, sulla giurisdizione in materia di protezione dei maggiorenni) e possono raggrupparsi in tre insiemi.

Per cominciare, la giurisdizione italiana sussiste «nei casi in cui è prevista la competenza per territorio di un giudice italiano». Si tratta del medesimo meccanismo esaminato in rapporto all'art. 3, co. 2, secondo periodo, a cui si rinvia. In secondo luogo, la giurisdizione italiana sussiste quando il provvedimento richiesto concerne un cittadino italiano o una persona residente in Italia. Sussiste, infine, la giurisdizione italiana quando il provvedimento riguardi situazioni o rapporti ai quali è applicabile la legge italiana. Anche quest'ultima disposizione implica una sorta di «prestito». Per regolare la giurisdizione, il legislatore fa appello, infatti, a norme investite di un compito diverso, quello che consiste nell'identificare la legge applicabile: la giurisdizione italiana sussiste se il giudice è chiamato a pronunciarsi su una situazione sostanziale che le norme italiane di diritto internazionale privato assoggettano alla legge italiana. Nei procedimenti di volontaria giurisdizione, processo e sostanza sono quasi sempre intimamente legati. Di qui l'idea di favorire, ove possibile, la convergenza di *forum* e *ius*: se l'interesse di cui si discute presenta con l'Italia un nesso sufficiente a giustificare l'applicazione della legge italiana, è sensato affidarne l'amministrazione proprio ai giudici italiani.

9. La giurisdizione cautelare

La norma generale che delimita l'ambito della giurisdizione italiana quanto all'emissione di provvedimenti cautelari è l'art. 10 della legge n. 218/1995. La giurisdizione italiana sussiste «quando il provvedimento deve essere eseguito in Italia o quando il giudice italiano ha giurisdizione nel merito». La norma si applica alle misure di tipo provvisorio volte a salvaguardare la fruttuosità di un procedimento di cognizione o esecutivo, già iniziato o meno, quando vi sia ragione di temere che, nelle more, le ragioni del richiedente subiscano un grave pregiudizio.

Si è parlato dell'art. 10 della legge trattando dell'art. 31 del regolamento Bruxelles I *bis* [20]. Non è necessario in questa sede aggiungere molto a quanto già detto. Le due ipotesi contemplate dall'art. 10 sono quelle esposte a suo tempo: la giurisdizione ad emettere un provvedimento cautelare è inerente al potere di decidere la causa nel merito, ma – in presenza di particolari condizioni – può prescindere da quel potere. Occorre, in questo secondo caso, che il provvedimento richiesto – il sequestro di un conto corrente o di una partita di merci, l'inibizione alla diffusione di opere prodotte in violazione del diritto d'autore, etc. – sia destinato a trovare attuazione in Italia.

Bibliografia

In generale

MARONGIU BUONAIUTI F., *Giurisdizione italiana*, in *Enciclopedia del diritto* (Annali, vol. VIII), Giuffrè, 2015, pp. 481-547.

Spunti per approfondire

FRANZINA P., *Interpretazione e destino del richiamo compiuto dalla legge di riforma del diritto internazionale privato ai criteri di giurisdizione della convenzione di Bruxelles*, in *Rivista di diritto internazionale*, 2010, pp. 817-826.

MARONGIU BUONAIUTI F., *Litispendenza e connessione internazionale – Strumenti di coordinamento tra giurisdizioni statali in materia civile*, Jovene, 2008.

MARONGIU BUONAIUTI F., *Il rinvio della legge italiana di riforma del diritto internazionale privato alle convenzioni internazionali, tra adeguamento al mutato contesto normativo e strumentalità alla tutela dei valori ispiratori*, in *Rivista di diritto internazionale privato e processuale*, 2021, pp. 266-289.

SALERNO F., *La giurisdizione volontaria nella legge di riforma di diritto internazionale privato*, in *Rivista di diritto internazionale*, 2005, pp. 620-646.

SALERNO F., *L'incidenza del regolamento (UE) n. 1215/2012 sulle norme comuni in tema di giurisdizione e di efficacia delle sentenze straniere*, in *Rivista di diritto internazionale privato e processuale*, 2015, pp. 939-954.

SANDRINI L., *L'art. 10 della legge n. 218/1995 nel contesto del sistema italiano di diritto internazionale privato e della cooperazione giudiziaria civile dell'Unione*, in *Rivista di diritto internazionale privato e processuale*, 2015, pp. 955-972.

VULLO E., *Il momento determinante della giurisdizione italiana*, in *Rivista di diritto internazionale privato e processuale*, 2004, pp. 1215-1248.

[20] Parte seconda, Capitolo II, § 19.

Parte terza

La legge applicabile

Capitolo I

Il problema della legge applicabile

Sommario: 1. Natura e possibili rappresentazioni del «conflitto di leggi». – 2. Metodi di risoluzione dei conflitti di leggi: (a) Il metodo tradizionale; (b) Il metodo delle considerazioni materiali; (c) L'applicazione generalizzata della *lex fori*. – 3. Le politiche della norma di conflitto. – 4. La sfera applicativa della norma di conflitto: (a) La qualificazione; (b) Ambito della *lex causae*; (c) La legge applicabile alla questione preliminare. – 5. Il criterio di collegamento: generalità. – 6. Evoluzione della fisionomia dei criteri di collegamento: (a) Dai criteri astratti alla localizzazione in concreto; (b) L'autonomia privata; (c) Il metodo del riconoscimento delle situazioni. – 7. Il richiamo: (a) Il problema del rinvio; (b) Il richiamo di ordinamenti plurilegislativi. – 8. Accertamento e applicazione del diritto straniero richiamato. – 9. Il limite dell'ordine pubblico: (a) Caratteri; (b) Effetti. – 10. Le norme di applicazione necessaria. – 11. Le norme di applicazione necessaria di Stati terzi. – 12. Norme di conflitto e unificazione internazionale del diritto materiale.

1. Natura e possibili rappresentazioni del «conflitto di leggi»

Per svolgere le funzioni di cui sono investite, le autorità italiane devono talora prendere a parametro le norme materiali di un ordinamento straniero: devono, cioè, riconnettere agli atti e ai fatti su cui debbono pronunciarsi le conseguenze giuridiche previste dalla legge del paese straniero designato a questo effetto. Spetta alle regole di diritto internazionale privato stabilire in quali casi ciò avvenga e la legge di quale paese vada applicata nella fattispecie.

Si consideri, ad esempio, l'art. 4 del già menzionato regolamento Roma II. La legge applicabile alle obbligazioni extracontrattuali derivanti da un fatto illecito, vi si dice, «è quella del paese in cui il danno si verifica». Il giudice italiano a cui sia chiesto di accertare che Tizio è tenuto a risarcire Caio, vittima di un incidente stradale provocato dal primo in Algeria, deve valutare la fondatezza in diritto delle domande di Caio e delle eccezioni di Tizio basandosi non già sulle norme italiane, come l'art. 2043 e seguenti del codice civile, ma sulle norme algerine. Significa che, se in base alle norme algerine Tizio può invocare nel caso di specie una causa di esclusione della responsabilità, magari ignota alla legge italiana, il giudice italiano accoglierà l'eccezione di Tizio e respingerà la domanda di Caio.

In pressoché tutti gli ordinamenti statali si incontrano delle regole incaricate di stabilire se e quando le autorità locali debbano conformare le proprie valutazioni alla legge di uno Stato diverso dal proprio. Ci si riferisce a queste regole parlando di norme sui conflitti di leggi, o semplicemente norme di conflitto.

La terminologia appena riferita evoca l'immagine di una contesa fra ordinamenti giuridici statali, la cui posta in gioco è la disciplina materiale della fattispecie. Le cose non stanno veramente in questi termini, e quell'immagine rischia di essere fuorviante. Il giudice chiamato a determinare la legge applicabile alla fattispecie di cui è investito non è affatto l'arbitro di uno scontro fra sovranità: egli è, più modestamente, un organo dello Stato del foro, a cui si chiede di regolare degli interessi che fanno capo tipicamente a dei privati. Capita, semplicemente, che lo Stato a cui quel giudice appartiene gli chieda (attraverso le proprie norme di conflitto) di ancorare in certi casi le sue valutazioni a parametri posti da altri ordinamenti. Fatta questa precisazione, nulla impedisce di continuare a parlare di «conflitti di leggi», un'espressione del resto divenuta corrente fra i pratici e gli studiosi.

In che cosa consiste, precisamente, il problema a cui sono preposte le norme sulla legge applicabile? Per rispondere occorrerebbe addentrarsi in alcune complesse questioni di carattere teorico. Non è possibile farlo in questa sede. È bene però dare conto delle possibili rappresentazioni del problema in esame, cioè dei diversi modi di intenderne la natura, e dei diversi modi di accostarvisi.

Il problema della legge applicabile, stando a una prima opinione, nasce dal fatto che due o più ordinamenti giuridici statali rivendicano talora per sé la regolamentazione della medesima fattispecie. Secondo un'altra tesi, opposta alla precedente, il problema della legge applicabile riflette semplicemente la coesistenza nel mondo di una pluralità di ordinamenti diversi, e la necessità pratica di stabilire a quale di tali ordinamenti debba essere ascritta la situazione di cui di volta in volta si discute, così che gli interessati sappiano dove guardare per determinare la propria condotta e il giudice sappia a quali parametri far capo per dirimerne le eventuali liti.

Il primo approccio, che si è soliti chiamare unilateralistico, postula che le norme materiali prodotte da un certo Stato abbiano, di per sé, il compito di regolare le situazioni che interessano l'ambiente politico, economico e sociale su cui si estende il potere di governo di tale Stato, e solo quello. Esse, in altre parole nascono per disciplinare le fattispecie che interessano lo Stato da cui promanano. Il secondo approccio, detto bilateralistico o multilateralistico, poggia invece sull'assunto che le regole di tutti gli ordinamenti hanno vocazione, come tali, a disciplinare qualsiasi caso: per stabilire se una data fattispecie debba essere valutata secondo la legge di uno Stato o quella di un altro, occorre solo capire se essa «appartenga», per le sue caratteristiche, all'ordinamento del primo o del secondo Stato.

In pratica, l'interrogativo che si pone chi si accosta al problema della legge applicabile da una prospettiva unilateralistica è il seguente: «Vuole la legge dello Stato X regolare la fattispecie di cui trattasi?». Se la risposta è affermativa, e la fattispecie non è ricompresa fra quelle che gli Stati Y e Z si propongono a loro volta di disciplinare, nulla si oppone all'applicazione nel foro della legge dello Stato X. Viceversa, se anche la legge dello Stato Y e/o quella dello Stato Z ambiscono a regolare la situazione, occorre che l'ordinamento del foro selezioni, fra gli ordinamenti interessati, quello deputato a fornire la disciplina della fattispecie. La scelta cadrà sulla legge che il foro reputa più appropriata o più meritevole, avuto riguardo agli interessi da essa perseguiti e al contenuto delle sue disposizioni.

Se si assume l'angolatura bilateralistica, la domanda fondamentale è invece la seguente: «A quale ordinamento deve ritenersi inerire la situazione di cui si discorre?». L'analisi non parte dalla legge di questo o quel paese e dagli interessi che le relative disposizioni si propongono di soddisfare. Parte piuttosto dalla situazione da disciplinare e dalle sue proiezioni geografiche, cioè dai nessi che la legano a un paese piuttosto che ad un altro. Se la situazione si colloca nell'area riferibile all'ordinamento dello Stato X, perché il foro considera preminenti i suoi legami con lo Stato X, allora risulterà applicabile la legge dello Stato X, senza che abbia senso domandarsi se tale legge «voglia» occuparsi del caso, o meno.

In molti paesi, fra cui l'Italia, il grosso delle norme di conflitto obbedisce al secondo degli orientamenti appena descritti. Pure le norme di conflitto uniformi, siano esse di matrice convenzionale o elaborate dall'Unione europea, sono perlopiù di tipo bilaterale. Lo attesta l'esempio fatto poco sopra, relativo all'incidente provocato da Tizio in Algeria. Si è detto che per il regolamento Roma II la legge applicabile è, in questo caso, quella algerina. L'applicazione della legge algerina non discende dal fatto che quest'ultima voglia occuparsi del caso più di quanto non lo vogliano la legge italiana o quelle di altri paesi. Il regolamento Roma II prescrive l'applicazione della legge algerina perché la fattispecie presenta proprio con l'Algeria – il paese in cui è avvenuto l'incidente – il particolare legame che lo stesso regolamento reputa decisivo a questo effetto. Se l'incidente fosse avvenuto in Bolivia, la medesima norma avrebbe condotto all'applicazione della legge boliviana; se fosse avvenuto in Italia, alla legge italiana.

Il diffuso favore per il bilateralismo non ha, in realtà, nulla di ovvio e di ineluttabile. Il bilateralismo è un'invenzione relativamente recente nella storia del diritto internazionale privato, e nessuno dei sistemi che pure l'abbracciano sul piano del principio rinuncia talora a seguire l'indirizzo opposto. Di fatto, unilateralismo e bilateralismo convivono l'uno accanto all'altro nei diversi sistemi internazional-privatistici e nella sintassi del giurista.

Per comprendere il senso dell'opposizione tra i due approcci, come pure le ragioni che ne giustificano la coesistenza, conviene brevemente ripercorrere le vicende che hanno condotto, nell'Europa del XIX secolo, al primato del bilateralismo. Il protagonista di questo sviluppo è Friedrich Carl von Savigny, il celebre giurista tedesco. Nell'ottavo volume del *Sistema del diritto romano attuale*, apparso nel 1849, egli affaccia la tesi, antitetica alla visione unilateralistica sino ad allora dominante, per cui ogni rapporto giuridico ha una propria «sede». Quest'ultima si determina avendo riguardo alla natura del rapporto, secondo le categorie ereditate dalla sapienza giuridica romana. Per il grande giurista, ogni rapporto giuridico deve ritenersi soggetto alla legge dello Stato nel quale, per l'appunto, si trova la sua sede. La capacità giuridica, ad esempio, data la sua inerenza alla persona, deve ritenersi sottoposta, per Savigny, alla legge del paese del domicilio; la validità formale di un atto, invece, dipendendo da dichiarazioni e comportamenti che si estrinsecano in un dato luogo, soggiace alla legge del paese in cui l'atto viene perfezionato.

L'impostazione proposta da Savigny incontra rapidamente, in quegli anni, un grande favore. Convince una parte cospicua della comunità scientifica e ispira i legislatori di vari paesi, del resto particolarmente propensi, proprio allora, ad assumere un ruolo attivo in questo campo (l'individuazione della legge applicabile obbediva perlopiù, in precedenza, a regole non scritte, consacrate dalla prassi).

Sono almeno due i punti di forza che vengono allora riconosciuti alla costruzione savigniana. Il primo consiste nella sua razionalità e nella semplificazione che apporta al quadro esistente. La via bilateralistica risparmia all'operatore un'indagine spesso complessa sul contenuto e la portata delle diverse leggi in presenza. Oltre a ciò, mette i soggetti interessati al riparo dalle incertezze insite nei metodi propri della prassi precedente. L'approccio di Savigny fa perno su un dato – la sede del rapporto – che sembra infatti prestarsi a una determinazione agevole ed obiettiva: per individuare la legge regolatrice di un rapporto si tratta solo di sussumere il rapporto sotto la categoria pertinente e stabilirne la localizzazione mediante il criterio che si addice a tale categoria. Un modo di procedere, questo, che si presenta rapido, meccanico ed efficiente: precisamente ciò che serve in un periodo, come quello che vede la diffusione delle idee savigniane, in cui, per l'intensificarsi degli scambi commerciali e l'accrescersi della mobilità delle persone attraverso le frontiere (siamo nel pieno della c.d. prima globalizzazione), i casi con elementi di internazionalità si fanno via via più frequenti, e chiedono dunque risposte efficaci.

Il secondo punto di forza della proposta di Savigny è eminentemente politico. Il bilateralismo si rivela strumentale al disegno di molti paesi europei di liberare il potenziale di crescita del commercio internazionale, favorendo le relazioni fra attori economici di Stati diversi. L'approccio bilateralistico, fondandosi sulla fungibilità degli ordinamenti statali, colloca la *lex fori* e il diritto straniero su un piano di tendenziale parità. La norma di conflitto bilaterale, lo si è visto, è in grado di designare ora la legge del foro ora la legge di un altro paese, a seconda soltanto di dove si collochi la sede, ossia il «centro di gravità», del rapporto. La norma di conflitto bilaterale dichiara in effetti, con la sua stessa struttura, di non essere ostile alla legge straniera: se il baricentro della fattispecie è in un paese straniero, spetta alle norme straniere il compito di regolarla.

Nella visione di Savigny, questo principio di apertura degli ordinamenti verso l'esterno – questa loro reciproca «comunicabilità» – rispecchia l'esistenza di una comunità di Stati legati fra loro da relazioni reciproche, interessati a mantenerle e rafforzarle. La partecipazione degli Stati a tale comunità è per i singoli paesi, secondo Savigny, una fonte di vantaggi e di responsabilità. Per lo Stato del foro, far spazio alla legge straniera non è una semplice questione di «cortesia» internazionale (come voleva una tesi allora assai in voga, che ancor oggi gode di un certo seguito): è semmai un modo per agire responsabilmente in uno spazio – quello della vita di relazione internazionale – in cui operano anche altri Stati, godendo con spirito di apertura dei reciproci benefici offerti da tale spazio.

La proposta di Savigny è stata sottoposta, nel tempo, a obiezioni anche radicali, in risposta alle quali è andata sviluppandosi – specie a partire dalla seconda metà del XX secolo – una sua articolata rivisitazione, in un certo senso ancora in corso. Uno dei fattori della crisi è dato dall'incursione del sociale nell'orizzonte del diritto, cioè dalla riacquisita consapevolezza nel Novecento giuridico della complessa base sociale del diritto e delle molte spinte che le norme hanno il compito di mediare, e dall'avvento di un diritto privato dichiaratamente politico. Questi sviluppi hanno di fatto messo in discussione l'idea savigniana della (quasi) assoluta fungibilità dei sistemi privatistici statali. Più lo Stato si serve del diritto privato per imprimere una certa fisionomia ai rapporti sociali ed economici, più gli è difficile scorgere nelle norme di altri Stati l'equivalente delle proprie. In fondo ogni Stato ha le sue politiche e le sue priorità, e l'urgenza che ogni Stato ha di realizzare le proprie rischia di alimentare un atteggiamento di chiusura verso le norme straniere, dato che queste potrebbero non essere funzionali alle politiche seguite localmente ed anzi nuocere alla loro piena realizzazione.

Vari accorgimenti sono stati prospettati (in parte, per la verità, dallo stesso Savigny) per rispondere alla preoccupazione appena riferita. Uno di questi consiste nel prevedere che certe norme del foro, per il fatto di essere strumentali alla realizzazione di interessi politici che lo stesso Stato del foro giudica particolarmente importanti, vengano applicate nel foro – unilateralisticamente, come si dirà tra un istante – anche quando le norme di conflitto prescrivano l'applicazione di una legge straniera. Si tratta delle norme di applicazione necessaria, meglio illustrate nel seguito del Capitolo: norme materiali che pretendono, dal loro punto di vista, di regolare le fattispecie ricomprese nel loro campo di applicazione, quale che sia la legge indicata come applicabile dalle pertinenti norme di conflitto.

L'esempio che segue dovrebbe aiutare a cogliere i contorni del concetto. Riguarda i patti parasociali. Questi, come è noto, sono contratti conclusi tra soci di una società di capitali allo scopo di regolare l'esercizio dei rispettivi diritti sociali, ad esempio concordando il voto da esprimere in sede di assemblea o impegnandosi a non trasferire a terzi le rispettive partecipazioni, se non a certe condizioni. Chi si interroghi, in Italia, sulla legge applicabile a un negozio di questo tipo deve fare appello alle norme sui conflitti di leggi in materia di contratti. Si tratta di norme bilaterali, attualmente raccolte nel regolamento Roma I sulla legge applicabile alle obbligazioni contrattuali, esaminato nel prossimo Capitolo. Le norme del regolamento, proprio perché bilaterali, possono condurre all'applicazione della legge del foro come a quella di un altro paese. Ebbene, il legislatore italiano ritiene che *alcuni* patti parasociali debbano essere comunque assoggettati, in Italia, ad *alcune* regole materiali italiane, quale che sia la legge applicabile al patto secondo le norme di conflitto bilaterali pertinenti.

Le regole materiali italiane di cui il legislatore italiano intende in questo preservare l'efficacia si incontrano negli articoli 122 e 123 del decreto legislativo 24 febbraio 1998, n. 58, recante il testo unico in materia di intermediazione finanziaria. La prima delle due disposizioni esige che «i patti parasociali aventi per oggetto l'esercizio del diritto di voto nelle società con azioni quotate e nelle società che le controllano» siano comunicati alla Consob entro cinque giorni dalla loro stipulazione e siano sottoposti ad altri oneri pubblicitari. La seconda disposizione prevede che i patti in parola non possano avere una durata superiore a tre anni, con la precisazione che se le parti hanno previsto un termine maggiore si intendono comunque stipulati per tale durata. Come precisa l'art. 119 del testo unico, le disposizioni appena indicate si applicano «alle società italiane con azioni quotate in mercati regolamentati italiani o di altri paesi dell'Unione europea».

Proprio quest'ultima indicazione svela la logica unilateralistica sottesa alle norme in parola. Preoccupato della efficace regolamentazione del mercato finanziario *italiano*, il legislatore ha inteso far sì che tutti i patti parasociali che interessano le società quotate *italiane* siano soggetti alle speciali regole imperative *italiane* contenute negli articoli 122 e 123 del testo unico. Non importa se il patto parasociale presenta degli elementi di internazionalità, o meno. E neppure importa sapere, nel secondo caso, quale legge sia indicata come applicabile dalle norme di conflitto pertinenti. Al legislatore italiano sta a cuore che certi patti siano comunque soggetti a certe regole materiali, perché, a suo giudizio, il rispetto di quelle regole è cruciale per il corretto funzionamento del mercato finanziario italiano.

Sorge in queste circostanze l'esigenza di un dispositivo che coordini l'impiego dei due gruppi di norme: le norme materiali degli articoli 122 e 123 del testo unico (che aspirano a una applicazione «necessaria», nel proprio campo di applicazione), e le norme di conflitto contenute nel regolamento Roma I. Assolve la funzione di raccordo ora indicata una disposizione di cui si parlerà meglio a tempo debito: l'art. 9, par. 2, del regolamento Roma I. Le norme di conflitto dettate dal regolamento Roma I, vi si dice, «non ostano all'applicazione delle norme di applicazione necessaria della legge del foro». In pratica, il regolamento, anche là dove indichi come applicabile al patto la legge russa o quella della California, non impedisce alle autorità italiane di pretendere il rispetto degli articoli 122 e 123 del testo unico, sempre che il patto in questione rientri, per le sue caratteristiche, fra quelli che le due disposizioni «vogliono», dal loro punto di vista, disciplinare. Per intendersi, ciò significa che il patto, ove non sia stato comunicato alla Consob, verrà considerato nullo dai giudici italiani, ancorché magari la legge designata dal regolamento lo consideri valido; significa altresì che il patto, concluso magari per una durata di cinque anni, verrà considerato inefficace dalle autorità italiane una volta decorsi i tre anni previsti dall'art. 123, a nulla rilevando che la legge indicata dal regolamento Roma I ne permetta la stipulazione per un tempo superiore.

2. Metodi di risoluzione dei conflitti di leggi

Le norme di conflitto possono essere congegnate in vario modo. Quelli presentati di seguito sono gli schemi tecnici di impiego più frequente.

(a) Il metodo tradizionale

Nei sistemi che seguono in modo predominante l'approccio bilateralistico, molte norme di conflitto obbediscono tuttora al c.d. metodo tradizionale dei conflitti di leggi, di derivazione savigniana.

Si prenda, ad esempio, l'art. 21 del regolamento n. 650/2012, sulle successioni *mortis causa*. La legge applicabile alla successione, vi si dice, «è quella dello Stato in cui il defunto aveva la propria residenza abituale al momento della morte». In pratica, la successione di Tizio, un italiano stabilitosi a Faro, in Portogallo, è retta dalla legge portoghese.

La logica sottesa all'art. 21 del regolamento n. 650/2012 è geografica. La norma seleziona una particolare circostanza relativa alla fattispecie – l'ultima residenza abituale del *de cuius* – e fa dipendere dalla sua localizzazione l'individuazione della legge applicabile. Detto in altri termini, la norma richiama la legge portoghese perché il criterio di collegamento ivi contemplato si perfeziona in Portogallo. La legge portoghese è dunque chiamata a disciplinare la successione di Tizio perché il legislatore dell'Unione la considera *geograficamente* giusta. Non è importante, ai fini della designazione, che cosa dispongano, materialmente, le norme portoghesi: ciò che rende applicabile la legge portoghese è solo la circostanza che, secondo il regolamento, la successione di Tizio ha la propria «sede» in Portogallo.

Questo modo di procedere punta a favorire la c.d. armonia internazionale delle soluzioni. Facendo leva su una proiezione particolarmente significativa della fattispecie, la norma aspira a far sì che il caso sia assoggettato, nel foro, alla stessa legge a cui verrebbe verosimilmente sottoposto in un paese diverso, in base alle norme di conflitto ivi in vigore. Si torni al caso di Tizio e si immagini che la sua eredità comprenda un quadro di valore, conservato presso una galleria di Buenos Aires. È plausibile, in queste circostanze, che anche le autorità argentine debbano determinare la legge regolatrice della successione di Tizio (magari perché Caio, affermandosi erede di Tizio, chiede ai giudici argentini di ordinare alla galleria di restituirgli il pezzo). Va da sé che i giudici argentini non si servirebbero del regolamento n. 650/2012, visto che questo si applica solo negli Stati membri dell'Unione. Userebbero, semmai, le norme di conflitto argentine. Queste non sono identiche alle norme del regolamento, ma producono, se applicate al caso di specie, l'analogo risultato di assoggettare la successione alla legge portoghese: l'art. 2644 del codice civile argentino sottopone infatti le successioni alla legge del paese dell'ultimo domicilio del defunto. Non sempre, beninteso, questa convergenza si realizza, perché le norme di conflitto variano talora in modo sensibile da Stato a Stato. Ciò detto, il fatto in sé che uno Stato affidi la disciplina di un caso alla legge del paese con cui il caso stesso è più intensamente collegato, accresce la probabilità che anche altri Stati si servano della legge di quel medesimo paese per regolare la fattispecie, senza per questo dover essere vincolati dalle medesime norme di conflitto. Se è così, la fattispecie risulterà in ultima analisi regolata allo stesso modo in tutti i paesi in cui si discuta di essa: se la legge portoghese dice che l'eredità spetta a Caio anziché a Sempronio, Caio sarà in grado di far valere i diritti che gli spettano in base alla successione, secondo la legge portoghese, ovunque se ne faccia questione.

Non solo. La soluzione che consiste nel far dipendere l'individuazione della legge applicabile dalla localizzazione della fattispecie è un modo per salvaguardare le aspettative delle parti: se il rapporto di cui si discute proietta la sua essenza nello Stato X, è ragionevole pensare che le parti, come i terzi a vario titolo interessati al rapporto, si attendano l'applicazione delle regole in vigore nello Stato X, e ciò sulla base di una comprensione sociale ed economica della realtà del rapporto, non mediata da norme giuridiche (la norma di conflitto interverrebbe, allora, a consacrare quella comprensione, «positivizzandola»).

Le norme di conflitto confezionate secondo il metodo tradizionale dei conflitti di leggi impongono all'interprete un ragionamento rigidamente scandito in due fasi. Si parte dalla norma di conflitto. Ad essa si chiede di identificare il paese dalle cui regole generali ed astratte va desunta la disciplina della fattispecie. Identificata la legge applicabile, le norme di conflitto escono di scena: l'operatore, «trasportato» dal criterio di collegamento nell'orizzonte della legge richiamata, si muove da lì in avanti all'interno di tale legge, attingendovi le norme materiali che servono a regolare il caso. In pratica, la prima fase si incentra sulle norme di conflitto, che sono norme del foro (o norme ivi efficaci, se si tratta di norme convenzionali o sovranazionali operanti nel foro); la seconda fase, invece, ha per protagoniste le norme materiali, quelle appunto della legge richiamata, o *lex causae*.

Questa rigida divisione del lavoro comporta, per usare una metafora, un «salto nel buio». Nella prima delle due fasi appena indicate, l'operatore non deve interrogarsi sul contenuto materiale della legge richiamata. Concentrato com'è sulla localizzazione della fattispecie, egli «scoprirà» il tenore materiale del diritto richiamato solo dopo aver effettuato il salto, cioè all'esito del richiamo. È ben possibile che, a quel punto, la scoperta sia sorprendente: le norme materiali dell'ordinamento richiamato potrebbero incarnare dei valori che contraddicono quelli del foro, e suscitare nell'operatore giuridico una sorta di repulsione (ad esempio, perché le norme della legge richiamata discriminano fra uomini e donne, oppure non approntano rimedi per reagire alla lesione di interessi che il foro giudica fondamentali, come la dignità del lavoratore). Il rimedio può consistere allora nell'attivazione di una sorta di valvola di sicurezza, o freno di emergenza: il limite dell'ordine pubblico, di cui si parlerà meglio in seguito. In forza di tale limite, le autorità del foro sono autorizzate a non applicare la legge richiamata quando questa, se applicata, produrrebbe degli effetti inaccettabili.

(b) Il metodo delle considerazioni materiali

Per promuovere i valori del foro già allo stadio della individuazione della legge applicabile è possibile, senza rinnegare del tutto la logica localizzatrice propria del metodo tradizionale, incorporare nelle norme di conflitto degli elementi atti a propiziare il raggiungimento di specifiche finalità di tipo materiale.

Si consideri, a titolo d'esempio, l'art. 28 della legge n. 218/1995. Si tratta della regola di conflitto a cui bisogna fare capo in Italia quando si discute della validità formale di un matrimonio. Deve reputarsi formalmente valido il matrimonio che sia considerato tale «dalla legge del luogo di celebrazione o dalla legge nazionale di almeno uno dei coniugi al momento della celebrazione o dalla legge dello Stato di comune residenza in tale momento».

La norma istituisce non uno ma più criteri di collegamento in concorso fra loro. Si tratta di un concorso «alternativo», nel senso che i criteri previsti operano tutti sullo stesso piano, senza che vi sia fra loro alcuna gerarchia. L'accorgimento serve a favorire un certo esito della verifica della validità del matrimonio. Il legislatore vuole infatti accrescere le probabilità che il matrimonio possa, alla fine, essere dichiarato valido. Pur di conseguire questo risultato, è pronto a prendere a parametro i criteri di validità stabiliti da una qualsiasi delle leggi richiamate dai vari criteri.

Mevia e Sempronio, due cittadini messicani, hanno deciso di sposarsi a Miami, dove vivevano. Ottenuta dalla corte della Contea di Dade, in Florida, la *marriage license* richiesta a questo effetto dalla legislazione locale, hanno però dovuto rimandare la cerimonia ad una data successiva allo scadere della *license*. Il matrimonio è stato comunque celebrato, ma il fatto che esso sia intervenuto una volta scaduta la licenza ne inficia la validità secondo la legge della Florida. Poco dopo, Mevia e Sempronio – inconsapevoli del problema – si trasferiscono in Italia. Deve ritenersi valido in Italia il matrimonio celebrato a Miami? Ai sensi dell'art. 28 della legge n. 218/1995, è sufficiente, per rispondere positivamente, che le formalità seguite per la celebrazione avvenuta a Miami siano ritenute sufficienti dalla legge messicana, in quanto legge del paese di residenza e di comune cittadinanza dei coniugi. Di fatto, il matrimonio di Mevia e Sempronio può considerarsi formalmente invalido, in Italia, solo se esso sia considerato tale tanto dalla legge della Florida quanto dalla legge messicana.

L'art. 28 della legge n. 218/1995 parla il linguaggio geografico proprio del metodo tradizionale dei conflitti di leggi, ma lo contamina, se così si può dire, di inflessioni materiali. L'operatore, lungi dall'operare al buio, deve indagare fin da subito l'esito materiale cui conduce ciascuno dei criteri di collegamento indicati: dei vari collegamenti previsti dalla norma bisogna attivare, se c'è, quello che propizia il risultato materiale voluto dal legislatore (la validità del matrimonio, in questo caso). Le due fasi sopra descritte non sono qui separate come sotto il metodo tradizionale. La norma aspira a produrre un risultato sia *geograficamente* che *materialmente* giusto.

(c) L'applicazione generalizzata della *lex fori*

Le norme che seguono il metodo tradizionale dei conflitti di leggi e quelle che rispondono al metodo delle considerazioni materiali hanno una caratteristica in comune: operano separatamente dalle regole che disciplinano la giurisdizione, e non ne sono influenzate. Nulla dunque impedisce che le norme sulla competenza giurisdizionale assegnino il caso alle autorità dello Stato X, e le norme sulla legge applicabile chiedano loro di decidere il merito secondo la legge dello Stato Y.

Il metodo dell'applicazione generalizzata della legge del foro si discosta dal modello appena descritto. Le norme che se ne servono richiamano sistematicamente la legge del foro: ricollegano, cioè, alla soluzione della questione della competenza la soluzione della stessa questione riguardante la legge applicabile. Se ne trova un'illustrazione nella convenzione dell'Aja del 1996 sulla protezione dei minori. La convenzione detta norme sulla giurisdizione, sulla legge applicabile, sul riconoscimento delle decisioni rese negli Stati contraenti e sulla cooperazione fra le autorità di detti Stati. Reca, in questo senso, un regime internazionalprivatistico di tipo integrale. Ebbene, l'art. 15 stabilisce che le autorità degli Stati contraenti, ove siano competenti in base alla convenzione, applicano nel merito la propria legge.

La soluzione si giustifica, in quel contesto, per due ragioni. In primo luogo, è particolarmente opportuno nel campo della protezione dei minori che l'autorità chiamata a pronunciarsi su un caso possa farlo in base alla propria legge: vi è uno stretto collegamento in quest'ambito fra sostanza e processo, ed è bene che le regole che disciplinano gli aspetti sostanziali siano tratte dal medesimo ordinamento che disciplina gli aspetti processuali (come già detto, il processo soggiace per principio alla *lex fori*). In secondo luogo, il ricorso sistematico alla legge del foro, che in altri contesti sarebbe indice di chiusura, è qui inserito in un regime che si preoccupa di assicurare – come indicato – anche la ripartizione della competenza fra gli Stati contraenti e la circolazione delle decisioni: la circostanza che le decisioni rese in uno Stato contraente siano sistematicamente pronunciate in base alla legge di quello Stato non riduce, qui, l'attitudine di tali decisioni ad essere riconosciute negli altri Stati vincolati dalla convenzione (come si vedrà a tempo debito, il riconoscimento delle decisioni può essere negativamente influenzato dall'atteggiamento di chiusura mostrato dallo Stato da cui promana la decisione quanto alla competenza giurisdizionale e alla legge applicabile).

3. Le politiche della norma di conflitto

Come tutte le norme giuridiche, anche le norme di conflitto rispecchiano dei giudizi di valore e sono poste al servizio di particolari esigenze politiche. L'osservazione è stata già fatta, parlando delle vicende che hanno condotto, in Italia, alla adozione della legge n. 218/1995. Come detto, l'urgenza della riforma era determinata, fra le altre cose, dalla rilevata incostituzionalità di alcune norme di conflitto allora vigenti, come l'art. 18 delle preleggi, in tema di rapporti personali fra i coniugi: richiamando la legge del paese di cittadinanza del marito, tali norme rispecchiavano una visione della famiglia incompatibile con la Costituzione [1].

---

[1] Parte prima, Capitolo I, § 4.

La vicenda, su cui non occorre tornare, mostra come le norme di conflitto, malgrado il loro tecnicismo e la loro apparente «freddezza», incarnano la sensibilità di chi le ha prodotte e sono chiamate a realizzarne gli obiettivi.

Si prenda, ad esempio, l'art. 3 del protocollo dell'Aja del 23 novembre 2007 sulla legge applicabile alle obbligazioni alimentari[2]. La legge regolatrice delle obbligazioni alimentari nella famiglia è, per l'art. 3, quella dello Stato di residenza abituale del creditore. In caso di cambiamento della residenza abituale si applica la legge dello Stato della nuova residenza abituale dal momento del trasferimento.

La norma mira a rafforzare la protezione del creditore di alimenti: un soggetto debole, che gli autori del protocollo hanno voluto mettere nelle condizioni di far valer efficacemente le proprie ragioni. È lui al centro dell'attenzione, quando si parla di alimenti, e non è dunque un caso che a lui si riferisca la circostanza elevata dalla norma a criterio di collegamento. Non solo, applicando la legge del paese di residenza abituale del creditore, si permette in sostanza al creditore di ottenere tutto ciò (e solo ciò) che la legge in vigore nell'ambiente sociale del creditore stesso reputa appropriato nelle circostanze. Per intendersi, le pretese alimentari che il piccolo Mario, da poco stabilitosi in Ungheria con la madre, può invocare nei confronti del padre Giovanni, un italiano residente in Italia, sono parametrate agli stessi criteri che valgono per il piccolo Gábor, che in Ungheria è nato e ha sempre vissuto, e reclama quanto gli spetta dal padre Sándor, che vive a due isolati da lui a Budapest. Sembra in effetti giusto così, visto che la situazione di Mario e quella di Gábor appaiono, dal punto di vista sociale, perfettamente comparabili. La stessa circostanza che un cambio di residenza implichi un cambio di legge applicabile conferma l'impostazione protettiva della norma: se Mario e la madre si trasferiscono dall'Ungheria in Belgio, e lì sorge l'esigenza di rivedere l'importo dell'assegno versato a Mario, sarà più facile per il piccolo e la madre ottenere assistenza sui propri diritti da un professionista locale, sulla scorta delle norme locali.

La scelta del criterio di collegamento può essere condizionata, in definitiva, da considerazioni diverse, variamente combinate fra loro. Si tratta perlopiù di considerazioni legate alla natura o al rango degli interessi materiali in gioco (nel caso delle obbligazioni alimentari, la protezione del creditore), e di considerazioni connesse al funzionamento della norma di conflitto (come, ad esempio, il desiderio del legislatore di favorire una determinazione rapida e sicura della legge applicabile).

4. La sfera applicativa della norma di conflitto

Le norme di conflitto rivestono invariabilmente un carattere speciale: operano, cioè, in relazione ad una particolare categoria di situazioni e di rapporti. La prima operazione da compiere per determinare la legge applicabile consiste pertanto nello

[2] <http://hcch.net>.

stabilire quale sia, fra le varie norme di conflitto in vigore nel foro, quella deputata a regolarla. Si parla a questo proposito di qualificazione, designandosi con questo termine l'operazione intellettuale che mira a stabilire se un dato caso rientri fra quelli disciplinati da una certa norma o da un'altra.

(a) La qualificazione

La qualificazione della fattispecie presuppone, per l'interprete, un'indagine sul senso e la portata delle espressioni utilizzate dalle norme che hanno *prima facie* vocazione a regolare il caso.

La categoria di rapporti e situazioni che una norma di conflitto si propone di disciplinare è in genere descritta tramite espressioni tecniche proprie del linguaggio giuridico: l'art. 23 della legge n. 218/1995, ad esempio, tratta della «capacità di agire delle persone fisiche»; l'art. 53 si riferisce alla «usucapione di beni mobili»; l'art. 60 alla «rappresentanza volontaria», etc. Tali espressioni, per quanto grosso modo comuni a tutti i sistemi privatistici, non possiedono necessariamente dappertutto il medesimo significato. Secondo l'opinione tradizionale, suffragata da una dottrina abbondante e confortata in Italia dalla giurisprudenza [3], le formule in discorso vanno intese nel significato che esse rivestono nell'ordinamento del foro.

Il riferimento alle categorie della *lex fori* va inteso in modo flessibile, cioè, come si dice, con una certa apertura internazionalistica. Non sarebbe del resto ragionevole attendersi che il caso corrisponda perfettamente all'uno o all'altro dei modelli legali in uso nel foro: se la fattispecie risulta soggetta a una legge straniera è anzi normale che presenti la fisionomia prevista proprio da tale legge. Si tratta di capire, in fondo, se la fattispecie, per i suoi caratteri strutturali e per gli interessi che mette in gioco, sia riconducibile sotto l'una o l'altra delle figure generali usate dalle norme di conflitto per descrivere la propria portata applicativa.

Una volta sussunta la fattispecie nella categoria pertinente, e individuata così la legge regolatrice, è possibile che le norme della *lex causae* riconducano il caso sotto una categoria diversa da quella impiegata ai fini della (prima) qualificazione. Questo scarto non deve sorprendere. La norma di conflitto bilaterale, si è detto, esce di scena non appena designa la legge applicabile. Da quel punto in avanti ci si muove nell'orizzonte della *lex causae*: spetta a quest'ultima regolare la fattispecie sul piano materiale, fornendone l'inquadramento che reputa più appropriato.

Tizio si rivolge al giudice italiano affinché accerti il suo credito verso Caio a titolo di restituzione di un prestito. Caio eccepisce la prescrizione della pretesa di Tizio. Quale legge regola la questione della prescrizione? La risposta va ricavata dalle norme di conflitto contenute nel regolamento Roma I sulla legge applicabile alle obbligazioni contrattuali: è infatti pacifico che rientri nella sfera di tale regolamento la questione della prescrizione di un credito di fonte contrattuale. Si supponga che, nella specie, il regolamento indichi come applicabile la legge dello Stato di New York. Quest'ultima scorge nella prescrizione una

---

[3] Per tutte, in Italia, Cass., sez. unite, 5 febbraio 2021, n. 2867.

questione di carattere procedurale, non una questione sostanziale. Il giudice italiano, dovrà dunque decidere il caso secondo le norme procedurali dello Stato di New York, non quelle sui contratti.

L'idea che la qualificazione sia guidata dalle categorie del foro riflette la circostanza che le norme di conflitto integrano l'ordinamento del foro e comunque operano per conto di questo. Non vi è nulla di sorprendente nel fatto che la loro interpretazione rifletta il contesto in cui sono inserite.

Se la norma di conflitto è uniforme, anziché interna, l'impiego delle categorie del foro diviene invece improprio, o inopportuno. Da qui l'affermazione – che già si è avuto modo di discutere – per cui le norme uniformi vanno interpretate alla luce dei caratteri del sistema a cui appartengono, cioè in modo autonomo. Ciò comporta, per esempio, che una fattispecie va qualificata come successoria, ai fini delle norme di conflitto del regolamento n. 650/2012, se essa attiene al fenomeno successorio per come questo è inteso dal regolamento. Non si tratta di una deroga al principio per cui la qualificazione va fatta *lege fori*, ma di un adeguamento di tale principio al contesto del diritto uniforme.

Oggetto di qualificazione, stando all'opinione preferibile, sono le questioni per decidere le quali si rende necessario identificare la legge applicabile. Non si qualificano cioè dei fatti, e neppure delle norme: si parte dalla pretesa «grezza» su cui l'interprete è sollecitato a pronunciarsi e si identifica fra le categorie impiegate dalle norme di conflitto operanti nel foro quella sotto la quale la stessa si lascia ricondurre, avuto riguardo ai suoi caratteri strutturali e al genere di interessi in gioco.

L'approccio appena prospettato fornisce solitamente una risposta al c.d. problema delle istituzioni sconosciute. Nel diritto islamico, per esempio, è previsto che la moglie riceva dal marito o dalla famiglia di lui dei beni o una somma di denaro (c.d. *mahr*), quale presupposto per la valida costituzione del vincolo matrimoniale, con la precisazione che la dazione dei beni o del denaro in questione non devono necessariamente avvenire per intero al momento delle nozze: la parte rimanente andrà allora corrisposta al momento dello scioglimento del matrimonio. Nulla di simile si incontra nel diritto italiano. Se nell'ambito di un divorzio fra due coniugi giordani la moglie chiede al giudice italiano di condannare il marito a corrisponderle il residuo del *mahr*, quale norma di conflitto dovrà essere impiegata per identificare la legge applicabile? L'istituzione del *mahr* potrà anche essere sconosciuta come tale al diritto italiano, ma di certo non è ignota all'ordinamento italiano la figura della donazione. Qui la moglie chiede ragione di una promessa che le fu fatta al momento delle nozze, e che non si ricollega alla pattuizione di un corrispettivo. Senza che occorra chiedersi se ricorrono nel caso di specie tutti gli elementi che per il diritto italiano danno forma al concetto di donazione, ce ne è quanto basta per dire – secondo l'interpretazione che pare preferibile – che la pretesa «grezza» della moglie va ricondotta sotto la categoria delle donazioni (obnuziali), e dunque sottoposta alla norma di conflitto che se ne occupa: l'art. 56 della legge n. 218/1995.

(b) Ambito della *lex causae*

Una volta identificata la legge applicabile alla fattispecie sorge la necessità di stabilire con precisione quali questioni debbano essere decise, nel foro, in base a tale legge. Si immagini, per esempio, che sia in questione davanti al giudice italiano il potere di Tizio di impegnare con una sua manifestazione di volontà la società Alfa, di cui è consigliere di amministrazione. Da quale legge va tratta la risposta al quesito? Dalla legge che regola la società Alfa o da quella che disciplina la rappresentanza? Varie norme di conflitto, specie di fattura recente, hanno cura di specificare in termini espliciti quali questioni debbano reputarsi comprese nell'ambito della legge da esse designata. È quanto accade, in particolare, con l'art. 25 della legge n. 218/1995. Dopo aver indicato che le società, le associazioni e le fondazioni soggiacciono alla legge dello Stato in cui si è perfezionato il procedimento di costituzione, la disposizione fornisce un'elencazione (non esaustiva) delle questioni che vanno decise in base alla legge così individuata: vi rientrano, per esempio, le questioni concernenti la costituzione dell'ente come la trasformazione e l'estinzione dello stesso; e vi rientra, fra le altre, la questione della rappresentanza dell'ente. Tanto basta per affermare che spetta alla legge richiamata dall'art. 25 il compito di stabilire se, e a quali condizioni, la dichiarazione di Tizio produca effetto nella sfera giuridica di Alfa. Regole come quella ora descritta concorrono, in fondo, alla qualificazione della fattispecie: definiscono con più precisione di quanto non faccia il riferimento ad un'ampia area del diritto privato (il contratto, la successione, etc.) la portata della norma di conflitto.

(c) La legge applicabile alla questione preliminare

Capita talora che per decidere una certa questione si renda necessario risolverne un'altra, presupposto della prima. Un esempio: ci si chiede se, in mancanza di testamento, l'eredità di Sempronia vada a Mevio, che ne era da poco diventato il marito; senonché, essendo contestata la validità del matrimonio fra i due, la soluzione del quesito presuppone che sia decisa la questione della validità del matrimonio: nulla infatti spetterebbe a Mevio se – essendo nullo il matrimonio – egli non potesse invocare lo *status* di coniuge della defunta.

Come si determina, agli effetti della questione principale (quella successoria, nell'esempio), la legge regolatrice della questione preliminare (quella matrimoniale)? L'interrogativo ha concreta ragione di porsi quando le due questioni, prese isolatamente, rientrino nella sfera applicativa di norme di conflitto diverse.

È, questo, un problema sul quale i legislatori nazionali e i redattori di testi uniformi evitano perlopiù di prendere posizione. Due approcci di base sono astrattamente concepibili (ognuno di essi è suscettibile articolarsi in varianti di cui non è possibile parlare in queste pagine).

Il primo approccio consiste nell'assoggettare la questione preliminare alla legge regolatrice della questione principale, sia pure limitatamente a quanto occorre per decidere quest'ultima. Nell'esempio fatto poc'anzi, si tratta allora di apprezzare la validità del matrimonio fra Sempronia e Mevio, ai fini della individuazione dei successibili della prima, sulla base delle regole (quelle in materia matrimoniale) della legge richiamata per regolare la successione. Chi difende questa tesi afferma l'opportunità di assicurare una soluzione armonica delle due questioni, la principale e la preliminare: un obiettivo, questo, che può essere soddisfatto decidendo entrambe le questioni secondo la medesima legge. Uno dei rari strumenti uniformi che si pronuncia sul trattamento della questione preliminare accoglie l'approccio ora descritto: l'art. 1, par. 1, della citata convenzione di Monaco del 1980 sulla legge applicabile ai nomi e ai prenomi, dopo aver stabilito che il nome e il prenome di una persona sono regolati dalla legge del paese di cittadinanza di tale persona, precisa che le situazioni (tipicamente familiari) da cui il nome o il prenome dipendono debbono essere apprezzate – al fine di decidere una questione relativa al nome o al prenome dell'interessato – sulla base della legge appena indicata.

Il secondo approccio postula invece l'assoggettamento della questione preliminare alla legge richiamata dalle norme di conflitto ad essa pertinenti (le norme in materia di validità del matrimonio, nell'esempio della successione di Sempronia). A favore di questa impostazione – che è la più largamente utilizzata nella pratica quando non vi siano prescrizioni esplicite – milita l'argomento secondo il quale è opportuno evitare che la medesima questione (la validità del matrimonio, per stare all'esempio dell'eredità di Sempronia) sia decisa in base a una legge diversa a seconda che la stessa venga in rilievo da sola, a titolo principale, oppure come premessa per risolvere una questione che ne dipenda.

5. Il criterio di collegamento: generalità

Il criterio di collegamento costituisce in un certo senso il cuore della norma di conflitto. Le norme di conflitto che si incontrano nei sistemi internazionalprivatistici nazionali e nei testi uniformi fanno uso di un'ampia gamma di criteri: alcuni alludono ad una o più delle persone coinvolte nel rapporto («Lo stato di figlio è determinato dalla legge nazionale del figlio», esordisce l'art. 33, co. 1, della legge n. 218/1995); altri si riferiscono all'oggetto dalla situazione o del rapporto di cui si discute (per l'art. 51 della legge del 1995 i diritti reali sui beni mobili ed immobili sono disciplinati «dalla legge dello Stato in cui i beni si trovano»). Sotto un diverso profilo, alcuni criteri corrispondono a circostanze giuridiche (la cittadinanza del figlio, nel caso dell'art. 33, ora citato), mentre altri rinviano a elementi di fatto (la situazione dell'immobile, nell'esempio dell'art. 51).

La distinzione evocata da ultimo ricorda che, quando il criterio di collegamento consiste in una circostanza di natura giuridica, sorge il problema di sapere in base a quale legge debba esserne ricostruito il significato. La fattispecie, in tal caso, non può infatti essere localizzata sulla base di un'osservazione empirica della realtà materiale. La soluzione da dare al problema varia a seconda dei casi. Qui può solo accennarsi a come occorre procedere quando il criterio di collegamento consista – come nell'art. 33 della legge – nella cittadinanza di una persona fisica.

La via da seguire è facile, perché si è cittadini di uno Stato sempre e solo in base alle norme e ai provvedimenti di quel medesimo Stato. Spetta dunque, per esempio, alle norme spagnole e alle decisioni delle autorità spagnole dire se la persona di cui interessa determinare la cittadinanza abbia la cittadinanza spagnola, così come spetta alle norme e alle decisioni egiziane dire se l'interessato sia egiziano.

Le norme e i provvedimenti che presiedono all'attribuzione e alla perdita della cittadinanza potrebbero peraltro non bastare ai fini del funzionamento delle regole di conflitto che usano come criterio di collegamento la cittadinanza. Potrebbe darsi infatti che la persona di cui si discorre possieda la cittadinanza di più Stati o non ne possieda alcuna. In casi di questo genere si rende necessario affiancare alla norma di conflitto una norma c.d. di funzionamento, che ne precisi l'operare. Nella legge n. 218/1995, che fa largo uso del criterio della cittadinanza, opera a questo riguardo l'art. 19. Vi si prevede che se si tratta di un apolide o di un rifugiato, si guarda alla legge dello Stato del domicilio o, in mancanza, della residenza; se si tratta invece di un pluricittadino, «si applica la legge di quello tra gli Stati di appartenenza con il quale essa ha il collegamento più stretto», cioè lo Stato con cui la persona in questione intrattiene le relazioni più significative, ad esempio perché vi abita. Qualora tuttavia l'interessato possieda, fra le varie cittadinanze, anche quella italiana, «questa prevale».

6. Evoluzione della fisionomia dei criteri di collegamento

I criteri di collegamento usati dalle norme di elaborazione recente presentano non di rado una fisionomia diversa da quella delle regole più risalenti. Beninteso, non tutti i sistemi internazionalprivatistici si sono sviluppati allo stesso modo. Alcune grandi tendenze, però, sono comuni a più sistemi. Conviene evocarne tre.

(a) Dai criteri astratti alla localizzazione in concreto

Le norme di conflitto di fattura più antica si servivano, salvo poche eccezioni, di criteri di collegamento astratti e rigidi. A partire dall'ultimo quarto del XX secolo ha preso piede, almeno in certi campi, un approccio diverso, caratterizzato da una certa flessibilità. Per riferirsi a questa evoluzione – che ha interessato soprattutto i paesi di *civil law* e i testi uniformi ispirati dalle sensibilità ivi dominanti (nei paesi di *common law* le norme di conflitto erano già prima di allora piuttosto flessibili) – la dottrina è solita parlare dell'avvento del c.d. principio di prossimità. L'idea dietro questa formula è che la norma bilaterale di conflitto, pur senza rinunciare alla logica localizzatrice che la connota, dovrebbe condurre alla designazione della legge del paese con cui lo specifico rapporto di cui si discute – non, genericamente, i rapporti dello stesso tipo – intrattiene i contatti più significativi.

Questo intendimento svela un'insoddisfazione per l'approccio propugnato da Savigny, fondato sull'impiego di ampie categorie e sulla meccanica sussunzione della *species* (il rapporto di cui occorre determinare la legge regolatrice) nel *genus* corrispondente. L'eccessiva astrazione mette in ombra le tante possibili declinazioni sotto cui la fattispecie può presentarsi, e rischia di frustrare gli stessi obiettivi che si propone il metodo savigniano, come l'armonia internazionale delle soluzioni e la salvaguardia delle aspettative delle parti. Da qui la proposta di ripensare la fisionomia della norma di conflitto in modo tale che questa possa produrre localizzazioni calibrate sulle specifiche circostanze del caso. Sono diverse le strategie che il legislatore può mettere in campo a questo fine, oltretutto combinandole variamente fra loro. Almeno tre di queste strategie meritano di essere citate in questo breve sorvolo.

(1) *I criteri comportanti l'apprezzamento di insieme di un fascio di circostanze*

La prima strategia consiste nell'impiego di criteri di collegamento che non valorizzino in modo meccanico una singola circostanza, per quanto significativa, ma prendano in considerazione un fascio di indizi di localizzazione.

Il prototipo di un simile criterio di collegamento è la residenza abituale. Il concetto di residenza abituale, dapprima utilizzato nelle convenzioni elaborate in seno alla Conferenza dell'Aja e da qui passato in altri testi uniformi, specie dell'Unione europea, non forma l'oggetto di esplicite definizioni normative. Quest'assenza è deliberata: una definizione irrigidirebbe una nozione che si vuole invece elastica.

La residenza abituale di una persona (fisica), si è soliti dire, è nel luogo in cui questa ha fissato con voluto carattere di stabilità il centro principale dei suoi interessi. Tutti gli interessi della persona contano a questo fine, perché si tratta in fondo di identificare l'ambiente sociale con cui la persona in questione è (più) integrata. La determinazione della residenza abituale passa, così, per l'esame di indizi fra loro assai diversi, non condizionati da evidenze formali (il fatto che una persona abbia la residenza anagrafica in un dato luogo non significa che quella persona abbia nel medesimo luogo anche la residenza abituale).

Si tratta di indizi non predeterminati in astratto. Certo, importa sapere dove l'interessato è solito dormire e dove svolge la sua attività lavorativa. Importa altresì sapere dove vivono le persone che gli sono care e dove coltivi i rapporti con loro. Ma, se gli indizi ora indicati sono muti o divergenti (ad esempio, perché la persona non ha né un impiego né una famiglia, oppure perché lavora nello Stato A dal lunedì al venerdì per tornare in famiglia nel fine settimana, nello Stato B), può essere necessario attingere ad altri indicatori di integrazione sociale: indicatori che, presi singolarmente, potrebbero apparire quasi insignificanti, ma che «colorano» in senso sociale la presenza dell'interessato in un certo luogo. Possono in tal modo assumere rilievo indizi come la localizzazione del patrimonio dell'interessato, i luoghi che frequenta nel tempo libero, il fatto che nei luoghi in cui trascorre del tempo l'interessato parli la lingua locale (segno di un certo grado di integrazione nel tessuto locale) o invece si comporti da persona «di passaggio», etc.

Insomma, non c'è un algoritmo che dica, partendo da certi riscontri standard, dove si trova la residenza abituale di una persona. Spetta all'interprete esaminare il materiale pertinente e stabilire quale sia il centro della vita dell'interessato, combinando a questo effetto dei riscontri oggettivi (la presenza più o meno regolare in un certo luogo, etc.) e degli indici soggettivi, o psicologici (le ragioni per cui la persona si trattiene in un dato luogo, se con lo spirito di farne il proprio «focolare» o invece con la consapevolezza che si tratta solo di una presenza breve e transeunte).

Emerge in questo modo un elemento che distingue il concetto di residenza abituale dal concetto di domicilio, con cui pure presenta, per certi aspetti, delle affinità. Il domicilio, che è una nozione plasmata da norme nazionali, può talora dover essere determinato tramite presunzioni o finzioni. In Italia, ad esempio, l'art. 45, co. 3, del codice civile italiano stabilisce che «[l]'interdetto ha il domicilio del tutore», a prescindere da dove si trovi realmente il centro degli interessi del primo. La residenza abituale – nozione sviluppata, invece, per accompagnare delle norme uniformi, e dunque programmaticamente sottratta al particolarismo dei diritti nazionali – rigetta in radice simili manipolazioni. L'individuazione della residenza abituale di una persona poggia sempre e solo sugli indizi che segnalano, come detto, l'integrazione dell'interessato in un dato ambiente: spetta all'interprete identificare e soppesare quegli indizi, senza l'interferenza di criteri legali.

(2) *Le clausole di salvaguardia*

La seconda strategia in cui si traduce la ricerca della «prossimità», nel senso sopra indicato, consiste nel corredare le norme di conflitto di una c.d. clausola di salvaguardia, o di eccezione. Se ne rinviene una nel regolamento n. 650/2012, più volte citato. La legge applicabile alla successione, come detto, è ai sensi dell'art. 21, par. 1, la legge dello Stato dell'ultima residenza abituale del *de cuius*. A questa disposizione, che da sola produrrebbe una localizzazione rigida e astratta, se ne affianca un'altra, al par. 2: «Se, in via eccezionale, dal complesso delle circostanze del caso concreto risulta chiaramente che, al momento della morte, il defunto aveva collegamenti manifestamente più stretti con uno Stato diverso da quello la cui legge sarebbe applicabile ai sensi del paragrafo 1, la legge applicabile alla successione è la legge di tale altro Stato». In pratica, il regolamento affida all'interprete il compito di correggere la norma di base nel caso in cui questa dovesse richiamare la legge di un paese con cui il caso presenta un nesso molto tenue, là dove la sede «effettiva» della fattispecie risulti collocarsi altrove.

Sempronio, un giovane ingegnere chimico di Ravenna, viene assunto da un'importante società chimica con sede a Monaco di Baviera. Recede dal contratto di locazione dell'appartamento che occupava a Ravenna e si reca a Monaco. Qui, si mette alla ricerca di una casa da acquistare, pronto ad impiegare per questo tutti i suoi risparmi. Appena una settimana dopo, però, è vittima di un incidente stradale mortale. Quale legge regola la successione di Sempronio? La legge tedesca, in linea di principio, visto che il trasferimento in Germania, nelle circostanze ora descritte, sembrerebbe aver determinato, per Sempronio, un cambio di orizzonte di vita (l'acquisto di una nuova residenza abituale può prodursi in modo pressoché istantaneo, se l'interessato sposta in modo netto e risoluto il centro dei suoi interessi da uno Stato all'altro). Se però da un'analisi globale delle circostanze emerge che il caso di Sempronio è più strettamente collegato all'Italia, allora – eccezionalmente – trova applicazione la legge italiana. Gli indizi che, sommandosi, potrebbero giustificare l'eccezione non sono predeterminabili in astratto. Potrebbe assumere rilievo, a seconda delle circostanze, il fatto che Tizio avesse ancora in Italia la totalità delle sue relazioni familiari e affettive, la totalità del suo patrimonio, etc.

(3) *La previsione di diversi criteri di collegamento in concorso successivo fra loro*

Il principio di prossimità è all'origine di un terzo congegno tecnico di cui interessa dar conto. Certe norme di conflitto impiegano, per la localizzazione della fattispecie, una pluralità di criteri di collegamento. Vi sono varie forme di concorso o di combinazione di criteri di collegamento. Si è accennato sopra all'ipotesi del concorso alternativo, parlando dell'art. 28 della legge n. 218/1995, sulla forma del matrimonio. La figura su cui interessa in questa sede attirare l'attenzione è piuttosto quella del concorso successivo di criteri di collegamento.

Un buon esempio di questa tecnica è offerto dall'art. 8 del già menzionato regolamento Roma III sulla legge applicabile al divorzio. La norma contempla ben quattro criteri di collegamento. Ne prescrive l'impiego, però, secondo una precisa sequenza: si parte dal primo, e si ricorre al secondo solo se il primo non opera nel caso di specie, e via di questo passo. Ai sensi dell'art. 8 del regolamento, il divorzio è disciplinato, in prima battuta, dalla legge dello Stato in cui i coniugi hanno la residenza abituale al momento della domanda giudiziale. Se in quel momento non risiedono abitualmente in un unico Stato, si ripiega sul secondo criterio di collegamento, e si applica la legge dello Stato dell'ultima residenza abituale dei coniugi, a patto che la loro comune residenza in quel paese non sia cessata oltre un anno prima dell'avvio del procedimento e che uno di essi vi risieda ancora. Se i coniugi non hanno mai avuto la residenza abituale nel medesimo Stato, o se non ricorrono le condizioni appena indicate, entra in gioco il terzo criterio, che richiama la legge del paese di cui i due coniugi sono cittadini nel momento della domanda. Se non ricorra neppure questa eventualità, vale la legge del foro.

Qui non si tratta, come sotto le strategie esaminate poc'anzi, di valorizzare il ruolo dell'interprete. La sostanza, però, non è molto diversa. Il legislatore, dettando una disposizione come quella appena descritta, mostra di considerare pertinenti degli indizi di localizzazione assai diversi fra loro (la attuale residenza abituale comune dei coniugi, quella passata, la cittadinanza comune, etc.). Non rinuncia, però, a stabilire una gerarchia fra quegli indizi. Dichiara un favore per la residenza abituale comune, ma – consapevole che esistono coniugi che non abitano nello stesso paese (per ragioni di lavoro, perché è insorta fra loro una crisi e hanno deciso di vivere separati, etc.) – chiede all'operatore di servirsi di un criterio diverso. L'obiettivo resta comunque quello di pervenire, in ultima analisi, a una localizzazione aderente alle speciali caratteristiche del caso concreto.

(b) L'autonomia privata

La ricerca della prossimità, condotta con gli strumenti indicati sopra, pone a carico dell'interprete un compito potenzialmente gravoso, ed espone le parti ad esiti fortemente venati di discrezionalità, talora imprevedibili (quanto meno se la prevedibilità è intesa come la qualità delle regole meccaniche). Per evitare questi inconvenienti, molte norme di conflitto permettono all'interessato o agli interessati di designare essi stessi, con un apposito negozio, la legge regolatrice del rapporto.

In realtà, la possibilità di una scelta della legge applicabile, o *electio iuris*, ha trovato ingresso nel diritto internazionale privato ben prima che si affermasse il principio di prossimità.

La scelta di legge, là dove è prevista, mette le parti nella condizione di predeterminare la soluzione del conflitto di leggi. Il legislatore potrebbe voler concedere alle parti un certa autonomia per svariate ragioni: ragioni riferibili agli interessi sostanziali in gioco (tipicamente, perché si tratta di regolare situazioni – come i contratti o i regimi patrimoniali fra i coniugi – per i quali già sul piano del diritto materiale esistono ampi spazi di libertà), e ragioni riconducibili, come accennato, all'efficiente operare della norma di conflitto (là dove la localizzazione obiettiva della fattispecie si presenti complicata, l'accordo delle parti permette di mettere subito un punto fermo sulla questione).

L'esercizio dell'autonomia si traduce in una deroga dei criteri di collegamento di indole obiettiva. Spetta al legislatore stabilire, materia per materia, le condizioni di ammissibilità di una simile deroga. Ad esempio, l'art. 22 del regolamento 2016/1103 sui regimi patrimoniali permette ai coniugi di designare la legge applicabile ai loro rapporti patrimoniali, a condizione che tale legge sia la legge dello Stato in cui almeno uno di loro risiede abitualmente al momento dell'accordo o la legge di uno Stato di cui uno dei coniugi ha la cittadinanza in tale momento. L'art. 23 aggiunge che l'accordo dev'essere «redatto per iscritto, datato e firmato da entrambi i coniugi», e permette che le norme interne degli Stati membri vincolati dal regolamento impongano, alle condizioni indicate nella disposizione, dei requisiti di forma ulteriori, come la conclusione tramite atto pubblico.

Giova sottolineare che quella eventualmente consentita dalle norme di conflitto è un'autonomia diversa da quella di cui ragiona il diritto privato materiale (e che trova ad esempio espressione, in Italia, nell'art. 1322 del codice civile). Diversa è la funzione delle due autonomie, e diverso è il momento in cui esse possono venire rispettivamente in considerazione nel percorso lungo cui si snoda il ragionamento dell'interprete. L'autonomia c.d. conflittuale investe la soluzione dei conflitti di leggi, e come tale viene in gioco in prima battuta. Solo dopo che la norma di conflitto ha individuato la legge regolatrice del rapporto (se del caso facendo leva sulla volontà degli interessati, se così dispone la norma di conflitto pertinente), ci si può chiedere – attingendo dalle norme materiali di quella legge – se vi sia spazio per l'autonomia negoziale, e a quali condizioni possa essere esercitata.

(c) Il metodo del riconoscimento delle situazioni

Per stabilire se una certa situazione giuridica, costituitasi per effetto di norme sostanziali, possa essere fatta valere nell'ordinamento del foro, occorre stabilire quale ne sia la legge regolatrice. La situazione potrà ritenersi esistente e spendibile nel foro se la sua costituzione sia avvenuta in conformità con tale legge. Detto in altre parole, per stabilire nel foro se certi fatti o certe dichiarazioni delle parti abbiano dato vita ad una data situazione giuridica, o l'abbiano modificata o estinta, occorre innanzitutto identificare tramite le norme di conflitto pertinenti la legge applicabile alla situazione in questione per poi accertare se tale legge conferisca ai fatti e alle dichiarazioni in questione l'attitudine a costituire, modificare o estinguere la situazione di cui trattasi. Se la legge richiamata non fa discendere alcun effetto da quei fatti e quegli atti, la situazione dovrà reputarsi inesistente nel foro.

Questo esito può talora rivelarsi gravemente problematico. Si immagini che in conformità alla legge dello Stato X sia venuta ad esistenza una data situazione sostanziale: ad esempio, l'acquisto da parte di Tizio dello *status* di figlio di Caio, in ragione del riconoscimento di paternità fatto da quest'ultimo. Si supponga, ora, che le norme di conflitto del foro indichino nella legge dello Stato Y la legge deputata a regolare nel caso di specie le condizioni per il riconoscimento di figlio, ma che le norme materiali di tale legge indichino il riconoscimento fatto da Caio come assolutamente improduttivo di effetti. Ne consegue che, nel foro, Tizio non può far valere lo *status filiationis* che invece gli compete in base alla legge dello Stato X: uno *status* che magari potrebbe spendere anche nello Stato Z perché le norme di conflitto ivi in vigore assoggettano il riconoscimento alla legge dello Stato X. In uno scenario come quello appena descritto, il rapporto di filiazione fra Tizio e Caio conosce una sorta di discontinuità spaziale: esiste nella prospettiva dello Stato X e dello Stato Z, ma non esiste nell'ottica dello Stato Y. Ad essere frustrata, in questo caso, non è solo l'armonia internazionale delle soluzioni: una discontinuità come quella appena rilevata mette a repentaglio la tutela dei diritti fondamentali degli interessati (in particolare del figlio).

Sono diversi gli accorgimenti impiegati nei sistemi internazionalprivatistici per contenere questo genere di rischi. L'art. 35 della legge n. 218/1995, per restare al caso del riconoscimento di figlio, istituisce più criteri di collegamento in concorso alternativo fra loro, così da favorire lo stabilimento della filiazione. Si assiste, altrove, a soluzioni più estreme, implicanti una erosione dei criteri di collegamento del foro in nome della continuità delle situazioni giuridiche nello spazio.

È quanto avviene in base all'art. 9 del libro decimo, sul diritto internazionale privato, del codice civile dei Paesi Bassi, approvato nel 2011. La disposizione, espressiva di (una particolare declinazione del) c.d. metodo del riconoscimento delle situazioni, è formulata grosso modo come segue: quando un fatto produce certi effetti giuridici nell'ordinamento di uno Stato in forza delle rispettive norme di diritto internazionale privato, quegli stessi effetti possono essere riconosciuti anche nei Paesi Bassi, in deroga a quanto previsto dalle norme di conflitto degli stessi Paesi Bassi, nella misura in cui il mancato riconoscimento di detti effetti costituirebbe una violazione «inaccettabile» delle aspettative legittime delle parti o della certezza del diritto. Detto in altri termini, se una situazione esiste in un certo ordinamento, ma non può avere ingresso nell'ordinamento dei Paesi Bassi attraverso la via ordinaria, cioè per il tramite del richiamo disposto dalle norme di conflitto, tale situazione può nondimeno essere fatta valere nei Paesi Bassi se esistono ragioni imperiose per assicurare agli interessati un godimento geograficamente continuo della stessa.

Si tratta di una erosione potenzialmente ampia del criterio di collegamento, perché il legislatore dei Paesi Bassi si mostra pronto a mettere eccezionalmente a tacere i propri criteri di collegamento, là dove il loro impiego sia di intralcio ad altre esigenze, evidentemente ritenute superiori. La tecnica, su cui non è possibile soffermarsi oltre, è sintomatica della crescente porosità del diritto internazionale privato nei riguardi, soprattutto, dei diritti umani fondamentali. Il risultato richiesto dalla tutela di questi diritti può dover essere conseguito mettendo da parte i mezzi normalmente utilizzati a questo effetto, comprese le norme di conflitto.

7. Il richiamo

Nella norma bilaterale, come detto, il criterio di collegamento identifica l'ordinamento da cui vanno tratte le norme generali ed astratte applicabili alla fattispecie. L'effetto giuridico della norma di conflitto consiste precisamente nel richiamo di quell'ordinamento. Varie questioni sorgono in relazione al richiamo, segnatamente quando la legge richiamata sia una legge straniera. Due sono i problemi che verranno affrontati in questa sede: il problema del rinvio e quello del richiamo di ordinamenti plurilegislativi.

(a) Il problema del rinvio

Si è detto che il richiamo stabilito dalle regole di conflitto rende applicabili nel foro le norme generali ed astratte prodotte dalle fonti dell'ordinamento richiamato. Ma di quali norme generali ed astratte si tratta, precisamente? Delle sole norme materiali o anche di quelle di conflitto? Se bisogna considerare anche queste ultime, infatti, è possibile che esse richiamino, per parte loro, un ordinamento diverso.

(1) *I termini del problema*

Si prenda quest'esempio. Tizio, un cittadino rumeno residente in Italia, ha subito un trauma cerebrale. Non è in grado di provvedere da solo ai propri interessi e non è dato sapere quando potrà riacquistare le sue facoltà cognitive. La moglie Caia si rivolge al Tribunale di Venezia affinché le affidi la cura e la rappresentanza del marito per il tempo necessario. Il Tribunale deve identificare la legge applicabile. La norma di conflitto pertinente è l'art. 43 della legge n. 218/1995, ai sensi del quale la protezione dei maggiorenni è retta dalla legge nazionale della persona di cui trattasi. Nel caso di specie, pertanto, l'art. 43 richiama la legge rumena.

Si prospettano allora, in astratto, due ipotesi. La prima è che il richiamo disposto dall'art. 43 renda applicabili nel foro le sole norme materiali rumene. Se le cose stanno così, il Tribunale di Venezia si troverà a poter assumere, per la protezione di Tizio, le misure previste dagli articoli 106 e seguenti del codice civile rumeno. La seconda ipotesi è invece che il richiamo abbia per effetto di rendere applicabili nel foro anche le norme di conflitto rumene. In questo caso, il Tribunale di Venezia dovrà fare appello all'art. 2578 del codice civile rumeno, ai sensi del quale la protezione dei maggiorenni soggiace alla legge del paese di residenza della persona di cui trattasi. Di fatto, dato che Tizio risiede in Italia, le norme di conflitto rumene richiamano nel caso di specie, dal loro punto di vista, il diritto italiano. Questo secondo richiamo – il richiamo disposto dalle norme di conflitto dell'ordinamento richiamato – prende il nome di rinvio.

Si pone così il problema di sapere se, nel foro, si debba tener conto, o meno, del rinvio. Cioè, se nella vicenda appena descritta, il Tribunale di Venezia debba tener conto del richiamo operato dalle norme di conflitto rumene al diritto italiano, e dunque assoggettare il caso in ultima analisi alle norme materiali italiane, o debba invece ignorare quel richiamo e applicare le norme materiali rumene.

Varie sono in Italia le regole che prendono posizione sul problema del rinvio. Esiste una regola generale, di diritto comune, corredata da eccezioni e specificazioni; ed esistono delle regole speciali, contenute in testi uniformi e operanti in relazione al richiamo disposto dalle norme di conflitto ivi racchiuse.

(2) *La regola generale*

La regola generale italiana in tema di rinvio è contenuta nell'art. 13, co. 1, della legge n. 218/1995. Vi si distinguono due forme di rinvio: il rinvio c.d. di primo grado, o rinvio «indietro», e il rinvio di secondo grado, o rinvio «altrove». Si ha rinvio indietro quando le norme di conflitto dell'ordinamento straniero richiamato designano come applicabile il diritto del foro; si ha invece rinvio altrove quando le norme di conflitto straniere richiamano la legge di uno Stato diverso.

Ai sensi dell'art. 13, co. 1, si tiene sempre conto del rinvio indietro, senza che occorra compiere ulteriori verifiche, mentre si tiene conto del rinvio altrove solo quando tale rinvio risulti «accettato», cioè quando il terzo ordinamento (quello designato dalle norme di conflitto dell'ordinamento richiamato) assoggetti la fattispecie alla propria legge.

Per mettere meglio a fuoco l'ipotesi del rinvio indietro si torni al caso del rumeno Tizio, incapace di provvedere da solo ai propri interessi. Quello che si verifica in questo caso è proprio un rinvio indietro: l'ordinamento richiamato (quello rumeno) richiama con le sue norme di conflitto la legge italiana, cioè la legge del foro. Si tratta dunque di un caso in cui, ai sensi dell'art. 13, co. 1, lett. *b*), della legge n. 218/1995, si deve tener conto del rinvio senza che occorrano altre verifiche. Tener conto del rinvio significa dare seguito al richiamo operato dalle norme di conflitto del diritto richiamato: nel caso in esame, il Tribunale di Venezia applicherà dunque la legge italiana, segnatamente gli articoli 404 e seguenti del codice civile in tema di amministrazione di sostegno.

Per comprendere l'ipotesi del rinvio altrove si consideri invece, a titolo di esempio, lo scenario che segue. Viene chiesto al Tribunale di Roma di dichiarare l'assenza di Sempronio, un cittadino uruguaiano di cui da tempo non si hanno notizie. L'iniziativa mira a ottenere la nomina di un curatore che possa provvedere ad amministrare i molti beni che lo stesso Sempronio possiede in Italia. Il Tribunale, per determinare la legge applicabile, farà appello in prima battuta alla norma di conflitto italiana in tema di assenza. Si tratta dell'art. 22, co. 1, della legge n. 218/1995, ai sensi del quale i presupposti e gli effetti della scomparsa, dell'assenza e della morte presunta di una persona sono regolati dalla sua ultima legge nazionale, cioè, nella specie, dalla legge uruguaiana.

Si pone, a questo punto, il problema di sapere se il diritto internazionale privato uruguaiano richiami, per la disciplina del caso, una legge diversa dalla stessa legge uruguaiana e – in caso affermativo – se si debba o meno tener conto di detto rinvio. Ora, l'art. 19 della legge uruguaiana di diritto internazionale privato del 2020 dispone che i presupposti di una dichiarazione di assenza vanno accertati in base alla legge del paese in cui l'assente aveva da ultimo il suo domicilio. Si supponga che l'ultimo domicilio conosciuto di Sempronio si trovasse a Basilea, in Svizzera. Ciò vuol dire che le norme di conflitto uruguaiane richiamano nel caso di specie il diritto svizzero: operano, cioè, un rinvio di secondo grado.

Si deve tener conto di tale rinvio? L'art. 13, co. 1, lett. *a*), della legge n. 218/1995 dice di sì, a condizione che si tratti di un rinvio «accettato». Per stabilirlo, occorre capire se il diritto svizzero si consideri applicabile al caso di Sempronio. Vanno interrogate, per questo, le norme di conflitto svizzere. Se dispongono che la fattispecie è retta dal diritto svizzero, il rinvio è «accettato» e occorre dunque tenerne conto: il Tribunale di Roma si pronuncerà allora sui presupposti della dichiarazione di assenza di Sempronio secondo il diritto materiale svizzero. Se invece le norme di conflitto svizzere richiamano una legge diversa da quella svizzera, si ignora il rinvio, e il caso resta soggetto alla legge richiamata dalle norme di conflitto italiane, cioè la legge uruguaiana. Nella specie, il diritto svizzero accetta il rinvio, poiché l'art. 41, co. 3, della legge federale svizzera di diritto internazionale privato assoggetta sistematicamente i presupposti e gli effetti dell'assenza al diritto svizzero.

Ricapitolando, la regola generale nel sistema italiano di diritto internazionale privato è nel senso che si tiene conto di quanto dispongono le norme di conflitto dell'ordinamento richiamato in due ipotesi: quando queste ultime riconducono il caso sotto la legge italiana e quando richiamano la legge di uno Stato diverso che – secondo le proprie norme di conflitto – si considera applicabile alla specie.

Spiegato il meccanismo, resta da capire in nome di quali vantaggi il legislatore italiano, per la verità al pari di molti altri, abbia ritenuto di dover imporre all'operatore un percorso che può comprensibilmente apparire tortuoso. È difficile rispondere in poche righe: quello del rinvio è uno dei problemi più discussi della teoria del diritto internazionale privato, e la varietà delle soluzioni accolte in questo campo dai diversi sistemi nazionali e nei testi uniformi indica che gli opposti orientamenti che si dividono la scena – quello favorevole a tener conto del rinvio e quello contrario – presentano tanto dei punti di forza quanto delle debolezze.

Può dirsi, semplificando, che a favore della rilevanza del rinvio milita il desiderio di favorire l'armonia internazionale delle soluzioni malgrado la diversità delle regole di conflitto in vigore nei diversi paesi. Se ogni Stato seguisse le medesime norme di conflitto, il problema del rinvio, in effetti, non sorgerebbe. Visto, però, che ogni sistema di diritto internazionale privato ha le sue regole, vi è il rischio che la medesima fattispecie risulti soggetta a un regime materiale diverso a seconda che venga osservata dall'angolatura di un dato ordinamento o da quella di un altro. Ebbene, dare rilievo alle norme di conflitto dell'ordinamento richiamato permette, a certe condizioni, di far sì che la fattispecie risulti soggetta dappertutto, in ultima analisi, al medesimo regime materiale, a prescindere dal fatto che ad occuparsene siano le autorità del foro o quelle di un altro Stato.

Si riprenda il caso dell'assenza dell'uruguaiano Sempronio. La conclusione cui dovrà giungerà il Tribunale di Roma in ordine alla legge regolatrice dell'assenza (l'applicazione delle norme materiali svizzere) è la stessa cui perverrebbero un giudice uruguaiano e un giudice svizzero ipoteticamente investiti della questione. E ciò a dispetto del fatto che i sistemi internazionalprivatistici dei tre Stati – Italia, Uruguay e Svizzera – seguano delle regole di conflitto fra loro assai diverse (una richiama la legge nazionale, una la legge del domicilio, l'altra la legge del foro).

Quest'opera di «ricomposizione» dei sistemi giuridici statali con i quali il caso è connesso non è sempre concretamente realizzabile attraverso il solo ricorso al rinvio. E anche là dove è realizzabile, non è detto che il guadagno prodotto sul piano dell'armonia internazionale delle soluzioni compensi gli altri inconvenienti che il meccanismo può produrre. In fondo, la regola che prescrive di tener conto del rinvio, per il fatto stesso di realizzare una forma di ossequio verso il punto di vista dell'ordinamento richiamato, evoca l'immagine di norme di conflitto «deboli», pronte a rinunciare ai propri obiettivi per il solo fatto che le norme di conflitto dell'ordinamento richiamato si servono di criteri diversi.

Non è questa, come detto, la sede adatta per discutere le ragioni che inducono a tener conto del rinvio piuttosto che ad ignorarlo, né delle varianti che possono connotare la prima delle due soluzioni o degli accorgimenti tecnici impiegati per mitigarne gli inconvenienti. Conviene piuttosto completare la mappatura del quadro normativo esistente in Italia illustrando le eccezioni a cui è soggetta la regola generale e le norme speciali che ne circoscrivono la portata.

(3) *Le eccezioni alla regola generale*

In deroga alla norma generale, l'art. 13, co. 2, della legge n. 218/1995 esclude in radice la rilevanza del rinvio in tre ambiti specifici.

In primo luogo, è escluso il rinvio nei casi in cui, secondo le norme di conflitto italiane, la legge applicabile viene scelta dai soggetti interessati, come avviene, per esempio, sotto l'art. 56, co. 2, della legge n. 218/1995, in tema di donazioni (non soggette al regolamento Roma I). Si vuole evitare in tal modo che le aspettative di chi ha scelto la legge di un dato paese, verosimilmente in ragione del tenore delle norme materiali ivi in vigore, possano essere frustrate dalle norme di conflitto di quel paese, che potrebbero rimettere la disciplina del caso a una legge diversa.

Non si tiene conto del rinvio, in secondo luogo, in tema di forma degli atti. La finalità materiale a cui obbediscono le norme di conflitto in tema di forma potrebbe essere compromessa dal rinvio. Che cosa resterebbe, in effetti, del *favor validitatis* sotteso all'art. 28 della legge n. 218/1995, sulla forma del matrimonio, se i criteri di collegamento concorrenti previsti dal legislatore conducessero tutti, combinandosi con le norme di conflitto dell'ordinamento richiamato, all'applicazione di un'unica legge? Quell'unica legge potrebbe considerare il matrimonio come invalido, pregiudicando così l'obiettivo della norma.

La terza eccezione alla regola generale si riferisce alle obbligazioni extracontrattuali, materia ormai quasi interamente sottratta alle norme di conflitto comuni. Se ne riparlerà esaminando l'art. 62 della legge del 1995 [4].

Oltre alle tre eccezioni appena descritte, il rinvio subisce in un ambito specifico una sorta di rimodulazione: in materia di filiazione, il rinvio entra in gioco, ai sensi dell'art. 13, co. 3, solo quando «conduce all'applicazione di una legge che consente lo stabilimento della filiazione», cioè – senza che la previsione possa essere approfondita in questa sede – quando, tenendo conto del rinvio, diviene più agevole realizzare un obiettivo chiave del legislatore italiano in questo campo, ricordato poco sopra: quello di consentire all'interessato di vedere affermata l'esistenza di un legame di filiazione, piuttosto che di vedersene preclusa l'invocazione.

(4) *Le soluzioni accolte dai testi uniformi*

Le convenzioni internazionali e le misure dell'Unione recanti norme di conflitto uniformi includono quasi sempre una disposizione che prende esplicitamente posizione circa il rilievo da riservare al rinvio nei casi rientranti nel loro campo di applicazione. Il problema del rinvio si pone, negli strumenti uniformi, solo quando possa essere richiamata la legge di uno Stato non vincolato da tali strumenti (oppure quando gli Stati vincolati dallo strumento possano discostarsene in casi specifici). Se lo Stato del foro e quello la cui legge è richiamata si servono delle me-

---

[4] Parte terza, Capitolo III, § 13.

desime norme di conflitto, la possibilità stessa di un rinvio è infatti esclusa in partenza: la legge richiamata dalle norme di conflitto del foro si considererà infatti per forza applicabile al caso di specie.

Le regole che si rinvengono nei testi uniformi si schierano perlopiù nel senso della non rilevanza del rinvio. Data la grande espansione del diritto internazionale privato, sono di fatto relativamente poche, in fondo, le aree in cui vi è ancora spazio per questo meccanismo. In particolare, il rinvio non ha alcun ruolo da giocare: in materia di contratti ai sensi dell'art. 20 del regolamento Roma I; in materia di obbligazioni extracontrattuali in forza dell'art. 24 del regolamento Roma II (e comunque in forza dell'art. 13, co. 2, della legge n. 218 per gli aspetti non coperti dal regolamento); in materia di separazione e divorzio ai sensi dell'art. 11 del regolamento Roma III; in materia di regimi patrimoniali ai sensi dell'art. 32 comune ai regolamenti 2016/1103 e 2016/1104; in materia di protezione dei minori ai sensi dell'art. 21, par. 1, della convenzione dell'Aja del 1996 sulle misure di protezione dei minori; in materia di obbligazioni alimentari a norma dell'art. 12 del protocollo dell'Aja del 2007 sulla legge applicabile alle obbligazioni alimentari, etc.

Tra gli strumenti uniformi che invece prescrivono che si tenga conto del rinvio, l'unico al quale è possibile accennare in questa sede è il regolamento n. 650/2012 in materia di successioni. Ai sensi dell'art. 34 del regolamento, si tiene conto del rinvio quando si tratti di rinvio alla legge di uno Stato membro (non occorre dunque che si tratti di un rinvio alla *lex fori*: basta che si tratti di uno Stato dell'Unione) o di rinvio alla legge di uno Stato terzo «che applicherebbe la propria legge», cioè di rinvio altrove «accettato». L'art. 34, par. 2, esclude comunque che si tenga conto del rinvio nelle ipotesi in cui l'individuazione della legge applicabile sia affidata – in base al regolamento – alla volontà dell'interessato o degli interessati.

(b) Il richiamo di ordinamenti plurilegislativi

Si è detto che la norma di conflitto richiama, come tale, l'ordinamento di uno «Stato». Alcuni ordinamenti statali, tuttavia, presentano un carattere composito, nel senso che al loro interno coesistono più sistemi normativi distinti, organizzati su base ora territoriale, ora personale. Sono i c.d. ordinamenti plurilegislativi.

Nel Regno Unito, per esempio, le regole di diritto privato non sono uniformi: il diritto inglese (che vale per l'Inghilterra ed il Galles), è diverso dal diritto scozzese e da quello dell'Irlanda del Nord. Analogamente dicasi per gli Stati Uniti ed il Canada: ognuna delle entità che compongono i paesi ora indicati – gli Stati della Federazione nel primo caso, le Province canadesi nel secondo – ha le proprie regole di diritto privato. Negli ordinamenti plurilegislativi a base personale, invece, regole diverse valgono per gruppi diversi di persone. Nell'ordinamento indiano, ad esempio, vigono regole in materia di matrimonio e divorzio che variano a seconda della confessione religiosa della coppia. Si tratta di regole di fonte statale, che però riflettono le sensibilità e i dettami delle diverse comunità religiose: coesistono una disciplina indù, una musulmana, una cristiana e una parsi; ad esse si aggiunge una disciplina secolare, applicabile a tutte le coppie, senza distinzioni. Un assetto non dissimile si incontra in Libano, sempre nel campo del diritto di famiglia.

Quando viene richiamato un ordinamento con le caratteristiche ora indicate, sorge il problema pratico di identificare, all'interno di tale ordinamento, il sistema da cui debbono essere attinte le norme applicabili al caso di specie. Varie soluzioni sono possibili. L'art. 18 della legge n. 218/1995 rimette l'individuazione del sistema pertinente ai criteri utilizzati dall'ordinamento richiamato; solo se tali criteri non possono essere individuati, si applica il sistema normativo con il quale il caso di specie presenta il collegamento più stretto. I criteri di cui parla l'art. 18 sono i criteri impiegati dalle norme di conflitto c.d. interlocali o interpersonali dell'ordinamento richiamato. Gli ordinamenti plurilegislativi contengono di solito delle regole – talora simili alle regole di conflitto studiate in queste pagine – che permettono di ricondurre i diversi casi, a livello interno, sotto l'uno o l'altro dei vari sistemi normativi di cui si compone l'ordinamento.

Tizio e Caia sono due cittadini indiani da poco stabilitisi a Pesaro. Caia si rivolge al Tribunale di Pesaro affinché dichiari la nullità del matrimonio contratto con Tizio prima della partenza per l'Italia, avendo scoperto l'esistenza di un legame di parentela col marito integrante, a suo dire, un impedimento matrimoniale. L'art. 27 della legge n. 218/1995 assoggetta la capacità matrimoniale e le altre condizioni per contrarre matrimonio alla legge nazionale di ciascun nubendo al momento del matrimonio. Risulta dunque richiamata, per entrambi, la legge indiana (senza che, si supponga, venga in gioco alcun rinvio ai sensi dell'art. 13 della legge). Per stabilire quale dei regimi in materia di matrimonio venga in rilievo nel caso di specie (quello indù, quello parsi, etc.) il Tribunale deve fare appello ai criteri dettati dalla stessa legge indiana per stabilire l'applicabilità dell'uno o l'altro di tali regimi. L'art. 2 dell'*Hindu Marriage Act* del 1955, per esempio, dichiara di volersi applicare, fra gli altri, a chiunque sia di religione indù, buddista o sikh. Se la coppia rientra nella definizione ora richiamata, il Tribunale di Pesaro farà riferimento all'*Hindu Marriage Act*, tale essendo il corpo di regole che lo stesso ordinamento richiamato – l'ordinamento indiano – indica come applicabile alla fattispecie.

Una soluzione alternativa al problema del richiamo di ordinamenti plurilegislativi consiste nell'ignorare le regole di conflitto interne dell'ordinamento richiamato e di corredare la norma di conflitto responsabile del richiamo di una regola integrativa o interpretativa, che specifichi il sistema da cui dev'essere attinta, in questi casi, la disciplina della fattispecie. Segue questo approccio, per esempio, l'art. 14 del regolamento Roma III sulla legge applicabile al divorzio. Questo prevede, fra le altre cose, che qualora le norme di conflitto del regolamento richiamino un ordinamento plurilegislativo a base territoriale ogni riferimento alla residenza abituale nello Stato così designato «è inteso come riferimento alla residenza abituale in un'unità territoriale», e dunque, direttamente, come un riferimento al sistema di regole materiali ivi in vigore.

Adele, italiana, e Richard, britannico, si sono sposati ad Aberdeen, dove hanno vissuto per tre anni, fino a quando Adele, preso atto della crisi col marito, ha deciso di rientrare a Caserta, sua città natale, dove ha trovato un lavoro. Dopo poco più di sei mesi si è rivolta al Tribunale di Caserta chiedendo lo scioglimento del matrimonio. L'art. 8, lett. *b*), del regolamento Roma III prevede, in mancanza di scelta dei coniugi, l'applicazione della legge del paese di ultima residenza abituale comune dei coniugi stessi. Quel paese è il Regno Unito, ma coesistendo nel Regno Unito delle regole diverse in tema di divorzio (regole inglesi, scozzesi, nordirlandesi), il Tribunale di Caserta, fondandosi sull'art. 14 del regolamento, interpreterà il riferimento dal «paese» di ultima residenza dei coniugi come un riferimento alla «unità territoriale» della loro ultima residenza comune. Trovandosi Aberdeen in Scozia, applicherà in ultima analisi il *Divorce (Scotland) Act* del 1976.

8. Accertamento e applicazione del diritto straniero richiamato

Il diritto straniero richiamato dalla norma di conflitto deve ricevere nel foro un'applicazione fedele, deve cioè rifletterne l'originario contenuto e modo d'essere. Un'applicazione non genuina del diritto straniero comprometterebbe la funzione stessa della norma di conflitto (quale armonia internazionale potrebbe mai realizzarsi se il foro restituisse del diritto richiamato un'immagine distorta?) e frustrerebbe le aspettative delle parti e di eventuali terzi, mettendo a repentaglio la certezza del diritto e la continuità delle posizioni giuridiche nello spazio. Ciò per la verità non esclude che in qualche caso la legge richiamata debba subire un adattamento, più o meno significativo. È quanto accade, in particolare, quando leggi di Stati diversi debbano essere applicate nel foro a situazioni distinte, ma collegate, o a profili differenti della medesima situazione. Per pervenire a una disciplina globalmente coerente (o materialmente opportuna) del caso, una delle leggi in questione può essere adattata, in sede di applicazione, alle norme dell'altra legge. Ad esempio, potrebbe rendersi necessario un tale adattamento quando si faccia valere in Italia un diritto reale di garanzia sconosciuto al catalogo dei diritti reali previsti dalla legge italiana, magari perché quel diritto viene invocato da chi si afferma erede del titolare del diritto stesso nel quadro di una successione di cui è investito un notaio italiano. Si supponga che si tratti di una *floating charge* costituita secondo il diritto della Tanzania, cioè di un diritto reale di garanzia che – diversamente da quanto avviene nel diritto italiano, che conosce solo diritti reali di garanzia costituiti su beni determinati – abbraccia la generalità dei beni che il debitore possiede o potrebbe venire a possedere in avvenire. Il diritto invocato dall'erede, in sé conformato dalla legge tanzaniana, potrebbe allora dovere essere trasposto, ai fini della successione, nel diritto di garanzia, fra quelli previsti dalla legge italiana, funzionalmente più prossimo alla *floating charge*, salvo il limite dell'ordine pubblico (la *floating charge* potrebbe in ipotesi essere trasposta in un insieme di pegni o ipoteche sui beni determinabili del debitore). La tecnica costituisce comunque una deviazione dal principio che impone un'applicazione genuina del diritto straniero e deve ricevere, a questo titolo, un impiego prudente e circoscritto.

Applicare una legge straniera non significa attingere da quella legge dei contenuti normativi isolati, da inserire nella trama della *lex fori* in sostituzione delle regole locali corrispondenti. Significa accostarsi alla fattispecie dal punto di vista dell'ordinamento richiamato, considerato come sistema. Secondo le parole della Cassazione, il diritto straniero deve trovare applicazione in Italia «nella sua globalità e nella dimensione in cui esso si fa diritto vivente»[5]. L'operatore deve immergersi nell'orizzonte dell'ordinamento designato, identificare al suo interno le previsioni pertinenti – quelle che l'ordinamento in questione giudica tali – e ricavare da esse tutti gli effetti, e solo gli effetti, di cui tali norme si vogliono capaci. È questo il c.d. approccio integrale al diritto straniero. Esso implica, per esempio, che il giudice italiano, chiamato a pronunciarsi su un caso retto dal diritto inglese e relativo a una materia per la quale lo stesso ordinamento inglese non approntì disposizioni scritte, debba conformarsi ai precedenti giudiziari inglesi pertinenti, gli stessi che guiderebbero un giudice inglese ipoteticamente investito del caso. Allo stesso modo, ove si tratti per esempio di decidere una questione di diritto di famiglia per cui risulti applicabile la legge del Niger, il giudice italiano dovrà seguire le regole consuetudinarie che in quell'ordinamento disciplinano la materia. E ancora, ove sia applicabile il diritto cinese, il giudice italiano non potrà limitarsi a consultare i testi legislativi adottati dal Congresso Nazionale del Popolo, ma dovrà considerare anche l'opera del Comitato Permanente del medesimo Congresso, le cui deliberazioni sono idonee a modificare i testi di legge e a crearne di nuovi, e le eventuali «interpretazioni» di tali testi elaborate dalla Corte Suprema del Popolo, riconoscendo a queste ultime la valenza sostanzialmente legislativa che compete loro nell'ordinamento della Repubblica Popolare di Cina.

L'art. 15 della legge n. 218/1995 consacra lo scrupolo di genuinità e integralità ora riferito. Stabilisce che la legge straniera è applicata in Italia «secondo i propri criteri di interpretazione e di applicazione nel tempo». Ciò significa che il senso da attribuire agli enunciati linguistici che si rinvengono nella legge straniera è quello che discende dall'applicazione dei canoni ermeneutici propri dell'ordinamento straniero di cui trattasi, che ben potrebbero differire, tanto o poco, da quelli dell'art. 12 delle disposizioni preliminari al codice civile italiano; significa altresì che quando nell'ordinamento straniero la materia di cui si discute è stata dapprima disciplinata da un certo regime per essere poi sottoposta ad un altro, il regime da applicare è, in Italia, quello a cui le norme straniere di diritto transitorio assoggettano la specie.

Gli eventuali errori in cui incorra il giudice italiano nell'applicazione del diritto straniero richiamato dalla norma di conflitto comportano in linea di principio le conseguenze cui va incontro qualsiasi decisione giudiziaria fondata su un'errata applicazione delle norme giuridiche: la riforma in appello o la cassazione, secondo le regole processuali pertinenti e le circostanze. I parametri con cui sindacare

---

[5] Cass., 26 febbraio 2002, n. 2791.

questo particolare genere di errori dovrebbero essere meno rigorosi di quelli impiegati per vagliare il rispetto delle norme del foro. Si tratta di una preoccupazione comune a molti sistemi internazionalprivatistici nazionali, frutto della constatazione che il diritto straniero esula dalla «scienza ufficiale» del giudice del foro. La formula con cui la Cassazione ha dato voce a questa preoccupazione è però discutibile: il giudice, ha affermato la Corte, pur dovendo fare un uso genuino del diritto straniero, non può per ciò solo considerarsi obbligato ad «acquisire fonti giurisprudenziali o dottrinarie che corroborino l'una o l'altra delle possibili letture del testo normativo» [6]. Preso alla lettera, il *dictum* della Suprema Corte sembra indicare che il giudice possa applicare «bene» il diritto straniero anche limitandosi a proporne una lettura «plausibile», non contraddetta dal tenore testuale delle sue disposizioni, senza ricercarne il senso autentico. L'approccio corretto sembra essere un altro: il giudice deve applicare le norme straniere per come queste operano nell'ordinamento a cui appartengono, ma le conclusioni cui perviene all'esito della ricerca intrapresa a questo fine non sono soggette a cassazione per violazione o falsa applicazione delle norme di diritto, secondo le categorie dell'art. 360 del codice di procedura civile, quando la ricerca sia stata svolta con una diligenza ragionevole e non abbia comportato uno snaturamento delle norme straniere pertinenti.

Come deve procedersi, concretamente, all'accertamento del diritto straniero? La legge n. 218/1995 risponde a questa domanda riferendosi a ciò che il *giudice* può e deve fare per procurarsi la conoscenza della legge straniera, senza chiarire se ed in che termini le medesime soluzioni valgano anche per altre figure, come l'ufficiale di stato civile o il notaio. L'art. 14, co. 1, della legge fissa il principio per cui l'accertamento della legge straniera «è compiuto d'ufficio dal giudice». Non grava dunque sulle parti l'onere di provare il contenuto della legge straniera richiamata. La prova del diritto straniero, in altri termini, non è soggetta, per la parte che vuole avvalersi delle relative disposizioni, a un onere analogo a quello che vale per la prova dei fatti posti a fondamento delle relative domande o eccezioni. Le parti, beninteso, hanno normalmente interesse a fornire al giudice gli elementi di conoscenza capaci di suffragare le rispettive argomentazioni, ma se omettono di farlo ciò non costituisce un motivo sufficiente per disattenderne le ragioni. In definitiva, spetta al giudice attivarsi, vuoi per vagliare l'esattezza delle informazioni prodotte dalle parti, vuoi per ovviare all'eventuale inerzia di queste ultime.

I mezzi di cui il giudice può avvalersi a questo fine sono elencati nello stesso art. 14, co. 1, della legge n. 218/1995. Il giudice può servirsi degli strumenti indicati dalle convenzioni internazionali (come gli strumenti di cooperazione contemplati dalla convenzione europea relativa all'informazione sul diritto straniero, adottata a Londra il 7 giugno 1968), può rivolgere una richiesta di informazioni al Ministero della Giustizia e può interpellare «esperti o istituzioni specializzate»,

---

[6] Così ancora Cass., 26 febbraio 2002, n. 2791.

incaricandoli di una consulenza tecnica. Si tratta di un'elencazione non esaustiva, avendo precisato la Cassazione che il giudice è libero di procurarsi la conoscenza del diritto straniero con «ogni mezzo idoneo allo scopo»: concretamente, può effettuare lui stesso delle ricerche, rivolgersi alle autorità consolari o diplomatiche italiane nello Stato al cui ordinamento appartiene la norma da applicare, o alle autorità diplomatiche o consolari di quest'ultimo Stato in Italia. La giurisprudenza esclude sul punto ogni formalità, ritenendo utilizzabile il testo tradotto di una legge straniera proveniente dalla rappresentanza diplomatica del paese in questione che ne attesti la conformità all'originale, senza che – in difetto di specifiche contestazioni – si rendano necessarie né la legalizzazione di tale documento, né l'acquisizione del testo originale della legge straniera, né la sua traduzione ad opera di un interprete giurato.

I giudici italiani, per quanto è possibile sapere, ricorrono piuttosto frequentemente al Ministero della Giustizia (l'ufficio incaricato di fornire le informazioni a cui si riferisce l'art. 14 della legge n. 218/1995 riceve ogni anno tra le cinquanta e le cento richieste) e alle rappresentanze diplomatiche e consolari straniere in Italia, confidando, per queste ultime, in una collaborazione prestata a titolo di cortesia (ambasciate e consolati stranieri non sono giuridicamente tenuti a corrispondere a richieste di questo tipo ma di solito vi si prestano spontaneamente). Le richieste indirizzate al Ministero comprendono quelle per cui si rende opportuno ricorrere agli strumenti previsti dalle convenzioni: con riferimento alla convenzione di Londra del 1968, l'Italia ha infatti indicato come organo di trasmissione delle richieste lo stesso Ministero della Giustizia, il che sostanzialmente vale ad escludere che il singolo giudice, per informarsi sul diritto di uno Stato contraente della convenzione, possa mettersi direttamente in contatto con l'organo ricevente nominato da quest'ultimo. Per contro, i giudici sembrano poco inclini a nominare un consulente tecnico (un «esperto», vista la sostanziale assenza in Italia di «istituzioni specializzate» vocate al genere di incarichi di cui ragiona l'art. 14), limitando tale eventualità ai casi più complessi. Si tratta nondimeno di una via particolarmente efficace (anche se dispendiosa). Le relazioni peritali redatte da esperti provvedono solitamente a situare le disposizioni straniere pertinenti nel contesto dell'ordinamento di appartenenza, fornendo al giudice le informazioni giurisprudenziali e dottrinali utili a un'applicazione «globale» del diritto richiamato.

Gli sforzi del giudice volti ad accertare il tenore del diritto straniero possono talora rivelarsi infruttuosi. Ai sensi dell'art. 14, co. 2, della legge n. 218/1995, il giudice, ove non riesca ad accertare la legge straniera richiamata, applica, in luogo di quella, «la legge richiamata mediante altri criteri di collegamento eventualmente previsti per la medesima ipotesi normativa». La previsione allude al fatto che la norma di conflitto potrebbe prevedere più criteri di collegamento in concorso fra loro, oppure potrebbe, se inoperante, prefigurare il ricorso a una norma di conflitto diversa. In tutti questi casi, se la legge richiamata dal primo criterio di collegamento si rivela inapplicabile, perché non è dato conoscerne il contenuto, il giudice deve ripiegare sugli altri criteri pertinenti, e ritenere dunque applicabile la legge (eventualmente straniera) richiamata tramite essi. Solo quando questa via non risulti percorribile, l'art. 14, co. 2, autorizza il ricorso alla legge italiana.

Il Tribunale di Biella è investito di una causa relativa al contratto di prestazione di servizi che unisce X e Y. Le parti, avvalendosi della libertà di scelta contemplata dall'art. 3 del regolamento Roma I (di cui si parlerà più avanti) hanno a suo tempo pattuito di assoggettare il loro rapporto alla legge irachena. La ricerca condotta dal giudice per acquisire il contenuto delle norme irachene pertinenti non ha condotto a esiti chiari e univoci. Esclusa per questo motivo l'applicabilità della legge irachena, il Tribunale di Biella dovrà applicare, al posto di quella, la legge richiamata da altri criteri di collegamento previsti per la medesima ipotesi normativa. Ebbene, l'art. 4, par. 1, lett. *b*), del regolamento Roma I dispone che, in mancanza di scelta ai sensi dell'art. 3, la legge applicabile a un contratto di prestazione di servizi sia la legge del paese in cui risiede abitualmente il prestatore di servizi. Il Tribunale dovrà quindi ritenere applicabile la legge del paese di residenza del prestatore di servizi, come se le parti non avessero mai compiuto una scelta di legge. Se anche imboccando questa via non si giunga a una soluzione utile (magari perché il prestatore di servizi risiede in un paese la cui legge si rivela ugualmente inconoscibile), si applicherà la legge italiana.

Non è frequente che il giudice dichiari di non riuscire ad accertare il diritto straniero richiamato. In giurisprudenza le ipotesi più significative si sono verificate nell'ambito di procedimenti cautelari. È stato osservato che l'urgenza propria di tali procedimenti può essere incompatibile con i tempi occorrenti a un'indagine sul diritto straniero. Ciò giustificherebbe il ricorso al diritto italiano – anche là dove sarebbe applicabile un diritto straniero – ai fini della valutazione del *fumus boni iuris*. L'inconveniente di questa prassi, in sé comprensibile, risiede nel fatto che la cautela, in tal modo, potrebbe essere concessa anche in una situazione in cui la pretesa del ricorrente, se apprezzata in base al diritto straniero in questione, si presenterebbe infondata (così come potrebbe essere respinta ancorché in base al diritto straniero essa risulti fondata).

9. Il limite dell'ordine pubblico

Le norme di conflitto bilaterali, per il fatto stesso di obbedire a una logica localizzatrice, rischiano di designare una legge dai contenuti riprovevoli agli occhi del foro. In effetti, se il solo merito della legge richiamata risiede nel suo essere geograficamente giusta, non si può escludere che l'applicazione di detta legge conduca ad esiti ingiusti o inaccettabili sotto il profilo materiale. È quanto accade, per esempio, quando la legge regolatrice dei rapporti personali fra i coniugi riconosca ad uno dei due, solo in ragione del suo sesso, dei diritti meno estesi di quelli dell'altro; oppure quando la legge applicabile a un rapporto di lavoro conferisca al datore delle prerogative disciplinari sostanzialmente illimitate. Ora, se è vero che tramite le norme di conflitto l'ordinamento del foro si apre verso l'esterno, è anche vero che tale apertura non può dirsi incondizionata: il foro non può tollerare che l'applicazione delle norme straniere a cui si apre metta in discussione i propri principi fondamentali. Dare ingresso a valori non solo diversi ma irrimediabilmente incompatibili con quelli locali equivarrebbe, per l'ordinamento del foro, a rinunciare alla propria identità e alla propria coerenza interna.

A scongiurare questo pericolo opera un meccanismo, il limite dell'ordine pubblico, che permette di porre nel nulla il richiamo disposto da una norma di conflitto allorché l'applicazione della legge straniera richiamata comprometterebbe i principi su cui si regge l'ordinamento del foro. Nel sistema italiano di diritto internazionale privato la funzione ora descritta è assolta dall'art. 16, co. 1, della legge n. 218/1995: «[l]a legge straniera non è applicata se i suoi effetti sono contrari all'ordine pubblico». Il limite in discorso opera a valle del richiamo, quale correttivo dello stesso. Un limite analogo, che verrà illustrato più avanti ma di cui è bene sin d'ora tener conto per la sua contiguità, opera in relazione alle decisioni straniere: va negato ingresso a una decisione che pure soddisfi le altre condizioni per essere riconosciuta se le sue disposizioni sono incompatibili con l'ordine pubblico.

(a) Caratteri

Sono quattro le caratteristiche di fondo del limite dell'ordine pubblico su cui conviene soffermarsi. L'ordine pubblico è, in primo luogo, un limite dai contorni deliberatamente vaghi, che spetta all'interprete precisare. In secondo luogo, è un limite posto a presidio di valori che variano da paese a paese e a seconda dell'epoca in cui si fa questione del suo impiego. È soprattutto un limite eccezionale, invocabile solo quando l'applicazione della legge richiamata metterebbe in discussione i cardini dell'ordinamento del foro. È infine un limite che esige un uso pragmatico, per scongiurare il prodursi di specifici effetti della legge straniera in specifiche circostanze, non per emettere un giudizio sulla legge straniera in quanto tale.

(1) *Il ruolo dell'interprete*

Tutti i sistemi internazionalprivatistici nazionali che fanno uso di regole di conflitto a carattere bilaterale prevedono una riserva a favore dell'ordine pubblico. Nessuno, però, stabilisce normativamente i contenuti di quella riserva, se non talora puntualmente, ascrivendo espressamente all'area dell'ordine pubblico certi particolari principi. Centrale è il ruolo dell'interprete. Alla sua sensibilità è affidato il compito di stabilire quali valori locali siano irrinunciabili, e in quali circostanze l'applicazione della legge straniera richiamata ne pregiudicherebbe il rispetto.

(2) *La relatività geografica e temporale dell'ordine pubblico*

Ogni ordinamento giuridico ha i suoi valori fondamentali. I valori di un ordinamento possono essere assai diversi da quelli di un altro. Si pensi, ad esempio, al matrimonio fra persone dello stesso sesso: in vari paesi, tra cui la Francia, la Germania, il Canada e gli Stati Uniti, l'istituto del matrimonio è oggi aperto a tutte le coppie, eterosessuali e omosessuali; altri Stati riservano il matrimonio alle coppie eterosessuali, salvo prevedere delle forme di unione civile più o meno simili al matrimonio, che possono formarsi anche, o solo, fra persone dello stesso sesso; altri paesi ancora si esprimono – talora a livello costituzionale, come nel caso dell'Ungheria – nel senso della esclusiva configurabilità del matrimonio come unione di un uomo con una donna. I paesi dell'ultimo gruppo vedranno verosimilmente nella applicazione di una normativa straniera che ammetta il matrimonio omosessuale un *vulnus* intollerabile ai valori di base della società.

L'ordine pubblico è, in questo senso, un concetto geograficamente relativo, nel senso che il suo contenuto varia da un paese all'altro. L'unico ordine pubblico che conta, quando si tratta di risolvere un conflitto di leggi, è quello del foro. Un'indicazione, questa, che ricorda quanto sia importante, nell'affrontare il problema della legge applicabile, non perdere di vista la questione (logicamente precedente) della giurisdizione: se anche gli Stati A e B condividono le medesime regole di conflitto, che richiamano la legge di C, non si può escludere che la stessa fattispecie venga trattata in modo diverso dai giudici di A e da quelli di B, poiché i primi potrebbero applicare *de plano* la legge di C, mentre gli altri potrebbero negare ingresso alle sue disposizioni in nome dei valori fondamentali del proprio paese.

La circostanza che l'ordine pubblico rispecchi l'identità dei singoli ordinamenti statali non esclude, ovviamente, che alcuni dei valori che lo formano siano comuni a più Stati. Anzi, lo sviluppo della cooperazione internazionale, specie in funzione della tutela dei diritti fondamentali, indica che il nucleo dei valori che plasmano l'identità di uno Stato sia costituito – spesso in misura rilevantissima – da valori condivisi, trasfusi in convenzioni internazionali o in atti di organizzazioni internazionali. Si parla talora a questo riguardo di un ordine pubblico «realmente internazionale», per segnalare che si tratta non solo dell'ordine pubblico «internazionale» di cui si servono le norme di conflitto (sul senso di questo aggettivo si tornerà fra poco), ma di un ordine pubblico dai connotati sostanzialmente cosmopoliti. I fenomeni di osmosi che si registrano in molti sistemi costituzionali fra valori interni e valori internazionali (come dimostra in Italia la giurisprudenza della Corte costituzionale, specie nel campo dei diritti umani) comportano l'esigenza di accostarsi alla ricostruzione del nucleo di principi irrinunciabili dell'ordinamento del foro tenendo conto del carattere aperto di tale ordinamento e dando rilievo a tutte le fonti pertinenti, senza limitarsi dunque ai valori di elaborazione interna o a quelli capaci di distinguere lo Stato del foro dagli altri.

Nella ricostruzione dell'ordine pubblico, la giurisprudenza italiana si è richiamata con frequenza a valori di origine internazionale. La Corte di cassazione, per esempio, ha tratto spunto dalla Carta sociale europea per ricostruire i valori fondamentali che vengono in rilievo nella disciplina del licenziamento[7]. In diverse pronunce, la stessa Cassazione ha fatto riferimento alla convenzione europea dei

---

[7] Cass., 19 luglio 2007, n. 16017.

diritti dell'uomo [8], alla Carta dei diritti fondamentali dell'Unione europea [9] e alla convenzione sull'esercizio dei diritti dei minori [10], per nominare solo alcuni strumenti internazionali. Non mancano sentenze che hanno richiamato atti di organizzazioni internazionali, anche non vincolanti, e pronunce di tribunali internazionali [11]. Qualche giudice è giunto a considerare in via primaria, agli effetti dell'ordine pubblico, proprio i valori della comunità internazionale presa nel suo insieme. Questa tendenza si è manifestata di pari passo con l'idea che l'ordine pubblico non avrebbe solamente una funzione difensiva, ma contribuirebbe altresì a promuovere l'affermazione di certi valori, specie se condivisi a livello internazionale.

La Cassazione, pur senza rimettere in discussione l'assunto secondo cui convivono nell'ordine pubblico un aspetto difensivo e un aspetto promozionale, ha rigettato la eccessiva rigidità di una lettura esasperatamente internazionalistica del limite in parola, ribadendo che l'ordine pubblico «non è riducibile ai soli valori condivisi dalla comunità internazionale, ma comprende anche principi e valori esclusivamente propri dell'ordinamento interno, purché fondamentali ed irrinunciabili» [12].

Oltre ad essere relativo nello spazio, l'ordine pubblico è suscettibile di mutare nel tempo. Ogni ordinamento si evolve, e certi valori, dapprima irrinunciabili, possono cessare a un certo punto di fungere da ostacolo all'ingresso di valori stranieri di segno contrario (come è possibile, viceversa, che valori prima trascurati divengano fondamentali). Questi passaggi sono spesso indotti da modifiche legislative avvenute a livello interno. È emblematica, in proposito, l'evoluzione avutasi nella giurisprudenza italiana circa il destino da riservare alle norme e alle decisioni straniere in tema di danni punitivi, cioè le norme e le decisioni – proprie di molti paesi di *common law* – che pongono a carico dell'autore di un illecito ritenuto particolarmente riprovevole un obbligo risarcitorio che supera, nell'ammontare, il pregiudizio patito, per ragioni, appunto, punitive o di deterrenza. La posizione contraria tradizionalmente tenuta dai giudici italiani è stata riconsiderata dalla Corte di cassazione nel 2016 [13]. La Corte ha notato, fra le altre cose, che anche nell'ordinamento italiano, per effetto di varie riforme settoriali, si incontrano delle norme che consentono risarcimenti ultracompensativi, e ha concluso che non contrasta con l'ordine pubblico il riconoscimento di una condanna straniera al pagamento di danni punitivi (come, è da credere, l'applicazione di una legge straniera che permetta una simile condanna), purché si rispettino gli imperativi dell'art. 25 della Costituzione, dato appunto il carattere punitivo del provvedimento.

---

[8] Per esempio, Cass., 25 settembre 2018, n. 22729.

[9] Cass., 22 agosto 2013, n. 19405.

[10] Cass., 15 giugno 2017, n. 14878.

[11] Cass., 11 novembre 2000, n. 14662.

[12] Cass., sez. unite, 8 maggio 2019, n. 12193.

[13] Cass., sez. unite, 5 luglio 2016, n. 16601.

(3) *Necessità di una ricostruzione restrittiva del limite*

Perché entri in gioco il limite dell'ordine pubblico non basta che la legge straniera sia diversa, nei contenuti, dalla *lex fori*. Se fosse sufficiente questo, le norme di conflitto finirebbero di fatto col perdere la loro utilità.

Non basta neppure che l'applicazione della legge straniera conduca a risultati vietati dalle norme imperative dello Stato del giudice. Si è soliti osservare, a questo proposito, che l'ordine pubblico che viene in rilievo nel diritto internazionale privato è cosa diversa dall'ordine pubblico di cui parlano gli articoli 634, 1343 e 1354 del codice civile italiano. Quest'ultimo – detto anche ordine pubblico interno – funge da limite all'autonomia privata. Quello che incide sull'operare delle norme di conflitto serve invece a preservare la coerenza interna del foro. È ben vero che i principi del foro che meritano la qualifica di fondamentali sono protetti da norme inderogabili; ciò però non significa che tutte le norme inderogabili del foro siano per ciò solo espressive di valori fondamentali.

Dove occorre guardare, allora, per identificare i principi chiave dell'ordinamento, quelli che il richiamo di una legge straniera non potrebbe offuscare?

Per rispondere conviene ricordare che l'ordine pubblico è fatto di principi, non di singole disposizioni. Quei principi si incarnano, però, in regole specifiche, ed è dunque ragionevole indagarne il contenuto in via induttiva, cioè partendo da quelle regole: l'ordine pubblico, ricorda la Cassazione, è fatto dei principi che delineano l'eticità dell'ordinamento del foro «quale risulta dal complesso delle sue norme» [14].

Le regole costituzionali rivestono a questo fine, naturalmente, un rilievo centrale. I valori costituzionali che interessano la disciplina dei rapporti privatistici – ad esempio, quello della parità dei coniugi, o quello della dignità del lavoratore – integrano indubbiamente la trama dell'ordine pubblico del foro. Anche la legislazione ordinaria, però, può recare il segno di valori irrinunciabili.

In passato, alcune pronunce della Corte di cassazione avevano lasciato intendere che non potesse reputarsi contraria all'ordine pubblico italiano una norma straniera i cui contenuti, pur discostandosi in maniera marcata da quelli delle corrispondenti norme italiane, non fossero come tali incompatibili con la Costituzione italiana, perché rientranti fra le opzioni che il legislatore italiano potrebbe seguire, senza violare la Carta, per regolare il genere di situazioni di cui si discute. La Corte, per esempio, ha affermato nel 1996 che il rispetto dell'ordine pubblico italiano non osta all'applicazione, in materia successoria, di una legge che riconosca al *de cuius* una libertà testamentaria incondizionata, affrancata dai limiti che si esprimono, in Italia, nell'istituto della legittima: la tutela dei legittimari, ha rilevato la Corte, è certo una caratteristica distintiva del diritto italiano, ma non è imposta dalla Costituzione [15].

Questo modo di ragionare è stato abbandonato. La Corte ne ha indicato la fal-

---

[14] Cass., 11 novembre 2002, n. 15822.

[15] Cass., 24 giugno 1996, n. 5832.

lacia in una pronuncia del 2019, relativa alla efficacia in Italia di un provvedimento canadese con cui era stato accertato il rapporto di genitorialità tra un adulto e due minori nati tramite il ricorso alla c.d. maternità surrogata, legittima in Canada ma non consentita in Italia [16]. La Cassazione ha affermato che la valutazione di compatibilità che l'interprete è chiamato a fare fra i valori stranieri e quelli che fungono da cardine dell'ordinamento italiano non può prescindere dalla normativa ordinaria italiana, «quale strumento di attuazione dei valori consacrati nella Costituzione», e non può dunque ignorare il modo in cui i valori della Costituzione «si sono concretamente incarnati nella disciplina dei singoli istituti». Dopo aver ricordato che una caratteristica essenziale della nozione di ordine pubblico è la relatività nel tempo del suo contenuto, «soggetto a modificazioni in dipendenza dell'evoluzione dei rapporti politici, economici e sociali, e quindi inevitabilmente destinato ad essere influenzato dalla disciplina ordinaria degl'istituti giuridici e dalla sua interpretazione, che di quella evoluzione costituiscono espressione», la Corte ha ritenuto di poter trarre dalla legge 19 febbraio 2004, n. 40, sulla procreazione medicalmente assistita, indicazioni sufficienti ad escludere il riconoscimento in Italia del provvedimento canadese, perché contrario all'ordine pubblico. La Corte ha tenuto conto in particolare del trattamento riservato alla pratica della maternità surrogata dalla legge ora ricordata, la quale distingue fra pratiche di procreazione medicalmente assistita (consentite) e pratiche di surrogazione, fermamente vietate.

La pronuncia merita di essere segnalata anche per un altro aspetto. Il caso affrontato in quel frangente dalla Corte poneva (come peraltro spesso accade quando si discute di ordine pubblico) un problema di bilanciamento fra valori confliggenti: chi riteneva che il provvedimento canadese dovesse essere dichiarato efficace in Italia faceva leva sulla circostanza che, in tal modo, sarebbe stato preservato il legame sorto in Canada fra il genitore di intenzione ed i minori, il che sarebbe stato conforme all'interesse di questi ultimi. Nel pronunciarsi contro l'efficacia del provvedimento, la Corte di cassazione ha sottolineato che altri strumenti giuridici – segnatamente l'adozione c.d. in casi particolari ai sensi dell'art. 44, co. 1, lett. *d*), della legge 4 maggio 1983, n. 184 – possono essere impiegati per costituire un legame giuridico con il genitore intenzionale, che garantisca al minore una adeguata tutela. Di fatto, l'articolata valutazione che il giudice è chiamato a svolgere per apprezzare la contrarietà di una legge o di una decisione straniera all'ordine pubblico del foro deve includere tutti i valori pertinenti, e tener conto dell'impatto che produrrebbe su ciascuno di quei valori la decisione di azionare il limite in esame, avuto riguardo anche agli altri mezzi azionabili per tutelare i diversi valori in gioco.

[16] Cass., sez. unite, 8 maggio 2019, n. 12193.

(4) *Carattere concreto del limite*

Il limite dell'ordine pubblico interviene per scongiurare il pericolo che l'applicazione della legge richiamata per regolare un dato caso considerato produca effetti incompatibili con i valori fondamentali del foro. Non vi è spazio, dunque, per una valutazione astratta, incentrata sulla legge straniera come tale. Di fatto la circostanza che le norme di conflitto richiamino una legge che contiene delle regole che ripugnano alla coscienza del foro non è un motivo sufficiente per escludere in nome dell'ordine pubblico l'applicazione di detta legge, a meno che le regole ripugnanti abbiano vocazione a regolare il caso in questione e si candidino a produrre, applicandosi al caso, degli effetti che il foro non saprebbe tollerare.

La precisazione appena riferita corrobora la direttiva, esaminata poc'anzi, che prescrive un impiego restrittivo del limite dell'ordine pubblico. La legge straniera, anche quando si ispiri a valori molto distanti da quelli italiani, non merita per questo di incorrere nel limite dell'ordine pubblico se gli effetti della sua applicazione nel caso di specie non sono incompatibili con i valori italiani. È interessante, da questo punto di vista, la giurisprudenza della Corte di cassazione sul ricorso all'ordine pubblico nei procedimenti concernenti la legittimità del licenziamento, allorché il contratto di lavoro sia retto da una legge straniera. La Corte ha escluso nel 2002 di poter applicare la legge dello Stato di New York, richiamata dalle pertinenti norme di conflitto, nella misura in cui questa consentiva al datore di lavoro di recedere dal contratto *ad nutum*, senza che venisse in alcun modo riconosciuta una tutela adeguata alle aspettative nutrite dal prestatore circa la continuità del rapporto di impiego [17]. In una pronuncia del 2007, la stessa Corte ha invece negato il ricorso all'ordine pubblico in un altro caso di licenziamento in cui pure venivano in gioco delle regole statunitensi di analogo tenore, osservando che nella specie il licenziamento era stato intimato dopo che il prestatore si era assentato dal lavoro per molti mesi, senza un'adeguata giustificazione [18]. In una pronuncia di poco successiva, la Cassazione si è rifiutata di ricorrere all'ordine pubblico in un caso di licenziamento collettivo, intimato secondo regole statunitensi comportanti una tutela sensibilmente inferiore di quella prevista per casi analoghi dalla legge italiana: ha fatto notare come nel caso di specie il licenziamento era stato preceduto da estese negoziazioni con i lavoratori interessati e i loro rappresentanti, e che il datore di lavoro aveva comunque provveduto nei confronti dei dipendenti licenziati con delle forme di sostegno al reddito [19].

(b) Effetti

La legge straniera che produce effetti contrari all'ordine pubblico del foro non viene applicata. È, questo, il c.d. effetto di evizione dell'ordine pubblico. All'evi-

---

[17] Cass., 11 novembre 2002, n. 15822.

[18] Cass., 4 maggio 2007, n. 10215.

[19] Cass., 19 luglio 2007, n. 16017.

zione deve per forza seguire una sostituzione. Nella maggior parte dei sistemi internazionalprivatistici statali si prevede che la legge straniera incompatibile con l'ordine pubblico vada allora sostituita dalla *lex fori*. In alcuni sistemi, come quello tedesco, si giunge ad applicare la legge del foro solo se non si rinviene nella legge richiamata una disposizione che, applicata alla specie, non offenda i valori fondamentali del foro.

Il sistema italiano di diritto internazionale privato non ammette una manipolazione come quella ora descritta. Se la disposizione straniera di per sé applicabile alle circostanze è incompatibile con l'ordine pubblico italiano, l'effetto di evizione si produce inevitabilmente. In compenso, viene seguita in Italia, con riguardo alla sostituzione, una soluzione originale: ai sensi dell'art. 16, co. 2, della legge n. 218/1995, quando viene esclusa per ragioni di ordine pubblico l'applicazione della legge normalmente applicabile alla fattispecie, «si applica la legge richiamata mediante altri criteri di collegamento eventualmente previsti per la medesima ipotesi normativa», e solo in mancanza «si applica la legge italiana». In pratica, se le norme di conflitto che regolano il caso di specie prevedono più criteri di collegamento in concorso fra loro, il fatto che la legge designata in base ad uno di tali criteri risulti inapplicabile per ragioni di ordine pubblico non esime l'interprete dal far uso degli altri criteri previsti dalla norma (se pertinenti al caso), e applicare la legge richiamata da questi ultimi. Si applicherà la legge italiana, in quanto legge del foro, se manchino altri criteri, se designino la stessa legge richiamata dal primo o se conducano anch'essi ad una legge dai contenuti riprovevoli. Si tratta del medesimo percorso prefigurato dall'art. 14, co. 2, per il caso in cui non possa determinarsi il contenuto della legge straniera richiamata.

10. Le norme di applicazione necessaria

Come già si è avuto modo di osservare, le norme di applicazione necessaria, o norme internazionalmente imperative, sono norme materiali che, dal loro punto di vista, «vogliono» regolare i casi rientranti nel loro ambito di applicazione, quale che sia, secondo le regole di conflitto, la legge applicabile alla fattispecie.

Si prenda, ad esempio, l'art. 2, co. 2, della legge 10 ottobre 1990, n. 287, recante norme per la tutela della concorrenza e del mercato (la c.d. legge *antitrust* nazionale). In base a tale disposizione sono vietate «le intese tra imprese che abbiano per oggetto o per effetto di impedire, restringere o falsare in maniera consistente il gioco della concorrenza all'interno del mercato nazionale o in una sua parte rilevante». Il «mercato nazionale» è qui, evidentemente, il mercato italiano: la legge mira a garantire l'equilibrio concorrenziale del mercato italiano, e si interessa come tale delle sole fattispecie che toccano tale mercato o «una sua parte rilevante».

La norma presenta la particolarità di definire da sé il proprio ambito di applicazione «internazionale»: indica, cioè, quali siano le fattispecie, anche collegate a paesi diversi dall'Italia, di cui intende occuparsi, e quali siano invece le fattispecie, al limite collegate all'Italia, su cui non pretende di dire alcunché. Per intendersi, l'art. 2, co. 2, della legge *antitrust* «vuole» applicarsi all'intesa conclusa fra una società indiana e una società statunitense che si proponga di restringere il gioco della concorrenza in Italia (ad esempio perché miri ad impedire l'accesso al mercato italiano da parte di una o più imprese), mentre si disinteressa dell'intesa conclusa fra due imprese italiane volta a falsare la concorrenza nel mercato turco.

La particolarità tecnica appena riferita, in realtà, non è altro che la traduzione operativa di una particolarità di indole politica. La norma descritta regola degli interessi collettivi, la disciplina dei quali – nella prospettiva del legislatore – deve rivestire un carattere geograficamente omogeneo: si tratta infatti di regolare un bene pubblico, la funzionalità concorrenziale del mercato nazionale, e di farlo secondo norme che si applichino in modo uniforme a tutte le situazioni che ne alimentano le dinamiche. Se esistessero in quel mercato delle zone franche – cioè se fosse ammessa la conclusione di intese in violazione del divieto in parola, perché consentite dalla legge non italiana indicata dalle norme di conflitto come applicabile alla specie – l'obiettivo del legislatore verrebbe facilmente frustrato.

Di fatto, l'art. 2 della legge *antitrust* assolve una funzione di regolazione del mercato (una funzione dunque eminentemente pubblicistica) servendosi degli strumenti del diritto privato: la nullità del contratto, visto che si parla di intese vietate, nulle dunque per contrarietà a norme imperative.

È inevitabile una tensione fra tali norme e le norme bilaterali di conflitto: le norme di applicazione necessaria, improntate a una logica unilateralistica, pretendono dal loro punto di vista di regolare senza intralci delle fattispecie che le norme di conflitto bilaterali potrebbero assoggettare a una legge diversa.

Come risolvere questo contrasto? La risposta di base, suscettibile di varianti e specificazioni, è nel senso che le norme di conflitto non pregiudicano gli effetti delle norme di applicazione necessaria del foro, per tali intendendosi quelle prodotte dalle fonti dello stesso ordinamento del foro e quelle comunque operanti in tale ordinamento in virtù dei meccanismi di adattamento alle fonti esterne ivi previsti (si pensi alle norme imperative contenute in misure legislative dell'Unione europea direttamente applicabili nell'ordinamento del foro, o in atti di altre organizzazioni internazionali analogamente efficaci sul piano interno). Il giudice, detto in altri termini, deve conformarsi alle norme internazionalmente imperative del proprio ordinamento anche là dove la situazione su cui è chiamato a pronunciarsi venga assegnata, dalle norme di conflitto del foro, a una legge diversa. L'art. 17 della legge n. 218/1995 esprime la soluzione di base appena riferita là dove fa salva la «prevalenza» sulle norme di conflitto della stessa legge n. 218/1995, «delle norme italiane che, in considerazione del loro oggetto e del loro scopo, debbono essere applicate nonostante il richiamo alla legge straniera».

Si noti che le norme di applicazione necessaria sono specifiche disposizioni. Esse di solito non regolano un istituto giuridico considerato nel suo insieme, ma solo un aspetto dello stesso. L'interferenza che esse esercitano sulle norme di conflitto riflette questa loro connotazione di disciplina «puntuale». In pratica, la legge applicabile alla fattispecie, individuata tramite le pertinenti regole di conflitto, regola la fattispecie nel suo insieme, salvo ritrarsi rispetto a questioni specifiche e particolari profili per far posto alle norme di applicazione necessaria del foro che si occupino di quelle questioni o di quei profili. Per tornare all'esempio fatto poc'anzi, l'intesa conclusa fra l'impresa indiana e quella statunitense per restringere la concorrenza nel mercato italiano sarà soggetta, in Italia, alla legge n. 287/1990 solo in quanto si tratti di stabilire la validità dell'intesa stessa, e solo in quanto la validità dipenda dal rispetto della normativa *antitrust*. Per tutti gli altri aspetti, l'intesa risulterà soggetta, agli occhi del giudice italiano, alla legge richiamata dalle norme di conflitto. Se tale legge dovesse essere la legge indiana, il giudice si servirà della legge indiana per decidere, per esempio, in ordine alla responsabilità derivante dall'inadempimento dell'intesa (se valida), o in ordine alle modalità di esecuzione delle obbligazioni pattuite fra le parti.

Si delineano, alla luce di questi rilievi, analogie e differenze fra le norme di applicazione necessaria e il limite dell'ordine pubblico. Le prime, al pari del secondo, variano da Stato a Stato e riflettono certe specificità del foro. Il foro solleva la «barriera» dell'ordine pubblico quando i propri valori sono minacciati dalla applicazione della legge straniera, e similmente mette avanti i propri valori, quelli che ispirano le sue norme internazionalmente imperative, quando occorre sincerarsi che certi interessi politici, sociali o economici siano gestiti, nel foro, secondo le sue opzioni regolatorie, e solo le sue.

Il limite dell'ordine pubblico e la preminenza accordata alle norme di applicazione necessaria integrano delle deviazioni rispetto al normale modo di operare delle regole bilaterali. Ma mentre il limite dell'ordine pubblico interviene sempre a valle del richiamo internazionalprivatistico (prima si determina quale legge regola la fattispecie, e poi si valuta se gli effetti dell'applicazione di quella legge si accordano o meno con i principi irrinunciabili del foro), le norme di applicazione necessaria sono in grado di operare anche a monte della norma di conflitto: rivendicano talora la disciplina di certe fattispecie prima ancora che si ponga la questione della legge regolatrice delle stesse. Senonché, proprio perché si tratta di deroghe al normale funzionamento delle regole di conflitto, si impone per le norme di applicazione necessaria una prudenza analoga a quella di cui si è parlato a proposito dell'ordine pubblico: se tutte le norme imperative del foro fossero per ciò solo di applicazione necessaria, le regole di conflitto diverrebbero inutili.

Diviene cruciale, a questo punto, capire che cosa, di preciso, attribuisca ad una norma la qualifica di norma di applicazione necessaria. Anche in questo, come nella ricostruzione del perimetro dell'ordine pubblico, l'interprete gioca un ruolo di primo piano. Il legislatore provvede assai di rado a qualificare in modo espresso le proprie disposizioni come norme di applicazione necessaria (un esempio, non più attuale per l'intervenuta abrogazione, è nell'art. 28 del decreto legge 2 marzo 2020, n. 9, recante misure urgenti di sostegno per famiglie, lavoratori e imprese connesse all'emergenza epidemiologica da COVID-19).

In assenza di indicazioni legislative, l'interprete deve avere riguardo, come dice il già ricordato art. 17 della legge n. 218/1995, all'oggetto e allo scopo della norma, e stabilire se le norme considerate vogliano o meno applicarsi a prescindere dalla legge richiamata. Lo scopo della norma esaminata è importante a questo fine, perché una norma può ragionevolmente rivendicare un'applicazione «necessaria» solo se è posta a presidio di valori che lo Stato del foro reputa particolarmente importanti: interessi collettivi, valori pubblici, beni talmente rilevanti e diffusi da non poter essere lasciati alla disciplina della legge straniera eventualmente identificata (su basi geografiche, non materiali) dalle norme di conflitto. Nel riferimento all'oggetto va visto, verosimilmente, un richiamo al carattere normalmente «auto-limitato» delle norme in discorso, cioè al fatto che queste – come si è visto – provvedono a tracciare il confine della propria sfera di efficacia in senso internazionale, ora dicendolo espressamente, ora prestandosi ad essere interpretate in questo senso.

Nella volontà di auto-applicazione propria delle norme di applicazione necessarie i due criteri appena evocati – il criterio dello scopo e quello dell'oggetto – sostanzialmente si fondono. Una norma votata alla tutela di interessi collettivi ritenuti di primaria importanza, che definisce da sola la propria portata applicativa, è di solito proprio una norma che aspira ad operare senza l'intralcio del richiamo compiuto dalle norme di conflitto. In definitiva, ciò che si chiede all'interprete di verificare è se la norma, per conseguire il proprio scopo e informare di sé le fattispecie ricomprese nel suo oggetto, tolleri o meno il concorrente operare delle norme di conflitto: ove non lo tolleri, la norma si dichiara di applicazione necessaria e aspira a prevalere sul richiamo disposto dalle regole di conflitto.

Le osservazioni appena svolte trovano riscontro nell'art. 9, par. 1, del regolamento Roma I sulla legge applicabile alle obbligazioni contrattuali, esaminato nel prossimo Capitolo. Le norme di applicazione necessaria, vi si dice, sono «disposizioni il cui rispetto è ritenuto cruciale da un paese per la salvaguardia dei suoi interessi pubblici, quali la sua organizzazione politica, sociale o economica, al punto da esigerne l'applicazione a tutte le situazioni che rientrino nel loro campo d'applicazione, qualunque sia la legge applicabile al contratto» secondo il regolamento.

11. Le norme di applicazione necessaria di Stati terzi

Le norme di applicazione necessaria di cui il giudice italiano deve assicurare la prevalenza ai sensi dell'art. 17 della legge n. 218/1995 sono le sole norme di applicazione necessaria prodotte dalle fonti italiane o comunque operanti in Italia. Quale rilievo deve o può essere accordato, sempre dal giudice italiano, alle norme di applicazione necessaria di un ordinamento diverso?

Le norme imperative della legge richiamata trovano applicazione nel foro in quanto comprese nella *lex causae* (occorrerà peraltro verificare se esse vogliano applicarsi alla fattispecie, cioè se questa rientri nella loro sfera di efficacia). La loro efficacia nel foro poggia dunque sul richiamo previsto dalle regole di conflitto. Per le norme internazionalmente imperative di altri Stati, cioè le c.d. norme di applicazione necessaria di Stati terzi (perché diversi tanto dallo Stato del foro quanto dallo Stato oggetto del richiamo), valgono considerazioni diverse. In alcuni sistemi internazionalprivatistici nazionali e nell'ambito di alcuni testi uniformi, il giudice ha la facoltà (non l'obbligo) di «dare effetto» alle norme di applicazione necessaria di uno Stato con cui la fattispecie presenti uno stretto collegamento. Così disponeva l'art. 7, par. 1, della convenzione di Roma del 1980 sulla legge applicabile alle obbligazioni contrattuali, ora ripresa – con varie modifiche – nell'art. 9, par. 3, del regolamento Roma I, su cui si tornerà in seguito.

Non è agevole dire in che cosa consista la «considerazione» che può essere accordata alle norme in discorso, cioè il darvi effetto. Si è soliti distinguere due ipotesi. In alcuni casi, le norme di applicazione necessaria di uno Stato terzo possono venire in rilievo, nel foro, alla stregua di fatti. Ad esempio, se la prestazione dedotta in contratto è materialmente impedita da una norma, quella norma – per meglio dire, l'impedimento che ne deriva – può assumere rilievo nel giudizio in quanto circostanza che giustifica l'inadempimento o che esclude o attenua la responsabilità. In altri casi, le norme di applicazione necessaria di uno Stato terzo assumono rilievo nel foro in quanto espressione di valori che lo stesso ordinamento del foro propugna, e al cui soddisfacimento sente di dover contribuire. La presa in considerazione della norma dello Stato terzo si concreta allora in una alterazione degli effetti delle corrispondenti previsioni della *lex causae*. Il foro, in un certo senso, preferisce a queste ultime le norme imperative dello Stato terzo in questione. Questo discostarsi dalla *lex causae* integra un meccanismo in fondo non troppo diverso da quello del limite dell'ordine pubblico. I valori che si esprimono nelle norme internazionalmente imperative dello Stato terzo vengono per così dire fatti propri dal foro, e limitano a questo titolo il funzionamento delle norme di conflitto: la legge richiamata viene allora applicata «tenendo in considerazione» le norme imperative dello Stato terzo.

Il ricorso alle norme di applicazione necessaria degli Stati terzi è assai raro nella prassi. Se ne riparlerà dando conto dell'art. 9, par. 3, del regolamento Roma I.

12. Norme di conflitto e unificazione internazionale del diritto materiale

Si è discusso sin qui delle norme a cui è affidata l'individuazione della legge *statale* applicabile a una situazione caratterizzata da elementi di internazionalità. Va almeno segnalato che esiste un altro modo di accostarsi alla sfida posta dalla diversità delle regole materiali statali: consiste nella elaborazione di norme materiali internazionalmente uniformi, applicabili ai casi internazionali in luogo delle regole statali.

L'opera di unificazione del diritto materiale, nella misura in cui si traduce in testi vincolanti, implica in genere la conclusione di convenzioni internazionali. Ne è un esempio la convenzione delle Nazioni unite sulla vendita internazionale di beni mobili, fatta a Vienna l'11 aprile 1980 (CISG, nell'acronimo inglese), che detta norme materiali sulla formazione delle compravendite internazionali fra imprese, sulle obbligazioni che ne discendono e sui rimedi offerti alle parti in caso di inadempimento. In seno all'Unione europea, l'unificazione internazionale del diritto privato si realizza anche attraverso l'azione legislativa svolta dall'Unione stessa.

Di fatto, gli strumenti di unificazione elaborati sin qui coprono solo una piccola porzione del diritto privato. Pochi strumenti sono in vigore per un numero ragguardevole di Stati. La convenzione di Vienna appena citata, lo strumento di maggior successo in quest'ambito, vincola attualmente novantaquattro Stati. Altre convenzioni di questo genere sono in vigore solo per una manciata di paesi.

In questa sede è possibile parlare dell'unificazione del diritto materiale solo per accennare ai rapporti che essa intrattiene con le norme sui conflitti di leggi.

L'unificazione internazionale del diritto materiale sembra rispondere a una logica opposta a quella delle norme di conflitto. Se queste ultime «organizzano» il pluralismo delle esperienze giuridiche statali preservandone la diversità, l'unificazione materiale punta precisamente a ridurre, se non ad eliminare, le differenze. Lo sviluppo dell'unificazione del diritto materiale riflette del resto l'idea che la diversità delle regole nazionali sia un fatto intrinsecamente negativo, soprattutto nelle relazioni economiche internazionali, e il convincimento che le norme sui conflitti di leggi forniscono a questo riguardo una risposta quanto meno insufficiente.

Le norme materiali uniformi (poste da atti vincolanti) sono effettivamente in grado di soppiantare sia le norme materiali di fonte statale sia le norme di conflitto. Non è possibile indagare qui le ragioni del «primato» del diritto materiale uniforme sulle regole bilaterali di conflitto, anche uniformi. Basti dire che si tratta di un primato pacifico, che si traduce per l'interprete in una regola pratica assai semplice (da precisare a seconda dei contesti e delle disposizioni di volta in volta pertinenti): di fronte a un caso con elementi di internazionalità, prima si verifica se vi sia una disciplina di diritto materiale uniforme che voglia regolare il caso, e solo poi, nella misura in cui manchi una tale disciplina, si fa appello alle norme di conflitto.

In realtà, le norme materiali uniformi e quelle di conflitto, lungi dall'escludersi reciprocamente, si combinano fra loro in vario modo. Ciò per due ragioni.

La prima ragione è che i testi recanti norme materiali uniformi sono immancabilmente incompleti. Lo sono, per cominciare, perché omettono di disciplinare in modo esaustivo le fattispecie che rientrano nella loro sfera di applicazione: le questioni non affrontate debbono essere colmate attingendo alla legge statale richiamata dalle norme di conflitto. I regimi di diritto materiale uniforme, in secondo luogo, sono incompleti perché la loro applicazione può sovente essere esclusa, in tutto o in parte, in forza di un accordo delle parti: nella misura in cui ciò avvenga, bisogna tornare a interrogare le norme di conflitto e identificare tramite loro la legge statale applicabile al rapporto. Infine, i testi di diritto materiale uniforme sono incompleti perché in qualche caso danno vita a un mero ravvicinamento delle legislazioni statali, cioè regole di base o di principio che i singoli Stati ad essi vincolati sono liberi di corredare di proprie regole di dettaglio o di attuazione: è quanto avviene tipicamente con le direttive adottate in forza dell'art. 114 del trattato sul funzionamento dell'Unione europea. Nella misura in cui l'armonizzazione lasci permanere delle differenze fra i diritti nazionali, bisogna passare per le norme di conflitto per stabilire se il caso di specie sia soggetto all'una o all'altra delle diverse declinazioni nazionali delle norme armonizzate.

La seconda ragione che spiega la contiguità dei due approcci risiede nel fatto che la stessa applicabilità di alcune norme uniformi presuppone talora la soluzione di problemi di tipo internazionalprivatistico, e dunque il ricorso a norme di conflitto. La convenzione di Vienna, per esempio, all'art. 1, par. 1, si dichiara applicabile ai contratti di compravendita quando ricorrono, alternativamente, due condizioni: occorre che compratore e venditore abbiano la loro sede d'affari in Stati vincolati dalla convenzione, o che la legge applicabile al contratto, individuata secondo le norme di conflitto del foro, sia quella di uno Stato parte della convenzione. L'applicabilità di altri strumenti uniformi implica sistematicamente una previa verifica della legge regolatrice del rapporto. Ad esempio, l'accordo bilaterale franco-tedesco del 4 febbraio 2010 che ha istituito un regime patrimoniale dei coniugi uniforme a carattere opzionale è applicabile, in base al suo art. 1, sul presupposto che la legge regolatrice dei rapporti patrimoniali fra i coniugi in questione, determinata secondo le norme di conflitto del foro, sia la legge francese o quella tedesca.

Insomma, il diritto materiale uniforme è solo in una prospettiva «ideologica» un concorrente delle norme di conflitto. Nella pratica, le due tecniche vengono in gioco, piuttosto, l'una a fianco dell'altra, condizionandosi reciprocamente ma anche, non di rado, rafforzando l'una gli effetti dell'altra.

Bibliografia

In generale

BARATTA R., *Qualificazioni*, R. BARATTA (a cura di), *Dizionari del diritto privato – Diritto internazionale privato*, Giuffrè, 2011, pp. 315-326.

BASEDOW J., *Private International Law, Methods of*, in J. BASEDOW, G. RÜHL, F. FERRARI, P. DE MIGUEL ASENSIO (a cura di), *Encyclopedia of Private International Law*, Edward Elgar, 2017, pp. 1402-1407.

CAMPIGLIO C., *Rinvio (diritto internazionale privato)*, in *Enciclopedia del diritto* (Annali, vol. IV), Giuffrè, 2011, pp. 1025-1037.

CONTALDI G., *Ordine pubblico*, in R. BARATTA (a cura di), *Dizionari del diritto privato – Diritto internazionale privato*, Giuffrè, 2011, pp. 273-288.

FUMAGALLI L., *Diritto straniero (applicazione e limiti)*, in *Enciclopedia del diritto* (Annali, vol. IV), Giuffrè, 2011, pp. 467-490.

IVALDI P., *In tema di applicazione giudiziale del diritto straniero*, in *Rivista di diritto internazionale privato e processuale*, 2010, pp. 585-602.

KRONKE H., *Transnational Commercial Law and Conflict of Laws: Institutional Cooperation and Substantive Complementarity*, in *Recueil des cours de l'Académie de droit international de La Haye*, 2013, vol. 369, pp. 9-42.

LOPES PEGNA O., *Criteri di collegamento*, in R. BARATTA (a cura di), *Dizionari del diritto privato – Diritto internazionale privato*, Giuffrè, 2011, pp. 91-105.

NISHITANI Y., *Foreign Law in Domestic Courts: Challenges and Future Developments*, in F. FERRARI, D.P. FERNÁNDEZ ARROYO (a cura di), *Private International Law – Contemporary Challenges and Continuing Relevance*, Edward Elgar, 2019, pp. 412-433.

PICONE P., *Caratteri ed evoluzione del metodo tradizionale dei conflitti di leggi*, in *Rivista di diritto internazionale*, 1998, pp. 5-68.

WILDERSPIN M., *Overriding Mandatory Provisions*, in J. BASEDOW, G. RÜHL, F. FERRARI, P. DE MIGUEL ASENSIO (a cura di), *Encyclopedia of Private International Law*, Edward Elgar, 2017, pp. 1331-1336.

Spunti per approfondire

BASEDOW J., *Lex mercatoria e diritto internazionale privato dei contratti: una prospettiva economica*, in G. VENTURINI, S. BARIATTI (a cura di), *Nuovi strumenti di diritto internazionale privato – Liber Fausto Pocar*, Giuffrè, 2009, pp. 55-74.

BENEDETTELLI M., *Connecting Factors, Principles of Coordination between Conflict Systems, Criteria of Applicability: Three Different Notions for a «European Community Private International Law»*, in *Diritto dell'Unione europea*, 2005, pp. 421-439.

BOELE-WOELKI K., *Unifying and Harmonizing Substantive Law and the Role of Private International Law*, in *Recueil des cours de l'Académie de droit international de La Haye*, 2009, vol. 340, pp. 271-461.

CLERICI R., *Rapporto di lavoro, ordine pubblico e convenzione di Roma del 1980*, in *Rivista di diritto internazionale privato e processuale*, 2003, pp. 809-830.

CRESPI REGHIZZI Z., *La «presa in considerazione» di norme straniere di applicazione necessaria nel regolamento Roma I*, in A. ANNONI, S. FORLATI, P. FRANZINA (a cura di), *Il diritto internazionale come sistema di valori – Scritti in onore di Francesco Salerno*, Jovene, 2021, pp. 711-728.

DUTTA A., *Domicile, Habitual Residence and Establishment*, in J. BASEDOW, G. RÜHL, F. FERRARI, P. DE MIGUEL ASENSIO (a cura di), *Encyclopedia of Private International Law*, Edward Elgar, 2017, pp. 555-561.

FRANZINA P., *Sangue, suolo e cultura: declinazioni dell'idea di appartenenza nel diritto internazionale privato*, in *Diritti umani e diritto internazionale*, 2019, pp. 85-98.

FRANZINA P., *Sui rapporti fra norme di conflitto e norme materiali uniformi in tema di contratti internazionali*, in M. FOGLIA (a cura di), *Il contratto "apolide" – Sulla contrattazione transnazionale nel mercato globale*, ETS, 2019, pp. 123-138.

KRUGER T., *Finding a Habitual Residence*, in I. VIARENGO, F.C. VILLATA (a cura di), *Planning the Future of Cross Border Families* (Hart 2020, pp. 117-132.

LAGARDE P., *La méthode de la reconnaissance est-elle l'avenir du droit international privé?*, in *Recueil des cours de l'Académie de droit international de La Haye*, 2014, vol. 371, pp. 9-42.
MOSCONI F., *Sul criterio della cittadinanza: da Mancini ai giorni nostri*, in *Rivista di diritto internazionale privato e processuale*, 2011, pp. 634-641.
SALERNO F., *La costituzionalizzazione dell'ordine pubblico internazionale*, in A. DI BLASE, G. BARTOLINI, M. SOSSAI (a cura di), *Diritto internazionale e valori umanitari*, RomaTre Press, 2019, pp. 29-61.
WELLER M.-P., RENTSCH B., *«Habitual Residence»: A Plea for «Settled Intention»*, in S. LEIBLE (a cura di), *General Principles of European Private International Law*, Kluwer Law International, 2016, pp. 171-188.
ZANOBETTI A., *La residenza abituale nel diritto internazionale privato: spunti di riflessione*, in G. CONTALDI, F. MARONGIU BUONAIUTI, M.I. PAPA, A. ZANOBETTI (a cura di), *Liber amicorum Angelo Davì*, Editoriale Scientifica, 2019, pp. 1361-1404.

Capitolo II

La legge applicabile ai contratti secondo il regolamento Roma I

Sommario: 1. Il regolamento Roma I nel quadro delle fonti. – 2. A colpo d'occhio. – 3. Genesi e vicende del regolamento. – 4. L'ambito di applicazione: (a) Obbligazioni contrattuali; (b) Materia civile e commerciale; (c) Situazioni comportanti un conflitto di leggi; (d) Materie escluse; (e) L'ambito di applicazione temporale. – 5. Il carattere universale del regolamento. – 6. Il rapporto del regolamento con altre norme di conflitto uniformi. – 7. La scelta di legge ad opera delle parti: (a) Ragioni giustificatrici della libertà di scelta; (b) Natura del negozio di scelta; (c) Il possibile oggetto della scelta; (d) La scelta di regole non statali; (e) Prova dell'esistenza e del contenuto della scelta; (f) La portata della scelta: il c.d. frazionamento del contratto; (g) Momento della scelta ed efficacia temporale della stessa; (h) Limiti della scelta. – 8. La legge applicabile in mancanza di scelta: (a) La regola di base: i contratti nominati; (b) La regola complementare: i contratti innominati e misti; (c) La clausola di eccezione; (d) La regola residuale. – 9. I contratti di trasporto. – 10. I contratti conclusi dai consumatori: (a) I presupposti applicativi del regime speciale; (b) Il contenuto delle norme protettive. – 11. I contratti di assicurazione. – 12. I contratti individuali di lavoro: (a) La localizzazione del contratto in via obiettiva; (b) Le salvaguardie concernenti la scelta di legge. – 13. Le questioni disciplinate dalla legge richiamata: (a) L'interpretazione; l'adempimento e l'estinzione delle obbligazioni; (b) L'esistenza e la validità sostanziale del contratto; (c) La validità formale; (d) Cessione del credito, surrogazione, compensazione; (e) L'onere della prova. – 14. Il limite dell'ordine pubblico. – 15. Le norme di applicazione necessaria. – 16. La convenzione dell'Aja del 1955. – 17. L'art. 57 della legge n. 218/1995.

1. Il regolamento Roma I nel quadro delle fonti

Il regolamento (CE) n. 593/2008 del 17 giugno 2008 sulla legge applicabile alle obbligazioni contrattuali, o regolamento Roma I, costituisce in Italia la principale fonte di regolamentazione dei conflitti di leggi in materia di contratti.

Esso fa salva l'applicazione delle norme speciali contenute in atti normativi dell'Unione e in convenzioni internazionali anteriori alla sua adozione, come la convenzione dell'Aja del 15 giugno 1955 sulla legge applicabile alle vendite a carattere internazionale di beni [1], in vigore per l'Italia e altri sette paesi. Per le fattispecie contrattuali estranee al regolamento e non soggette ad altre norme di conflitto uniformi opera l'art. 57 della legge n. 218/1995.

[1] Attuata in Italia con legge 4 febbraio 1958, n. 50.

2. A colpo d'occhio

Il regolamento Roma I detta una disciplina organica dei conflitti di leggi in materia di contratti. Consente alle parti di definire esse stesse, accordandosi, la legge regolatrice del rapporto e indica in che modo vada identificata la legge applicabile in mancanza di scelta. Alcune delle norme di conflitto dettate dal regolamento riguardano la generalità dei contratti; altre si riferiscono a speciali categorie di rapporti, come i contratti conclusi dai consumatori e quelli di lavoro. Apposite disposizioni chiariscono il funzionamento delle norme di conflitto del regolamento, indicando ad esempio quali questioni siano disciplinate dalla legge richiamata, e quale rilievo vada accordato alle norme di applicazione necessaria del foro.

3. Genesi e vicende del regolamento

Il regolamento Roma I riprende, con varie modifiche, la convenzione di Roma del 19 giugno 1980 sulla legge applicabile alle obbligazioni contrattuali. Quest'ultima, come si è visto, ha rappresentato uno dei primi risultati dell'opera di armonizzazione del diritto internazionale privato in Europa[2]. Il regolamento ha sostituito la convenzione nei rapporti fra gli Stati membri che ne erano vincolati. La Danimarca è rimasta estranea al regolamento, conformemente al regime di *opting out* esaminato a suo tempo. Irlanda e Regno Unito hanno invece dichiarato di voler esercitare in rapporto al regolamento la facoltà di *opting in* loro concessa. Peraltro, con la fine del periodo transitorio istituito dall'accordo sul recesso dall'Unione europea[3], il Regno Unito ha smesso, il 31 dicembre 2020, di essere vincolato dagli atti derivati dell'Unione, compreso dunque il regolamento Roma I.

Il rapporto di continuità che lega il regolamento alla convenzione di Roma permette di giovarsi degli orientamenti maturati in rapporto a quest'ultima anche nell'interpretazione del regolamento, analogamente a quanto avviene nei rapporti fra il regolamento Bruxelles I *bis* e i suoi predecessori, vale a dire la convenzione di Bruxelles del 1968 e il regolamento Bruxelles I.

In particolare, l'interprete del regolamento Roma I può attingere alla relazione esplicativa della convenzione di Roma redatta da Mario Giuliano e Paul Lagarde[4], e alla giurisprudenza concernente la convenzione, a partire da quella prodotta dalla Corte di Giustizia sulla base della competenza in via pregiudiziale attribuitale da due protocolli conclusi nel 1988[5].

---

[2] Parte prima, Capitolo II, § 5.

[3] *G.U.U.E.*, L 29 del 31 gennaio 2020, p. 7 ss.

[4] *G.U.C.E.*, C 282 del 31 ottobre 1980, p. 1 ss.

[5] *G.U.U.E.*, C 334 del 30 dicembre 2005, pp. 20 ss. e 26 ss.

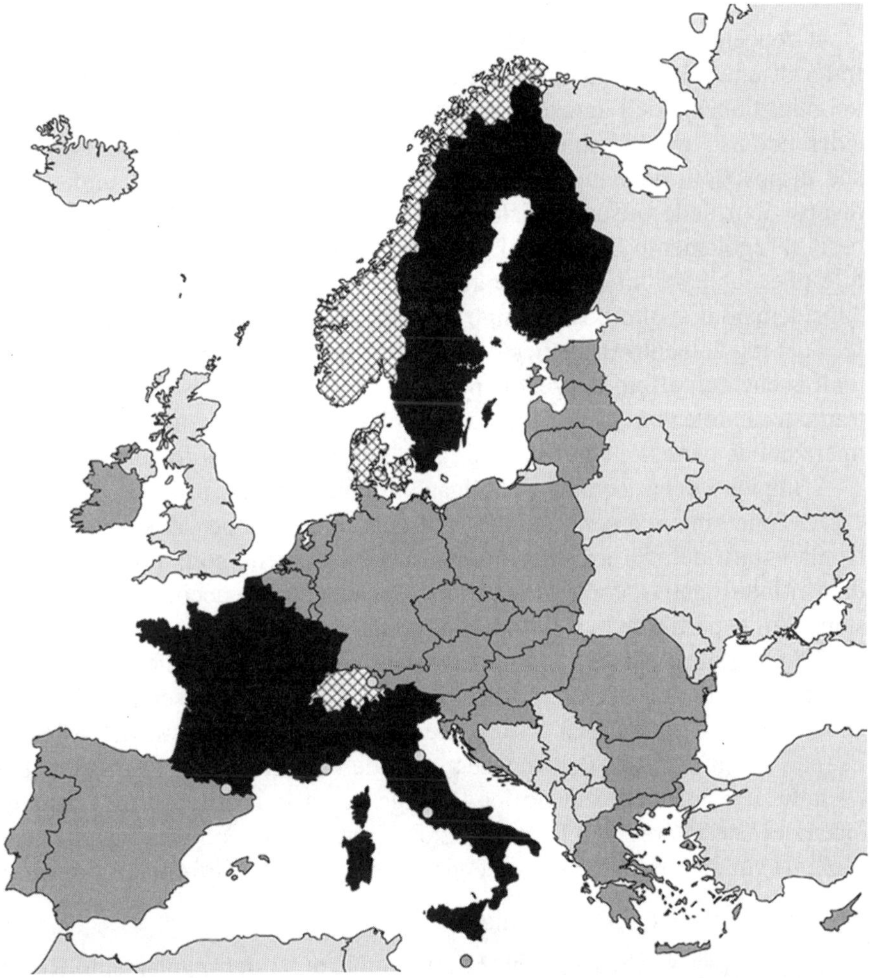

Tavola 2. Norme di conflitto uniformi in materia di contratti

In grigio scuro gli Stati vincolati dal regolamento Roma I; in nero gli Stati vincolati dal regolamento Roma I e dalla convenzione dell'Aja del 1955; il tratteggio indica gli Stati vincolati dalla sola convenzione del 1955

4. L'ambito di applicazione

Il regolamento, come indicato all'art. 1, par. 1, «si applica, in circostanze che comportino un conflitto di leggi, alle obbligazioni contrattuali in materia civile e commerciale». Ai sensi dell'art. 28, esso opera unicamente in relazione ai contratti conclusi dopo il 17 dicembre 2009.

(a) Obbligazioni contrattuali

Il concetto di «obbligazione contrattuale» non è definito nel regolamento. Si tratta di una nozione autonoma, cioè non dipendente dal significato del termine «obbligazione» e dell'aggettivo «contrattuale» negli ordinamenti nazionali. Il considerando n. 7 ricorda che il campo di applicazione del regolamento Roma I e le sue disposizioni debbono presumersi coerenti con il campo di applicazione e le disposizioni delle misure legislative che ne rappresentano l'immediato contesto, ossia il regolamento Bruxelles I *bis* e il regolamento Roma II sulla legge applicabile alle obbligazioni extracontrattuali. In pratica, le fattispecie che in base alle considerazioni svolte a suo tempo rientrano nella «materia contrattuale» agli effetti del regolamento Bruxelles I *bis* devono in linea di principio reputarsi contrattuali anche agli effetti del regolamento Roma I, e viceversa. In breve, sono «contrattuali» le relazioni giuridiche basate sulla «libera assunzione» di un obbligo ad opera di una parte nei confronti dell'altra, tramite un accordo o un atto unilaterale.

L'impiego della formula «obbligazioni contrattuali», in luogo della più ampia espressione «materia contrattuale», potrebbe indurre a pensare che il regolamento Roma I tratti dei soli aspetti obbligatori del fenomeno contrattuale, senza curarsi di altri interrogativi, come la questione di sapere se un accordo sia venuto ad esistenza fra le parti e se lo stesso debba reputarsi valido.

L'impressione sarebbe errata. Lo stesso regolamento dedica specifiche disposizioni a profili non obbligatori del rapporto. L'art. 10, ad esempio, si occupa della esistenza e della validità sostanziale del contratto e delle sue disposizioni; l'art. 12, par. 1, lett. *e*), parla delle conseguenze della nullità; l'art. 11 tratta della forma. Di fatto, il regolamento identifica la legge deputata a disciplinare l'insieme delle questioni che interessano le obbligazioni contrattuali, comprese quelle relative al titolo da cui discendono e alle vicende del rapporto di cui formano l'oggetto.

(b) Materia civile e commerciale

L'art. 1, par. 1, chiarisce che la sfera applicativa del regolamento Roma I non si estende oltre i confini della «materia civile e commerciale». L'espressione ha la stessa portata che riveste nel regolamento Bruxelles I *bis* e negli altri testi dell'Unione basati sull'art. 81 del trattato sul funzionamento. Di fatto, cadono nella sfera del regolamento anche i rapporti contrattuali che fanno capo a un ente investito di funzioni pubbliche, a meno che non si tratti di rapporti che l'ente in questione è in grado di conformare tramite le sue prerogative pubblicistiche.

(c) Situazioni comportanti un conflitto di leggi

Il regolamento Roma I si applica in situazioni che comportano un conflitto di leggi. È pacifico che ricorra una simile situazione quando si faccia questione di un rapporto concluso fra parti stabilite in paesi diversi, o di un rapporto fra soggetti stabiliti in un medesimo paese che però faccia sorgere delle obbligazioni da eseguirsi in uno Stato diverso. È altresì pacifico che l'applicabilità del regolamento dipenda dall'estraneità della situazione rispetto al foro più che dalla sua oggettiva internazionalità: un contratto legato in ogni suo aspetto ad un unico paese è estraneo al regolamento, ma se viene osservato dall'angolatura di un altro Stato (membro dell'Unione), spetta al regolamento stabilire quale ne sia la legge applicabile.

Tracciare i contorni del concetto di estraneità è meno agevole in altri scenari. L'unico sul quale è possibile soffermarsi in questa sede si verifica quando una situazione, di per sé racchiusa nell'orizzonte di un unico paese, si presenti legata ad un paese diverso solo per via della scelta fatta dalle parti in favore della legge di un altro paese. È la situazione che si verifica, ad esempio, quando due imprese tedesche concludano in Germania un contratto da cui sorgano delle obbligazioni da eseguirsi in Germania, ma che le stesse parti – invocando la libertà di scelta loro accordata dal regolamento – convengano di assoggettare alla legge albanese.

Lo scenario appena evocato forma l'oggetto di una specifica disposizione del regolamento, di cui si parlerà meglio in seguito: l'art. 3, par. 3. La scelta effettuata dalle parti, vi si dice, fa salve le disposizioni imperative della legge del paese con cui il contratto, a parte la scelta, si rivela interamente collegato (le disposizioni imperative tedesche, nell'esempio appena proposto). Il regolamento, per il fatto stesso di disciplinare il caso appena descritto, dichiara di annoverarlo fra le «situazioni che comportano un conflitto di leggi».

(d) Materie escluse

Alcuni rapporti giuridici, pur rientrando nel concetto europeo di contratto, sono esclusi dalla sfera materiale del regolamento Roma I ai sensi dell'art. 1, par. 2. È il caso, ad esempio, delle fattispecie (*lato sensu* contrattuali) rientranti nel campo dei regimi patrimoniali tra coniugi e delle successioni: esulano così dal regolamento le convenzioni matrimoniali come i patti successori. Sono altresì esclusi dal regolamento, in base alla stessa disposizione, gli accordi sulla competenza giurisdizionale, esaminati in relazione al regolamento Bruxelles I *bis*, e le convenzioni di arbitrato, cioè gli accordi con cui le parti di una controversia, presente o futura, decidono di devolverne la cognizione ad uno o più arbitri.

Molte delle fattispecie escluse dal regolamento cadono sotto altri regimi uniformi: le convenzioni matrimoniali, ad esempio, sono disciplinate dal regolamento 2016/1103, mentre il regolamento n. 650/2012 disciplina i patti successori.

Esulano dal regolamento Roma I anche le obbligazioni derivanti da cambiali, assegni, vaglia cambiari e altri strumenti negoziabili, figure in relazione alle quali, peraltro, operano specifici testi uniformi: la convenzione di Ginevra 7 giugno 1930 sui conflitti di leggi in materia di cambiale e di vaglia cambiario, e la convenzione di Ginevra del 19 marzo 1931 sui conflitti di leggi in materia di assegno bancario [6].

---

[6] Le due convenzioni hanno ricevuto attuazione in Italia, rispettivamente, con il regio decreto-legge 25 agosto 1932, n. 1130, e con il regio decreto 24 agosto 1933, n. 1077, convertito nella legge 4 luglio 1934, n. 61.

L'art. 1, par. 2, esclude dalla sfera del regolamento Roma I anche alcune questioni che potrebbero insorgere in relazione a un contratto. Significativa è l'esclusione della rappresentanza. Il regolamento dichiara di non volersi occupare dei conflitti di leggi che insorgono quando ci si chiede se l'atto del rappresentante obblighi il rappresentato nei confronti dei terzi (rappresentanza volontaria), e se l'atto di un organo impegni l'ente verso l'esterno (rappresentanza organica).

Il romanziere italiano Tizio dà mandato al suo agente, lo svizzero Caio, di negoziare e concludere per suo conto con un editore statunitense un contratto relativo alla traduzione in lingua inglese della sua nuova opera. Il rapporto contrattuale che lega l'autore Tizio all'agente Caio è soggetto al regolamento Roma I. Altrettanto dicasi del contratto eventualmente concluso con l'intervento di Caio fra il romanziere e la casa editrice. Ove però sorga la questione di sapere se Tizio sia vincolato dall'accordo concluso dall'agente (magari perché le condizioni pattuite fra l'agente e l'editore differiscono da quelle previamente autorizzate dall'autore), tale questione non andrà risolta in base alla legge indicata dal regolamento ma in base alla legge designata dalle norme di conflitto in tema di rappresentanza volontaria: in Italia, l'art. 60 della legge n. 218/1995.

Esulano infine dal regolamento Roma I anche le questioni riguardanti la prova (salva un'eccezione di cui si dirà in seguito, prevista all'art. 18) e la procedura.

(e) L'ambito di applicazione temporale

Il regolamento, divenuto applicabile il 17 dicembre 2009, si applica, ai sensi dell'art. 28, ai contratti conclusi dopo quella data. La Corte di Giustizia ha chiarito nella sentenza *Nikiforidis* che la nozione di conclusione del contratto, agli effetti di tale disposizione, va intesa in modo autonomo: per la sua determinazione non è dunque necessario interrogare la legge applicabile al contratto[7].

Quid di un contratto anteriore al 17 dicembre 2009 che le parti abbiano convenuto di modificare dopo tale data? Nella stessa sentenza *Nikiforidis*, la Corte di Giustizia ha affermato che il regolamento può applicarsi a un rapporto di lavoro sorto prima del 17 dicembre 2009 solo se il rapporto stesso abbia subito, per effetto di un nuovo accordo delle parti, successivo a tale data, «una modifica di ampiezza tale da dover ritenere che sia stato concluso un nuovo contratto di lavoro»; cioè, solo se si sia prodotta, col nuovo accordo, una modifica implicante non un aggiustamento o un aggiornamento dei termini originari, ma un'alterazione sostanziale dell'equilibrio fra le prestazioni delle parti.

5. Il carattere universale del regolamento

Il regolamento Roma I si serve di norme di conflitto a carattere bilaterale. Esso obbedisce, sia pure con alcune particolarità, alla logica localizzatrice propria del

---

[7] Corte Giust., 18 ottobre 2016, *Republik Griechenland* c. *Grigorios Nikiforidis*, causa C-135/15, ECLI:EU:C:2016:774.

metodo tradizionale dei conflitti di leggi. In pratica, al di là dell'ipotesi in cui le parti abbiano compiuto una *electio iuris*, il regolamento identifica la legge applicabile localizzando un elemento della fattispecie, elevato a criterio di collegamento.

È indifferente, ai fini della operatività del regolamento, che il contratto risulti localizzato, in ragione del criterio prescelto, all'interno dell'Unione europea o fuori di essa. La legge individuata dal regolamento si applica a prescindere dal fatto che si tratti della legge di uno Stato membro o di quella di uno Stato terzo. In questo consiste il carattere universale del regolamento, sancito dall'art. 2. Di fatto, il regolamento disciplina negli Stati membri tanto le fattispecie interne alla vita giuridica dell'Unione, quanto quelle collegate a Stati terzi.

La società Alfa, di Brescia, ha preso in locazione dalla società russa Beta un capannone nei pressi di San Pietroburgo, che intende adibire a magazzino. Sorge fra le parti una lite, che viene portata davanti al Tribunale di Brescia. La legge applicabile al contratto andrà determinata dal giudice italiano conformemente al regolamento Roma I, a nulla rilevando che la fattispecie sia collegata per diversi aspetti con uno Stato terzo rispetto all'Unione, la Federazione Russa. L'art. 4, par. 1, lett. *c*), del regolamento dispone che, in mancanza di scelta, un contratto di locazione con le caratteristiche ora indicate è soggetto alla legge dello Stato in cui si trova l'immobile. Il Tribunale di Brescia dovrà pertanto, in forza del regolamento, applicare al contratto la legge russa.

La circostanza che il regolamento sia idoneo a richiamare la legge di uno Stato terzo porta a chiedersi se, in presenza di un simile richiamo, si debba tener conto delle norme di conflitto in vigore in tale Stato. Queste ultime ben potrebbero essere diverse da quelle del regolamento, e magari richiamare una legge diversa da quella designata dal regolamento. Si tratta, insomma, di capire come vada risolto, sotto il regolamento, il problema del rinvio, di cui già si è discusso in termini generali. L'art. 20 nega in generale che si debba tener conto del rinvio: quando le norme del regolamento prescrivono l'applicazione della legge di un certo paese, deve aversi riguardo alle «norme giuridiche in vigore in quel paese, ad esclusione delle norme di diritto internazionale privato». La legge indicata dal regolamento si applica, insomma, a prescindere dal fatto che essa «voglia» regolare la fattispecie o ne rimetta piuttosto la disciplina alla legge di uno Stato diverso, foss'anche la legge del foro.

6. Il rapporto del regolamento con altre norme di conflitto uniformi

Il regolamento Roma I disciplina la generalità dei contratti. Esso, tuttavia, non preclude l'applicazione di convenzioni internazionali e atti dell'Unione europea che rechino norme di conflitto in tema di contratti.

Il regolamento distingue a questo proposito due gruppi di norme. L'art. 23 dispone che il regolamento cede il passo alle norme di conflitto contenute in atti dell'Unione, relativa «settori specifici» della materia contrattuale. È il caso, per esempio, del regolamento n. 874/2004 della Commissione del 28 aprile 2004 sulla registrazione dei siti web con dominio «.eu»[8]. L'art. 5, par. 1, di tale regolamento tratta della legge applicabile ai contratti conclusi tra i conservatori del registro (cioè gli enti che offrono servizi di registrazione di nomi di dominio) e gli utenti che si rivolgono a loro per la registrazione di un dominio. Il regolamento Roma I è di per sé applicabile a questi contratti, ma rispetta la specialità del regolamento n. 874/2004: opera, dunque, solo nella misura in cui le sue disposizioni siano compatibili con quelle di quest'ultimo regolamento, cioè, di fatto, solo per gli aspetti non disciplinati da quest'ultimo.

Ai sensi dell'art. 25, il regolamento Roma I si subordina alle norme di conflitto contenute in convenzioni internazionali di cui uno o più Stati membri fossero parti al momento dell'adozione del regolamento. Il regolamento «non osta» a che gli Stati membri continuino ad applicare tali convenzioni, anche là dove, per farlo, si discostino dal regolamento. Si tratta, in sostanza, di una clausola di compatibilità[9]. L'art. 25 esenta gli Stati membri dall'applicare il regolamento allorché, applicandolo, verrebbero meno ad impegni internazionali assunti prima che il regolamento stesso vedesse la luce. Deve trattarsi, peraltro, di obblighi che legano uno Stato membro (anche) ad uno o più Stati terzi: gli obblighi internazionali assunti fra Stati membri sono infatti superati dal regolamento quale *lex posterior*.

In Italia, come si dirà meglio in seguito, l'art. 25 del regolamento Roma I sancisce il carattere cedevole del regolamento rispetto alla convenzione dell'Aja del 1955 sulla legge applicabile ai contratti di compravendita di oggetti mobili corporali, in vigore per l'Italia dal 1964 nei rapporti con alcuni Stati vincolati anche dal regolamento (la Francia, la Finlandia e la Svezia) e con Stati estranei all'Unione (la Svizzera, per esempio) o comunque non legati al regolamento (la Danimarca).

7. La scelta di legge ad opera delle parti

L'art. 3, par. 1, condensa nel suo primo periodo il principio cardine del regolamento Roma I: il contratto «è disciplinato dalla legge scelta dalle parti». In pratica, le parti del contratto sono libere di accordarsi fra loro circa l'ordinamento giuridico che deve fungere da cornice del rapporto.

Una scelta di legge, trasfusa in una clausola di un contratto, può esprimersi in formule come: «Il presente contratto è retto dalla legge slovena», oppure «Le parti convengono che il diritto applicabile al loro rapporto è quello del Delaware», o ancora «Questo contratto soggiace alla legge italiana».

Richiamandosi alla libertà delle parti sin dalla sua prima norma di conflitto, il regolamento conferma lo speciale rilievo attribuito all'autonomia privata. Un'indicazione, del resto, coerente con la valorizzazione dell'autonomia sul terreno della giurisdizione, segnatamente ad opera dell'art. 25 del regolamento Bruxelles I *bis*.

---

[8] *G.U.U.E.*, L 162 del 30 aprile 2004, p. 40 ss.

[9] Parte prima, Capitolo 2, § 7.

In pratica, per determinare la legge applicabile a un contratto occorre cominciare col verificare se le parti abbiano pattuito una scelta di legge. Solo in mancanza di una (valida) scelta, vengono in rilievo le norme di conflitto di tipo obiettivo.

(a) Ragioni giustificatrici della libertà di scelta

Il principio sancito all'art. 3 del regolamento Roma I rispecchia, per un verso, l'indirizzo liberale che ispira larga parte del diritto (internazionale privato) dell'Unione. Concedendo degli ampi margini di autodeterminazione, l'Unione confida di assecondare l'iniziativa degli attori del mercato e promuovere gli scambi. Il contratto è uno strumento di pianificazione della attività economica e dei relativi investimenti: chi se ne serve è più incline ad impegnarvi delle risorse se sa di poter determinare la fisionomia delle operazioni a cui partecipa secondo le proprie esigenze e i propri interessi, condivisi con gli altri soggetti coinvolti. Ciò è particolarmente vero per le imprese. Agli occhi di chi svolge un'attività economica, le norme che regolano il contratto implicano dei costi, più o meno elevati a seconda del contenuto delle norme pertinenti. Ad esempio, le norme concernenti i rimedi esperibili dal compratore in caso di consegna di merci non conformi al contratto possono comportare, per il venditore, a seconda dei casi, la necessità di creare un magazzino di pezzi di ricambio, o di allestire dei laboratori di riparazione. Solo conoscendo le norme regolatrici del contratto è possibile calcolare i costi che il rispetto di tali norme comporta, e definire un modello di organizzazione dell'attività di impresa che assicuri, nel contempo, il rispetto di quelle norme e un impiego razionale delle risorse. Poter determinare in anticipo le norme pertinenti e le ricadute della loro applicazione sull'organizzazione dell'attività di impresa permette di accostarsi con fiducia agli investimenti richiesti da tale attività.

La scelta della legge regolatrice del contratto ad opera delle parti permette, più specificamente, una riduzione dei costi di transazione associati al carattere internazionale del contratto [10]. Accordandosi sulla legge applicabile, le parti sciolgono in anticipo un dubbio di cui, diversamente, potrebbe doversi fare carico in condizioni meno agevoli o in un clima di contrapposizione (magari perché durante la vita del contratto sorge la necessità di stabilire in via d'urgenza se sia legittimo o meno tenere una certa condotta verso l'altra parte, o perché è già insorta una lite e occorra valutare se sia bene insistere sulle proprie posizioni o tentare una composizione amichevole). Negare la possibilità di una scelta di legge vorrebbe dire costringere le parti a un'indagine potenzialmente complessa. Non è facile, infatti, localizzare obiettivamente un contratto. Le ragioni di tali difficoltà sono state evocate parlando dell'art. 7, punto 1, del regolamento Bruxelles I *bis*: il contratto è una creazione del diritto, che non sempre, come tale, si presta ad essere univocamente situata nello spazio; è in più, per sua natura, una realtà duttile, che potrebbe dunque sfuggire alle generalizzazioni proprie delle norme (di conflitto) troppo gene-

[10] Parte prima, Capitolo II, § 5.

rali e troppo astratte. La scelta di legge azzera i costi di una simile indagine, consente una gestione più efficiente delle crisi di cooperazione fra le parti e aiuta a prevenire il contenzioso.

Certo, tramite la scelta di legge, tanto più se ammessa nei termini particolarmente generosi previsti dal regolamento (come si dirà oltre), le parti sono in grado di sfuggire, per così dire, a regole statali che esse reputino inopportune o non desiderabili. Per non incappare in una disposizione sgradita, in effetti, i contraenti devono solo convenire di collocare il rapporto sotto un ordinamento diverso da quello a cui appartiene tale disposizione. L'idea che basti un tratto di penna per «disattivare» una norma imperativa può, di primo acchito, lasciare perplessi. Ma in un'area come quella del contratto, dominato dall'autonomia, lo spazio della imperatività è naturalmente più stretto che altrove, e gli Stati – in nome di altri vantaggi, essenzialmente quelli legati allo sviluppo della vita di relazione internazionale – sono disposti fare, evidentemente, delle concessioni importanti.

Il *favor* espresso dal regolamento per l'autonomia privata non è del resto senza limiti, come si dirà a tempo debito. Alcuni di questi limiti sono per così dire interni alle regole che permettono la scelta di legge. Le norme dedicate dal regolamento ai contratti di consumo e a quelli di lavoro circondano la *electio iuris*, come si dirà, di precise salvaguardie. Altri limiti, invece, sono di applicazione generale, nel senso che operano per tutte le norme di conflitto del regolamento, non solo per l'art. 3. L'ordinamento del foro è in grado di proteggere alcune delle sue politiche contro i rischi derivanti dall'applicazione di una legge straniera, sia essa scelta dalle parti o applicabile in via obiettiva: rilevano a questo fine le norme di applicazione necessaria, ai sensi dell'art. 9, e l'eccezione di ordine pubblico di cui all'art. 21.

(b) Natura del negozio di scelta

Qual è la natura giuridica del negozio con cui le parti scelgono la legge applicabile al contratto, e quale rapporto intercorre fra tale negozio e il contratto a cui la scelta si riferisce?

L'accordo relativo alla legge applicabile, o *pactum de lege utenda*, è un negozio distinto dal contratto di cui intende definire la legge regolatrice. Anche quando fa corpo con quel contratto, costituendone una clausola, assolve una funzione specifica, che vale a distinguerlo dal contratto stesso. Valgono qui, con i necessari adattamenti, i rilievi fatti a suo tempo circa l'indipendenza degli accordi di scelta del foro rispetto al rapporto sostanziale di cui pretendono di regolare le liti [11].

Il regolamento, pur accogliendo implicitamente questa idea di indipendenza, estende agli accordi di scelta una serie di disposizioni dettate per i contratti. L'art. 3, par. 5, del regolamento stabilisce che quando si discute della esistenza del *pactum de lege utenda*, della sua validità o della capacità delle parti di concluderlo,

---

[11] Parte seconda, Capitolo II, § 14.

valgono gli articoli 10, 11 e 13 del regolamento, cioè, per l'appunto, le disposizioni a cui occorre far capo per pronunciarsi sulla esistenza di un contratto, sulla sua validità o sulla capacità dei contraenti. Insomma, per stabilire se tra le parti si è perfezionato un accordo di scelta va seguito lo stesso percorso che occorre seguire per sincerarsi che tra le parti si sia perfezionato un contratto: data l'indipendenza del primo negozio rispetto al secondo, però, nulla impedisce che da tali verifiche risulti, ad esempio, che le parti hanno concluso un accordo di scelta ma non sono pervenute a concludere (validamente) alcun contratto.

(c) Il possibile oggetto della scelta

Le parti possono scegliere, ai sensi dell'art. 3, la legge di qualsiasi Stato, compresa la legge di uno Stato terzo rispetto all'Unione, visto il già ricordato carattere universale del regolamento. La scelta delle parti può cadere, se del caso, sulla legge di una particolare unità territoriale di uno Stato nel quale convivano più sistemi privatistici (la legge dello Stato della California, per esempio, o quella della Provincia canadese dell'Alberta). L'art. 22 del regolamento stabilisce che i diversi sistemi che compongono un ordinamento plurilegislativo a base territoriale, vanno intesi, per il regolamento stesso, come ordinamenti statali a sé stanti. La precisazione, si noti, vale in caso di scelta di legge come agli effetti delle norme obiettive.

Non occorre che la legge scelta sia la legge di uno Stato con cui il contratto presenti dei collegamenti di tipo oggettivo o soggettivo. Per intendersi, nulla impedisce a un'impresa italiana di concordare con un'impresa slovacca che il loro contratto, concluso in occasione di una fiera svoltasi in Germania, sia retto dalla legge svizzera. La scelta della legge di un paese non collegato al contratto, segnatamente la legge di uno Stato diverso da quelli in cui le parti sono stabilite, viene vista in alcuni negoziati come un'opportunità preziosa: capita in effetti che le parti non vogliano reciprocamente concedersi il «privilegio» della applicazione della propria legge, e puntino dunque a una legge «neutra» (neutra nel senso che le parti, per procurarsene la conoscenza, debbano far fronte a costi comparabili).

La scelta, in definitiva, può cadere su una data legge in ragione dei suoi meriti «contenutistici», cioè in ragione delle qualità intrinseche che le parti le riconoscano, e non per i suoi meriti «geografici», cioè per la natura e l'intensità dei legami di tipo economico o sociale fra l'operazione delle parti e un certo paese.

La libertà accordata alle parti finisce col sovvertire il modello con cui si è soliti rappresentare la relazione fra i singoli e il diritto obiettivo. I singoli, lungi dall'essere solo i destinatari degli effetti delle norme obiettive, si trovano qui a poter «valutare» i diversi sistemi privatistici statali, premiandone ora l'uno ora l'altro con la propria scelta. Il sistema scelto vincola le parti con le sue norme, ma l'assoggettamento a tali norme costituisce l'esito di un giudizio compiuto dalle parti circa i vantaggi e gli svantaggi offerti da detto sistema.

La competizione regolatoria che questo meccanismo innesca (o almeno mette in evidenza) evoca l'immagine di un «mercato» delle leggi, dove i vari sistemi si contendono il favore dei contraenti, per essere da questi scelti. Per lo Stato la cui legge viene scelta, le implicazioni della *electio* non sono del resto di poco conto: tale Stato può informare delle proprie politiche, ispiratrici delle sue norme, una porzione della vita di relazione internazionale; e più sono i contratti per i quali una simile scelta viene fatta, più quel controllo si rivela politicamente ed economicamente significativo.

Nei fatti, le leggi di alcuni paesi vengono selezionate con una frequenza maggiore delle leggi di altri Stati. Un'indagine empirica, condotta su un campione di contratti conclusi fra il 2007 e il 2012, ha messo in luce che nell'11,2% dei casi era stato scelto il diritto inglese, e nel 9,9% dei casi il diritto svizzero. Le altre scelte statisticamente significative riguardavano la legge dell'una o l'altra delle unità federate che compongono gli Stati Uniti (3,5%), il diritto francese (3,1%), quello tedesco (2%).

Varie ragioni spiegano il particolare favore di cui godono certi sistemi. Va osservato, per cominciare, che nella grande maggioranza dei casi le parti non procedono ad una disamina dettagliata delle norme destinate ad applicarsi al loro contratto in caso di designazione di questa o quella legge. Il più delle volte la scelta cade su un certo sistema giuridico in considerazione di talune sue caratteristiche generali: la sua accessibilità, per esempio, cioè l'assenza di significative barriere (linguistiche, ad esempio) imposte a chi voglia determinarne i contenuti; la qualità della giurisprudenza formatasi in relazione alle sue norme; lo spazio lasciato all'autonomia negoziale; l'esistenza, nell'ordinamento prescelto, di regole specifiche concernenti la particolare materia su cui verte il contratto, etc.

(d) La scelta di regole non statali

Le parti, si è detto, possono scegliere la legge di qualsiasi Stato. Deve però trattarsi della legge di uno Stato, e solo di uno Stato: la scelta di un corpo di regole non statali non integra, infatti, una scelta ai sensi dell'art. 3. Nella proposta da cui ha tratto origine il regolamento (COM/2005/650 def.), la Commissione aveva affacciato l'idea che le parti potessero scegliere anche «principi e norme di diritto sostanziale dei contratti, riconosciuti a livello internazionale o comunitario». La scelta avrebbe allora potuto cadere, ad esempio, sui Principi Unidroit dei contratti commerciali internazionali, un testo non vincolante elaborato in seno all'Istituto per l'unificazione internazionale del diritto privato che enuncia regole materiali generali in tema di contratti, ispirate dall'osservazione delle pratiche dei rapporti commerciali internazionali. L'ipotesi è stata accantonata. Parlamento e Consiglio non hanno inteso mettere sullo stesso piano le norme statali e quelle prodotte tramite procedimenti estranei al controllo degli Stati o comunque riferibili ad ambienti sociali o istituzionali diversi dagli Stati stessi, come standard elaborati da associazioni private, usi commerciali, regole religiose, etc.

Le discussioni sul tema hanno peraltro lasciato una traccia nel preambolo del regolamento: al considerando n. 13 si dice che il regolamento «non impedisce che le parti includano nel loro contratto, mediante riferimento, un diritto non statale ovvero una convenzione internazionale». La formula, che si limita ad esplicitare un'affermazione di per sé pacifica, allude alla distinzione di cui già si è parlato quando si è tracciata la distinzione fra autonomia conflittuale e autonomia materiale [12]. Conviene riprendere brevemente quella distinzione e leggere alla luce di essa quanto si osserva nel considerando n. 13.

L'art. 3 del regolamento Roma I investe le parti di una autonomia conflittuale. Permette loro di «situare» il contratto nell'orizzonte dell'ordinamento da esse scelto. Il contratto risulterà allora soggetto alle regole di quell'ordinamento: fatta salva l'interferenza, eccezionale, di particolari disposizioni e principi di altri sistemi (in particolare del foro), nessun altro ordinamento plasmerà con le sue norme il contenuto del contratto. Un tale effetto si produce, però, solo alle condizioni stabilite dal regolamento: fra queste, come detto, la condizione che l'ordinamento scelto sia l'ordinamento di uno Stato.

La pattuizione con cui le parti assoggettino il contratto, ad esempio, ai Principi Unidroit dei contratti commerciali internazionali non ha dunque il genere di implicazioni appena evocate. Non è però, per questo, una pattuizione priva di effetti. Nulla, infatti, impedisce di scorgervi un'espressione di autonomia materiale. Con quella pattuizione, i contraenti dicono sostanzialmente di voler sottoporre il loro rapporto ai Principi Unidroit. Hanno di mira un risultato pratico a cui potrebbero pervenire riversando nel loro accordo il testo dei Principi, o disponendone l'incorporazione nel contratto in forza di un semplice riferimento (riferirsi ai Principi con l'intento di renderli parte integrante dell'accordo non è diverso dal ricopiarne il testo nell'accordo stesso). Anche l'autonomia materiale, beninteso, ha i suoi limiti. Questi sono fissati (non già dalle norme di conflitto, quanto piuttosto) dalle norme materiali, quelle della *lex causae*. Spetta ad esse indicare se e in che misura i contraenti siano liberi di delineare come vogliono il contenuto giuridico del loro rapporto.

Il contratto assoggettato dalle parti ai Principi Unidroit è insomma – agli occhi dei giudici degli Stati membri dell'Unione europea – un contratto del quale va comunque determinata la legge statale regolatrice. È compito di tale legge, individuata ai sensi dell'art. 3 del regolamento Roma I (se le parti abbiano accostato alla scelta dei Principi Unidroit la scelta della legge di un dato Stato) oppure ai sensi delle norme di conflitto obiettive, stabilire i limiti oltre cui non può spingersi l'autonomia negoziale delle parti. Ne consegue che, se la legge statale applicabile al contratto vieta alle parti di includere nel loro accordo delle disposizioni che invece compaiono nei Principi Unidroit, l'incorporazione di tali disposizioni dovrà ritenersi invalida perché contrastante con le norme imperative della *lex causae*.

Se la citata proposta della Commissione avesse avuto seguito, le regole non statali scelte dalle parti sarebbero state affrancate dal genere di limiti ora evocati;

[12] Parte terza, Capitolo I, § 6.

correlativamente, gli ordinamenti statali sarebbero stati privati della opportunità di «controllare» l'operato dei contraenti affidatisi, appunto, a regole non statali.

Il riferimento del considerando n. 13 alla incorporazione nel contratto di eventuali «convenzioni internazionali» si inscrive nella logica appena descritta, con una precisazione. Le convenzioni di cui parla il preambolo sono, verosimilmente, le convenzioni di diritto privato materiale internazionalmente uniforme, come la convenzione di Vienna del 1980 sulla compravendita internazionale di beni mobili. Parlando dei rapporti fra diritto materiale uniforme e norme di conflitto [13], si è visto che le convenzioni in discorso tendono a fissare da sé i presupposti per la loro applicazione. Se si tratta di fattispecie che soddisfano quei presupposti non vi è evidentemente alcun bisogno che le parti incorporino nel loro accordo le disposizioni uniformi in questione, giacché, in tal caso, queste si applicano per forza propria. Può però accadere che le parti di un contratto vogliano assoggettare il loro rapporto alle regole di una convenzione alle quali il rapporto non è di per sé sottoposto: la soluzione consiste, allora, nella incorporazione delle disposizioni della convenzione. Nell'ottica dell'art. 3 del regolamento, gli effetti saranno allora gli stessi di quelli esaminati a proposito dell'incorporazione di regole non statali.

(e) Prova della esistenza e del contenuto della scelta

L'art. 3, par. 1, secondo periodo, del regolamento Roma I, dispone che la scelta può essere «espressa» oppure risultare «chiaramente» dalle «disposizioni del contratto» o dalle «circostanze del caso».

Come ogni accordo, anche l'accordo sulla legge applicabile si forma per effetto dell'incontro delle volontà delle parti. Tali volontà devono tradursi in segni intellegibili. Se quei segni sono degli enunciati linguistici (scritti o orali, non importa), l'esistenza di una scelta può evidentemente essere affermata senza la necessità di compiere altre indagini. Il regolamento, tuttavia, si accontenta anche di indizi meno diretti. Di fatto, quando non consti un'espressa designazione della legge applicabile, l'esistenza di una scelta può trarsi dalle altre disposizioni del contratto e delle circostanze in cui lo stesso è stato concluso. Si parla, in questo caso, di scelta tacita.

Alfa e Beta, una società italiana e una società svizzera, concludono fra loro un contratto di fideiussione. L'accordo non include una scelta di legge. Reca, però, una clausola che esenta il fideiussore dall'obbligo di pagare il creditore prima dell'escussione del debitore principale (c.d. beneficio dell'escussione). Tale disposizione è espressamente presentata, nell'accordo, come una deroga all'art. 1944, co. 1, del codice civile italiano. In mancanza di indicazioni di segno contrario, un simile riferimento segnala la volontà delle parti di assoggettare il contratto alla legge italiana. Pattuire una deroga a una specifica disposizione italiana ha senso, in effetti, se si assume che il contratto sia retto dal diritto italiano.

---

[13] Parte terza, Capitolo I, § 12.

Deduzioni analoghe, se ne è accennato, possono basarsi anche sulle «circostanze del caso». L'espressione è volutamente generica. Si riferisce tipicamente allo stato di fatto esistente al momento della conclusione del contratto, cioè ad accadimenti o atti noti alle parti e pertinenti al rapporto. Ad esempio, se le parti concludono contestualmente fra loro due contratti, relativi alla medesima operazione economica, ed uno – il principale – reca un'esplicita scelta della legge tedesca, mentre l'altro – quello accessorio – nulla dice sulla legge applicabile, il nesso funzionale fra i due negozi e la loro contestualità ben potrebbero segnalare che le parti hanno in realtà ritenuto di assoggettare alla legge tedesca entrambi i rapporti.

È bene precisare che la scelta tacita a cui il regolamento dà rilievo è una scelta effettiva, non una scelta ipotetica. La differenza può apparire sottile, ma è sostanziale. Riscontrata l'assenza di una scelta espressa, è lecito chiedersi se le parti abbiano nondimeno convenuto qualcosa circa la legge applicabile: il regolamento permette di ricostruire una simile volontà – effettiva, anche se non espressa a parole – sulla base di certi indizi (le disposizioni del contratto, le circostanze), a patto che conducano a una conclusione chiara. Altra cosa è domandarsi quale legge le parti avrebbero plausibilmente scelto, ove avessero compiuto una scelta. Questo approccio è estraneo all'art. 3 del regolamento, e incompatibile col valore accordato alla autonomia privata: l'interprete, se seguisse questo modo di ragionare, finirebbe col supplire a un mancato accordo, mentre il suo compito è, al più, quello di portare alla luce un accordo che le parti hanno realmente voluto, ma non hanno esplicitato.

(f) La portata della scelta: il c.d. frazionamento del contratto

L'art. 3, par. 1, ultimo periodo, del regolamento Roma I precisa che le parti possono scegliere la legge applicabile al contratto nel suo complesso o a una sua parte. In pratica, le parti sono libere di frammentare il contratto, assoggettandolo, per porzioni, a leggi diverse. Si parla in proposito di *dépeçage*, un'espressione francese derivata del verbo *dépeçer*, che significa letteralmente fare a pezzi, scomporre.

La norma ribadisce il valore che il legislatore dell'Unione riconosce alla volontà delle parti. Se le parti lo reputano opportuno, possono scomporre il contratto, agli effetti della legge applicabile, in due o più situazioni giuridiche distinte. Si tratta, peraltro, di una facoltà a cui i contraenti ricorrono piuttosto di rado nella pratica. Agli occhi degli stessi redattori del regolamento Roma I, come dei redattori della convenzione di Roma, il *dépeçage* costituisce, del resto, uno strumento da maneggiare con cautela. Si registrano pareri diversi circa le condizioni alle quali la pratica è ammissibile.

Conviene distinguere due scenari. Il primo ricorre quando l'accordo delle parti appaia dar vita, in realtà, a più contratti economicamente e giuridicamente distinti. In questo caso, è opinione comune che le parti, se lo desiderano, dovrebbero poter assoggettare ciascuna componente del contratto alla legge che reputino opportuna.

Altre disposizioni dello stesso regolamento Roma I prefigurano in analoghe eventualità il genere di scomposizioni a cui allude l'art. 3. In materia di contratti assicurativi, ad esempio, l'art. 7, par. 5, prevede che quando la legge applicabile debba essere individuata (a titolo obiettivo) in base alla localizzazione del rischio assicurato, e il contratto copra rischi in più Stati membri, «il contratto è considerato come costituito da più contratti, ciascuno dei quali riferito ad un solo Stato membro».

L'italiana Alfa si impegna ad eseguire per la danese Beta la manutenzione periodica delle apparecchiature installate presso gli stabilimenti di Beta in Danimarca, Norvegia e Regno Unito. Nulla impedisce che il contratto concluso a questo fine fra Alfa e Beta contenga una clausola di questo tenore: «Il contratto è regolato dalla legge danese; tuttavia, nella misura in cui il contratto riguarda la manutenzione degli impianti nel sito produttivo di Bergen, si applica la legge norvegese». Servendosi di una clausola siffatta, le parti stanno di fatto segnalando che esse scorgono, nel loro accordo, la fonte di più rapporti autonomi.

Il secondo scenario, più problematico, corrisponde alla situazione in cui le parti pretendano di scomporre il contratto non già per parti, ma per questioni. Cioè quando le parti assoggettino a leggi diverse la soluzione di questioni suscettibili di insorgere intorno a un medesimo effetto del contratto – la medesima obbligazione, ad esempio – magari distinguendo fra il sorgere dell'obbligazione e la sua estinzione, oppure fra l'obbligazione stessa e i rimedi esperibili dal creditore in caso di inadempimento. È più difficile, in questo caso, ammettere il *dépeçage*. Le norme che nei vari sistemi privatistici nazionali formano il diritto dei contratti non sono una raccolta di prescrizioni sparse, ma gli elementi di un disegno che si vuole coerente. Scomporre il rapporto per questioni significa allora spezzare i nessi logici che uniscono le varie norme fra loro, negandone il carattere sistematico.

La possibilità di operare un frazionamento va allora subordinata alla chiara dimostrazione della sicura autonomia degli aspetti che le parti hanno inteso separare. Induce a una lettura restrittiva la sentenza resa dalla Corte di Giustizia nel caso *Intercontainer*[14]. La questione sottoposta allora alla Corte riguardava, per la verità, l'interpretazione della convenzione di Roma, non del regolamento. Non si trattava di un caso di *dépeçage* voluto dalle parti, quanto piuttosto di un *dépeçage* ad opera del giudice. La convenzione infatti recava una norma, non ripresa poi dal regolamento, per la quale, in mancanza di *electio*, il giudice, ove una parte del contratto fosse «separabile dal resto», poteva assoggettare tale parte «in via eccezionale» a una legge diversa da quella applicabile al contratto nel suo insieme: segnatamente, alla legge del paese con cui la parte in questione risultasse più intensamente connessa. La Corte, sottolineando il carattere eccezionale della norma appena ricordata, ha affermato che una parte del contratto può essere sottoposta

[14] Corte Giust., 6 ottobre 2009, *Intercontainer Interfrigo SC (ICF)* c. *Balkenende Oosthuizen BV e MIC Operations BV*, causa C-133/08, ECLI:EU:C:2009:617.

ad una legge diversa da quella applicata al resto del contratto «unicamente qualora il suo oggetto si presenti come autonomo», dovendosi contemperare lo scrupolo di prossimità di cui la norma stessa è espressione e l'obiettivo generale della convenzione di accrescere la certezza del diritto. Nella motivazione, la Corte ha riconosciuto che un accordo che preveda delle prestazioni di trasporto e di noleggio, e che si configuri in questo senso come complesso, potrebbe in ipotesi essere sottoposto a leggi diverse (una per i profili del trasporto, l'altra con riguardo al noleggio). Ha però aggiunto, riferendosi a una particolare questione discussa nel procedimento all'origine del quesito, che le regole sulla prescrizione di un diritto, invece, «devono provenire dallo stesso ordinamento giuridico che si applica al corrispondente obbligo», escludendo così che i due profili – l'affermazione di un obbligo e la possibilità per il debitore di eccepire in rapporto ad esso l'intervenuta prescrizione – possano essere decisi sulla base di leggi diverse.

La conclusione raggiunta della Corte, è vero, si riferisce al *dépeçage* obiettivo, che è cosa diversa dal *dépeçage* ad opera dei contraenti ed è come tale circondato da cautele che possono forse risultare eccessive quando siano le parti stesse a disporre il frazionamento. L'esigenza di assicurare la coerenza interna del contratto, sottolineata dalla Corte, costituisce nondimeno un'indicazione di principio che può estendersi a tutte le norme di conflitto, siano esse obiettive o fondate sulla volontà delle parti. Lo spazio lasciato alle parti per scomporre il loro rapporto deve in definitiva ritenersi assai stretto.

Due rilievi possono essere aggiunti alle osservazioni appena svolte. Innanzitutto, come si vedrà più sotto, il regolamento indica una serie di questioni che devono essere decise conformemente alla *lex contractus*, ma non esita a richiamare per altre questioni delle leggi diverse: è quanto avviene, ad esempio, in tema di validità formale del contratto (art. 11). Non si può dunque dire che il regolamento escluda per principio una scissione per questioni. L'ipotesi di una scissione, in definitiva, è contemplata dal regolamento, ma entro margini ridotti, e a patto che il profilo da separare presenti una apprezzabile autonomia sul piano concettuale (come nel caso della forma del contratto, che è profilo ben distinto dalla sostanza).

Si noti, in secondo luogo, che le parti, ove non possano isolare una data questione agli effetti dell'art. 3, possono pur sempre isolarla in virtù della loro autonomia materiale. Possono cioè accordarsi nel senso di incorporare nel contratto, con riguardo ad una particolare questione, delle norme di un ordinamento diverso da quello deputato a disciplinare il contratto. L'operazione è lecita, ma – come si è visto – i suoi effetti sono limitati: le norme incorporate sono efficaci non in quanto norme ma in quanto negozio, e sono dunque soggette alle norme (quelle imperative, innanzitutto) fissate dalla *lex causae*.

(g) Momento della scelta ed efficacia temporale della stessa

La scelta della legge applicabile interviene, di solito, contestualmente alla conclusione del contratto stesso. Anzi, il *pactum de lege utenda* costituisce non di rado, come già segnalato, una clausola del contratto a cui la scelta stessa si riferisce. Ciò nondimeno, l'art. 3, par. 2, del regolamento consente alle parti di pattuire una scelta sulla legge applicabile anche dopo che il contratto è stato concluso, quando magari si sono già prodotti, almeno in parte, gli effetti dello stesso.

Possono delinearsi, al riguardo, due ipotesi. Può accadere, innanzitutto, che le parti scelgano inizialmente una certa legge, ma decidano in seguito di accordarsi per assoggettare il contratto a una scelta diversa.

La società italiana X concede alla società ungherese Y, in esclusiva, la commercializzazione dei propri prodotti in Ungheria. Il contratto concluso a questo effetto, di durata quinquennale, reca una clausola che assoggetta il rapporto alla legge italiana. Un anno dopo, la società francese Alfa diventa il socio di maggioranza della società X. Il nuovo management di X sottopone tutti i contratti in essere ad una revisione, in vista della possibile rinegoziazione dei loro termini secondo le direttive impartite da Alfa alle varie società del gruppo. In quest'ambito, X propone a Y di sostituire la clausola sulla legge applicabile che figura nel contratto concluso a suo tempo con una clausola che preveda l'applicazione della legge francese. La società Y accetta. La legge regolatrice del contratto cesserà dunque di essere la legge italiana e diverrà la legge francese.

La seconda ipotesi ricorre invece quando le parti di un contratto originariamente privo di una *electio iuris* decidano di pattuire per tale contratto, tramite una scrittura integrativa dello stesso, una scelta di legge. Nulla impedisce che la legge scelta sia diversa da quella designata dalle norme obiettive del regolamento, quelle, cioè, applicabili in mancanza di scelta. Si badi che, in questo secondo scenario, la scelta delle parti non interviene, propriamente, a colmare un vuoto, ma serve a modificare (o, al limite, a chiarire) uno stato di cose esistente. Quando un contratto viene concluso, esso è per forza regolato sin da subito da una legge: se le parti non ne hanno scelta una, si tratterà della legge richiamata dal regolamento in via obiettiva. È impossibile, infatti, quanto meno se si guarda alla realtà giuridica partendo dalle premesse positivistiche su cui poggia il regolamento, predicare l'esistenza di un contratto se non vi è una legge che ricolleghi all'accordo delle parti il prodursi di certi effetti giuridici, quali appunto la creazione di un vincolo contrattuale.

Si discute se la legge scelta dalle parti dopo la conclusione del contratto regoli solo gli effetti che il contratto non ha ancora prodotto al tempo della scelta, oppure informi di sé l'intero arco temporale del rapporto, e vada dunque impiegata, retroattivamente, per decidere le questioni relative ad eventi ed effetti anteriori alla scelta. La dottrina è divisa e la giurisprudenza non fornisce indicazioni conclusive. L'opinione preferibile sembra essere la seconda, quella per cui la scelta successiva regola il contratto *ex tunc*, salva peraltro la possibilità, per le parti, di far decorrere gli effetti della variazione da un momento successivo.

Lo stesso regolamento, in effetti, corrobora *a contrario* la tesi appena prospettata, là dove indica, nel secondo periodo dell'art. 3, par. 2, che qualsiasi modifica relativa alla legge applicabile, intervenuta dopo la conclusione del contratto, «non ne inficia la validità formale» e «non pregiudica i diritti dei terzi». Facendo salva la validità formale, eventualmente già acquisita in base alla legge inizialmente deputata a regolarla, e preservando i diritti dei terzi, il regolamento mostra implicitamente di intendere che – senza un simile correttivo – la scelta tardiva sarebbe in grado, di per sé, di rendere invalido un contratto considerato valido dalla legge inizialmente deputata a regolarlo e di frustrare le aspettative maturate dai terzi in ordine al rapporto, sulla scorta, ancora, della legge originariamente applicabile.

L'italiana Alfa si accorda con l'inglese Beta affinché quest'ultima renda disponibile per alcune settimane alla francese Gamma una certa apparecchiatura, utile all'esecuzione di una commessa che vede impegnate tanto Alfa quanto Gamma. Il contratto a favore di terzo concluso fra Alfa e Beta include una clausola che lo assoggetta alla legge inglese. Qualche giorno dopo, Alfa e Beta rivedono tale clausola stabilendo che il contratto deve intendersi disciplinato dalla legge francese. Ora, la legge inglese prevede che la stipulazione fatta a favore del terzo diviene irrevocabile senza che il terzo debba dichiarare in modo esplicito di volerne profittare: è sufficiente, per questo, che il promittente potesse ragionevolmente attendersi che il terzo avrebbe voluto far propria la prestazione. Per il diritto francese, invece, la stipulazione è revocabile fin tanto che il terzo non abbia comunicato al promittente un'esplicita accettazione del beneficio rivoltogli. Di fatto, la variazione della legge applicabile colloca Gamma in una posizione meno favorevole di quella che le sarebbe spettata in forza della legge inizialmente applicabile al contratto. L'art. 3, par. 2, secondo periodo, del regolamento Roma I preserva Gamma dagli effetti sfavorevoli provocati dalla modifica del *pactum de lege utenda* concordato fra Alfa e Beta. In pratica, il contratto, dopo la modifica, risulterà, sì, disciplinato dalla legge francese, ma ciò non impedirà a Gamma di invocare i vantaggi che era in diritto di conseguire in base al diritto inglese. L'efficacia nei suoi confronti di una eventuale revoca della stipulazione andrà dunque valutata in base ai parametri – più generosi per Gamma – stabiliti dalla legge inglese.

(h) Limiti della scelta

La legge scelta dalle parti, al pari di quella richiamata tramite criteri di collegamento obiettivi, «colloca» il contratto nell'orizzonte dell'ordinamento scelto. Il rapporto, in tal modo, risulta sottoposto nel foro dalle norme generali ed astratte dell'ordinamento scelto, e di nessun altro. Solo a titolo di eccezione potranno venire in rilievo per esso delle norme o delle valutazioni di principio riferibili a un ordinamento diverso, quali, segnatamente, le norme di applicazione necessaria eventualmente abilitate ad interferire con la *lex causae* e i principi fondamentali del foro, protetti dalla eccezione di ordine pubblico.

In aggiunta alle limitazioni ora evocate, che colpiscono qualsiasi norma di conflitto, il regolamento Roma I contempla due ordini di limiti specificamente relativi alla scelta di legge. Vi sono, cioè, due situazioni in cui la scelta di legge compiuta dalle parti, di per sé valida, produce solo una parte degli effetti di cui è normalmente capace, ancorché non vi siano norme di applicazione necessaria che pretendano di disciplinare la fattispecie o principi di ordine pubblico da preservare.

La prima di tali situazioni forma l'oggetto dell'art. 3, par. 3, del regolamento. Ricorre quando tutti gli «elementi pertinenti alla situazione» risultano ubicati, al momento della scelta, in un paese diverso da quello la cui legge è stata designata dalle parti. In pratica, come già si è accennato, è ciò che accade quando venga scelta la legge del paese X per regolare un contratto concluso nel paese Y fra parti stabilite nello stesso paese Y e destinato a trovare esecuzione in ogni suo aspetto nel paese Y. Ebbene, ai sensi dell'art. 3, par. 3, la scelta delle parti «fa salva», cioè non impedisce, l'applicazione delle disposizioni della legge del paese Y alle quali tale legge non permette alle parti di derogare convenzionalmente. Le disposizioni a cui si riferisce l'art. 3, par. 3, sono le c.d. norme imperative semplici (così denominate per distinguerle dalle norme di applicazione necessaria). Il senso dell'art. 3 è che le norme imperative del paese in cui sono situati tutti gli elementi della situazione restano comunque applicabili al contratto malgrado la scelta di una legge diversa. In altre parole, la legge scelta dalle parti è, sì, la legge regolatrice del contratto, ma – a differenza di quanto accade normalmente in presenza di una *electio* – ciò non impedisce che il contratto sia sottoposto anche alle regole imperative del paese in cui tutti gli elementi pertinenti, a parte la scelta, sono ubicati. In pratica, la scelta è valida ma «depotenziata».

Alfa, una società costituita e operante in Italia, vende dei beni a Beta, anch'essa costituita ed operante in Italia. L'intesa è nel senso che le merci saranno consegnate in Italia e che il prezzo verrà versato in Italia. Il contratto, concluso in Italia, è assortito di un patto di riscatto in forza del quale Alfa si riserva il diritto di riavere la proprietà dei beni mediante la restituzione del prezzo, con la precisazione che – qualora nel frattempo il prezzo di mercato delle merci sia aumentato – il prezzo da restituire sarà incrementato secondo tale variazione. Ora, ai sensi dell'art. 1500, co. 2, del codice civile italiano, «[i]l patto di restituire un prezzo superiore a quello stipulato per la vendita è nullo per l'eccedenza». La clausola inserita nel contratto fra Alfa e Beta si pone dunque in contrasto con una disposizione (imperativa) italiana. La scelta eventualmente compiuta dalle parti di assoggettare il contratto a una legge diversa dalla legge italiana non impedisce, ai sensi dell'art. 3, par. 3, del regolamento, l'operatività del divieto dell'art. 1500, co. 2, del codice civile: il patto di riscatto sarà dunque nullo per l'eccedenza ancorché la legge straniera scelta reputi valida una simile pattuizione.

La limitazione disposta all'art. 3, par. 3, opera soltanto se tutti gli elementi pertinenti della situazione sono ubicati in un medesimo paese. Se anche un solo elemento della fattispecie è collocato in un paese diverso, allora la scelta di legge produce i suoi effetti normali, senza i condizionamenti ora descritti. Il considerando n. 15 precisa che è indifferente, a questo fine, la circostanza che le parti abbiano pattuito, assieme a una scelta di legge, una scelta del foro.

La seconda situazione in rapporto alla quale il regolamento stabilisce dei limiti alla scelta di legge è prevista all'art. 3, par. 4. Si tratta di una situazione assai simile a quella appena illustrata, ma declinata su una scala europea, anziché statale. Si tratta dell'ipotesi che si verifica quando, a parte la *electio iuris* (e la *elec-*

tio fori, se c'è), «tutti gli altri elementi pertinenti alla situazione siano ubicati, nel momento in cui si opera la scelta, in uno o più Stati membri [dell'Unione europea]». La norma stabilisce che, in tal caso, la scelta della legge di uno Stato terzo rispetto all'Unione, eventualmente compiuta dalle parti, «fa salva l'applicazione delle disposizioni di diritto comunitario ... alle quali non è permesso derogare convenzionalmente». Dato che le disposizioni ora indicate potrebbero essere contenute in una direttiva, cioè non direttamente applicabili negli Stati membri, bisognose di misure di attuazione a livello interno e potenzialmente variabili da uno Stato membro all'altro, il regolamento Roma I precisa che tali disposizioni debbono intendersi preservate, se del caso, «come applicate nello Stato membro del foro».

L'italiana Gamma e la bulgara Delta hanno concluso a Sofia un contratto destinato a trovare esecuzione in Italia, Bulgaria e Romania. Il contratto reca una clausola in forza della quale Delta rinuncia preventivamente ad ogni interesse di mora nel caso in cui Gamma dovesse ritardare il pagamento delle somme che le deve. Una simile rinuncia è incompatibile con la direttiva 2011/7/UE sulla lotta ai ritardi di pagamento nelle transazioni commerciali, che impone agli Stati di contrastare – anche mediante norme imperative – l'impiego, nei rapporti fra imprese, di clausole relative ai termini di pagamento «gravemente inique» nei confronti del creditore, come quella in discorso. Ove Gamma e Delta convenissero di assoggettare il loro rapporto alla legge di uno Stato terzo rispetto dell'Unione, che magari ammetta una rinuncia come quella in questione, tale scelta non impedirebbe, nell'Unione, l'applicazione delle norme interne, attuative della direttiva 2011/7/UE, che negano efficacia alla clausola di cui sopra. Dall'inclusione della clausola in questione nel contratto deriveranno le conseguenze previste dalle norme con cui la direttiva è stata attuata nello Stato membro del foro: se la questione è decisa in Italia, le norme attuative della direttiva adottate nell'ordinamento italiano; se in Bulgaria, le norme bulgare, e via discorrendo.

8. La legge applicabile in mancanza di scelta

Le parti del contratto potrebbero non avvalersi della facoltà di scegliere la legge applicabile. Potrebbero non sapere che hanno una tale facoltà, come potrebbero esserne consapevoli ma avere opinioni divergenti su quale legge convenga scegliere.

In mancanza di scelta (o, meglio, nella misura in cui manchi una scelta, dato che in forza di un *dépeçage* le parti potrebbero aver scelto la legge regolatrice di una parte del contratto, tacendo sul resto), operano una serie di regole obiettive. Quella da cui occorre prendere le mosse è la regola generale dell'art. 4. Convivono in essa quattro proposizioni: una regola di base, riferita ad alcuni contratti nominati; una regola complementare, per i contratti estranei alle categorie nominate; un correttivo contro gli inconvenienti prodotti talora dalle regole precedenti; e infine una regola residuale, destinata ad operare nei casi non coperti dalle prime due.

(a) La regola di base: i contratti nominati

L'art. 4, par. 1, del regolamento fissa i criteri di collegamento mediante i quali va determinata la legge regolatrice dei contratti che rientrano nell'uno o l'altro dei tipi ivi elencati. Ai sensi dell'art. 4, par. 1, lett. *a*), il contratto di «vendita di beni» (cioè il contratto di compravendita di beni mobili corporali, come si evince dal confronto con altre versioni linguistiche del regolamento, che parlano specificamente di «goods», di «bewegliche Sachen», di «mercaderías», etc.) è disciplinato, in mancanza di scelta, «dalla legge del paese nel quale il venditore ha la residenza abituale». L'art. 4, par. 1, lett. *b*), assoggetta il contratto di prestazione di servizi alla legge del paese nel quale risiede il prestatore di servizi. L'art. 4, par. 1, lett. *c*), stabilisce che al contratto avente ad oggetto un diritto reale immobiliare o la locazione di un immobile si applica la legge del paese in cui l'immobile è situato, ma, in deroga a tale disposizione, la lett. *d*) precisa che per le locazioni infrasemestrali concluse «per uso privato», come nel caso degli alloggi per le vacanze, la legge applicabile è quella del paese nel quale il proprietario ha la residenza abituale, «purché il locatario sia una persona fisica e abbia la sua residenza abituale nello stesso paese». I contratti volti alla commercializzazione di prodotti, come il *franchising* e la distribuzione commerciale sono soggetti rispettivamente, ai sensi delle lettere *e*) e *f*), alla legge del paese nel quale l'affiliato e il distributore hanno la residenza abituale. Per il contratto di vendita di beni all'asta, in luogo della norma sopra indicata in merito alla vendita, vale l'art. 4, par. 1, lett. *g*), che richiama la legge del paese «nel quale ha luogo la vendita all'asta, se si può determinare tale luogo». Infine, l'art. 4, par. 1, lett. *h*), riguarda i contratti conclusi all'interno di un mercato regolamentato di strumenti finanziari, nel senso che tale espressione riveste, oggi, nella direttiva 2014/65/UE [15], in quanto sia disciplinato da un'unica legge: detti contratti sono retti, in mancanza di scelta, dalla legge del mercato.

(1) *Il* favor *per la prevedibilità astratta*

I redattori del regolamento hanno inteso far sì che, per i contratti riconducibili alle categorie ora indicate, l'individuazione della legge applicabile risultasse il più possibile semplice, obiettiva e prevedibile. Di fronte all'art. 4, par. 1, l'interprete è invitato a chiedersi soltanto se il contratto di cui si tratta possa sussumersi sotto l'uno o l'altro dei tipi elencati. In caso affermativo, la legge applicabile consegue alla localizzazione di una circostanza – la residenza abituale di uno dei contraenti, la situazione dell'immobile, il mercato in cui vengono scambiati gli strumenti finanziari, etc. – che il regolamento presume poter essere individuato in modo agevole e obiettivo. L'operazione segue un percorso volutamente «meccanico», che di fatto non lascia all'interprete alcun margine di apprezzamento.

Questo ossequio alla prevedibilità astratta è una reazione a quella che per molti costituiva una debolezza della convenzione di Roma. Questa prevedeva, infatti,

---

[15] *G.U.U.E.*, L 173 del 12 giugno 2014, p. 349 ss.

che i contratti privi di *electio iuris* fossero disciplinati dalla legge del paese con cui presentavano il «collegamento più stretto». Una formula, questa, che permetteva all'interprete di ponderare, caso per caso, i nessi fra il rapporto e i diversi paesi da esso toccati, in funzione di una valutazione rimessa in qualche misura alla sensibilità dell'interprete stesso e comunque esposta alle particolarità, magari poco visibili, di ogni singola fattispecie. La convenzione, va detto, soccorreva l'interprete stabilendo una serie di presunzioni: il contratto avente per oggetto il diritto reale su un bene immobile o il diritto di utilizzazione di un bene immobile, ad esempio, doveva presumersi più strettamente collegato al paese in cui l'immobile era situato. L'interprete doveva dunque partire dalle presunzioni, potendole superare solo in presenza di convincenti indizi di segno diverso.

Il legislatore dell'Unione, preso atto della necessità di contemperare le ragioni della prossimità e quelle della prevedibilità astratta, ha creduto di dover collocare il punto di equilibrio fra le due spinte in una zona più vicina alla prevedibilità. Da qui la decisione di rimpiazzare la regola unica dettata dalla convenzione (il richiamo della legge del paese con cui il contratto presenta il collegamento più stretto) con una serie di regole speciali (una per la vendita, una per la prestazione di servizi, etc.), e la conversione delle vecchie presunzioni in vere e proprie regole.

Beninteso, i redattori del regolamento non hanno affatto rinunciato a perseguire un obiettivo di prossimità. I diversi criteri contemplati all'art. 4, par. 1, mirano precisamente a ricondurre il contratto sotto la legge del paese con cui lo stesso presenta un nesso intenso e significativo. Si tratta, però, di criteri fissati dallo stesso legislatore una volta per tutte, avuto riguardo alle caratteristiche del genere di contratti a cui appartiene il contratto in questione, più che alle specificità del singolo contratto che si tratta di regolare.

Come si vedrà poco sotto, questo ragionare per categorie può condurre in qualche caso a degli esiti indesiderabili, per rimediare ai quali sovviene la clausola di eccezione di cui all'art. 4, par. 3.

(2) *La ricostruzione delle categorie contrattuali nominate*

I tipi contrattuali di cui parla l'art. 4, par. 1, non formano l'oggetto, nel regolamento, di esplicite definizioni. L'unica eccezione vale per la regola sui contratti relativi a strumenti finanziari, il cui linguaggio è mutuato dalla direttiva 2004/39, nel frattempo sostituita dalla già citata direttiva 2014/65. Il carattere autonomo delle nozioni impiegate dalla norma appare indubbio, ed è sicuro – anche alla luce del già ricordato considerando n. 7 – che i tipi in discorso vadano ricostruiti, nella misura del possibile, in armonia con quelli che figurano nell'art. 7, punto 1, lett. *b*), del regolamento Bruxelles I *bis*, analizzati a suo tempo. L'elenco di contratti nominati di cui si servono il regolamento Bruxelles I *bis* e il regolamento Roma I coincide peraltro solo molto parzialmente: un perfetto allineamento dei due testi è in questo senso impossibile.

(3) *Il significato dei criteri utilizzati*

Le ragioni che hanno spinto il legislatore a prevedere per le categorie nominate i criteri di collegamento indicati poco sopra, anziché altri, non possono essere qui indagate in modo compiuto. Basti dire che i criteri prescelti segnalano quello che ai redattori del regolamento è parsa essere una proiezione nel contempo politicamente opportuna e tecnicamente efficiente dei contratti riconducibili ai vari tipi.

Si consideri, ad esempio, l'art. 4, par. 1, lett. *a*), sulla vendita di beni mobili. Il richiamo della legge del paese di residenza abituale del venditore rispecchia il convincimento che l'ambiente economico e sociale in cui una compravendita ha il suo «centro di gravità» è appunto, per regola, quello in cui opera il venditore. Questa idea ben si concilia col proposito del legislatore dell'Unione di promuovere gli scambi, sostenere l'iniziativa economica, rafforzare la competitività e l'innovazione. Una regola come quella dell'art. 4, par. 1, lett. *a*), «premia» il venditore perché assoggetta i suoi contratti (salvo non intervenga una *electio*) alla legge di cui lo stesso venditore può procurarsi più facilmente la conoscenza, e gli evita la necessità di organizzare diversamente la propria attività a seconda di quale sia il paese in cui è stabilita di volta in volta l'altra parte del contratto o il paese, eventualmente diverso, in cui i beni devono essere consegnati. È una localizzazione opportuna, nella prospettiva di un mercato con le caratteristiche del mercato interno prefigurato dai trattati, perché realizza una allocazione utile dei costi di transazione associati alle operazioni commerciali (consentire al venditore di sostenere solo una parte di quei costi ha l'effetto di incentivarne l'attività), accresce la propensione all'esportazione delle imprese venditrici (consentire al venditore di operare in base alla propria legge a prescindere da dove si trovino i suoi compratori riduce gli oneri cui il venditore stesso andrebbe incontro per proiettare la propria attività verso l'estero) e limita il rischio di distorsioni della concorrenza (assoggettare a una medesima legge i contratti conclusi dalle diverse imprese venditrici stabilite in uno stesso paese equivale a consentire a tutte loro di affacciarsi ai mercati esteri su un piede di parità).

Il criterio dell'art. 4, par. 1, lett. *a*), permette una localizzazione tecnicamente efficiente del contratto perché è un criterio che le stesse parti possono determinare agevolmente, sulla base di informazioni che esse già possiedono o possono agevolmente procurarsi. La residenza abituale del venditore è una circostanza che lo stesso compratore conosce sin dall'avvio delle trattative. Legare a una simile circostanza l'individuazione della legge regolatrice del contratto è in questo senso preferibile che affidarsi a circostanze potenzialmente sfuggenti, come il luogo di conclusione del contratto, o a circostanze su cui le parti potrebbero non accordarsi in modo specifico, come il luogo di esecuzione delle obbligazioni nascenti dal rapporto.

Per comprendere che cosa determini l'efficienza di un criterio è utile prendere in considerazione i casi in cui il criterio stesso si dimostra per contro inefficiente, al punto che il legislatore decide di sostituirlo con un altro. Si prenda, per stare nell'ambito della compravendita, il caso della vendita di beni all'asta. Dal punto di vista del diritto materiale, una vendita all'asta non è poi fondamentalmente diversa da una vendita conclusa all'esito di una contrattazione individuale, senza gara: nei vari sistemi privatistici nazionali, i due contratti soggiacciono di solito alle medesime regole sostanziali. L'impiego del criterio della residenza abituale nel caso di una vendita all'asta, tuttavia, sarebbe – sul terreno dei conflitti di leggi – inefficiente, se non inopportuno. Nel caso dell'asta, il compratore ben potrebbe ignorare, al momento di fare la sua offerta, dove risieda il venditore (in certe aste potrebbe addirittura ignorarne l'identità). Usare un simile criterio in un tale contesto non genererebbe quella certezza che il criterio della residenza abituale, senza le particolarità dell'asta, è invece in grado di produrre. Nel caso dell'asta, del resto, le particolari modalità organizzative della vendita – l'annuncio pubblico dell'incanto, la fissazione di regole generali per la presentazione delle offerte, il coinvolgimento di un banditore, etc. – conferiscono al contratto una «sede», a cui è ragionevole (ed efficiente) riferirsi per localizzare il contratto ai fini della legge applicabile. Forte di simili considerazioni, l'art. 4, par. 1, lett. *g*), del regolamento Roma I assoggetta il contratto di vendita di beni all'asta, in mancanza di scelta, alla legge del paese «nel quale ha luogo la vendita all'asta, se si può determinare tale luogo», cioè se non si tratta, per esempio, di un'asta puramente telematica.

(4) *Il concetto di residenza abituale ai fini del regolamento*

L'art. 4, par. 1, si è visto, fa largo impiego del concetto di residenza abituale. Non serve riprendere in questa sede le osservazioni generali già dedicate a tale nozione[16]. Occorre piuttosto segnalare che il regolamento Roma I spiega in che modo debba essere inteso questo concetto ai fini delle sue norme.

L'art. 19, par. 1, chiarisce innanzitutto che la residenza abituale di «società, associazioni e persone giuridiche» coincide con il luogo in cui si trova la loro «amministrazione centrale». Si è già incontrata questa formula nell'art. 63 del regolamento Bruxelles I *bis*, la disposizione che chiarisce i diversi significati del concetto di domicilio in quel contesto: si tratta del luogo in cui vengono prese, stabilmente, le principali decisioni riguardanti la vita dell'ente, quello a partire dal quale opera l'apparato preposto alla sua organizzazione. L'art. 19, par. 1, aggiunge che rispetto alle persone fisiche che agiscono nell'esercizio di una «attività professionale», la residenza abituale corrisponde alla sede di attività principale dell'interessato. Il regolamento non prende posizione sulle ipotesi non coperte dalle definizioni che precedono. La residenza abituale di una persona che non svolge una attività professionale (un consumatore, ad esempio) va dunque ravvisata secondo la formula generale: la residenza abituale è nel luogo in cui la persona di cui trattasi ha fissato, con voluto carattere di stabilità, il centro principale dei propri interessi.

L'art. 19, par. 2, detta una regola specifica per il caso in cui la persona di cui deve stabilirsi la residenza abituale sia un ente dotato di una struttura organizzati-

---

[16] Parte terza, Capitolo I, § 6.

va complessa, distribuita in due o più paesi. È lo stesso fenomeno a cui si è fatto riferimento dando conto del foro «quasi generale» della succursale, previsto all'art. 7, punto 5, del regolamento Bruxelles I *bis*. Ebbene, ai fini del regolamento Roma I, quando il contratto è «concluso nel quadro dell'esercizio dell'attività di una filiale, di un'agenzia o di qualunque altra sede di attività», così come, in alternativa, quando la prestazione dovuta dall'ente dev'essere fornita secondo il contratto da una siffatta filiale, agenzia o sede di attività, la residenza abituale dell'ente non coincide col luogo della amministrazione centrale ma col luogo della filiale o della sede di attività in questione.

La società italiana Alfa cura la manutenzione di impianti produttivi per l'industria tessile. Interviene in tutta Europa. Oltre alla sede di Prato, che ospita gli uffici amministrativi, dispone di sedi a Brema, Porto e Atene, a cui affida di volta in volta l'esecuzione dei contratti conclusi con i clienti delle rispettive aree di competenza. In mancanza di *electio iuris*, il contratto (di prestazione di servizi) concluso da Alfa con la società cipriota Beta in relazione al suo impianto di Nicosia dovrà dunque ritenersi disciplinato – per il combinato disposto dell'art. 4, par. 1, lett. *b*), e dell'art. 19, par. 2, del regolamento Roma I – dalla legge greca, trovandosi ad Atene la sede di attività incaricata di fornire nel caso di specie la prestazione promessa da Alfa.

Il concetto di filiale, agenzia e altra sede di attività va inteso, agli effetti del regolamento Roma I, nello stesso modo in cui va inteso nel quadro del regolamento Bruxelles I *bis*, segnatamente agli effetti dell'art. 7, punto 5 [17].

La residenza abituale di una persona, come già osservato, può mutare nel corso del tempo. L'art. 19, par. 3, del regolamento chiarisce che il momento rilevante per determinarla è quello della conclusione del contratto. Una variazione della residenza abituale intervenuta nel corso della vita del contratto non incide dunque sulla individuazione della legge applicabile, che resta ancorata alla residenza abituale originaria della parte di cui trattasi.

(b) La regola complementare: i contratti innominati e misti

Per i contratti che costituiscano la combinazione di due o più delle categorie nominate, come per quelli che non appartengono in partenza ad alcuno dei tipi elencati, vale la regola dell'art. 4, par. 2. Il contratto, vi si prevede, è retto dalla legge del paese in cui «la parte che deve effettuare la prestazione caratteristica del contratto ha la residenza abituale».

La prestazione che caratterizza il contratto è quella che corrisponde alla funzione economica e sociale dell'accordo: quella che riassume in sé il «senso» del contratto in questione, distinguendolo da ogni altro in ragione del suo scopo pratico. È raro che possa dirsi caratteristica un'obbligazione pecuniaria. Ciò per la semplice ragione che il versamento di una somma di denaro funge da controprestazione per

[17] Parte seconda, Capitolo II, § 11.

un'ampia gamma di contratti fra loro diversissimi sotto il profilo funzionale, e non ha dunque quella capacità selettiva, o identificativa, che un'obbligazione deve invece possedere per potersi dire, appunto, caratteristica.

Come detto, l'art 4, par. 2, è pensato per venire in gioco in due ipotesi. La prima è quando il contratto di cui si discute è estraneo in partenza all'elencazione dell'art. 4, par. 1. È il caso, ad esempio, dei contratti che hanno ad oggetto la licenza di una privativa industriale; è il caso altresì dei contratti di garanzia, se si accoglie la tesi, difesa in relazione all'art. 7, punto 1, del regolamento Bruxelles I *bis*, che essi non si traducano in una «prestazione di servizi». La legge applicabile alla licenza di un brevetto a cui non acceda una *electio iuris* sarà dunque la legge del paese in cui il titolare del brevetto, licenziante, ha la residenza abituale, essendo quest'ultimo il prestatore caratteristico del contratto. Nel caso della garanzia, il prestatore caratteristico non potrà che essere il garante: dal contratto nascono obbligazioni solo per lui, e poco importa che la sua sia un'obbligazione pecuniaria (non si tratta infatti di una controprestazione, speculare a una prestazione di altra natura, in ipotesi più significativa, ma della prestazione che esprime il senso del contratto). Considerazioni simili valgono per altri negozi non contemplati dall'art. 4, par. 1, del regolamento Roma I, come la donazione (che non abbia ad oggetto un bene immobile) o l'atto ricognitivo di un debito.

La seconda ipotesi riguarda i contratti che pur presentando alcuni elementi propri di un tipo nominato, integrano nel contempo degli elementi – estranei a quel tipo – abbastanza significativi da escluderne la sussunzione nel tipo in questione. Non perde dunque la sua natura tipica il contratto che combini i caratteri di un tipo nominato con elementi accessori estranei, se tali elementi non alterano la funzione economica e sociale tipica del rapporto. Ciò significa, per esempio, che resta nell'alveo della «vendita di beni», ai sensi dell'art. 4, par. 1, lett. *a*), il contratto che arricchisca lo scambio di una cosa con un prezzo con prestazioni di servizio meramente accessorie, considerata l'economia complessiva del rapporto (l'obbligo di fornire assistenza post-vendita, ad esempio).

Si tratta, in fondo, di stabilire quale sia l'oggetto «essenziale» del contratto. Come indicato dalla Corte di Giustizia ad altro proposito, ma sulla scorta di un ragionamento analogo a quello che si impone qui, va identificato lo scopo pratico del contratto sulla base di un apprezzamento d'insieme delle obbligazioni pattuite [18].

(c) La clausola di eccezione

Le regole contenute nell'art. 4, paragrafi 1 e 2, si caratterizzano per una certa rigidità: contemplano criteri di collegamento predeterminati e chiedono all'inter-

---

[18] Corte Giust., 6 ottobre 2009, *Intercontainer Interfrigo SC (ICF)* c. *Balkenende Oosthuizen BV e MIC Operations BV*, causa C-133/08, ECLI:EU:C:2009:617; Corte Giust., 23 ottobre 2014, *Haeger & Schmidt GmbH* c. *Mutuelles du Mans assurances IARD (MMA IARD) e altri*, causa C-305/13, ECLI:EU:C:2014:2320.

prete di farne un'applicazione in larga parte meccanica. In tal modo, però, si corre il rischio di pervenire in qualche caso alla designazione della legge di un paese con cui la fattispecie si presenta, nei fatti, poco intensamente collegata. Le ragioni della prevedibilità finiscono in tal caso per sacrificare quelle della prossimità, che pure pretendono di ispirare, assieme alle prime, il regolamento.

Da qui la previsione, all'art. 4, par. 3, di un meccanismo di salvaguardia: un correttivo destinato ad operare in via eccezionale quando «dal complesso delle circostanze del caso» emerga «chiaramente» che il contratto presenta dei nessi «manifestamente più stretti» con un paese diverso da quello indicato dalle regole precedenti. Il correttivo consiste nella applicazione della legge di tale diverso paese.

Lo spazio di operatività di questa clausola di eccezione è assai circoscritto. Il tenore testuale della disposizione e il luogo in cui è collocata all'interno dell'art. 4 indicano che l'interprete deve prendere le mosse dai paragrafi 1 e 2, potendo disattendere il richiamo ivi disposto, ai sensi del par. 3, solo in casi estremi. Di fatto, per far scattare la clausola di eccezione non basta che il contratto presenti un legame assolutamente debole con il paese in cui si perfezionano i criteri di collegamento indicati nei paragrafi 1 e 2. Occorre altresì che la fattispecie, globalmente considerata, presenti con un paese diverso un nesso particolarmente significativo, non già appena superiore a quello prefigurato dalle regole ordinarie. Riflette questo assunto la sentenza resa nel 2015 dalla High Court inglese nel caso *Molton Street Capital*[19]. Si trattava dell'acquisto da parte di un investitore inglese di alcuni titoli obbligazionari rivelatisi dei titoli «spazzatura», ceduti al primo da una società stabilita a New York, tramite un broker inglese. La Corte, preso atto che ai sensi dell'art. 4, par. 2, del regolamento Roma I doveva considerarsi disciplinato dalla legge dello Stato di New York, ha escluso la possibilità di applicare in via correttiva la legge inglese sulla base dell'art. 4, par. 3. In particolare, la Corte ha osservato che il contratto, pur presentando dei collegamenti con il Regno Unito, non poteva dirsi collegato con l'Inghilterra da nessi manifestamente più stretti di quelli che lo collegavano a New York. Il contratto, infatti, riguardava la cessione di obbligazioni emesse a New York, da un'emittente ivi stabilita, per un prezzo espresso in dollari.

L'analisi globale prefigurata dall'art. 4, par. 3, permette all'interprete di dare rilievo a circostanze diversissime. Può trattarsi, in linea di principio, di circostanze che il regolamento valorizza in funzione di altre norme (la residenza abituale dell'una o l'altra parte, ad esempio), come pure di circostanze a cui il regolamento è di per sé solitamente insensibile, come la cittadinanza delle parti, la valuta impiegata per misurare le obbligazioni pecuniarie, la lingua del contratto, etc.

---

[19] High Court, 26 novembre 2015, *Molton Street Capital LLP* c. *Shooters Hill Capital Partners LLP*, <http://bailii.org>.

(d) La regola residuale

L'art. 4, par. 4, reca una norma di chiusura. Questa viene in rilievo quando la legge applicabile non possa essere determinata in base ai paragrafi 1 o 2. Il contratto soggiace allora alla legge del paese col quale presenta «il collegamento più stretto». Qui, in luogo dei criteri rigidi e predeterminati che si rinvengono nei paragrafi 1 e 2, il regolamento si affida sin da subito (cioè, a titolo di regola, non di correttivo) al libero apprezzamento dell'interprete.

L'uso della regola residuale è limitato ai casi che non rientrano in alcuna delle categorie nominate dell'art. 4, par. 1, per i quali – in più – non è dato ravvisare un prestatore caratteristico agli effetti dell'art. 4, par. 2.

È quanto avviene, per esempio, con la permuta, dato che rispetto ad essa, in linea di principio, non può essere individuata una parte chiamata a fornire la prestazione caratteristica. Anche rispetto a un patto parasociale non è dato, in genere, identificare una parte chiamata ad eseguire la prestazione caratteristica: concluso un sindacato di voto, ad esempio, ci si aspetta che tutti i paciscenti, al momento di esprimere il loro voto, tengano un certo comportamento. Pure la transazione, cioè il contratto con cui le parti di una controversia si accordano per porvi fine facendosi reciproche concessioni, deve per regola ricondursi sotto l'art. 4, par. 4: l'accordo potrà anche prevedere che una parte esegua una data prestazione, mentre l'altra si limiti a rinunciare a certe pretese, ma questo assetto non farà necessariamente della prima il prestatore caratteristico del contratto, se è vero che la funzione economica e sociale del contratto è quella di porre termine a una lite, e le reciproche dazioni o concessioni sono appena i mezzi per realizzare quel fine (non si tratta, insomma, di un contratto teso a far giungere a una parte una certa prestazione, in sé considerata, ma di un contratto che si propone di risolvere o prevenire un contenzioso).

Il criterio del collegamento più stretto implica, da parte dell'interprete, l'analisi delle varie connessioni del contratto, e la determinazione del loro peso rispettivo.

Conta pervenire, in fondo, alla individuazione del paese con cui il contratto intrattiene la relazione di prossimità più stretta, ed è lecito servirsi a questo scopo di qualsiasi indizio pertinente, un po' come ai fini della clausola di eccezione di cui all'art. 4, par. 3. Potranno dunque essere valorizzati, fra le altre cose, i nessi personali delle parti con un certo paese (la loro cittadinanza, se comune), il luogo di stipulazione dell'accordo, il luogo di esecuzione delle obbligazioni e in genere ogni circostanza capace di segnalare un nesso significativo con l'oggetto del contratto. Nel caso del patto parasociale, per esempio, avrà uno speciale rilievo il paese in cui ha sede ed opera la società a cui il patto si riferisce. Nulla impedisce di tener conto, fra i vari fattori, anche del legame che il contratto intrattiene con un contratto diverso, che ne determina la funzione: l'accordo con cui le parti di un contratto retto dalla legge danese definiscano in via transattiva una lite relativa a quel contratto può ritenersi collegato, in ragione del suo oggetto, alla Danimarca.

Se i legami ritenuti pertinenti sono univoci nell'indicare un certo paese come «sede» del rapporto, la legge di quel paese si imporrà agevolmente come legge applicabile al contratto ai sensi dell'art. 4, par. 4. Ma ove ciò non accada, ossia quando gli elementi del contratto presentino un alto grado di dispersione nello spazio, l'individuazione del diritto applicabile potrebbe finire col dipendere dal fatto che il contratto presenta con un certo paese dei nessi appena poco più intensi di quelli che esso intrattiene con un altro. Si giunge così, in un certo senso, al capovolgimento del *favor* per la prevedibilità astratta che ispira, come si è visto, i paragrafi 1 e 2 dell'art. 4. È però un capovolgimento reso inevitabile dalle circostanze, e confinato – come detto – alle situazioni per le quali non è risultato possibile impiegare i criteri che il regolamento dichiara di privilegiare.

9. I contratti di trasporto

Nel regolamento Roma I le norme di conflitto generali stabilite all'art. 3 e all'art. 4 sono accompagnate da una serie di disposizioni speciali, relative a particolari categorie di contratti. L'art. 5 del regolamento tratta, a questo titolo, di contratti di trasporto. La disposizione, che in questa sede può essere esaminata solo nelle sue grandi linee, distingue a seconda che si tratti di trasporto di merci o di passeggeri.

Quanto al trasporto di merci, l'art. 5, par. 1, detta una norma obiettiva volta a derogare all'art. 4 del regolamento (se le parti di un contratto di trasporto hanno fatto una *electio iuris*, gli effetti della stessa andranno apprezzati ai sensi dell'art. 3). La norma assoggetta il contratto alla legge del paese di residenza abituale del vettore (la stessa conclusione a cui si perverrebbe impiegando l'art. 4, par. 2, del regolamento), ma solo «a condizione che il luogo di ricezione o di consegna o la residenza abituale del mittente siano anch'essi situati in tale paese»: ove tali condizioni non siano soddisfatte, infatti, «si applica la legge del paese in cui si trova il luogo di consegna convenuto dalle parti».

Per i contratti di trasporto di merci, l'art. 5, par. 2, tratta invece sia dell'ipotesi in cui le parti abbiano compiuto una scelta di legge sia dell'ipotesi in cui una scelta siffatta non vi sia stata. L'art. 5, par. 2, co. 2, dispone – per uno scrupolo di protezione del passeggero – che la *electio iuris* possa cadere solo su una delle leggi elencate dalla norma, come la legge del paese in cui il passeggero ha la residenza abituale, o quella del paese in cui si trova il luogo di partenza o di destinazione. Ove manchi una scelta (o questa sia inammissibile, perché fatta a favore di una legge estranea all'elenco), il contratto soggiace alla legge del paese di residenza abituale del passeggero, «purché il luogo di partenza o di destinazione sia situato in tale paese»; in difetto, si applica la legge del paese in cui risiede abitualmente il vettore.

Una clausola di eccezione, analoga a quella disposta in via generale all'art. 4, par. 3, prevede l'applicazione della legge di un paese diverso da quello designato dai criteri obiettivi quando «dal complesso delle circostanze del caso» risulti «chiaramente» che il contratto è collegato in maniera più stretta con tale diverso paese.

10. I contratti conclusi dai consumatori

Una norma di conflitto speciale è dettata dal regolamento Roma I anche per i contratti conclusi dai consumatori. Si tratta dell'art. 6. Anche qui, come sotto il regolamento Bruxelles I *bis*, il legislatore dell'Unione ha inteso assicurare alla parte debole del rapporto – il consumatore, appunto – una protezione speciale.

Le deroghe apportate dall'art. 6 alle norme generali di cui agli articoli 3 e 4 sono particolarmente marcate. Dalla norma speciale derivano per la parte debole dei benefici che l'applicazione delle norme generali non offrirebbe. Prima ancora di vedere in che cosa consistano precisamente tali benefici conviene dunque soffermarsi sui presupposti applicativi della norma, cioè sulle condizioni che devono sussistere affinché un contratto rientri nella sfera applicativa del regime protettivo dell'art. 6 (se tali condizioni non sono soddisfatte la legge regolatrice va determinata, come ricorda l'art. 6, par. 3, a norma degli articoli 3 e 4).

(a) I presupposti applicativi del regime speciale

L'art. 6 si applica ai contratti conclusi dai consumatori. Valgono qui le considerazioni svolte a questo proposito con riferimento al regolamento Bruxelles I *bis*. Come nel contesto di quest'ultimo regolamento, non tutti i contratti di consumo soggiacciono alla disciplina protettiva. Occorre anche per il regolamento Roma I che il professionista svolga la sua attività nel paese del consumatore, o le diriga, con qualsiasi mezzo, verso tale paese.

È necessario sincerarsi, poi, che il contratto non rientri fra quelli elencati all'art. 6, par. 4. Quest'ultima disposizione elenca cinque categorie di contratti per il quali la protezione in discorso è esclusa in ogni caso. Vi rientrano, fra gli altri, i contratti aventi ad oggetto la fornitura di servizi di cui il consumatore godrà per intero in un paese diverso da quello in cui egli risiede abitualmente, e i contratti relativi a strumenti finanziari negoziati in un mercato regolamentato. Si tratta, perlopiù, di contratti per i quali il diritto dell'Unione prevede altre forme di tutela, in particolare sotto forma di norme materiali armonizzate.

(b) Il contenuto delle norme protettive

L'art. 6 deroga, come si diceva, tanto alle norme obiettive dell'art. 4 quanto alle norme dell'art. 3 in tema di scelta ad opera delle parti.

(1) *La localizzazione del contratto in via obiettiva*

In mancanza di scelta, la legge regolatrice dei contratti conclusi dai consumatori è individuata dall'art. 6, par. 1, del regolamento Roma I nella legge del paese nel quale il consumatore ha la residenza abituale. Senza una previsione come quella appena ricordata il contratto con cui un professionista vende dei beni ad un consumatore o gli fornisce un servizio sarebbe retto – in mancanza di scelta – dalla legge del paese in cui lo stesso professionista è stabilito: così infatti dispone, come si è visto, l'art. 4, par. 1, rispettivamente alle lett. *a*) e *b*).

Il regolamento, con questo capovolgimento, fa gravare sul professionista l'onere di procurarsi le informazioni giuridiche richieste per gestire in modo efficiente il rapporto. In pratica, grazie all'art. 6, par. 1, il consumatore può confidare nella protezione accordatagli dalle norme del paese in cui risiede abitualmente con riguardo all'insieme delle operazioni di consumo che compie, a prescindere dal fatto che il professionista con cui di volta in volta entra in contatto sia stabilito in quello stesso paese o altrove. Il regolamento, in sostanza, mette il consumatore nelle condizioni di procurarsi agevolmente le informazioni che potrebbero servirgli in relazione al rapporto (quelle sui diritti che gli spettano in caso di inadempimento del professionista, sul termine entro il quale può eventualmente recedere dal contratto in caso di ripensamento, etc.), senza doversi preoccupare della possibile incidenza di norme straniere; norme, del resto, che ben potrebbero risultargli, nei fatti, difficilmente conoscibili.

In ciò consiste, fondamentalmente, il beneficio accordato al consumatore dall'art. 6, par. 1. Il richiamo della legge del paese di residenza del consumatore non rende necessariamente applicabili le norme che siano in assoluto più favorevoli al consumatore per il loro contenuto materiale. Non si può escludere, in effetti, che le norme del paese del professionista accordino al consumatore una tutela più ampia. L'art. 6, par. 1, mira in effetti a infondere fiducia nel consumatore, evitandogli la sorpresa di vedere applicato al contratto un regime diverso da quello che verosimilmente conosce, o quello di cui gli è più facile procurarsi la conoscenza.

Il «sacrificio» imposto al professionista è del resto ragionevole. Da un lato, infatti, è lecito attendersi che il professionista sia in grado di organizzarsi per conoscere la legge del paese in cui si dispone a vendere i propri beni e a prestare i propri servizi. Dall'altro, l'art. 6, assoggettando alla legge del medesimo Stato tutti i contratti conclusi dai consumatori stabiliti in quello Stato, a prescindere dal paese da cui operano le loro controparti professionali, rimuove in partenza gli ostacoli di carattere competitivo a cui potrebbero andare incontro le imprese interessate a operare in quello Stato, pur stabilite fuori da esso. L'art. 6, in altre parole, ha un effetto «livellante» a livello statale, che giova alla concorrenza: tutti i professionisti, locali e non, sanno di poter competere alla pari nel mercato del paese X, giacché tutti i consumatori ivi residenti avranno, nei loro confronti, i medesimi diritti. In uno spazio integrato con le caratteristiche del mercato interno, la soluzione dell'art. 6 giova ai consumatori e favorisce il dispiegarsi efficace delle dinamiche economiche.

(2) *Le salvaguardie concernenti la scelta di legge*

Il consumatore e il professionista possono accordarsi fra loro per designare, ai sensi dell'art. 3, la legge applicabile al loro contratto: così dispone il primo periodo dell'art. 6, par. 2, del regolamento Roma I. Il legislatore dell'Unione sa bene che un'eventuale scelta, in questo campo, è in genere predisposta unilateralmente dal professionista e supinamente accettata dal consumatore. Da qui la previsione, nel secondo periodo dell'art. 6, par. 2, che la scelta «non vale a privare il consumatore della protezione assicuratagli dalle disposizioni alle quali non è permesso derogare convenzionalmente ai sensi della legge che, in mancanza di scelta, sarebbe stata applicabile a norma del paragrafo 1», vale a dire – come si è visto – la legge del paese in cui si trova la residenza abituale del consumatore.

Ciò significa che, in presenza di una scelta, il consumatore può dunque contare in ogni caso sulla protezione assicuratagli dalle norme imperative del paese in cui risiede abitualmente. Insomma, nulla osta all'applicazione della legge scelta ove questa protegga il consumatore meglio di quanto non faccia la legge del paese di residenza abituale dello stesso consumatore. Se però la legge scelta assicura al consumatore una tutela inferiore, dovranno ritenersi operanti – a dispetto della scelta – gli standard minimi prescritti dalla legge del paese in cui il consumatore risiede abitualmente. La norma offre un'illustrazione del metodo c.d. delle considerazioni materiali, illustrato a suo tempo[20]. La norma di conflitto, che nella sua configurazione tradizionale opera «alla cieca», cioè senza essere condizionata dal risultato pratico cui conduce l'applicazione della legge richiamata, obbedisce qui, invece, ad uno scrupolo materiale: quello di assicurare in ogni caso alla parte debole la protezione minima stabilita dalle norme del paese in cui risiede.

11. I contratti di assicurazione

In queste pagine è possibile dar conto solo sommariamente della complessa disciplina dettata dall'art. 7 del regolamento in tema di contratti di assicurazione.

La disposizione si applica a due categorie di contratti assicurativi. I contratti di assicurazione concernenti i c.d. grandi rischi, a prescindere dal fatto che il rischio da essi coperto sia situato in uno Stato membro, e gli altri contratti assicurativi, purché coprano rischi situati nel territorio degli Stati membri.

Per i primi, il regolamento conferma, senza limitazioni, la possibilità di una *electio* ai sensi dell'art. 3. In mancanza, si applica la legge del paese in cui l'assicuratore ha la residenza abituale, salva una specifica clausola di eccezione.

Quanto alla seconda categoria di contratti, il regolamento ammette la scelta di legge, che è però limitata a un certo numero di opzioni predeterminate, che prefigurano quasi sempre la scelta della legge di uno Stato membro. Ove non sia stata fatta una scelta, la legge regolatrice è quella dello Stato membro nel quale il rischio è situato al momento della conclusione del contratto. Alcune regole addizionali sono previste dalla disposizione con riferimento ai contratti di assicurazione per i quali uno Stato membro impone un obbligo di assicurazione, allo scopo di salvaguardare l'effettività di tale obbligo.

---

[20] Parte terza, Capitolo I, § 2.

12. I contratti individuali di lavoro

La legge applicabile ai contratti individuali di lavoro si determina in base all'art. 8. La speciale disciplina di conflitto qui delineata dal regolamento sottende, come l'art. 6, una logica protettiva. Le soluzioni dell'art. 8 si discostano tanto dalle regole obiettive dell'art. 4 quanto dalle norme in tema di scelta di legge dell'art. 3.

(a) La localizzazione del contratto in via obiettiva

L'art. 8, par. 2, prevede che, quando manchi una *electio iuris*, il contratto è disciplinato dalla legge del paese nel quale il lavoratore svolge abitualmente il suo lavoro. Varie considerazioni spiegano l'impiego di questo criterio nel campo del lavoro. Si tratta del paese con cui il rapporto presenta, per regola, i nessi socialmente più significativi. L'applicazione delle norme in vigore nel paese di abituale svolgimento del lavoro è quella che risponde, verosimilmente, alle aspettative tanto del lavoratore quanto del datore di lavoro, e quella di cui il lavoratore – parte debole del rapporto – può procurarsi più facilmente la conoscenza. I benefici che il lavoratore può trarre dall'assistenza di organizzazioni sindacali è, del resto, verosimilmente più efficace se condotta in relazione a contratti disciplinati dalla legge dello stesso paese in cui tali organizzazioni sono stabilite ed operano, cioè – appunto – la legge di abituale svolgimento del lavoro del prestatore in questione. Il criterio dell'abituale svolgimento del lavoro, inoltre, assicura l'omogeneo trattamento di tutti i lavoratori che operano in un dato paese, contro il pericolo di discriminazioni fra prestatori e contro il rischio di distorsioni della concorrenza fra le varie imprese che impiegano personale in tale paese. Si aggiunga che, se la legge del paese di abituale svolgimento del lavoro opera quale *lex causae*, viene meno in radice l'inconveniente di dover trarre da un ordinamento diverso appunto dalla *lex causae* le norme di applicazione necessaria riguardanti le modalità e le condizioni di svolgimento della prestazione lavorativa (ad esempio, quelle che impongono al lavoratore l'adozione di misure per la sicurezza dei luoghi di lavoro).

Il paese in cui il lavoro viene abitualmente svolto, chiarisce l'art. 8, par. 2, del regolamento non è ritenuto cambiato quando il lavoratore svolge il suo lavoro in un altro paese in modo temporaneo. È l'ipotesi che si verifica, tipicamente, quando il prestatore viene distaccato dal datore di lavoro in un paese diverso da quello in cui svolge abitualmente la sua opera nel quadro di una prestazione di servizi transnazionale. Ove il distacco avvenga fra Stati membri operano, del resto, le norme dell'Unione in tema di distacco, a partire dalla direttiva 96/71/CE[21], come modificata. Si noti che l'art. 3 della direttiva prefigura l'applicazione di alcune norme della legge del paese in cui il lavoratore è distaccato in quanto norme di applicazione necessaria: le norme sui periodi minimi di riposo, ad esempio, quelle sulla durata minima delle ferie annuali retribuite, sulle tariffe minime salariali, e altre. Di fatto, il distacco comporta una sorta di *dépeçage* del rapporto di lavoro,

[21] *G.U.C.E.*, L 18 del 21 gennaio 1997, p. 1 ss.

giacché – pur rimanendo di fondo applicabile la legge del paese in cui il lavoratore svolge abitualmente la sua opera in base al contratto – alcuni profili del rapporto, economicamente e socialmente importanti, vengono ricondotti per il tempo del distacco sotto le norme imperative del paese del distacco.

L'art. 8, par. 3, si preoccupa dell'ipotesi in cui la legge applicabile non possa essere determinata a norma del par. 2, stabilendo che, in tal caso, il contratto soggiace alla legge del paese «nel quale si trova la sede che ha proceduto ad assumere il lavoratore». Nella sentenza *Koelzsch*, resa in relazione alla convenzione di Roma, la Corte di Giustizia ha affermato che l'impiego della regola residuale ora ricordata è circoscritta all'ipotesi in cui una valutazione di insieme degli elementi relativi alla prestazione lavorativa non permetta di determinare il luogo in cui il prestatore svolge la parte essenziale della sua opera [22]. Tra questi elementi rientrano quelli che segnalano, se del caso, il luogo a partire dal quale il lavoratore esegue la prestazione, come ad esempio il luogo in cui un autotrasportatore lascia e recupera i mezzi che guida alla fine e all'inizio di ogni missione. Il regolamento Roma I, che era già stato adottato quando la sentenza è stata resa, ha del resto riformulato il testo della norma corrispondente della convenzione precisando che il luogo di abituale svolgimento del lavoro, ove non sia localizzabile in modo univoco dagli indizi riferibili alla prestazione come tale, coincide, appunto, col luogo «a partire dal quale» la prestazione lavorativa viene abitualmente svolta. L'ambito di operatività della regola residuale dell'art. 8, par. 3, finisce con l'essere particolarmente stretto.

La Corte di Giustizia ha peraltro fornito altre precisazioni circa il criterio del luogo in cui si trova la sede cha ha proceduto all'assunzione. Nella pronuncia relativa al caso *Navimer*, ha chiarito, tra le altre cose, che agli effetti della norma residuale è indifferente la circostanza che la sede in questione possieda la personalità giuridica, pur dovendosi trattare di un'articolazione organizzativa del datore di lavoro dotata di una apprezzabile autonomia [23]. Nella stessa occasione, la Corte ha asserito che può, al limite, essere qualificata come sede ai fini della norma che oggi si legge all'art. 8, par. 3, anche la sede di un'impresa diversa da quella che risulta formalmente come datore di lavoro, alla quale quest'ultima sia collegata; ciò in quanto vi siano elementi oggettivi che attestino l'esistenza di una situazione concreta diversa da quella che emerge dai termini del contratto, a prescindere dal fatto che il potere di direzione sia stato formalmente trasferito dall'impresa datrice di lavoro a quella che di fatto ha proceduto all'assunzione.

All'art. 8, par. 4, infine, figura una clausola di eccezione, in forza della quale, se dall'insieme delle circostanze «risulta che il contratto di lavoro presenta un collegamento più stretto con un paese diverso da quello indicato ai paragrafi 2 o 3, si

[22] Corte Giust., 15 marzo 2011, *Heiko Koelzsch* c. *Granducato del Lussemburgo*, causa C-29/10, ECLI:EU:C:2011:151.

[23] Corte Giust., 15 dicembre 2011, *Jan Voogsgeerd* c. *Navimer SA*, causa C-384/10, ECLI:EU:C:2011:842.

applica la legge di tale diverso paese». L'assenza degli avverbi «chiaramente» e «manifestamente» che si incontrano nella clausola di eccezione «generale» dell'art. 4, par. 3, segnalano che, in materia di lavoro, i margini per l'impiego del correttivo in parola sono più ampi di quelli consentiti per la generalità dei contratti. La Corte ha discusso l'impiego della clausola di eccezione nella sentenza *Schlecker*, pronunciata in relazione alla convenzione di Roma [24]. Si trattava in quel caso della dipendente di una società tedesca, che aveva prestato la sua opera dapprima in Germania per quattordici anni, quindi per undici anni nei Paesi Bassi, dopo la promozione a responsabile di una sede del datore di lavoro in quello Stato. La Corte ha affermato che in un caso di questo genere il giudice può tener conto, in funzione dell'insieme degli elementi pertinenti della situazione, che nella specie segnalavano un nesso particolarmente intenso con la Germania: la remunerazione era determinata in Marchi tedeschi, prima dell'introduzione dell'Euro, la copertura assicurativa era stata sottoscritta dal datore di lavoro con un'impresa tedesca, il domicilio della dipendente era in Germania, il datore di lavoro rimborsava le spese di trasferta sostenute dalla lavoratrice dalla Germania ai Paesi Bassi, etc.

(b) Le salvaguardie concernenti la scelta di legge

Il datore di lavoro e il lavoratore possono concludere fra loro una scelta di legge ai sensi dell'art. 3. Senonché, similmente a quanto si è visto per i contratti di consumo, il secondo periodo dell'art. 8, par. 1, del regolamento dispone che la scelta «non vale a privare il lavoratore della protezione assicuratagli dalle disposizioni alle quali non è permesso derogare convenzionalmente» contenute nella legge applicabile al contratto in via obiettiva, comprese – come ha osservato la Corte nel caso *Gruber Logistics* – le norme sulla retribuzione minima [25]. In sostanza, la scelta di legge rileva, in quest'ambito, solo nella misura in cui assicuri al lavoratore una protezione più intensa di quella spettante a quest'ultimo in base alla legge che regolerebbe il contratto in mancanza di scelta.

13. Le questioni disciplinate dalla legge richiamata

Identificata la legge regolatrice del contratto, occorre stabilire quali questioni debbano essere decise in base ad essa. Il regolamento dedica diverse disposizioni a questo riguardo. Alcune si limitano ad indicare le questioni ricomprese nell'ambito della *lex contractus*. Altre invece provvedono a dettare, per determinate questioni poste per così dire ai margini di quell'ambito, delle regole di conflitto speciali, che integrano quelle esaminate sin qui.

---

[24] Corte Giust., 12 settembre 2013, *Anton Schlecker* c. *Melitta Josefa Boedeker*, causa C-64/12, ECLI:EU:C:2013:551.

[25] Corte Giust., 15 luglio 2021, *DG e EH* c. *SC Gruber Logistics SRL* e *Sindicatul Lucrătorilor din Transporturi* c. *SC Samidani Trans SRL*, cause riunite C-152/20 e C-218/20, ECLI:EU:C:2021:600.

(a) L'interpretazione; l'adempimento e l'estinzione delle obbligazioni

L'art. 12, par. 1, elenca le principali questioni di cui il regolamento affida la soluzione alla *lex contractus*. La lista, non esaustiva, comprende – fra le altre – l'interpretazione del contratto, l'esecuzione delle obbligazioni che ne discendono e i diversi modi di estinzione delle obbligazioni, come pure le prescrizioni e le decadenze. Appartiene alla *lex contractus* anche stabilire, salvi i limiti dei poteri attribuiti al giudice dalla sua legge processuale (cioè dalla *lex fori*), «le conseguenze dell'inadempimento totale o parziale di quelle obbligazioni, compresa la liquidazione del danno in quanto sia disciplinata da norme giuridiche». Si tratta, nell'insieme, delle questioni che in genere alimentano il contenzioso in materia di contratti. È la legge richiamata che fissa, fra le altre cose, i criteri legali che devono essere impiegati per apprezzare la diligenza dovuta dal debitore nell'esecuzione della prestazione, e i presupposti al ricorrere dei quali l'inadempimento delle obbligazioni di una parte giustifica la risoluzione del contratto ad opera dell'altra.

L'art. 12, par. 2, integra la previsione appena ricordata stabilendo che, per quanto concerne le «modalità di esecuzione» delle obbligazioni contrattuali e «le misure che il creditore dovrà prendere» in caso di adempimento inesatto, «si avrà riguardo alla legge del paese in cui ha luogo l'esecuzione». La norma mira ad ovviare agli inconvenienti che potrebbero derivare da una divergenza che interessi, da un lato, la *lex contractus* e le norme, spesso imperative, a cui il debitore potrebbe essere sottoposto nel paese in cui effettua la prestazione (ad esempio, le norme che fissano una soglia massima per l'utilizzo dei contanti nell'adempimento delle obbligazioni pecuniarie), o con le norme a cui il creditore potrebbe dover sottostare per reagire a un inadempimento altrui (quelle che esigano, ad esempio, l'invio di una diffida con particolari caratteristiche).

(b) L'esistenza e la validità sostanziale del contratto

Ai sensi dell'art. 10, par. 1, l'esistenza e la validità sostanziale del contratto o di una sua disposizione si stabiliscono in base alla legge che sarebbe applicabile in virtù del regolamento se il contratto o la disposizione fossero validi. In pratica, se si tratta di stabilire se le dichiarazioni o le condotte delle parti si siano tradotte in un vincolo fra le stesse, vanno interrogate le norme sulla formazione del contratto della legge deputata a regolare il contratto assumendone per avvenuta la conclusione. Analogamente, i parametri a cui ancorare la verifica della validità del contratto sono quelli stabiliti dalla legge a cui il contratto sarebbe sottoposto, se per ipotesi fosse valido, cioè se la patologia da cui appare affetto non sussistesse. Si parla a questo proposito di *lex hypothetici contractus*. Per determinarla si impiegano i pertinenti criteri del regolamento: vale la scelta di legge, se consta che una scelta sia stata fatta; se manca, si adoperano i criteri obiettivi operanti per il tipo contrattuale di cui trattasi.

Contro l'eventualità che possa essere imputata ad un soggetto la conclusione di un contratto a cui non ha consentito (magari perché la *lex hypothetici contractus* detta una regola che permette in determinate circostanze di presumere il consenso di una parte), l'art. 10, par. 2, dispone che un contraente, per dimostrare che non ha dato il suo consenso, può riferirsi alla legge del paese in cui risiede, ogniqualvolta le circostanze indichino che «non sarebbe ragionevole stabilire l'effetto del comportamento di questo contraente secondo la legge prevista nel paragrafo 1».

(c) La validità formale

In tema di validità formale operano le disposizioni dell'art. 11. Può esserne fornita in questa sede solo un'illustrazione sommaria. La norma distingue, in generale, a seconda che il contratto di cui si discute sia stato concluso tra persone che si trovavano nel medesimo paese al momento della conclusione, o meno. Nel primo caso, l'art. 11, par. 1, contempla, in concorso alternativo fra loro, due criteri: il contratto è valido quanto alla forma se soddisfa i requisiti di forma della legge che ne disciplina la sostanza secondo i criteri del regolamento o della legge del paese in cui è concluso. Nella seconda ipotesi, prevista dall'art. 11, par. 2, i criteri in concorso si fanno ancora più numerosi: il contratto è valido se soddisfa i requisiti posti dalla legge che ne disciplina la sostanza, o della legge del paese in cui si trova una delle parti al momento della conclusione oppure, ancora, della legge del paese in cui una delle parti risiedeva abitualmente in quel momento.

Previsioni particolari sono dettate con riferimento alla forma degli atti giuridici unilaterali relativa ad un contratto concluso o da concludere (una dichiarazione di recesso, ad esempio) e in relazione alla forma dei contratti aventi ad oggetto un diritto reale o personale su un bene immobile.

L'art. 11, par. 4, per corroborare la protezione accordata al consumatore ai sensi dell'art. 6 dispone che in deroga alle regole appena ricordate (esclusa quella sugli immobili) la forma dei contratti conclusi da un consumatore è disciplinata in ogni caso dalla legge del paese in cui il consumatore ha la residenza abituale.

(d) Cessione del credito, surrogazione, compensazione

Gli articoli 14, 15 e 17 del regolamento trattano di cessione del credito, surrogazione – legale e convenzionale – e compensazione. In estrema sintesi, dispongono quanto segue.

Ai sensi dell'art. 14, par. 1, i rapporti tra cedente e cessionario di un credito e quelli tra surrogante e surrogato (in caso di surrogazione convenzionale) sono disciplinati dalla legge che, in forza del regolamento, si applica al contratto che li vincola (la legge scelta, oppure quella applicabile in base all'art. 4). Per stabilire se un credito sia cedibile e definire le condizioni di opponibilità della cessione o il carattere liberatorio della prestazione fatta dal debitore vale invece, ai sensi dell'art. 14, par. 2, la legge che disciplina il credito ceduto o surrogato: se si tratta della cessione di un credito nascente da un contratto, la legge che regola il contratto fra il cedente e il cessionario.

In tema di surrogazione legale (art. 15), quando, in virtù di un contratto un soggetto, il creditore, vanti dei diritti nei confronti di un altro soggetto, il debitore, e un terzo sia tenuto a soddisfare il creditore (oppure il terzo abbia soddisfatto il creditore in esecuzione di questo obbligo), si applica la legge che regola tale obbligo del terzo per determinare se e in quale misura questi possa esercitare nei confronti del debitore i diritti vantati dal creditore nei confronti del debitore.

L'art. 17, infine, stabilisce che qualora il diritto alla compensazione non sia stato convenuto dalle parti, la compensazione è regolata dalla legge applicabile al credito per il quale è fatta valere la compensazione.

(e) L'onere della prova

Il regolamento Roma I, come si è visto in precedenza, dichiara di non volersi occupare di questioni relative alla procedura e alla prova. In deroga a questa indicazione, tuttavia, l'art. 18 detta una disposizione sull'onere della prova: questione nella quale il regolamento, in questo modo, mostra di scorgere una questione di indole sostanziale. Spetta alla legge richiamata dal regolamento stabilire le presunzioni legali operanti in relazione a un contratto. Spetta alla medesima legge ripartire fra le parti l'onere della prova. L'art. 18 aggiunge che la prova del contratto può essere fornita con ogni mezzo che risulti ammesso vuoi dalla legge del foro vuoi da una delle leggi richiamate dall'art. 11 per affermare la validità formale del contratto.

14. Il limite dell'ordine pubblico

Ai sensi dell'art. 21 del regolamento, l'applicazione della legge richiamata può essere esclusa quando risulti «manifestamente incompatibile» con l'ordine pubblico del foro. Valgono le considerazioni generali già svolte circa il concetto di ordine pubblico e il suo ruolo di limite al funzionamento delle norme di conflitto[26].

Ferma la necessità di una ricostruzione restrittiva dei principi preservati dal rimedio in parola (come ricorda l'avverbio «manifestamente» impiegato nella disposizione), spetta ai singoli Stati membri tracciare il perimetro del proprio ordine pubblico. Non è dubbio che le autorità statali possano riferirsi, a questo fine, tanto a valori propri del loro ordinamento quanto a valori che lo Stato del foro condivide con altri Stati, a livello internazionale ed europeo.

L'art. 21 è una norma permissiva. Il regolamento non chiede che gli Stati membri si servano dell'eccezione di ordine pubblico. Si limita ad indicare che il ricorso a tale rimedio non costituisce una violazione del regolamento. Una precisazione opportuna, questa, giacché gli Stati vincolati dal regolamento sono tenuti ad applicare la legge designata dal regolamento: per sfuggire a un obbligo siffatto, senza contravvenire al regolamento, serve dunque un'esenzione.

Il regolamento dispone esclusivamente circa la possibile evizione della legge richiamata, contraria all'ordine pubblico. Nulla dice della legge a cui si dovrà far

---

[26] Parte terza, Capitolo I, § 9.

capo per regolare la fattispecie in sostituzione di quella esclusa. La lacuna va colmata servendosi delle norme di diritto internazionale privato del foro.

In Italia, viene in gioco a questo fine il già analizzato art. 16, co. 2, della legge n. 218/1995. In pratica, il giudice italiano che ritenga di escludere l'applicazione della legge richiamata per contrasto con l'ordine pubblico italiano dovrà applicare, in luogo di quella, la legge designata da «altri criteri di collegamento eventualmente previsti per la medesima ipotesi normativa», e – in mancanza – il diritto materiale italiano. Tali altri criteri di collegamento vanno cercati nello stesso regolamento, fra le norme applicabili al caso di specie una volta esclusa l'operatività della previsione che ha condotto al richiamo della legge incompatibile con l'ordine pubblico. Per esempio, se la legge di cui è stata esclusa l'applicazione è la legge scelta dalle parti ai sensi dell'art. 3, gli altri criteri di collegamento pertinenti sono i criteri obiettivi che si applicherebbero, nel caso di specie, in mancanza di scelta. Il giudice italiano, esclusa la legge scelta, applicherà dunque la legge – eventualmente straniera – designata dal regolamento a titolo obiettivo (ai sensi dell'art. 4, se il contratto non è oggetto di qualche norma speciale). Solo se questo non giovi – perché la legge designata è la stessa che le parti avevano scelto, o è anch'essa incompatibile con l'ordine pubblico – si applicherà la legge italiana in quanto legge del foro.

L'impiego di una norma interna come l'art. 16, co. 2, della legge n. 218/1995 al fine di colmare una lacuna del diritto internazionale privato dell'Unione è subordinata, come si è visto a suo tempo, alla salvaguardia dell'effetto utile dello stesso diritto dell'Unione[27]. In questo caso, l'effetto utile del regolamento appare perfettamente preservato. Anzi, la soluzione dell'art. 16, co. 2, della legge n. 218/1995 rispetta la funzione del regolamento più di quanto non lo faccia la soluzione – seguita in molti Stati membri – che consiste nel reagire sistematicamente all'evizione della legge straniera per ragioni di ordine pubblico applicando sempre direttamente la *lex fori*. In fondo, la strada tracciata dal legislatore italiano fornisce al regolamento, se così si può dire, una seconda *chance*: di fronte all'inutilizzabilità di una legge richiamata dal regolamento, spetta in prima battuta allo stesso regolamento il compito di identificare la legge applicabile in sostituzione di quella.

15. Le norme di applicazione necessaria

Si è già avuto modo di spiegare che cosa siano le norme di applicazione necessaria e in che modo esse interferiscano col funzionamento delle regole di conflitto bilaterali[28]. Si è anche parlato dei parametri su cui l'interprete può fare leva per stabilire se una data norma appartenga al novero delle norme di applicazione necessaria. L'art. 9, par. 1 del regolamento Roma I stabilisce dal canto suo che le

[27] Parte prima, Capitolo II, § 7.

[28] Parte terza, Capitolo I, § 10.

norme di applicazione necessaria «sono disposizioni il cui rispetto è ritenuto cruciale da un paese per la salvaguardia dei suoi interessi pubblici, quali la sua organizzazione politica, sociale o economica, al punto da esigerne l'applicazione a tutte le situazioni che rientrino nel loro campo d'applicazione, qualunque sia la legge applicabile al contratto secondo il presente regolamento».

Le norme di applicazione necessaria abilitate ad interferire con la legge richiamata sono evidentemente, per cominciare, quelle del foro: così dispone l'art. 9, par. 2, del regolamento. È giusto il caso di aggiungere che godono del trattamento appena riferito tutte le norme internazionalmente imperative operanti nell'ordinamento del foro, a prescindere dal fatto che si tratti di norme prodotte da fonti interne, internazionali o dell'Unione europea. Il «primato» che il regolamento accorda a queste norme si giustifica, infatti, in ragione delle loro peculiari caratteristiche strutturali e funzionali (il loro oggetto e il loro scopo, per usare l'endiadi che compare all'art. 17 della legge n. 218/1995). In presenza di una disposizione come l'art. 9, par. 2, del regolamento Roma I, non è dunque necessario richiamare, per spiegare il ritrarsi della *lex causae*, le regole che presiedono alla soluzione delle antinomie (*lex specialis derogat generali*, etc.) o quelle che sovrintendono ai rapporti fra le fonti. Così, per esempio, le regole internazionalmente imperative poste da atti dell'Unione europea sono ammesse ad interferire sulla legge designata dal regolamento non tanto in virtù della loro appartenenza al diritto dell'Unione, ma semplicemente perché esse sono efficaci nel foro e «vogliono» applicarsi alla fattispecie quale che sia la legge statale regolatrice della fattispecie.

L'art. 9, par. 3, permette che sia «data efficacia» anche alle norme di applicazione necessaria di uno Stato diverso da quello del foro (ed estranee alla *lex causae*, ovviamente: le norme imperative della *lex causae* si applicano infatti già in virtù del richiamo disposto a favore di tale legge). Possono avere rilievo, insomma, anche le norme di applicazione necessaria di uno Stato terzo. Non occorre qui ripetere cosa si è detto a suo tempo circa il senso di una tale apertura[29]. Va aggiunto piuttosto che il regolamento Roma I ammette una simile facoltà (perché di facoltà espressamente si tratta, non di una prescrizione) solo quando siano riunite un certo numero di condizioni.

Per prima cosa, chiarisce che le sole norme di applicazione necessaria a cui può essere data efficacia per questa via sono quelle in vigore nel paese «in cui gli obblighi derivanti dal contratto devono essere o sono stati eseguiti». Deve trattarsi, specificamente, di norme che rendano «illecito l'adempimento del contratto».

Il collezionista belga Tizio acquista dall'antiquario italiano Caio dei preziosi reperti archeologici rinvenuti in Egitto, ed ivi conservati presso un deposito di cui Caio ha la disponibilità. L'intesa è che i beni verranno consegnati a Tizio due giorni dopo, al Cairo. Il contratto è retto, per scelta delle parti, dal diritto belga. Appena concluso l'affare, Caio vie-

---

[29] Parte terza, Capitolo I, § 11.

ne a sapere che le norme egiziane a tutela del patrimonio archeologico egiziano vietano l'alienazione del genere di reperti di cui si discute, ed anzi richiedono a chi entra in possesso degli stessi di informarne le autorità egiziane per favorirne il recupero, contro il pagamento di un'indennità. Rifiuta su questa base di consegnare i reperti a Tizio, non volendo incorrere in sanzioni da parte delle autorità egiziane. Tizio, allora, agisce in Italia nei confronti di Caio, osservando che la mancata consegna integra la violazione di un obbligo assunto col contratto. Può il giudice italiano dare rilievo alle norme egiziane invocate da Caio a giustificazione della mancata consegna? Non in base alla *lex causae*, né in base alle norme di applicazione necessaria italiane (le norme belghe e quelle italiane sulla tutela del patrimonio archeologico tutelano rispettivamente il patrimonio belga e quello italiano). Può, però, alle condizioni previste dall'art. 9, par. 3, del regolamento, dare efficacia alle norme egiziane, giacché queste considerano illegittima la consegna a Tizio dei reperti in questione.

In secondo luogo, l'art. 9, par. 3, subordina la considerazione delle norme di applicazione necessaria dello Stato d'adempimento a un giudizio di opportunità, rimesso in ultima analisi al giudice: per decidere se vada data efficacia alle norme in parola, si deve tenere conto della natura e delle finalità di tali norme, come pure delle «conseguenze derivanti dal fatto che siano applicate, o meno».

La disposizione accorda all'interprete un ampio margine di discrezionalità. Il riferimento alle finalità e alla natura delle norme in questione indica che la decisione se darvi efficacia, o meno, dipenda dalla misura in cui i valori che le ispirano siano condivisi dall'ordinamento del foro, e dai mezzi predisposti da tali norme per realizzare quei valori (le norme straniere a cui è possibile dare efficacia accanto o in deroga alla *lex contractus* sono solo delle norme essenzialmente privatistiche). Il richiamo alle conseguenze derivanti dall'applicazione o non applicazione delle norme in questione implica, verosimilmente, la necessità di stabilire, da un lato, se tali norme siano congegnate in modo tale da tener conto dei diversi interessi in gioco e, dall'altro, se – calate nel caso di specie – esse favoriscano una decisione equilibrata e ragionevole.

La Corte di Giustizia ha chiarito nella citata sentenza *Nikiforidis* che le rigide condizioni a cui l'art. 9, par. 3, del regolamento subordina la valorizzazione delle norme di applicazione necessaria degli Stati terzi debbono considerarsi tassative. Non stupisce, anche alla luce di tale precisazione, che i giudici degli Stati membri abbiano preso in considerazione assai di rado la possibilità di darvi efficacia.

16. La convenzione dell'Aja del 1955

Si è già avuto modo di segnalare che il regolamento Roma I, ai sensi dell'art. 25, non osta all'applicazione, da parte di uno Stato membro, delle convenzioni internazionali di cui quello Stato membro sia parte da prima dell'adozione del regolamento in quanto disciplinino, sul piano dei conflitti di leggi, delle fattispecie ricomprese nella sfera applicativa del regolamento stesso.

Presenta queste caratteristiche, come detto, la convenzione dell'Aja del 15 giugno 1955 sulla legge applicabile alle vendite internazionali di oggetti mobili corporali. La convenzione, che un'interpretazione ormai consolidata considera riferita ai soli contratti conclusi fra imprese (con esclusione, dunque, dei contratti conclusi dai consumatori), definisce il proprio ambito di applicazione all'art. 1, indicandovi alcune esclusioni (la vendita di navi ed aeromobili, ad esempio). Le norme di conflitto della convenzione hanno carattere universale, al pari dunque delle norme del regolamento, e sono grosso modo, negli effetti, sovrapponibili a queste ultime. Anche la convenzione, all'art. 2, permette alle parti di scegliere la legge regolatrice del contratto; e anch'essa richiama, all'art. 3, par. 1, in mancanza di scelta, la legge del paese in cui si trova la residenza abituale del venditore.

Non mancano, però, delle differenze. La più vistosa è quella che stabilisce, in deroga alla norma obiettiva appena riferita, l'applicazione della legge del paese in cui risiede il compratore se è in tale paese che l'ordine è stato ricevuto dal venditore o da un suo rappresentante o agente. In questo scenario il ricorso alla convenzione dà luogo ad esiti pratici diversi da quelli che produce il regolamento; esiti, oltretutto, non suscettibili di correzione, non rinvenendosi nella convenzione una clausola di salvaguardia simile a quella dell'art. 4, par. 3, del regolamento. L'art. 25 del regolamento impone, allora, di seguire la convenzione.

Un altro aspetto per cui il regime della convenzione differisce da quello del regolamento riguarda le norme di applicazione necessaria. La convenzione non ne fa parola. Non incorre tuttavia in una violazione della convenzione l'interprete che, facendo leva sulla clausola di ordine pubblico di cui all'art. 6, assicuri, in deroga alla legge richiamata, il rispetto dei valori fondamentali del foro sottesi alle medesime norme a cui darebbe rilievo tramite l'art. 9 del regolamento.

17. L'art. 57 della legge n. 218/1995

La legge n. 218/1995 detta, in materia di contratti, una sola disposizione, l'art. 57: le «obbligazioni contrattuali», vi si dice, sono regolate «in ogni caso» dalla convenzione di Roma del 1980, «senza pregiudizio delle altre convenzioni internazionali, in quanto applicabili».

Come osservato a suo tempo[30], l'art. 57 rientra fra le disposizioni dettate dalla riforma per agevolare il raccordo fra il diritto internazionale privato di fonte interna e quello di fonte internazionale. La sua funzione consiste nell'estendere l'applicazione della convenzione di Roma oltre la sfera di efficacia della convenzione stessa, onde abbracciare le fattispecie, sempre fondamentalmente «contrattuali», a cui il regime convenzionale non si applica per forza propria. Si è già avuto modo di rilevare la criticabile tendenza di una parte della giurisprudenza a servirsi dell'art. 57 per giustificare l'impiego della convenzione e del regolamento Roma I in casi rientranti nella sfera applicativa di detti testi.

[30] Parte prima, Capitolo II, § 2.

I problemi veri che pone l'art. 57 sono altri: rispetto a quali situazioni, precisamente, l'art. 57 estende l'operatività del regime uniforme? E che ne è del richiamo alla convenzione, visto che questa ha lasciato il posto al regolamento Roma I?

Lo spazio applicativo dell'art. 57 parrebbe essere assai circoscritto. Di fatto, la disposizione sembra oggi potersi applicare solo agli accordi di scelta del foro e alle convenzioni arbitrali, o compromessi, cioè gli accordi con cui le parti di una controversia concordano di rimetterne la composizione alla decisione di uno o più arbitri. Come già la convenzione di Roma, il regolamento Roma I dichiara all'art. 1, par. 2, lett. *e*), di non volersi occupare di «compromessi» e «clausole compromissorie», e neppure di accordi di scelta del foro, che pure costituiscono strutturalmente dei contratti. Rendendo applicabile «in ogni caso» la convenzione (e ora il regolamento, come si dirà tra un istante) alle «obbligazioni contrattuali», il legislatore italiano ha in sostanza prescritto il ricorso alla convenzione di Roma (e al regolamento Roma I) anche in rapporto agli accordi di elezione del foro, ai compromessi e alle clausole compromissorie. In questa sede conviene concentrare l'attenzione sulla scelta del giudice statale competente.

In concreto, l'art. 57 ha rilievo quando si debba determinare, ad esempio, la legge regolatrice della validità sostanziale di una simile scelta. Si è visto a suo tempo che l'art. 25 del regolamento Bruxelles I *bis* dispone un richiamo alla legge dello Stato del giudice eletto, con la precisazione che di quella legge interessano anche le norme di conflitto[31]. Significa che se le parti della controversia hanno concordato di attribuire la competenza a un giudice italiano, la validità sostanziale della proroga va apprezzata (in Italia come negli altri Stati membri dell'Unione) in base alla legge statale richiamata dalle norme di conflitto italiane: vale a dire, in base alla legge richiamata dall'art. 57 della legge n. 218/1995.

Sorge a questo punto il secondo interrogativo enunciato poco sopra: l'art. 57 deve tuttora interpretarsi come implicante un rinvio alla convenzione di Roma, o va letto piuttosto come contenente un rinvio al regolamento Roma I? Le opinioni sono contrastanti. Quale che sia la lettura che si ritenga di seguire, la conclusione pratica – almeno per quanto concerne gli accordi di *electio fori* – non cambia.

Se si segue il regolamento Roma I, come pare preferibile, la legge applicabile a una *electio fori* si determina, in sintesi, come segue. Se le parti hanno compiuto una scelta, si applica la legge scelta. In mancanza di scelta, viene in gioco l'art. 4 del regolamento: non però l'art. 4, par. 1, visto che gli accordi di scelta del giudice non compaiono (ovviamente) nella lista ivi contenuta; e neppure l'art. 4, par. 2, dato che manca in relazione ad essi un prestatore caratteristico. Deve dunque aversi riguardo all'art. 4, par. 4, il che significa che l'accordo sarà soggetto alla legge del paese con cui presenta il collegamento più stretto. Trattandosi di un accordo con effetti processuali, è da credere che la circostanza più significativa consista normalmente nella connessione che l'accordo presenta, dal punto di vista

[31] Parte seconda, Capitolo II, § 14.

funzionale, col paese a cui appartiene il giudice eletto. Ciò non esclude che possa darsi rilievo ad altri momenti di connessione, compresi quelli riferiti al rapporto sostanziale le cui liti sono contemplate dall'accordo. Un simile approccio si giustificherà soprattutto quando la localizzazione «processuale», quella cioè col paese del giudice eletto, si riveli non univoca, ad esempio perché l'accordo – cosa che è ben possibile, come si è visto – attribuisca la competenza non ai giudici di un solo Stato, ma ai giudici di due o più Stati diversi.

Bibliografia

In generale

ANCEL M.-E., DEUMIER P., LAAZOUZI M., *Droit des contrats internationaux*[2], LGDJ, 2019.

BOSCHIERO N. (a cura di), *La nuova disciplina comunitaria della legge applicabile ai contratti (Roma I)*, Giappichelli, 2009.

BOSCHIERO N., *Obbligazioni contrattuali (diritto internazionale privato)*, in *Enciclopedia del diritto* (Annali, vol. V), Giuffrè, 2012, pp. 925-993.

CALLIESS G.-P., RENNER M. (a cura di), *Rome Regulations: Commentary*[3], Wolters Kluwer, 2020.

FERRARI F., *Concise Commentary on the Rome I Regulation*, Cambridge University Press, 2020.

GUINCHARD E. (a cura di), *Rome I and Rome II in Practice*, Intersentia, 2020.

HÜßTEGE R., MANSEL H.-P. (a cura di), *Rom-Verordnungen, EuGüVO, EuPartVO, HUP, EuErbVO*[3], Nomos, 2019.

MAGNUS U., MANKOWSKI P. (a cura di), *Rome I Regulation*, Otto Schmidt, 2017.

MCPARLAND M., *The Rome I Regulation on the Law Applicable to Contractual Obligations*, Oxford University Press, 2015.

SALERNO F., FRANZINA P. (a cura di), *Regolamento (CE) n. 593/2008 del Parlamento europeo e del Consiglio del 17 giugno 2008 sulla legge applicabile alle obbligazioni contrattuali ("Roma I") – Commentario*, in *Le nuove leggi civili commentate*, 2009, pp. 521-954.

WILDERSPIN M., PLENDER R., *The European Private International Law of Obligations*[5], Sweet & Maxwell, 2019.

Spunti per approfondire

CAFARI PANICO R., *La prestazione caratteristica tra legge applicabile e giurisdizione*, in E. TRIGGIANI, F. CHERUBINI, I. INGRAVALLO, E. NALIN, R. VIRZO (a cura di), *Dialoghi con Ugo Villani*, Cacucci, 2017, pp. 1093-1101.

CAMPO COMBA M., *The Law Applicable to Cross-border Contracts involving Weaker Parties in EU Private International Law*, Springer, 2021.

CRESPI REGHIZZI Z., *Profili di diritto internazionale privato del commercio dei beni culturali*, in *Diritto del commercio internazionale*, 2019, pp. 361-384.

CRESPI REGHIZZI Z., *Effetti sui contratti delle misure normative di contenimento dell epidemia COVID-19: profili di diritto internazionale privato*, in *Diritto del commercio internazionale*, 2020, pp. 923-939.

CUNIBERTI G., *The International Market for Contracts: The Most Attractive Contract Laws*, in *Northwestern Journal of International Law & Business*, 2014, pp. 455-517.

LEHMANN M., UNGERER J., *Applying or Taking Account of Foreign Overriding Mandatory Provisions – Sophism under the Rome I Regulation*, in *Yearbook of Private International Law*, 2017-2018, pp. 53-82.

PAUKNEROVÁ M., *Escape Clauses and Legal Certainty in Private International Law*, in *Yearbook of Private International Law*, 2016-2017, pp. 61-82.

SCHMON C., *The Interconnection of the EU Regulations Brussels I Recast and Rome I*, Springer, 2020.

TANG S.Z., *Electronic Consumer Contracts in the Conflict of Laws*[2], Hart, 2018.

Capitolo III

La legge applicabile alle obbligazioni extracontrattuali secondo il regolamento Roma II

1. Il regolamento Roma II nel quadro delle fonti

Il regolamento (CE) n. 864/2007 dell'11 luglio 2007 sulla legge applicabile alle obbligazioni extracontrattuali, o regolamento Roma II, rappresenta in Italia la prima fonte di regolamentazione dei conflitti di leggi in materia di fatti illeciti, arricchimento senza causa, gestione d'affari e *culpa in contrahendo*.

Come il regolamento Roma I, anche il regolamento Roma II fa salva l'applicazione di norme di conflitto speciali contenute in atti dell'Unione o in convenzioni internazionali anteriori alla sua adozione. Per le fattispecie extracontrattuali estranee alla sfera del regolamento Roma II e a quella di altri testi uniformi, vale la disciplina di diritto comune, rinvenibile, in Italia, nella legge n. 218/1995.

2. A colpo d'occhio

Il regolamento Roma II disciplina in modo organico i conflitti di leggi in materia di obbligazioni extracontrattuali. Lo fa dettando tre insiemi di norme: alcune riguardano i fatti illeciti; altre i fatti diversi dagli illeciti da cui nondimeno discendono obbligazioni extracontrattuali, come l'arricchimento senza causa, la responsabilità precontrattuale e la *negotiorum gestio*; altre ancora, infine, sono comuni ai due insiemi precedenti. Come il regolamento Roma I, anche il regolamento Roma

II correda le previsioni ora evocate di una serie di norme c.d. di funzionamento, in larga parte corrispondenti a quelle che si incontrano nel regolamento Roma I.

3. Genesi e vicende del regolamento

Prima del regolamento Roma II, la disciplina dei conflitti di leggi in materia di obbligazioni extracontrattuali era quasi interamente affidata, negli Stati membri dell'Unione europea, a norme di conflitto di fonte interna. Con riguardo ai fatti illeciti, queste designavano perlopiù la legge del paese in cui il fatto è stato commesso, o *lex loci delicti commissi*, ma declinavano tale criterio in modo disomogeneo e vi apportavano correttivi diversi da Stato a Stato. Le iniziative volte alla elaborazione di regole uniformi, condotte perlopiù nell'ambito della Conferenza dell'Aja di diritto internazionale privato, sono state in questo campo poco numerose e hanno in genere conosciuto una fortuna limitata. Gli strumenti multilaterali più importanti sono la convenzione dell'Aja del 4 maggio 1971 sulla legge applicabile in materia di incidenti stradali, in vigore per una ventina di Stati membri dell'Unione e qualche Stato terzo, e la convenzione dell'Aja del 2 ottobre 1973 sulla legge applicabile alla responsabilità da prodotto, che vincola appena una decina di Stati membri e, ancora, qualche Stato terzo [1]. L'Italia non è parte né dell'una né dell'altra convenzione.

A differenza della Danimarca, estranea al regime in discorso, Irlanda e Regno Unito hanno dichiarato sin da subito di voler partecipare all'adozione del regolamento Roma II e di esserne vincolati. Il regolamento ha cessato di avere effetto per il Regno Unito il 31 dicembre 2020, con la fine del periodo transitorio previsto dall'accordo sull'uscita di tale paese dall'Unione europea.

4. L'ambito di applicazione

Il regolamento «si applica, in circostanze che comportino un conflitto di leggi, alle obbligazioni extracontrattuali in materia civile e commerciale»: così l'art. 1, par. 1. Per il concetto di «materia civile e commerciale» come per quello di circostanze comportanti un conflitto di leggi valgono le osservazioni svolte in relazione all'art. 1, par. 1, del regolamento Roma I [2].

(a) Obbligazioni extracontrattuali

Quanto alla nozione, autonoma, di «obbligazione extracontrattuale» deve ribadirsi l'esigenza, segnalata a proposito del regolamento Roma I, di una lettura coordinata dei due regolamenti sui conflitti di leggi, in armonia col regolamento Bruxelles I *bis*. Quando si versa nella «materia contrattuale» ai sensi dell'art. 7, punto 1, del regolamento Bruxelles I *bis* e dell'art. 1, par. 1 del regolamento Ro-

---

[1] <http://hcch.net>.

[2] Parte terza, Capitolo II, § 4.

ma I, si è dunque per ciò solo al di fuori della sfera applicativa del regolamento Roma II (e viceversa). Per contro, le fattispecie ascrivibili agli «illeciti civili dolosi e colposi» di cui all'art. 7, punto 2, del regolamento Bruxelles I *bis* possono presumersi comprese nel campo di applicazione del regolamento Roma II.

L'osservazione appena fatta non basta peraltro a risolvere tutte le difficoltà relative alla delimitazione della portata dei testi in esame. Non è facile, ad esempio, tracciare con sicurezza il confine che separa fra loro i regolamenti Roma I e Roma II quando si fa questione di responsabilità precontrattuale. Il regolamento Roma II, è vero, detta una disposizione specifica sulla responsabilità precontrattuale, ma tale disposizione – l'art. 12 – dichiara di applicarsi soltanto alle obbligazioni *extracontrattuali* che scaturiscono dalle trattative. La precisazione indica che dalle trattative contrattuali possono sorgere obbligazioni di natura diversa, e che solo quelle extracontrattuali sono soggette al regolamento Roma II, mentre per quelle contrattuali opera il regolamento Roma I.

Non è agevole, tuttavia, dire dove corra esattamente il confine fra i due insiemi. Riaffiorano, qui, i dubbi già discussi circa la distinzione fra contratto e fatto illecito nel contesto del regolamento Bruxelles I *bis*[3]. Il considerando n. 30 del regolamento Roma II precisa che la *culpa in contrahendo*, per come è intesa dal regolamento, include «la violazione dell'onere di informare e l'interruzione delle trattative contrattuali». Se il primo dei due riferimenti abbraccia la violazione di qualsiasi dovere di informazione di fonte legale, le sole obbligazioni contrattuali da cui può sorgere una responsabilità legata alle trattative sono quelle previste da un accordo delle parti: un accordo sulla condotta del negoziato, appunto, e sulle informazioni che una delle parti si impegna a fornire all'altra. La barriera che divide i due campi si presenta, anche così, piuttosto porosa.

Non sembra invece dubbio, stando sempre ai parametri delineati dalla Corte di Giustizia sul terreno della competenza giurisdizionale per fissare i confini della materia contrattuale, che vada ascritta al regolamento Roma II (e al suo art. 12) la responsabilità nella quale incorre, verso l'altro trattante, chi concluda un contratto in nome di un terzo senza averne i poteri. La responsabilità del *falsus procurator* nei confronti del falsamente rappresentato potrebbe invece rivelarsi più difficile da inquadrare: la responsabilità di chi non si attiene ai limiti della procura (diversamente da quella di chi agisce sprovvisto di qualsiasi potere) sembrerebbe doversi situare nel perimetro della materia contrattuale.

Sotto un diverso profilo, l'art. 2 chiarisce che il regolamento «si applica anche alle obbligazioni extracontrattuali che possono sorgere», e che le disposizioni che si riferiscono al fatto che dà origine al danno si estendono ai fatti che possono verificarsi, così come le disposizioni che parlano di danno vanno interpretate come riferentesi anche ai danni che possono verificarsi. Nulla di sorprendente, visto che nei diversi sistemi privatistici nazionali la funzione della responsabilità civile non

[3] Parte seconda, Capitolo II, § 9.

si esaurisce nel riparare le lesioni ma abbraccia, ove possibile, la loro prevenzione. Obbedisce del resto alla stessa sensibilità l'art. 7, punto 2, del regolamento Bruxelles I *bis*, se è vero che la competenza speciale ivi contemplata spetta – lo si è visto – al giudice del luogo in cui l'evento dannoso è avvenuto «o può avvenire».

(b) Materie escluse

L'art. 1, par. 2, del regolamento elenca una serie di fattispecie di cui il regolamento stesso dichiara di non volersi occupare. Per tali fattispecie la legge applicabile va determinata tramite le norme di conflitto in vigore nel foro: norme uniformi, ove esistenti e applicabili, oppure di diritto comune.

Esulano innanzitutto dal regolamento le obbligazioni extracontrattuali «che derivano dai rapporti di famiglia» e quelle relative alle obbligazioni alimentari: non è dunque al regolamento Roma II che bisogna fare capo per determinare, ad esempio, la legge applicabile alle implicazioni aquiliane della violazione dei doveri nascenti dal matrimonio. Sono parimenti escluse dal regolamento, fra le altre, le obbligazioni extracontrattuali che riguardano il diritto delle società, in quanto riferibili ad aspetti quali la costituzione, la capacità, l'organizzazione interna e lo scioglimento dell'ente. Sono estranee al regolamento Roma II anche la responsabilità personale dei soci e degli amministratori per le obbligazioni della società e la responsabilità dei revisori dei conti nei confronti dei soci. Per alcune delle situazioni indicate, vale, in Italia, l'art. 25 della legge del 1995, sulla legge regolatrice delle società.

Particolarmente discussa, nel confronto che ha accompagnato l'elaborazione del regolamento e nel dibattito seguito alla sua adozione, è soprattutto l'esclusione che compare all'art. 1, par. 2, lett. *g*): il regolamento Roma II non si applica alle obbligazioni extracontrattuali «che derivano da violazioni della vita privata e dei diritti della personalità, compresa la diffamazione». L'esclusione si deve alle divergenze registratesi in seno alle istituzioni dell'Unione quanto alle soluzioni tecniche da adottare per l'individuazione della legge applicabile a questa particolare categoria di illeciti. Si tratta, oggettivamente, di fattispecie di difficile localizzazione. Le tecnologie della comunicazione e lo sviluppo delle attività economiche che si basano su di esse espongono i diritti della personalità a lesioni «diffuse». Le soluzioni elaborate dalla Corte di Giustizia nelle già illustrate sentenze *Shevill* ed *eDate* quanto al foro speciale delle obbligazioni extracontrattuali di cui all'art. 7, punto 2, del regolamento Bruxelles I *bis* non si prestano, del resto, ad essere trasposte sul piano dei conflitti di leggi (quanto meno non senza cospicui adattamenti). Da qui, per non pregiudicare la prosecuzione dell'iter di approvazione del regolamento, l'idea di «stralciare» il tema della diffamazione e della violazione dei diritti della personalità, collocandolo al di fuori del perimetro della disciplina uniforme. Varie proposte sono state affacciate, dopo l'adozione del regolamento, per colmare la lacuna, sia in dottrina che nelle istituzioni dell'Unione. Nessuna di tali proposte, per il momento, è riuscita a coagulare attorno a sé un vasto consenso.

Nel frattempo, peraltro, il paesaggio giuridico della materia è parzialmente cambiato. Fra i diritti della personalità di cui ragiona l'art. 1, par. 2, lett. *g*), del regolamento, rientrano senz'altro quelli relativi ai dati personali, oggetto, nel 2016, della vasta rivisitazione concretatasi nell'adozione del già citato regolamento generale sulla protezione dei dati personali. La responsabilità nascente dalla violazione delle norme europee sulla protezione di tali dati è oramai soggetta, per qualche aspetto, alle regole uniformi ivi introdotte. L'art. 82 del regolamento generale sulla protezione dei dati personali stabilisce, fra le varie cose, che «[c]hiunque subisca un danno materiale o immateriale causato da una violazione del presente regolamento ha il diritto di ottenere il risarcimento del danno dal titolare del trattamento o dal responsabile del trattamento». Prende altresì posizione su talune questioni suscettibili di insorgere in sede di giudizio di responsabilità, stabilendo, ad esempio, che il responsabile del trattamento «risponde per il danno causato dal trattamento solo se non ha adempiuto gli obblighi del presente regolamento specificatamente diretti ai responsabili del trattamento o ha agito in modo difforme o contrario rispetto alle legittime istruzioni del titolare del trattamento», o che il titolare del trattamento e il responsabile del trattamento vanno esenti da responsabilità se dimostrano che l'evento dannoso non è loro «in alcun modo imputabile». Le questioni non coperte dalle norme materiali uniformi del regolamento sui dati personali (la questione della prescrizione del diritto al risarcimento, ad esempio) restano soggette alla legge statale applicabile: finché non sarà colmata la lacuna di cui all'art. 1, par. 2, lett. *g*), del regolamento Roma II, tale legge potrebbe essere diversa a seconda del foro adito, essendo diverse nei vari Stati membri le norme di conflitto deputate ad identificarla.

5. Il carattere universale del regolamento

Ai sensi dell'art. 3, la legge designata dalle norme di conflitto del regolamento Roma II «si applica anche ove non sia quella di uno Stato membro». Valgono le considerazioni fatte in ordine all'art. 2 del regolamento Roma I, a cui si rinvia.

6. Il rapporto del regolamento con altre norme di conflitto uniformi

Come il regolamento Roma I, anche il regolamento Roma II cede alle norme di conflitto speciali contenute in misure dell'Unione o in convenzioni internazionali in vigore per gli Stati membri, ai sensi, rispettivamente, degli articoli 27 e 28.

Non è facile fornire degli esempi del primo insieme di norme. Vari atti normativi dell'Unione si occupano di responsabilità extracontrattuale. Quasi tutti, però, si accontentano di dettare delle norme materiali, tacendo sui conflitti di leggi. È il caso, ad esempio, del regolamento 2017/1129 del 14 giugno 2017 sui prospetti che devono accompagnare l'offerta pubblica o l'ammissione alla negoziazione di titoli in un mercato regolamentato[4]. L'art. 11 di tale regolamento concerne la respon-

[4] *G.U.U.E.*, L 168 del 30 giugno 2017, p. 12 ss.

sabilità per il caso in cui le informazioni nel prospetto si rivelino inesatte e fuorvianti, e impone agli Stati di adeguare la propria legislazione a certi standard comuni. Si tratta di norme materiali, che operano dunque su un piano diverso da quello del regolamento Roma II. Queste e altre norme materiali di matrice europea possono interferire con le norme di conflitto del regolamento Roma II in quanto norme di applicazione necessaria, ma ciò non significa che quest'ultimo ceda alle prime nel senso prefigurato dall'art. 27. Anche il regolamento Roma II, all'art. 16, fa salve le norme internazionalmente imperative in vigore nel foro, all'art. 16, e lo fa – come il regolamento Roma I – senza distinguere a seconda che si tratti di norme di fonte interna, internazionale o europea.

Poche, e spesso caratterizzate da una circoscritta portata applicativa, sono – in Italia – le norme di conflitto di fonte convenzionale in materia di obbligazioni extracontrattuali, alle quali il regolamento Roma II si piega in forza dell'art. 28. Un esempio per tutti: l'art. 9, par. 2, della convenzione di Monaco del 5 ottobre 1973 sul brevetto europeo, in vigore per l'Italia e più di trenta altri Stati, reca una norma di conflitto concernente la responsabilità civile dell'Organizzazione europea dei brevetti. Il giudice italiano che per ipotesi si imbattesse in una questione soggetta alla convenzione, applicherebbe dunque l'art. 9, par. 2, della convenzione, servendosi del regolamento solo ove ciò non pregiudichi l'efficacia della convenzione stessa.

7. La regola generale in materia di fatti illeciti

Le norme di conflitto dedicate dal regolamento Roma II ai fatti illeciti constano di una norma generale, contenuta nell'art. 4, e di una serie di norme speciali, riferite ciascuna a una particolare categoria di fatti illeciti. A sua volta, la regola generale racchiude in sé tre distinte proposizioni normative: una regola di base, una deroga alla stessa, e una clausola di salvaguardia suscettibile di influire tanto sulla regola di base quanto sulla deroga.

(a) La regola di base del luogo del danno

Ai sensi dell'art. 4, par. 1, del regolamento Roma II, la legge applicabile alle obbligazioni da fatto illecito è, per regola, la legge del paese «in cui il danno si verifica, indipendentemente dal paese nel quale è avvenuto il fatto che ha dato origine al danno e a prescindere dal paese o dai paesi in cui si verificano le conseguenze indirette di tale fatto».

La norma assoggetta il fatto illecito al paese con cui presenta i nessi più significativi, e nel contempo i più prevedibili. Secondo i redattori del regolamento, è tale, in linea di principio, il paese sul cui territorio si perfeziona la lesione dell'interesse protetto, non quello in cui si è verificata la condotta da cui è scaturito l'evento, né il paese in cui si sono risentite le conseguenze pregiudizievoli del fatto.

A parte quest'ultima indicazione, che si allinea alle conclusioni a cui già era pervenuta la Corte di Giustizia, rispetto alla convenzione di Bruxelles del 1968, nella già ricordata sentenza *Marinari*, la soluzione accolta si discosta da quella seguita dall'art. 7, punto 2, del regolamento Bruxelles I *bis*, con riguardo al foro speciale della materia extracontrattuale. La teoria dell'ubiquità, seguita dalla Corte di Giustizia per la competenza giurisdizionale, non ha alcuno spazio nell'ambito dell'art. 4 del regolamento Roma II. Questa particolare divergenza fra i regimi di Bruxelles e di Roma non deve stupire. Mentre le norme sulla giurisdizione possono permettersi di attribuire il potere di decidere la medesima causa ai giudici di due o più Stati, in via concorrente, le norme di conflitto non possono assoggettare la medesima fattispecie a più leggi, quanto meno non senza particolari accorgimenti.

La decisione di privilegiare il luogo del «danno» si deve verosimilmente al fatto che nei moderni sistemi privatistici la funzione principale assegnata alla responsabilità aquiliana non consiste nel sanzionare delle condotte antigiuridiche, ma nell'offrire agli interessati i mezzi per reagire alla lesione di interessi protetti (se possibile prevenendone la consumazione) e nel riallocare le risorse ingiustamente sottratte alla vittima. Identificare nell'evento il momento pregnante dell'illecito ben si concilia, in questo senso, con la tendenza delle norme materiali a porre l'accento sulla menomazione della sfera personale o patrimoniale del danneggiato e sulle connesse esigenze di ristoro, più che sul comportamento che ha provocato la lesione e sulla sua riprovevolezza.

L'individuazione del luogo dell'evento è spesso agevole. Il danno di cui si duole il ciclista Tizio per essere stato investito da un'automobile mentre percorreva il lungomare di Alicante, si situa evidentemente in Spagna: è lì che la sua integrità fisica è stata lesa, è lì che la sua bicicletta è stata piegata dall'urto e i suoi indumenti sono stati lacerati. La circostanza che l'incidente abbia avuto per Tizio delle ripercussioni pregiudizievoli anche altrove (ad esempio in Italia, dove Tizio lavora, avendogli il sinistro precluso certe opportunità professionali) è priva di rilievo ai fini dell'art. 4 del regolamento.

La soluzione va seguita anche per i fatti le cui conseguenze si manifestino solo molto tempo dopo la lesione. Il danno patito da chi è stato esposto a un materiale radioattivo si colloca nel luogo dell'esposizione, a prescindere dal fatto che gli effetti cancerogeni siano apparsi solo dopo anni, in un paese diverso.

In altre situazioni, la localizzazione del fatto può rivelarsi problematica. È il caso, in particolare, del fatto da cui consegua una lesione estesa a più paesi. Nella proposta di regolamento (COM/2003/427 def.), la Commissione difese la tesi secondo cui, «qualora insorgano danni in diversi paesi, si applicheranno in modo distributivo le leggi di tutti i paesi coinvolti». In pratica, secondo questa ricostruzione (che corrisponde a quella accolta dalla Corte di Giustizia, sul terreno della giurisdizione, nella già citata sentenza *Shevill*) si tratta di «scomporre» il fatto in tanti fatti diversi quanti sono i paesi in cui la lesione si è verificata, assoggettando ciascuno di quei fatti alla legge del paese corrispondente. La soluzione non è da tutti condivisa. Chi la critica fa valere che la frammentazione del fatto è artificiosa, e che, per giungere a una localizzazione unica si potrebbe semmai ricorrere alla clausola di salvaguardia prevista all'art. 4, par. 3, del regolamento, su cui si tornerà sotto.

Difficile, per ragioni diverse, può essere anche la localizzazione di un danno semplicemente temuto, che la vittima potenziale miri a prevenire. Ove l'interesse di cui ci si rappresenta la lesione non sia ubicato in un luogo particolare (come accade, ad esempio, quando sia a rischio l'integrità di un edificio), conta il luogo in cui l'evento appare suscettibile di prodursi sulla base di una prognosi obiettiva.

Nella sentenza *Florin Lazar*, la Corte di Giustizia ha chiarito come debba essere inteso il riferimento al luogo del danno allorché si faccia questione, in relazione ad un incidente stradale, del danno patito *iure proprio* dai congiunti della vittima: tali danni devono essere qualificati, agli effetti dell'art. 4, par. 1, come mere «conseguenze indirette» dell'incidente[5]. In pratica, se l'incidente si verifica nello Stato X, la circostanza che i familiari della vittima risiedano nello Stato Y, e lì patiscano la sofferenza per la perdita di una persona cara, non vale a collocare il fatto di cui essi si dolgono nello Stato Y. La loro pretesa, in altre parole, potrà anche essere distinta da quella che fa capo al danneggiato diretto e ai suoi eredi, ma – ai fini della legge applicabile – si tratta pur sempre di una pretesa connessa all'incidente, non suscettibile pertanto di una autonoma localizzazione.

(b) L'applicazione eccezionale della legge del paese di residenza delle parti

L'art. 4, par. 2, del regolamento Roma II dispone che, in deroga al criterio di base del luogo del danno, «qualora il presunto responsabile e la parte lesa risiedano abitualmente nello stesso paese nel momento in cui il danno si verifica, si applica la legge di tale paese». La residenza abituale si determina avendo riguardo all'art. 23, che replica in sostanza il già esaminato art. 19 del regolamento Roma I.

La norma mira a far prevalere sulla localizzazione materiale cui conduce l'art. 4, par. 1, una localizzazione sociale: se le parti risiedono nel medesimo paese, il fatto, a prescindere da dove sia avvenuto l'evento dannoso, si presenta, per il regolamento, come più intensamente collegato a tale paese, cioè al suo ambiente sociale.

Filana e Sempronio, entrambi di Imperia, trascorrono assieme un weekend in Provenza. A causa di una distrazione commessa da Sempronio, l'auto della coppia esce di strada nei pressi di Saint-Julien-du-Verdon. Filana riporta delle gravi lesioni. La responsabilità di Sempronio verso Caia deve apprezzarsi, secondo l'art. 4, par. 2, del regolamento Roma II, in base alla legge italiana, a dispetto del fatto che l'evento lesivo sia occorso in Francia.

La norma intende conferire alla individuazione della legge applicabile un certo grado di flessibilità. Essa rischia, tuttavia, di portare in qualche caso ad esiti aleatori. Le parti della relazione extracontrattuale potrebbero in effetti non essere legate fra loro da alcuna relazione capace di collocare effettivamente il baricentro della

---

[5] Corte Giust., 10 dicembre 2015, *Florin Lazar* c. *Allianz SpA*, causa C-350/14, ECLI:EU:C:2015:802.

fattispecie nel paese della loro residenza abituale comune. Pone rimedio a questa situazione, in qualche caso, la clausola di salvaguardia dell'art. 4, par. 3.

Le persone che vengono in rilievo ai fini dell'art. 4, par. 2, del regolamento sono la «parte lesa» e il «presunto responsabile». Non è chiaro se, parlando di quest'ultimo, la norma si riferisca all'autore materiale del fatto anche quando in relazione al fatto venga invocata la responsabilità di una persona diversa (il datore di lavoro, se il fatto è stato commesso dal dipendente nello svolgimento delle sue mansioni, etc.). Pare preferibile la tesi che fa comunque coincidere il «presunto responsabile» con l'autore materiale del fatto. Gli esiti a cui porta questa tesi sono coerenti allo scrupolo di prossimità che ispira la norma. L'opzione opposta, d'altra parte, conduce a un ragionamento circolare: per identificare la persona chiamata a rispondere del fatto occorre infatti interrogare la *lex delicti*; non ci si può dunque basare su tale presupposto per applicare una norma – l'art. 4, par. 2 – che ha precisamente la funzione di individuare la *lex delicti*.

Diversa è la situazione che si verifica quando sia dubbio a chi spetti la qualifica di parte lesa, ad esempio perché è discusso se il bene del cui danneggiamento si tratta appartenga a Tizio o a Caio. La questione della proprietà del bene è, in questo caso, una questione preliminare rispetto a quella, principale, della responsabilità. Valgono le considerazioni fatte a suo tempo rispetto al trattamento di tali questioni[6]. La particolarità risiede nel fatto che la soluzione della questione preliminare ha qui un'incidenza non solo sulla disciplina materiale della questione principale ma sulla stessa identificazione della legge ad essa applicabile.

Ove le persone lese o quelle di cui si presume la responsabilità siano più d'una, l'art. 4, par. 2, del regolamento Roma II entra in gioco solo allorché tutte le persone in questione siano abitualmente residenti nel medesimo Stato.

(c) La clausola di salvaguardia

Tanto la regola di base dell'art. 4, par. 1, quanto l'eccezione prevista dall'art. 4, par. 2, possono talora designare la legge di un paese diverso da quello a cui il fatto risulta effettivamente collegato. Solo in casi eccezionali un esito siffatto può essere corretto: ai sensi dell'art. 4, par. 3, se emerge «chiaramente» dal «complesso delle circostanze» che il fatto illecito presenta «collegamenti manifestamente più stretti» con un paese diverso da quello risultante vuoi dalla regola di base, vuoi dalla sua eccezione, si applica la legge di quest'altro paese. Si tratta di una clausola di salvaguardia non dissimile da quella che si incontra all'art. 4, par. 3, del regolamento Roma I sulla legge applicabile alle obbligazioni contrattuali. Come in quel contesto, il suo impiego non si giustifica solo perché i nessi tra il fatto e il paese X appaiono più intensi di quelli col paese Y, designato dalla regola di base o dalla sua eccezione: perché scatti la salvaguardia occorre che, avuto riguardo all'insieme delle circostanze del caso, l'applicazione della legge del paese Y si ri-

[6] Parte terza, Capitolo I, § 4.

veli del tutto incoerente con la preoccupazione di prossimità che ispira l'art. 4.

I redattori del regolamento Roma II hanno ritenuto di precisare che un collegamento «manifestamente più stretto» con un altro paese agli effetti della clausola di salvaguardia «potrebbe fondarsi segnatamente su una relazione preesistente tra le parti, quale un contratto, che presenti uno stretto collegamento con il fatto illecito in questione». L'effetto della clausola consisterà in tal caso nell'assoggettamento della responsabilità per fatto illecito alla legge regolatrice della relazione sottostante (la *lex contractus*, se l'illecito si fonda su una relazione contrattuale). In sostanza, la clausola di salvaguardia opera, in tale evenienza, come una norma di conflitto fondata su un collegamento di tipo «accessorio»: la legge regolatrice del rapporto che fa da cornice all'illecito è ammessa eccezionalmente a regolare anche l'illecito. In effetti, se si tratta di un illecito «strettamente collegato» a una relazione di natura diversa, l'assoggettamento dell'illecito alla legge deputata a regolare tale diversa relazione è in genere coerente alle esigenze di prossimità e di prevedibilità che il regolamento punta a soddisfare.

Come si è accennato, l'art. 4, par. 3, del regolamento Roma II (o meglio, l'idea a cui esso rinvia, secondo cui l'interprete dovrebbe essere eccezionalmente libero di applicare la legge del paese con cui l'illecito presenta il collegamento più stretto) va impiegato, secondo un'opinione, quando l'illecito di cui si discute ha prodotto un danno plurilocalizzato: anziché scomporre l'illecito in una pluralità di fatti, come vuole la teoria del mosaico, bisognerebbe – stando a questa lettura – identificare il singolo paese con cui il fatto, unitariamente considerato, presenta il collegamento più stretto. La soluzione, pur poggiando su argomenti nell'insieme convincenti, non sembra trovare riscontro nella prassi.

8. Gli illeciti speciali

Facendo propria una tendenza diffusa nel diritto internazionale privato contemporaneo, peraltro particolarmente visibile proprio nel campo della responsabilità extracontrattuale, il regolamento Roma II affianca alla norma generale dell'art. 4, una serie di regole di conflitto a carattere speciale, relative a particolari tipi di illecito: l'art. 5 tratta della responsabilità per danno da prodotto; l'art. 6 regola gli illeciti concorrenziali; l'art. 7 tratta del danno ambientale; l'art. 8 della violazione dei diritti di proprietà intellettuale; l'art. 9 della responsabilità che consegue a una condotta sindacale. Non è possibile analizzare tutte queste disposizioni in questa sede. Dopo alcune considerazioni comuni alle varie norme speciali, l'attenzione si concentrerà sull'art. 6 e l'art. 7.

(a) Considerazioni comuni alle norme sugli illeciti speciali

I valori che ispirano le regole speciali sono in parte gli stessi che ispirano l'art. 4. Anche rispetto agli illeciti speciali si tratta di favorire la certezza del diritto, preservare le aspettative delle parti e assicurare un legame effettivo fra l'illecito e il paese dal cui ordinamento va tratta la disciplina del caso. Le soluzioni tecniche rivolte a questo fine sono però diverse da quelle accolte nell'art. 4, a causa delle specifiche caratteristiche di certi fatti: la responsabilità da prodotto, per esempio, pone sul terreno della prevedibilità della legge richiamata dei problemi ignoti in altri campi, giacché il prodotto per il quale viene invocata la responsabilità del produttore potrebbe essere stato immesso nel mercato in un luogo molto diverso da quello in cui il prodotto stesso ha cagionato il danno di cui si duole la vittima (si pensi, banalmente, a un asciugacapelli al cui difetto di concezione sia imputabile una scarica elettrica che il proprietario subisce in vacanza, a migliaia di chilometri da dove ha acquistato il bene). Alcune norme speciali obbediscono, in più, a dei valori materiali particolari. L'art. 7, in materia di danni ambientali, è congegnato in modo tale da produrre, sul piano dei conflitti di leggi, dei risultati coerenti al desiderio del legislatore di accrescere l'effettività delle azioni civili di contrasto all'inquinamento, in funzione di una migliore tutela dell'ambiente.

Sarebbe riduttivo ricostruire i rapporti tra la regola generale e le norme speciali semplicemente come il rapporto fra una regola e le sue eccezioni. Di fatto, alcune norme speciali rappresentano poco più di una specificazione della regola generale (è il caso dell'art. 6, in materia di illeciti concorrenziali, che il considerando n. 21 qualifica come «non eccezionale»), mentre altre si fondano su criteri nettamente alternativi a quelli della regola generale, o affiancano ai criteri generali dei correttivi capaci di alterarne radicalmente l'operare. L'art. 9, ad esempio, localizza l'illecito sindacale con riferimento alla condotta del presunto responsabile, e non all'evento da questa generato, come vorrebbe l'art. 4.

La specialità delle norme stabilite negli articoli da 5 a 9 non si esprime soltanto nella deroga che esse comportano a carico della regola generale. Anche l'art. 14, sulla scelta di legge ad opera delle parti, di cui si parlerà più avanti, subisce gli effetti delle previsioni speciali. Nell'ambito di applicazione di alcune di tali previsioni non vi è spazio per una *electio iuris*: è quanto accade, in particolare, per gli illeciti concorrenziali e per la violazione dei diritti di proprietà intellettuale. Le altre disposizioni, invece, possono essere derogate là dove le parti si siano accordate fra loro per individuare la legge applicabile.

(b) La concorrenza sleale e gli atti limitativi della concorrenza

L'art. 6 del regolamento Roma II distingue a seconda che si discuta della responsabilità derivante da un «atto di concorrenza sleale» o da una «restrizione della concorrenza». Entrambe le espressioni vanno interpretate in modo autonomo. Per ricostruire la portata della prima è lecito prendere a riferimento le misure legislative dell'Unione volte ad assicurare la correttezza nei rapporti fra le imprese e nei rapporti fra queste e i consumatori. Le condotte riprovate da quei testi debbono reputarsi sleali ai fini dell'art. 6 del regolamento: è il caso, ad esempio, delle pratiche scorrette secondo la direttiva 2005/29 [7], e degli atti di acquisizione, utilizzo e

---

[7] *G.U.U.E.*, L 149 dell'11 giugno 2005, p. 22 ss.

divulgazione illeciti di informazioni commerciali riservate di cui alla direttiva 2016/943 [8]. La formula «atti restrittivi della concorrenza», come indica il considerando n. 23, abbraccia gli accordi tra imprese, le decisioni di associazioni di imprese e le pratiche concordate che abbiano per oggetto o per effetto di impedire, restringere o falsare il gioco della concorrenza nonché gli atti che concretano un abuso di posizione dominante. Questo linguaggio richiama deliberatamente quello degli articoli 101 e 102 del trattato sul funzionamento dell'Unione europea.

Nell'ambito della concorrenza sleale, l'art. 6 introduce una ulteriore distinzione, disciplinando separatamente gli atti di concorrenza che alterano il funzionamento del mercato, come la diffusione di pubblicità ingannevole, e gli atti che ledono, invece, solo gli interessi di un dato concorrente, come lo storno di dipendenti di quella data impresa o l'illecita acquisizione del suo *know how*. Per gli atti di concorrenza sleale del primo gruppo, c.d. *market-related*, l'art. 6, par. 1, richiama la legge del «paese sul cui territorio sono pregiudicati, o rischiano di esserlo, i rapporti di concorrenza o gli interessi collettivi dei consumatori». Quanto alla concorrenza sleale c.d. *competitor-related*, l'art. 6, par. 2, rinvia alla regola generale dell'art. 4: trattandosi di fatti privi di una autentica valenza collettiva, viene meno, in questo caso, la necessità di una disciplina speciale.

Per gli atti restrittivi della concorrenza, oggetto dell'art. 6, par. 3, valgono due regole. La prima è la regola di base e si incontra alla lett. *a*): le obbligazioni extracontrattuali che derivano da una restrizione della concorrenza sono soggette alla legge del paese «sul cui mercato la restrizione ha o potrebbe avere effetto». Come per la concorrenza sleale *market-related*, il criterio di collegamento è qui rappresentato dal mercato la cui funzionalità è colpita dall'illecito. Si tratta, in fondo, di un chiarimento di cosa debba intendersi per luogo dell'evento allorché l'interesse leso sia il corretto operare del mercato. Sin qui, in pratica, si resta nel solco dalla regola generale dell'art. 4.

La seconda regola viene in gioco quando la restrizione investe il mercato di più di un paese. Ai sensi della lett. *b*), «chi promuove un'azione di risarcimento danni dinanzi al giudice del domicilio del convenuto può ... scegliere di fondare le sue pretese sulla legge del giudice adito, purché il mercato in tale Stato membro sia tra quelli direttamente e sostanzialmente interessati dalla restrizione della concorrenza da cui deriva l'obbligazione extracontrattuale su cui si basa la pretesa». L'attore che agisca invece nei confronti di più di un convenuto, «può scegliere di fondare la sua pretesa esclusivamente sulla legge di tale giudice qualora la restrizione della concorrenza su cui si basa la pretesa contro ciascuno di detti convenuti interessi direttamente e sostanzialmente anche il mercato dello Stato membro di tale giudice». La disposizione fornisce una risposta al problema, già evocato con riguardo all'art. 4, della localizzazione dell'illecito allorché l'interesse leso non sia univocamente collocato nello spazio, ma tocchi più paesi. Per risolvere il pro-

[8] *G.U.U.E.*, L 157 del 15 giugno 2016, p. 1 ss.

blema, la norma chiama in aiuto, se così si può dire, le norme sulla competenza giurisdizionale: se l'azione del danneggiato è intentata nel domicilio del convenuto, l'attore può valersi della legge del foro quale legge regolatrice dell'illecito nella sua interezza, a dispetto della sua plurima localizzazione.

(c) Il danno ambientale

L'art. 7 riguarda la legge applicabile al danno ambientale, per tale intendendosi, in base al considerando n. 24, il mutamento negativo di una risorsa naturale, come l'acqua, il terreno o l'aria, o il deterioramento di una funzione svolta da tale risorsa per un'altra risorsa o per il pubblico. La disposizione rinvia alla regola generale dell'art. 4 (ma selettivamente, perché prescrive l'impiego del solo art. 4, par. 1, escludendo tanto il criterio della residenza abituale comune quanto la clausola di salvaguardia), e vi aggiunge un correttivo: la persona che chiede il risarcimento può scegliere di «fondare le sue pretese sulla legge del paese in cui il fatto che ha determinato il danno si è verificato». La dissociazione fra le due localizzazioni non è infrequente nel campo degli illeciti ambientali: la condotta inquinante svolta in un paese può, per il gioco delle correnti o la conformazione del terreno, alterare l'equilibrio ecologico in uno o più paesi diversi.

La sola volontà che conta, qui, è quella di chi reagisce al danno, chiedendone la riparazione. Non si tratta dunque, propriamente, di un'espressione di autonomia, ma di un modo per promuovere – come anticipato – il risultato materiale perseguito dal legislatore: quello di assicurare, anche attraverso i rimedi aquiliani, la più efficace realizzazione di un interesse collettivo come la tutela dell'ambiente. Chi chiede il risarcimento, potendo scegliere fra la legge del luogo della lesione e quella del luogo in cui si è svolta la condotta all'origine della stessa, opterà presumibilmente per la soluzione che accresce le *chances* di ottenere un risarcimento sostanzioso. Promuovendo la posizione del danneggiato, il legislatore accresce l'effettività di una politica pubblica. L'opzione a favore della legge del luogo della condotta, del resto, permette in molti casi di ricondurre sotto un'unica legge un illecito che ben potrebbe manifestarsi, nei suoi aspetti lesivi, sul territorio di più Stati.

9. Le obbligazioni extracontrattuali non basate sull'illecito

Possono dirsi in questa sede solo poche parole sulle soluzioni dettate dagli articoli 10, 11 e 12 del regolamento Roma II per le obbligazioni extracontrattuali nascenti da un arricchimento senza causa, da una gestione d'affari o da un comportamento scorretto nel quadro di un negoziato precontrattuale.

Le tre disposizioni presentano una struttura in parte comune: riferendosi a fatti che normalmente si inquadrano in una relazione preesistente fra le parti (ad esempio, la relazione nel quadro della quale una parte ha eseguito in favore dell'altra una prestazione non dovuta, di cui chiede ragione a chi se ne è arricchito), viene richiamata in prima battuta, per la disciplina dell'obbligazione extracontrattuale, la legge regolatrice di detta relazione. Per il caso in cui questo collegamento accessorio non possa operare, sovvengono dei criteri di collegamento sussidiari, peraltro suscettibili di correzione attraverso una clausola di salvaguardia.

Si prenda il caso della *negotiorum gestio*. Ai sensi dell'art. 11, par. 1, la legge regolatrice dell'obbligazione extracontrattuale derivante da una gestione d'affari altrui che si ricolleghi ad una relazione esistente tra le parti, è la legge che disciplina tale relazione. Quando però la legge applicabile non può essere determinata in base alla norma anzidetta (perché la gestione non è collegata con l'intensità richiesta dal regolamento a una relazione preesistente), si applica, ai sensi dell'art. 11, par. 2, la legge del paese in cui le parti hanno la loro residenza abituale. Se le parti non risiedono abitualmente nel medesimo paese, si applica in forza del par. 3 la legge del paese in cui si è svolta la gestione d'affari. Resta ferma, ai sensi dell'art. 11, par. 4, la possibilità di applicare la legge di uno Stato diverso ove la gestione presenti collegamenti manifestamente più stretti con detto Stato.

Durante una gara ciclistica che si svolge in Francia, il corridore Tizio, residente a Cuneo, è vittima per una propria distrazione di un grave infortunio. Rendendosi necessario provvedere con urgenza al suo trasporto in ospedale, a Chambéry, la società Alfa, di Grenoble, proprietaria dell'elicottero impiegato per le riprese televisive della gara, mette a disposizione il suo mezzo. Chiede in seguito a Tizio, ristabilitosi, di tenerla indenne dei costi sostenuti e delle perdite. Non essendovi fra Tizio e Alfa una preesistente relazione collegata alla gestione, e non risiedendo abitualmente le parti nel medesimo paese, è applicabile, ai sensi dell'art. 11, par. 3, la legge francese in quanto legge del paese in cui si è svolta la gestione.

Analogamente, per quanto concerne la *culpa in contrahendo*, l'art. 12 del regolamento Roma II prevede innanzitutto l'applicazione, a titolo di collegamento accessorio, della «legge che si applica al contratto o che sarebbe stata applicabile al contratto se lo stesso fosse stato concluso». Ove tale collegamento non possa operare – ad esempio, perché il recesso dalle trattative sia avvenuto in una fase in cui gli elementi occorrenti alla individuazione della legge regolatrice del contratto non si erano delineati con sufficiente chiarezza, o perché il contratto risulta soggetto a una pluralità di leggi statali diverse, in forza di una scelta di legge assortita di un *dépeçage* – è richiamata a titolo sussidiario la legge del paese in cui si verifica il danno (soluzione verosimilmente non felice in questo campo, come attestano le gravi incertezze che si registrano nella prassi quando si tratta di operare concretamente tale localizzazione). Se peraltro le parti risiedono abitualmente nel medesimo paese, si applica la legge di tale paese. Pure qui, tutti i criteri che precedono possono essere disattesi se dal complesso delle circostanze risulta evidente che la fattispecie presenta collegamenti manifestamente più stretti con un paese diverso, la cui legge è allora applicabile a titolo eccezionale.

10. La scelta della legge applicabile ad opera delle parti

L'art. 14 del regolamento Roma II, applicabile in linea di principio a tutte le obbligazioni extracontrattuali, siano esse fondate su un illecito, o meno, permette alle parti di accordarsi fra loro per scegliere la legge applicabile.

La norma, che ha pochi precedenti nei sistemi internazionalprivatistici nazionali, distingue a seconda che l'accordo intervenga prima o dopo il verificarsi del fatto che ha determinato il danno. L'accordo anteriore al fatto è consentito solo fra soggetti che esercitino tutti una «attività commerciale», cioè fra imprese. La limitazione riflette una preoccupazione del legislatore: quella di evitare che un soggetto poco attrezzato per determinare le conseguenze giuridiche di un accadimento futuro, solamente temuto, possa concludere un accordo suscettibile di pregiudicarne in avvenire la posizione.

Come sotto l'art. 3 del regolamento Roma I, la *electio iuris* non richiede una forma particolare e può anche risultare dalle circostanze, purché in modo non equivoco. Non pregiudica in ogni caso i diritti dei terzi (co-obbligati, assicuratori, etc.).

Ai sensi dell'art. 14, par. 2, se la situazione è collegata in ogni suo aspetto a un paese diverso da quello la cui legge è stata scelta, la scelta non pregiudica l'applicazione delle norme imperative semplici di tale diverso paese: è in sostanza la stessa limitazione contemplata, in materia di contratti, dall'art. 3, par. 3, del regolamento Roma I. Analogamente, l'art. 14, par. 3, del regolamento Roma II replica la limitazione prevista per i contratti dall'art. 3, par. 4, per il caso in cui la situazione di cui trattasi presenti collegamenti solo con l'Unione europea ma le parti abbiano designato come applicabile la legge di uno Stato terzo rispetto all'Unione. La scelta, in tale ipotesi, non pregiudicherà l'applicazione delle norme imperative previste dal diritto dell'Unione.

In deroga all'art. 14, il regolamento esclude in radice l'ammissibilità di una scelta di legge in materia di concorrenza sleale e atti limitativi della concorrenza e quando si tratti di violazione di diritti di proprietà intellettuale.

11. Le questioni disciplinate dalla legge richiamata

Le questioni che debbono essere decise conformemente alla legge richiamata dal regolamento sono enumerate, in modo non esaustivo, all'art. 15. Spetta a tale legge pronunciarsi sulla base e la natura della responsabilità (se obiettiva, oppure per colpa o dolo), sulle cause di esclusione o limitazione della responsabilità, sui criteri legali di valutazione del danno, sui provvedimenti che possono essere presi da un giudice per prevenire o inibire lesioni o danni (ma solo entro i limiti dei poteri attribuiti al giudice dalla *lex processus*). Alla legge richiamata dal regolamento bisogna egualmente fare capo per decidere in ordine alla trasferibilità del diritto al risarcimento, anche per via successoria, e in ordine ai criteri che presiedono all'attribuzione di una responsabilità per fatto altrui e al contenuto della stessa. Lo stesso dicasi per i modi di estinzione delle obbligazioni extracontrattuali, compresa la prescrizione del diritto al risarcimento.

L'interprete può talora dover fare appello a regole estranee a quelle della legge designata come applicabile dal regolamento. Ai sensi dell'art. 17, il giudice, nel valutare il comportamento delle parti, tiene conto, «quale dato di fatto e ove opportuno», delle norme di sicurezza e di condotta del luogo in cui si è verificato il fatto.

Non si tratta della applicazione concorrente di una legge diversa da quella richiamata, ma della presa in considerazione di parametri valutativi pertinenti alla situazione in ragione della sua localizzazione obiettiva.

Nel corso di una gita scolastica in Germania, il mezzo su cui viaggia la scolaresca, guidato da Tizio, è coinvolto in un'incidente, provocato da una negligenza di quest'ultimo. L'insegnante Caia e il piccolo Sempronio ne riportano delle lesioni. Essendo tutti abitualmente residenti in Italia, la responsabilità del conducente Tizio deve apprezzarsi in base alla legge italiana ai sensi dell'art. 4, par. 2. Nella valutazione della condotta di Tizio, tuttavia, per stabilire quali cautele questi avrebbe dovuto adottare nella circostanza, dovrà aversi riguardo alle norme sulla circolazione stradale in vigore in Germania e, se del caso, alle pertinenti disposizioni amministrative della località in cui è occorso il sinistro.

12. Il limite dell'ordine pubblico e le norme di applicazione necessaria

In tema di ordine pubblico, il regolamento Roma II segue, all'art. 26, una soluzione identica a quella dell'art. 21 del regolamento Roma I, a cui dunque si rinvia.

L'impiego del limite dev'essere anche qui, come in generale, particolarmente prudente. Non stupisce che i casi in cui l'applicazione della legge straniera richiamata è stata esclusa per ragioni di ordine pubblico siano, nella giurisprudenza italiana come in quella degli altri Stati membri, relativamente poco numerosi. A titolo d'esempio, può citarsi una pronuncia della Corte di cassazione relativa alla responsabilità nascente da un sinistro stradale mortale avvenuto in Serbia[9]. La Cassazione ha ritenuto di non poter applicare la legge serba, pur richiamata dalle pertinenti norme di conflitto (si trattava delle norme di conflitto italiane comuni, ma la soluzione accolta è rilevante anche nell'ottica del regolamento) nella misura in cui queste escludevano per principio dal novero degli aventi diritto al risarcimento del danno provocato dalla sofferenza per la perdita di una persona cara i congiunti della vittima che non convivessero con questa. La Corte ha rimarcato lo speciale valore che l'ordinamento italiano assegna ai legami familiari, ritenendo che l'applicazione di una legge straniera che precludesse in radice la tutelabilità in sede aquiliana di quei danni, come appunto la legge serba, si porrebbe irrimediabilmente in contrasto con i principi fondamentali dell'ordinamento.

Anche rispetto alle norme di applicazione necessaria, il regolamento Roma II

---

[9] Cass., 30 aprile 2018, n. 10321.

segue in linea di massima il modello del regolamento Roma I. Le norme di conflitto del regolamento, dice l'art. 16, non pregiudicano il ricorso alle norme di applicazione necessaria del foro. Senonché, a differenza dell'art. 9 del regolamento Roma I, nulla si dice nel regolamento in ordine alle norme internazionalmente imperative di Stati terzi. Sul significato da attribuire al silenzio del regolamento le opinioni della dottrina non collimano. Nulla, peraltro, nel regolamento, sembra impedire al giudice di tener conto quale dato di fatto delle norme di applicazione necessaria del paese in cui il fatto è avvenuto quando queste si presentino anche come regole di sicurezza e di condotta ai sensi dell'art. 17, o quando le stesse siano valorizzate, sempre come dato di fatto, dalla legge statale applicabile alla fattispecie. Può del resto anche darsi rilievo, in forza del limite dell'ordine pubblico, ai valori sottesi alle norme di applicazione necessaria di uno Stato terzo con cui il fatto sia collegato, quando ciò sia richiesto dalla salvaguardia di un principio fondamentale del foro, secondo la già ricordata logica promozionale e «collaborativa» sottesa, appunto, al riferimento alle norme imperative di Stati terzi [10].

13. L'art. 62 della legge n. 218/1995

Con l'adozione del regolamento Roma II, le norme di conflitto di fonte interna in materia di obbligazioni extracontrattuali sono state in larga parte private della loro portata applicativa. Il loro impiego è oggi circoscritto alle fattispecie escluse dalla sfera applicativa del regolamento, come la violazione dei diritti della personalità e la diffamazione.

In materia di illeciti, viene in gioco l'art. 62 della legge n. 218/1995. Vi si prevede in prima battuta l'applicazione della legge dello Stato «in cui si è verificato l'evento». Si tratta, in sostanza, della soluzione accolta anche dall'art. 4, par. 1, del regolamento Roma II. L'art. 62 della legge fa salva, però, la possibilità per il danneggiato di «chiedere l'applicazione della legge dello Stato in cui si è verificato il fatto che ha causato il danno». L'opzione, accostabile nel funzionamento a quella descritta esaminando l'art. 7 del regolamento Roma II, in tema di danni ambientali, rispecchia qui un generale intento protettivo nei confronti della vittima, che è invece estraneo come tale al regolamento.

Aggiunge l'art. 62, co. 2, della legge n. 218/1995 che qualora l'illecito coinvolga «soltanto cittadini di un medesimo Stato in esso residenti, si applica la legge di tale Stato». L'eccezione, simile a quella che si incontra all'art. 4, par. 2, del regolamento, ha qui un'operatività più ristretta, richiedendosi che le parti possiedano anche una cittadinanza comune, quella dello Stato in cui risiedono.

La disciplina di diritto comune non contempla una clausola di salvaguardia che permetta di applicare, eccezionalmente, la legge del paese con cui il fatto presenta il collegamento più stretto, e non ammette una scelta di legge.

---

[10] Parte terza, Capitolo I, § 11.

Bibliografia

In generale

CALLIESS G.-P., RENNER M. (a cura di), *Rome Regulations: Commentary*[3], Wolters Kluwer, 2020.

DICKINSON A., *The Rome II Regulation – The Law Applicable to Non-contractual Obligations*, Oxford University Press, 2010.

GUINCHARD E. (a cura di), *Rome I and Rome II in Practice*, Intersentia, 2020.

HÜẞTEGE R., MANSEL H.-P. (a cura di), *Rom-Verordnungen, EuGüVO, EuPartVO, HUP, EuErbVO*[3], Nomos, 2019.

MAGNUS U., MANKOWSKI P. (a cura di), *Rome II Regulation – Commentary*, Otto Schmidt, 2019.

MARONGIU BUONAIUTI F., *Le obbligazioni non contrattuali nel diritto internazionale privato*, Giuffrè, 2013.

WILDERSPIN M., PLENDER R., *The European Private International Law of Obligations*[5], Sweet & Maxwell, 2019.

Spunti per approfondire

BERTOLI P., *Choice of Law by the Parties in the Rome II Regulation*, in *Rivista di diritto internazionale*, 2009, pp. 697-716.

DE BELLIS S., *La negotiorum gestio nel regolamento (CE) 864/2007*, in G. VENTURINI, S. BARIATTI (a cura di), *Nuovi strumenti del diritto internazionale privato – Liber Fausto Pocar*, Giuffrè, 2009, pp. 245-255.

HONORATI C., *Regolamento n. 864/2007 sulla legge applicabile alle obbligazioni extracontrattuali*, in F. PREITE, A. GAZZANTI PUGLIESE DI COTRONE (a cura di), *Trattato notarile. Atti notarili. Diritto comunitario e internazionale*, Utet 2011, pp. 483-558.

IVALDI P., *Unione europea, tutela ambientale e diritto internazionale privato: l'art. 7 del regolamento Roma II*, in *Rivista di diritto internazionale privato e processuale*, 2013, pp. 861-882.

KADNER GRAZIANO T., *The Law Applicable to Cross-Border Damage to the Environment: A Commentary on Article 7 of the Rome II Regulation*, in *Yearbook of Private International Law*, 2007, pp. 71-86.

MUNARI F., *L'entrata in vigore del regolamento Roma II e i suoi effetti sul private antitrust enforcement*, in G. VENTURINI, S. BARIATTI (a cura di), *Nuovi strumenti del diritto internazionale privato – Liber Fausto Pocar*, Giuffrè, 2009, pp. 757-771.

PRETELLI I., *La legge applicabile alle obbligazioni non contrattuali nel Regolamento «Roma II»*, in A. BONOMI (a cura di), *Diritto internazionale privato e cooperazione giudiziaria in materia civile*, Giappichelli, 2009, pp. 409-476.

RISSO G., *Product Liability and Protection of EU Consumers: Is it Time for a Serious Reassessment?*, in *Journal of Private International Law*, 2019, pp. 210-233.

SANDRINI L., *Risarcimento del danno da sinistri stradali: è già tempo di riforma per il regolamento Roma II?*, in *Rivista di diritto internazionale privato e processuale*, 2013, pp. 677-714.

Parte quarta

L’efficacia delle decisioni straniere

Capitolo I

Il problema della efficacia delle decisioni straniere

Sommario: 1. Gli effetti delle decisioni e la loro spendita all'estero. – 2. Il riconoscimento fra sovranità e diritti individuali. – 3. Efficacia delle decisioni ed efficacia delle situazioni. – 4. Il riconoscimento come estensione degli effetti e come assimilazione. – 5. Gli effetti esecutivi della decisione: l'*exequatur*. – 6. Le condizioni per la attribuzione di efficacia della decisione: tassonomia. – 7. L'accertamento delle condizioni di efficacia della decisione.

1. Gli effetti delle decisioni e la loro spendita all'estero

L'attività degli organi di uno Stato si traduce nell'adozione di provvedimenti. I provvedimenti di tipo giudiziario emanati in ambito civile sono di specie diverse, a seconda del tipo di tutela con essi somministrata e di altre circostanze. Può trattarsi, per esempio, di provvedimenti che accertano l'esistenza di un diritto; che condannano una parte a versare all'altra una somma di denaro; che autorizzano il compimento di un atto giuridico, come l'accettazione, da parte dei genitori, dell'eredità a cui sia chiamato il figlio minore; che omologano un accordo, quando ciò sia condizione per il prodursi dei suoi effetti, come nel caso di un concordato preventivo; che sciolgono un vincolo giuridico, come nel caso del divorzio; che ordinano in via cautelare a una parte o a un terzo di astenersi dal compiere certi atti, etc.

L'ordinamento dello Stato a cui appartiene il giudice correda questi provvedimenti di determinati effetti: gli effetti del giudicato, se si tratta di un accertamento; gli effetti esecutivi, se è in gioco una condanna o un altro provvedimento la cui concreta attuazione richieda una forma di coazione; degli effetti costitutivi, se la pronuncia è intesa appunto a costituire, modificare o estinguere un rapporto o una situazione giuridica, etc. Questi effetti, tuttavia, proprio perché attribuiti dall'ordinamento dello Stato del giudice ai provvedimenti delle *proprie* autorità, sono spendibili, come tali, solo entro i limiti di detto ordinamento. Per invocarli anche nell'ordinamento di uno Stato diverso occorre che quest'ultimo «riconosca» la decisione da cui promanano. Spetta alle norme di diritto internazionale privato in vigore in tale Stato il compito di stabilire a quali condizioni e in che modo ciò possa avvenire.

Mevio ha dato in pegno a Sempronio una pietra preziosa, a garanzia di un debito contratto nei confronti di quest'ultimo. Estinto il debito, chiede indietro il bene, ma non lo ottiene: Sempronio, infatti, ne subordina la restituzione a ulteriori condizioni, che Mevio reputa illegittime. Quest'ultimo agisce dunque in giudizio a Zurigo, dove Sempronio abita. Vince la causa, ottenendo la condanna di Sempronio alla restituzione della pietra. Scopre allora che Sempronio, che ancora non vuole riconsegnare il bene, conserva la pietra nella casa di villeggiatura che possiede in Italia. L'esecuzione forzata della sentenza resa a Zurigo dovrà dunque avvenire in Italia, con l'intervento delle autorità italiane investite di questo genere di attività. Spetta alle norme sulla efficacia delle decisioni operanti nell'ordinamento italiano dire se e come il provvedimento svizzero possa essere riconosciuto ed eseguito in Italia.

Si parla di Stato «d'origine» per designare lo Stato a cui appartiene l'autorità che ha emanato la decisione. Lo Stato «richiesto» è invece lo Stato nel cui ordinamento vengono invocati gli effetti della decisione. Riferito a una decisione straniera, il termine «riconoscimento» indica il processo tramite il quale la decisione è ammessa a produrre effetti nell'ordinamento dello Stato richiesto.

Tale processo può assumere configurazioni diverse. Può comportare l'intervento di un'autorità dello Stato richiesto e l'adozione da parte di questa di una specifica misura, detta delibazione. Può però anche perfezionarsi, se così dispongono le regole applicabili al caso, senza l'intervento di alcuna autorità: il riconoscimento si presenta allora «automatico», nel senso che si produce per il semplice ricorrere delle condizioni previste a questo scopo, senza che il rispetto di tali condizioni debba essere attestato o dichiarato da qualcuno. Le norme comuni italiane sul riconoscimento delle decisioni, come del resto quelle contenute nelle principali convenzioni multilaterali in materia e nelle misure legislative dell'Unione, seguono il principio del riconoscimento automatico.

2. Il riconoscimento fra sovranità e diritti individuali

Ogni Stato è libero di regolare il riconoscimento delle decisioni straniere come ritiene opportuno. Dalla fisionomia di queste norme discendono delle conseguenze importanti tanto per gli Stati quanto per le persone interessate.

Riconoscere una sentenza straniera significa, per uno Stato, mettere le proprie prerogative e l'azione delle proprie autorità al servizio di valutazioni compiute da autorità straniere: le decisioni non sono statuizioni astratte, sono mezzi per conformare il reale, imponendo comportamenti coerenti ai valori sanciti dalle norme sostanziali, ristabilendo l'ordine turbato da un illecito, etc. Tramite il riconoscimento, i benefici così prodotti si propagano oltre i confini dello Stato d'origine. Lo Stato richiesto, in quanto gestore degli interessi della comunità su cui esercita il potere di governo, non pretende di assicurare l'ordine sempre e soltanto sulla base di statuizioni dei propri organi: può benissimo provvedere a quel compito anche riconoscendo come efficaci le statuizioni di autorità altrui. Il problema è che tali statuizioni costituiscono il portato di prerogative sovrane diverse dalle proprie e sono state adottate all'esito di un procedimento diverso da quelli che si celebrano localmente, sulla base di regole sostanziali differenti da quelle che avrebbero preso a parametro, in analoghe circostanze, le autorità locali.

Torna, qui, il concetto di fungibilità delle giurisdizioni statali, già evocato. Il problema, quando si fa questione del riconoscimento delle sentenze straniere, non è il fatto in sé che le norme processuali dello Stato d'origine siano diverse da quelle dello Stato richiesto, e neppure – in genere – il fatto che le valutazioni delle prime potrebbero differire, nel merito, da quelle delle seconde. Il riconoscimento si giustifica, nonostante queste differenze, quando il prodotto della attività giurisdizionale straniera e di quella locale si presentano come fondamentalmente fungibili. Le norme che regolano l'efficacia delle decisioni straniere servono, in fondo, a indicare in quali circostanze e in presenza di quali presupposti lo Stato richiesto è pronto a scorgere nei prodotti giurisdizionali altrui l'espressione di un'attività equivalente a quella dei propri organi, a cui dunque sia ragionevole aprirsi.

Per i singoli, la possibilità di avvalersi degli effetti di un provvedimento in un paese diverso da quello in cui il provvedimento stesso è stato emanato costituisce una garanzia di effettività dei diritti individuali. Se in base a un provvedimento reso in Turchia il nome di Tizio è stato modificato in Sempronio, solo il riconoscimento del provvedimento turco in Italia consente a Sempronio, che si appresta a stabilirsi in Italia, di usarvi legalmente il nuovo nome, vedendo dunque rispettata la sua identità personale. Allo stesso modo, se una sentenza resa in Senegal ha definitivamente dichiarato l'infondatezza delle pretese avanzate dalla società senegalese X contro la società italiana Y, solo il riconoscimento in Italia di tale sentenza permette a Y di opporne a X gli effetti di giudicato nella eventualità in cui X pretendesse di reclamare *ex novo* i suoi asseriti diritti in Italia.

Uno Stato che si chiudesse per principio alle sentenze straniere, o che frapponesse ostacoli ingiustificati alla spendita dei relativi effetti nel proprio ordinamento, pregiudicherebbe il godimento pieno dei diritti tutelati da quelle sentenze. I diritti in questione, a causa del mancato riconoscimento, si rivelerebbero allora geograficamente discontinui, mentre la loro vocazione è quella di poter integrare la sfera giuridica del titolare ovunque quest'ultimo abbia interesse a goderne. Uno Stato che si chiudesse per principio alle pronunce di altri Stati o ne rendesse inutilmente gravosa l'esecuzione finirebbe del resto col frustrare la funzione stessa dell'attività giurisdizionale: il processo celebratosi all'estero, visto retrospettivamente, rischierebbe in fondo di rivelarsi inutile, uno spreco di tempo e di risorse.

La Corte europea dei diritti dell'uomo si è più volte mostrata sensibile a questi argomenti. Nella sentenza *Negrepontis-Giannisis*, ad esempio, ha ritenuto che la Grecia avesse violato l'art. 8 della convenzione europea dei diritti dell'uomo, che impone il rispetto della vita familiare, per aver negato – senza ragioni adeguate – il riconoscimento di una sentenza di adozione di un maggiorenne pronunciata negli Stati Uniti [1]. Per via del diniego di riconoscimento, l'adottato si era trovato nella impossibilità di far valere in Grecia il rapporto di filiazione adottiva che lo legava all'adottante, e ciò gli aveva impedito di beneficiare della successione di quest'ultimo, apertasi appunto in Grecia. Nella sentenza *Vrbica*, la Corte europea, dopo aver rammentato che il diritto al giudice garantito dall'art. 6 della convenzione implica il diritto ad ottenere, se necessario, l'esecuzione forzata delle decisioni giudiziarie, ha considerato contrario al predetto art. 6 il diniego opposto dalla Croazia, senza un'idonea giustificazione, all'esecuzione di una sentenza pronunciata in Montenegro a favore della vittima di un incidente stradale [2].

Anche la parte nei cui confronti la decisione è stata resa è ovviamente interessata alle condizioni che presiedono alla spendita dei suoi effetti. Dato che nella decisione si esprime il potere di imperio dello Stato da cui promana, vi è il rischio – se il potere è stato esercitato ingiustamente – che l'ingiustizia patita dall'interessato nello Stato d'origine si riverberi, col riconoscimento, nello Stato richiesto. Da qui l'esigenza di permettere all'interessato di sottrarsi agli effetti di una decisione ingiusta, o almeno considerata tale dall'ordinamento dello Stato richiesto. Anche questa dimensione del problema trova riscontro nella giurisprudenza della Corte europea dei diritti dell'uomo. Nella sentenza *Pellegrini*, per esempio, la Corte ha concluso che l'Italia avesse violato l'art. 6 della convenzione europea dei diritti dell'uomo per aver dato ingresso nell'ordinamento italiano a una sentenza ecclesiastica pronunciata al termine di un procedimento nel quale erano state violate le garanzie processuali di una parte (il parametro sarebbe stato lo stesso se la sentenza fosse stata resa dai giudici di uno Stato straniero, anziché da un tribunale religioso) [3].

In definitiva, in un ordinamento aperto, le norme sulla efficacia delle decisioni straniere sono chiamate a rispondere all'aspettativa di chi, per la piena realizzazione dei suoi diritti, vuole avvalersi degli effetti di un provvedimento anche al di fuori dello Stato d'origine; tali norme, tuttavia, non possono, in nome della apertura verso l'esterno, tramutarsi in un mezzo per rafforzare, propagandoli, gli effetti una pronuncia ingiusta o oppressiva.

Il bilanciamento fra queste spinte implica, come altrove nel diritto internazionale privato, un giudizio di fungibilità. La decisione straniera merita di essere riconosciuta ed eseguita se essa, per quanto diversa dalle decisioni locali per il modo in cui è stata confezionata e per il tenore delle sue disposizioni, si presenta come l'espressione di un potere giurisdizionale sostanzialmente equivalente a quello dello Stato richiesto: un potere, dunque, a cui sia possibile rapportarsi con fiducia.

---

[1] Corte eur. dir. uomo, 3 maggio 2011, *Negrepontis-Giannisis* c. *Grecia*, ricorso n. 56759/08, ECLI:CE:ECHR:2011:0503JUD005675908.

[2] Corte eur. dir. uomo, 1° aprile 2010, *Vrbica* c. *Croazia*, ricorso n. 32540/05, ECLI:CE:ECHR:2010:0401JUD003254005.

[3] Corte eur. dir. uomo, 20 luglio 2001 *Pellegrini* c. *Italia*, ricorso n. 30882/96, ECLI:CE:ECHR:2001:0720JUD003088296.

3. Efficacia delle decisioni ed efficacia delle situazioni

Le decisioni emesse dai giudici civili hanno ad oggetto situazioni create dal diritto materiale (come nel caso della decisione che accerta il credito di Tizio verso Caio derivante da un contratto fra i due), oppure danno vita a situazioni contemplate dalle norme materiali e destinate a svolgersi conformemente ad esse (come nel caso dell'adozione di Mevio pronunciata in favore di Sempronia e del marito), o ancora modificano o estinguono situazioni regolate dal diritto materiale (come nel caso della decisione che ha sciolto il matrimonio fra Filano e la moglie). Vi è, insomma, una stretta correlazione fra norme materiali e pronunce delle autorità: il diritto si serve di entrambe per attuare i suoi fini, e collega in vario modo le une alle altre, ferma restando l'autonomia dei due concetti.

Il diritto internazionale privato, per parte sua, tende ad esasperare l'opposizione fra norme e decisioni, perché prefigura per la spendita degli effetti delle prime delle strade diverse da quelle che vanno percorse per la spendita degli effetti delle seconde. Se si fa questione degli effetti che il diritto materiale ricollega a un dato atto o fatto, occorre interrogare le norme sui conflitti di leggi, individuare la legge regolatrice della situazione e trarre da questa le indicazioni necessarie. Se si parla, invece degli effetti prodotti da una decisione rispetto alla situazione che ne costituisce l'oggetto, bisogna servirsi delle norme sulla efficacia delle decisioni, verificare se sono soddisfatte le condizioni previste da tali norme e, in caso affermativo, fare spazio nell'ordinamento agli effetti della decisione.

Stabilire se ricorra l'una o l'altra ipotesi è in molti casi del tutto agevole. Se ci si chiede quali obblighi nascano da un fatto illecito occorre far capo alle norme di conflitto, mentre se si tratta di stabilire quali effetti discendano dalla decisione straniera con cui è stato accertato il contenuto di quegli obblighi e l'autore del fatto è stato condannato a risarcire la vittima, bisogna servirsi delle norme sulla efficacia delle decisioni. Non mancano casi, tuttavia, in cui i due aspetti – norma e decisione – si presentano così intimamente connessi da non prestarsi a una distinzione immediatamente e univocamente praticabile. Ciò accade in particolare nei campi, come il diritto di famiglia, in cui il giudice interviene sovente, con le proprie decisioni, nella costituzione e nella amministrazione dei rapporti sostanziali.

Una possibile soluzione consiste, in simili scenari, nel congegnare le norme sul riconoscimento delle decisioni in modo tale da poter ricavare, nel foro, da un unico ordinamento tanto le norme che plasmano il rapporto sostanziale quanto le decisioni abilitate ad incidere su di esso. Nel sistema italiano di diritto internazionale privato un simile coordinamento è assicurato, con modalità che verranno descritte meglio più avanti, nel quadro degli articoli 65 e 66 della legge n. 218/1995, concernenti rispettivamente il riconoscimento dei provvedimenti in tema di capacità, esistenza di rapporti di famiglia e diritti della personalità, e il riconoscimento dei provvedimenti di giurisdizione volontaria[4].

---

[4] Parte quarta, Capitolo IV, § 3.

4. Il riconoscimento come estensione degli effetti e come assimilazione

Riconoscere una decisione straniera, si è detto, significa darvi efficacia. Ma di quali effetti, precisamente, dev'essere rivestita la decisione nell'ordinamento dello Stato richiesto per effetto del riconoscimento?

Si fronteggiano a questo riguardo due modelli teorici. Il modello della estensione degli effetti postula l'attribuzione alla decisione degli effetti che questa riveste nell'ordinamento dello Stato d'origine. Per il modello della assimilazione, invece, riconoscere una decisione significa ricollegarvi gli effetti che l'ordinamento dello Stato richiesto conferisce ai propri provvedimenti, segnatamente a quelli più prossimi, per funzione ed oggetto, alla decisione straniera in questione.

Il primo approccio impone una verifica più gravosa (occorre indagare il diritto dello Stato d'origine e applicare al caso di specie le soluzioni che questo adotta circa i limiti oggettivi e soggettivi del giudicato, etc.), ma in compenso fa dire alla decisione solo ciò che questa di per sé vuol dire, e assicura dunque un pieno parallelismo fra gli effetti che la decisione produce «in casa» e quelli che le vengono ascritti fuori. L'opzione opposta semplifica il compito dell'interprete, ma comporta il pericolo, per gli interessati, che gli effetti della sentenza siano differenti a seconda che vengano invocati nello Stato d'origine o in quello richiesto.

5. Gli effetti esecutivi della decisione: l'*exequatur*

In molti sistemi internazionalprivatistici nazionali come nella quasi totalità dei testi uniformi le norme sulla efficacia delle decisioni distinguono a seconda che si tratti di far valere genericamente gli effetti di una decisione straniera o ne vengano invocati, piuttosto, gli effetti esecutivi.

Mettere a disposizione del creditore della sentenza dei mezzi coercitivi è per lo Stato un'operazione impegnativa, non solo perché implica un dispendio tangibile di risorse e perché si traduce nei fatti in una cooperazione assai stretta con lo Stato d'origine, ma anche perché espone l'altra parte ad effetti di rilevante impatto pratico, che lo stesso Stato richiesto può non essere disposto a consentire alla leggera.

Si spiega così la tendenza a graduare l'apertura verso le decisioni straniere a seconda che se ne predichi solo il riconoscimento o anche l'esecuzione. Nei regimi che configurano il riconoscimento come automatico, nel senso spiegato sopra, questa graduazione si esprime di solito nella previsione per cui gli effetti esecutivi di una decisione possono essere spesi nello Stato richiesto solo all'esito di un procedimento svolto a questo fine nello stesso Stato richiesto, teso, appunto a dichiarare l'esecutività della sentenza nell'ordinamento di quest'ultimo Stato. Il provvedimento che conclude questo iter è in genere designato col termine latino *exequatur*.

6. Le condizioni per la attribuzione di efficacia della decisione: tassonomia

Come si è detto, ogni Stato è libero di fissare le condizioni alle quali possono essere invocati nel suo ordinamento gli effetti di una decisione straniera. Tali condizioni variano in effetti da paese a paese. Variano spesso anche all'interno di un singolo sistema internazionalprivatistico, a seconda della natura o dell'oggetto della decisione di cui trattasi. Si possono nondimeno identificare almeno quattro condizioni tipo che compaiono, con variazioni anche importanti, nella maggior parte dei sistemi nazionali e dei testi uniformi (non si tratta peraltro delle sole condizioni richieste: alcuni sistemi ne impongono altre, che qui non è possibile indagare).

La prima delle condizioni che interessa passare in rassegna in questa sede riguarda la provenienza della decisione. Per poter essere riconosciuta, la sentenza deve provenire dal paese che lo Stato richiesto considera appropriato per la soluzione del caso.

Si prenda l'art. 64, lett. *a*), della legge n. 218/1995, di cui si parlerà più diffusamente in seguito. Per il riconoscimento in Italia di una sentenza straniera, è necessario, fra le altre cose, che il giudice che l'ha pronunciata potesse conoscere della causa secondo i principi sulla competenza giurisdizionale propri dell'ordinamento *italiano*. È necessario, in altre parole, che quel giudice fosse munito in rapporto alla causa di quella che si suole chiamare competenza *internazionale*. L'Italia, beninteso, non si aspetta che nello Stato straniero d'origine i giudici si siano serviti, per determinare la propria competenza giurisdizionale, di criteri anche solo simili a quelli in uso in Italia. Ritiene tuttavia di dover subordinare l'ingresso in Italia delle decisioni straniere alla condizione che queste promanino dal paese con cui la lite presenta il genere di collegamenti che l'Italia chiede ai propri giudici di impiegare quando sono investiti di domande simili a quella decisa all'estero, per accertare la propria giurisdizione.

Una sentenza resa dal Tribunale di Varsavia ha dichiarato la morte presunta di Tizio. Caio, che sarebbe suo erede, desidera ora avvalersi della sentenza in Italia. In Italia, infatti, si trova un bene di Tizio di cui Caio, a seguito della dichiarazione, vorrebbe disporre. È efficace in Italia questa pronuncia? Per saperlo va verificato, fra le altre cose, se il giudice polacco che l'ha pronunciata fosse abilitato a dichiarare la morte presunta di Tizio secondo i principi sulla competenza giurisdizionale che si applicano in Italia a simili dichiarazioni. Questi principi vanno desunti dalle norme che regolano, in Italia, la competenza giurisdizionale in questo campo, cioè dall'art. 22, co. 2, della legge n. 218/1995. Quest'ultima disposizione eleva a titolo di giurisdizione, in via concorrente, l'ultima cittadinanza e l'ultima residenza dell'interessato. Può dunque ritenersi soddisfatto il requisito dell'art. 64, lett. *a*), della stessa legge n. 218/1995 se risulta che Tizio, al momento della scomparsa, era cittadino polacco o risiedeva in Polonia (oppure aveva con la Polonia un legame equivalente: basta infatti, ai fini del riconoscimento, la conformità con i «principi» italiani della competenza giurisdizionale). Agli effetti della riconoscibilità della sentenza non interessa sapere se il giudice polacco abbia fatto buon uso delle regole polacche sulla competenza *giurisdizionale*; interessa solo sapere se quel giudice possa vantare, da un'angolatura italiana, quella particolare competenza (detta appunto internazionale) che funge da filtro per la riconoscibilità.

Il requisito della competenza internazionale fornisce una soluzione (indiretta) al problema, già discusso, dei c.d. fori esorbitanti. Ogni Stato è libero, in linea di principio, di istruire i propri giudici a dichiararsi competenti malgrado il legame molto tenue che leghi il caso al foro. Gli altri Stati non possono impedire che quei giudici si occupino di un caso simile, per quanto poco o per nulla prossimo a loro. Può semmai, tramite regole come l'art. 64, lett. *a*), della legge n. 218/1995, fermare alla frontiera, se così si può dire, le decisioni emesse sulla base di quel titolo. Si tratta di una garanzia di un certo rilievo per il convenuto, che risulti essere alla fine il debitore della sentenza: se non gli si può evitare di essere attratto davanti a un giudice dalla competenza esorbitante, lo si può almeno proteggere dal pericolo di subire in Italia gli effetti di una pronuncia resa in quel foro.

Una seconda condizione tipo del riconoscimento che si vede all'opera in vari sistemi internazionalprivatistici riguarda il rispetto delle garanzie processuali fondamentali. Nessuno Stato vuol dare ingresso nel proprio ordinamento ad una pronuncia altrui che sia il frutto di un procedimento non equo, secondo i propri standard. Ove il giudice straniero abbia violato delle garanzie processuali ritenute essenziali per lo Stato richiesto (ad esempio negando a una parte delle opportunità di difesa accordate invece all'altra), la decisione dovrà considerarsi non riconoscibile.

Anche qui, come con la competenza internazionale, non si tratta per lo Stato richiesto di imporre allo Stato d'origine il rispetto delle proprie norme processuali: se però i valori di fondo sottesi a quelle norme – il principio del contraddittorio, quello della parità delle armi, etc. – vengono disattesi, lo Stato richiesto considererà la decisione straniera inidonea al riconoscimento.

Un'altra condizione ricorrente concerne l'assenza di conflitti fra la sentenza del cui riconoscimento si tratta e quanto sia stato deciso, in ordine alla situazione, nello Stato richiesto. Se l'attività giurisdizionale deve assicurare l'ordine e la certezza, non si può ammettere nell'ordinamento una pronuncia straniera che contraddica una pronuncia locale.

L'ultima condizione tipo che preme segnalare in questa sede è la non contrarietà della decisione rispetto all'ordine pubblico dello Stato richiesto. Come nel contesto dei conflitti di leggi, la formula designa l'insieme dei principi che, in un dato momento storico, l'ordinamento reputa irrinunciabili, al punto da subordinare al loro rispetto l'apertura ai valori giuridici stranieri (qui, quelli incorporati in un provvedimento giudiziale). Le considerazioni fatte a suo tempo circa la natura e la concretizzazione del concetto di ordine pubblico valgono, con gli adattamenti del caso, anche qui.

Va peraltro segnalato che, trattandosi di giudicare la riconoscibilità di una decisione, le possibili lesioni dei valori dello Stato richiesto che possono far scattare il limite in discorso sono anche valori che attengono al processo. Una violazione dei principi che presiedono all'attività giurisdizionale, ove non sia tale da escludere la riconoscibilità della sentenza sulla base della seconda delle quattro condizioni qui discusse, potrà comportare la non riconoscibilità del provvedimento per ragioni di ordine pubblico c.d. processuale (come, ad esempio, nel caso in cui emerga che il giudice, senza incorrere in violazioni eclatanti del contraddittorio o della parità delle armi, abbia preferito le ragioni di una delle parti a quelle all'altra perché corrotto dalla prima).

7. L'accertamento delle condizioni di efficacia della decisione

La sussistenza delle condizioni da cui dipende l'efficacia di una decisione straniera può talora essere contestata. Spetta allora al giudice provvedere sul punto.

L'accertamento delle condizioni in parola avviene in genere secondo due configurazioni. La prima, detta dell'accertamento in via principale, si ha quando la verifica della riconoscibilità della sentenza rappresenta l'oggetto specifico di un procedimento. Nei sistemi che ammettono il riconoscimento automatico delle sentenze, un simile accertamento viene tipicamente sollecitato da colui nei cui confronti il provvedimento straniero viene invocato. Ricorre invece la seconda configurazione, l'accertamento incidentale, quando nell'ambito di un procedimento su un'altra questione si renda necessario sapere, in funzione della decisione, se una certa sentenza straniera sia efficace o meno, essendo contestati i presupposti del riconoscimento.

La differenza si riflette sull'individuazione del giudice competente a effettuare l'accertamento. Se l'accertamento in via principale compete a un giudice specificamente investito di questo genere di controversie, l'accertamento incidentale è rimesso di solito allo stesso giudice investito del procedimento in funzione del quale occorre sapere se la sentenza straniera sia riconoscibile o meno.

Bibliografia

In generale

BRAND R., *New Challenges in the Recognition and Enforcement of Judgments*, in F. FERRARI, D.P. FERNÁNDEZ ARROYO (a cura di), *Private International Law – Contemporary Challenges and Continuing Relevance*, Edward Elgar, 2019, pp. 360-389.

CARRATTA A., *La sentenza civile straniera fra «riconoscimento» ed «estensione dell'efficacia»*, in *Rivista di diritto processuale*, 2006, pp. 1147-1170.

CUNIBERTI G., *Le fondement de l'effet des jugements étrangers*, in *Recueil des cours de l'Académie de droit international de La Haye*, vol. 394, 2017, pp. 87-280.

DOMEJ T., *Recognition and Enforcement of Judgments (Civil Law)*, in J. BASEDOW, F. FERRARI, P. DE MIGUEL ASENSIO, G. RÜHL (a cura di), *Encyclopedia of Private International Law*, Edward Elgar, 2017, pp. 1471-1479.

Spunti per approfondire

LOPES PEGNA O., *L'incidenza dell'art. 6 della convenzione europea dei diritti dell'uomo rispetto all'esecuzione di decisioni straniere*, in *Rivista di diritto internazionale*, 2011, pp. 33-58.

MARONGIU BUONAIUTI F., *La continuità internazionale delle situazioni giuridiche e la tutela dei diritti umani di natura sostanziale: strumenti e limiti*, in *Diritti umani e diritto internazionale*, 2016, pp. 49-88.

SALERNO F., *L'ordine pubblico processuale internazionale e la tutela dei diritti fondamentali*, in P. PIRRONE (a cura di), *Circolazione dei valori giuridici e tutela dei diritti e delle libertà fondamentali*, Giappichelli, 2011, pp. 121-146.

Capitolo II

L'efficacia delle decisioni secondo il regolamento Bruxelles I *bis*

Sommario: 1. Il regolamento Bruxelles I *bis* nel quadro delle fonti. – 2. A colpo d'occhio. – 3. Il riconoscimento automatico delle decisioni. – 4. La esecutività automatica. – 5. I motivi di diniego della efficacia: (a) Contrarietà all'ordine pubblico; (b) Violazione del contraddittorio; (c) Incompatibilità delle decisioni; (d) Violazione di specifiche norme sulla competenza giurisdizionale. – 6. L'efficacia dei provvedimenti provvisori e cautelari.

1. Il regolamento Bruxelles I *bis* nel quadro delle fonti

All'interno del regolamento Bruxelles I *bis*, di cui si è parlato in precedenza, coesistono norme sulla giurisdizione e norme sulla efficacia delle decisioni straniere. Le seconde vengono in gioco – entro il perimetro della «materia civile e commerciale», quale risulta dalle esclusioni già viste – quando si fa questione, in uno Stato membro dell'Unione europea, della efficacia di una decisione resa in un altro Stato membro.

Le norme interne sul riconoscimento e l'esecutività delle decisioni straniere sono senza effetto nel campo di applicazione del regolamento. Per contro, il regolamento non pregiudica l'applicazione delle convenzioni internazionali in vigore per l'Unione (come la convenzione di Lugano del 2007, che peraltro consente agli Stati Membri di applicare nei loro reciproci rapporti il diritto dell'Unione e dunque opera soltanto, in questi ultimi Stati, quando si tratta di decisioni pronunciate in Islanda, Norvegia o Svizzera) né di quelle concluse da singoli Stati membri con Stati terzi. In forza del già citato accordo del 2005 fra Unione e Danimarca, operano le norme del regolamento Bruxelles I *bis* anche per apprezzare l'efficacia delle decisioni danesi negli Stati membri, e quelle di questi ultimi in Danimarca.

Le pronunce rese nel Regno Unito sono riconoscibili in Italia e negli altri Stati membri a norma del regolamento Bruxelles I *bis* se emesse all'esito di procedimenti iniziati prima della fine del periodo transitorio previsto dall'accordo sul recesso di tale paese dall'Unione europea. Così dispone l'art. 67 di detto accordo. Le decisioni rese nel quadro di procedimento successivi sono invece estranee al regime di Bruxelles.

2. A colpo d'occhio

Il regolamento si propone di facilitare la circolazione delle decisioni in seno allo spazio giudiziario europeo, facendo leva sull'alto grado di fiducia reciproca che si registra fra gli Stati membri. Prevede, a questo fine, il riconoscimento automatico negli Stati membri delle decisioni pronunciate negli altri Stati membri e stabilisce che tali decisioni, ove siano esecutive nello Stato membro d'origine, siano idonee a spiegare i loro effetti esecutivi anche nel resto dello spazio giudiziario europeo senza bisogno di alcuna procedura intermedia, cioè senza bisogno di *exequatur*. L'efficacia delle predette decisioni può essere esclusa in uno Stato membro solo in base ad uno dei motivi di diniego del riconoscimento tassativamente indicati dal regolamento. Il regolamento detta anche delle disposizioni processuali uniformi che indicano i passi da compiere per poter spendere gli effetti delle decisioni riconoscibili o per contestarne la riconoscibilità. Le questioni processuali non disciplinate dal regolamento soggiacciono alle norme interne, salvo il rispetto dell'effetto utile del regolamento stesso.

3. Il riconoscimento automatico delle decisioni

Secondo la definizione dell'art. 2, lett. *a*), sono «decisioni», per il regolamento, tutte le decisioni, comunque denominate, emesse da giudici degli Stati membri. La nozione comprende le misure cautelari (che tuttavia beneficiano del regime di circolazione stabilito dal regolamento solo a certe condizioni, esaminate più sotto), le decisioni sulle spese del processo e le decisioni sulla competenza giurisdizionale.

Le decisioni emesse in uno Stato membro sono riconosciute negli altri Stati membri «senza che sia necessario il ricorso ad alcuna procedura particolare», cioè in modo automatico. Così dispone l'art. 36, par. 1, del regolamento Bruxelles I *bis*.

Come indicato dalla Corte di Giustizia nella sentenza *Hoffmann*, il riconoscimento estende agli ordinamenti degli Stati membri gli effetti di cui la decisione è capace secondo la legge da cui proviene [1]. Spetta dunque a tale legge stabilire, ad esempio, se le questioni su cui il giudice non ha espressamente statuito ma la cui soluzione costituisce il presupposto logico delle questioni decise debbano ritenersi ricomprese, o meno, fra quelle definite con la sentenza. Solo per le decisioni che regolano la competenza giurisdizionale, che del resto sono rese perlopiù sulla base delle norme dettate dallo stesso regolamento, la sfera di efficacia si determina, secondo la sentenza *Gothaer*, in modo uniforme, secondo criteri europei [2].

A norma dell'art. 37, par 1, chi intende invocare gli effetti di una tale decisione deve produrne una copia autentica assieme a un particolare attestato rilasciato nel-

[1] Corte Giust., 4 febbraio 1988, *Horst Ludwig Martin Hoffmann* c. *Adelheid Krieg*, causa 145/86, ECLI:EU:C:1988:61.

[2] Corte Giust., 15 novembre 2012, *Gothaer Allgemeine Versicherung AG e altri* c. *Samskip GmbH*, causa C-456/11, ECLI:EU:C:2012:719.

lo Stato membro d'origine ai sensi dell'art. 53, redatto secondo un modello allegato al regolamento. Scopo dell'attestato è riassumere secondo un modello uniforme, come tale di agevole comprensione nei vari Stati membri, i dati salienti della decisione. Non è indispensabile produrre una traduzione della decisione e dello stesso attestato, ma l'autorità davanti alla quale la decisione è invocata può esigere una traduzione, alle condizioni dell'art. 37, par. 2.

Il riconoscimento può essere negato solo se ricorre uno dei motivi elencati all'art. 45, ed esaminati più avanti. Può essere sollecitato l'accertamento in via principale della non ricorrenza di detti motivi, quando la riconoscibilità sia stata contestata. Ove si faccia questione della riconoscibilità della decisione nell'ambito di un procedimento, spetta al giudice adito pronunciarsi sulla ricorrenza di detti motivi.

L'esame della decisione compiuto ai fini della verifica della riconoscibilità non può spingersi al di là della verifica della sussistenza dei motivi in questione. È rigorosamente escluso, a norma dell'art. 52, un riesame del merito. Non può dunque essere negato il riconoscimento di una decisione solo perché si ritenga che la pronuncia poggi su un errato apprezzamento dei fatti della causa o su un'errata interpretazione delle norme applicabili al merito. Ai fini del riconoscimento è irrilevante, a maggior ragione, la circostanza che la legge applicata dal giudice al merito della lite sia diversa da quella che sarebbe stata applicata, nelle medesime circostanze, dai giudici dello Stato richiesto (un'eventualità, questa, che la parallela unificazione delle norme di conflitto in Europa tende peraltro a rendere remota).

4. La esecutività automatica

Ai sensi dell'art. 39, la decisione emessa in uno Stato membro che sia esecutiva in tale Stato «è altresì esecutiva negli altri Stati membri senza che sia richiesta una dichiarazione di esecutività». Si tratta di una soluzione molto avanzata, raggiunta solo con l'adozione del regolamento Bruxelles I *bis*. Sotto la convenzione di Bruxelles e sotto il regolamento n. 44/2001, l'esecuzione presupponeva il rilascio di una apposita dichiarazione di esecutività nello Stato richiesto. In molti degli altri regolamenti dell'Unione concernenti l'efficacia delle decisioni, anche recenti, l'esecutività resta soggetta all'*exequatur*: è quanto avviene, per esempio, sotto il regolamento n. 650/2012 sulle successioni e sotto i regolamenti 2016/1103 e 2016/1104 sui regimi patrimoniali delle coppie. Rinunciano invece all'*exequatur*, perlomeno a certe condizioni e per certe pronunce, fra gli altri, il regolamento n. 4/2009 sulle obbligazioni alimentari, il regolamento Bruxelles II *bis* sulla responsabilità genitoriale e il suo successore, il regolamento Bruxelles II *ter*.

L'art. 39 del regolamento Bruxelles I *bis*, si noti, tratta unicamente della esecutività, cioè della attitudine della decisione a fungere da titolo per l'esecuzione. A norma dell'art. 41, l'esecuzione, come tale, obbedisce alle regole dello Stato membro in cui si svolge. Lo stesso art. 41 esenta la parte che chiede l'esecuzione dall'obbligo, eventualmente previsto dalle norme interne, di avere un recapito postale o un rappresentante nello Stato membro richiesto, a meno che la presenza di un rappresentante sia obbligatoria quale che sia la cittadinanza o il domicilio delle parti.

È onere di chi chiede l'esecuzione fornire all'autorità che procede una copia autentica della decisione e l'attestato di cui all'art. 53, che certifichi l'esecutività della decisione. Anche qui l'autorità competente può chiedere una traduzione.

L'art. 43 prevede che quando si chiede l'esecuzione di una decisione, l'attestato ai sensi dell'art. 53 venga notificato alla persona contro cui è chiesta l'esecuzione prima dell'inizio della stessa. L'attestato è accompagnato dalla decisione, se questa non è già stata notificata all'interessato.

L'esecuzione di una decisione può essere negata, a norma dell'art. 46, su istanza della parte contro cui l'esecuzione viene chiesta, qualora sia dichiarata la sussistenza di uno dei motivi di diniego di cui all'art. 45, esaminati più sotto. La domanda di diniego è proposta all'autorità indicata a questo effetto dallo Stato membro dell'esecuzione. Per quanto riguarda l'Italia si tratta dei Tribunali ordinari.

Ciascuna delle parti può impugnare la decisione relativa alla domanda di diniego dell'esecuzione con domanda proposta davanti all'autorità giurisdizionale designata a questo fine dallo Stato membro richiesto: in Italia le Corti d'appello. La decisione emessa sull'impugnazione può a sua volta formare oggetto di ricorso unicamente davanti all'autorità giurisdizionale eventualmente indicata dallo Stato membro in questione. Per quanto concerne l'Italia si tratta della Corte di cassazione.

Ai sensi dell'art. 51, il giudice chiamato a pronunciarsi sul diniego dell'esecuzione può sospendere il procedimento se la decisione è stata impugnata con un mezzo d'impugnazione ordinario nello Stato membro d'origine o se il termine per proporre l'impugnazione non è ancora scaduto.

Le autorità dello Stato richiesto possono talora trovarsi a dover eseguire delle misure straniere che differiscono, nella fisionomia, da quelle che compaiono nel «catalogo» del diritto processuale locale. Ad esempio, solo il diritto processuale di alcuni Stati membri consente al giudice di disporre delle penalità a carattere periodico imposte in caso di ritardo nell'ottemperanza a un altro provvedimento, o di adottare provvedimenti cautelari capaci di colpire l'insieme dei beni del destinatario, senza essere rivolti a nessuno di questi in modo particolare. Dispone al riguardo l'art. 54 che se la decisione contiene un provvedimento ignoto alla legge dello Stato membro richiesto, tale provvedimento è adattato, nella misura del possibile, a un provvedimento previsto dalla legge di tale Stato membro che abbia efficacia equivalente e che persegua obiettivi e interessi analoghi. In pratica, lungi dal poter negare effetto a un provvedimento straniero, in sé riconoscibile, solo perché questo obbedisce a schemi sconosciuti localmente, lo Stato membro richiesto deve adoperarsi per dare attuazione a tale provvedimento con i mezzi di cui dispone, riconducendolo a un provvedimento locale equivalente.

Ai sensi degli articoli 58 e seguenti, le disposizioni concernenti l'esecuzione delle decisioni si applicano, *mutatis mutandis*, anche agli atti pubblici aventi efficacia esecutiva nello Stato membro di origine e alle transazioni giudiziarie aventi efficacia esecutiva nello Stato membro d'origine. Agli effetti del regolamento, sono atti pubblici i documenti formalmente redatti o registrati come tali nello Stato membro d'origine, la cui autenticità sia attestata da un'autorità pubblica a ciò preposta (un notaio, per esempio) con riguardo alla firma e al contenuto dell'atto. La formula «transazione giudiziaria» si riferisce invece all'accordo volto alla definizione di una lite approvato dall'autorità giurisdizionale di uno Stato membro o conclusa davanti a una tale autorità giurisdizionale nel corso di un procedimento.

5. I motivi di diniego della efficacia

Il riconoscimento di una decisione può essere negato, su istanza della parte interessata, nei casi indicati dall'art. 45, e solo in quelli. Si noti che il regolamento, anziché fissare le condizioni di efficacia delle decisioni rese in uno Stato membro, indica le circostanze nelle quali l'efficacia può essere negato. La Corte di Giustizia ha spesso rimarcato il carattere eccezionale del diniego, sottolineando su questa base la necessità di sottoporre a un'interpretazione rigorosa le norme che ne contemplano i motivi.

(a) Contrarietà all'ordine pubblico

Il riconoscimento è escluso, innanzitutto, ai sensi dell'art. 45, par. 1, lett. *a*), se produce effetti manifestamente incompatibili con l'ordine pubblico dello Stato membro richiesto.

La Corte ha affermato nella sentenza *Krombach* che il ricorso al limite dell'ordine pubblico è ammesso solo al cospetto di una decisione che contrasti «in modo inaccettabile con l'ordinamento giuridico dello Stato richiesto», ledendone «un principio fondamentale»[3]. La lesione deve costituire, in questo senso, «una violazione manifesta di una regola di diritto considerata essenziale nell'ordinamento giuridico dello Stato richiesto o di un diritto riconosciuto come fondamentale nello stesso ordinamento giuridico». Ciò può accadere, per la Corte, nel caso di una grave e ingiustificata compressione del diritto di difesa, nella specie, del diritto dell'imputato in un procedimento penale (in cui sia proposta anche una domanda civile, altrimenti il regime di Bruxelles non verrebbe in gioco) di essere assistito da un difensore. Questa garanzia processuale, del resto, non è solo ritenuta irrinunciabile da singoli Stati membri, ma è riconosciuta come fondamentale dallo stesso ordinamento dell'Unione, anche in forza del rispetto dovuto alla convenzione europea dei diritti dell'uomo, e in particolare al suo art. 6. Lo scopo del regime di Bruxelles di semplificare la circolazione delle decisioni non può implicare un indebolimento dei diritti essenziali della difesa: se la decisione trae origine da un procedimento lesivo di tali diritti, lo Stato membro richiesto è legittimato a negarne il riconoscimento.

---

[3] Corte Giust., 28 marzo 2000, *Dieter Krombach* c. *André Bamberski*, causa C-7/98, ECLI:EU: C:2000:164.

Richiamandosi a tale precedente, la Corte, nel caso *Trade Agency*, ha affermato che, per regola, non può essere negata per ragioni di ordine pubblico l'efficacia di una decisione emessa in contumacia priva di motivazione: il giudice dello Stato richiesto che proceda alla verifica della riconoscibilità della sentenza può invocare l'ordine pubblico come motivo di diniego del riconoscimento solo se ritenga, sulla base di una valutazione globale del procedimento, che la decisione, se riconosciuta, implicherebbe una lesione «manifesta e smisurata» del diritto del convenuto a un equo processo, a causa dell'impossibilità di proporre appello contro tale decisione in modo utile ed effettivo [4].

Quale parametro per ricostruire il diritto protetto e accertarne la violazione, la Corte ha richiamato in tale pronuncia, oltre alla convenzione europea dei diritti dell'uomo, l'art. 47 della Carta dei diritti fondamentali dell'Unione. È significativo che rispetto a un limite come l'ordine pubblico, che resta di per sé capace di proteggere dei valori propri di uno Stato particolare, non necessariamente condivisi, la Corte metta piuttosto l'accento nelle sue pronunce su testi che definiscono i valori fondamentali dell'Unione, comuni a diversi Stati membri. Già nella ricordata sentenza *Krombach*, del resto, la Corte aveva indicato che, nel plasmare il proprio ordine pubblico ai fini dell'applicazione del regime di Bruxelles, i singoli Stati membri non sono totalmente liberi: le loro scelte devono essere conformi quanto meno allo spirito del regime uniforme e sono sindacabili dalla Corte.

(b) Violazione del contraddittorio

In nome del principio del contraddittorio, l'art. 45, par. 1, lett. *b*), esclude il riconoscimento delle decisioni rese in contumacia sulla base di una domanda giudiziale che non sia stata notificata al convenuto in tempo utile e in modo tale da mettere quest'ultimo nelle condizioni di presentare le proprie difese. Questo motivo di diniego del riconoscimento non può peraltro essere fatto valere se il convenuto, che ne abbia avuto la possibilità, abbia omesso di impugnare la decisione nello Stato membro d'origine.

Per prevenire il ricorso al motivo in questione, l'art. 28, par. 2, del regolamento stabilisce che il giudice adito sospende il processo innanzi a sé «fino a quando non sarà accertato che al convenuto è stata data la possibilità di ricevere la domanda giudiziale o un atto equivalente in tempo utile per poter presentare le proprie difese, ovvero che sono state adottate tutte le misure a tal fine necessarie».

(c) Incompatibilità delle decisioni

L'art. 45, par. 1, lett. *c*), sancisce la non riconoscibilità della decisione che si riveli «incompatibile con una decisione emessa tra le medesime parti nello Stato membro richiesto». Pronunciandosi sul caso *Italian Leather*, la Corte di Giustizia

---

[4] Corte Giust., 6 settembre 2012, *Trade Agency Ltd* c. *Seramico Investments Ltd*, causa C-619/10, ECLI:EU:C:2012:531.

ha scorto un simile contrasto fra una decisione, pronunciata al termine di un procedimento sommario, che imponeva ad un debitore di astenersi dal compiere determinati atti, e una decisione resa nello Stato richiesto, sempre al termine di un procedimento sommario, tra le stesse parti, che invece rigettava una domanda proposta allo stesso effetto[5].

L'art. 45, par. 1, lett. *d*) esclude analogamente il riconoscimento di una decisione che sia «incompatibile con una decisione emessa precedentemente tra le medesime parti in un altro Stato membro o in un paese terzo, in una controversia avente il medesimo oggetto e il medesimo titolo», sempre che tale decisione sia riconoscibile nello Stato membro richiesto.

Le regole sulla litispendenza, rispettivamente intra-europea ed extra-europea, illustrate a suo tempo, mirano di fatto a scongiurare che si verifichino le situazioni ora descritte.

(d) Violazione di specifiche norme sulla competenza giurisdizionale

Per regola, l'efficacia delle decisioni straniere non dipende, nel regime di Bruxelles, dalla competenza c.d. internazionale del giudice che ha reso la sentenza. Sono riconoscibili, se non ricorrono i motivi di diniego illustrati sin qui, tutte le decisioni «in materia civile e commerciale» provenienti da uno Stato membro, a prescindere dal fatto che il titolo in forza del quale il giudice si è pronunciato sia uno dei titoli uniformi previsti dal regolamento, o meno, e a prescindere dal fatto che il giudice abbia fatto buon uso, o meno, delle norme sulla competenza applicabili. La soluzione, funzionale all'obiettivo di semplificare la circolazione delle decisioni in Europa, fa leva sulla fiducia reciproca degli Stati membri, corroborata dalla armonizzazione delle regole sulla competenza giurisdizionale.

In deroga al principio ora enunciato, il regolamento prevede all'art. 45, par. 1, lett. *e*), che è causa di rifiuto del riconoscimento la violazione delle norme attributive della competenza in materia assicurativa, di consumo e di lavoro, nella misura in cui si tratti di decisioni emanate nei confronti della parte «debole». È escluso del pari il riconoscimento delle decisioni rese in violazione delle norme istitutive di competenze esclusive a carattere imperativo, ai sensi dell'art. 24.

Nell'accertamento delle ipotesi ora indicate, il giudice chiamato a pronunciarsi sull'istanza di diniego del riconoscimento è vincolato dall'accertamento dei fatti sul quale il giudice dello Stato d'origine ha fondato la propria competenza.

6. L'efficacia dei provvedimenti provvisori e cautelari

L'art. 2, lett. *a*), del regolamento, nel chiarire che cosa debba intendersi per «decisione», precisa che, ai fini delle norme sulla efficacia delle decisioni, sono com-

---

[5] Corte Giust., 6 giugno 2002, *Italian Leather SpA* c. *WECO Polstermöbel GmbH & Co.*, causa C-80/00, ECLI:EU:C:2002:342.

presi in tale nozione anche i provvedimenti provvisori e cautelari emessi da un'autorità competente a conoscere nel merito ai sensi del regolamento (non, dunque, i provvedimenti cautelari che in forza dell'art. 35 possono essere adottati da un giudice diverso, la cui efficacia sarà dunque confinata allo Stato di emanazione).

Sono peraltro esclusi dai benefici del regolamento i provvedimenti provvisori e cautelari emessi dalla predetta autorità giurisdizionale «senza che il convenuto sia stato invitato a comparire, a meno che la decisione contenente il provvedimento sia stata notificata o comunicata al convenuto prima dell'esecuzione». In pratica, non produce effetti al di fuori dello Stato membro d'origine il provvedimento cautelare emesso *inaudita altera parte*, a meno che il destinatario non venga informato del provvedimento stesso prima che cominci l'esecuzione.

La disciplina restrittiva prevista per le misure cautelari segnala i limiti fino ai quali può spingersi la fiducia reciproca degli Stati. Gli Stati membri si aprono gli uni agli altri, generosamente. Ma questa apertura è pur sempre circondata da presidi e salvaguardie: salvaguardie tanto più necessarie ove si tratti, come nel caso dei provvedimenti cautelari, di misure fondate su un apprezzamento ancora provvisorio del materiale pertinente, ma capaci di un impatto assai rilevante sulla sfera del destinatario. Da qui l'opportunità di introdurre, in quest'ambito, delle restrizioni giudicate non necessarie e non opportune altrove.

Bibliografia

In generale

CAPOZZOLO M., *Introduzione alla libera circolazione delle decisioni in materia civile e commerciale nello spazio giudiziario europeo*, Editoriale Scientifica, 2019.

Si vedano anche le opere generali sul regolamento Bruxelles I bis *riportate nella bibliografia del Capitolo II della Parte seconda.*

Spunti per approfondire

BIAGIONI G., *L'art. 6 della Convenzione europea dei diritti dell'uomo e l'ordine pubblico processuale nel sistema della convenzione di Bruxelles*, in *Rivista di diritto internazionale*, 2001, pp. 723-737.

D'ALESSANDRO E., *Il titolo esecutivo europeo nel sistema del regolamento n. 1215/2012*, in *Rivista di diritto processuale*, pp. 1044-1065.

LEANDRO A., *L'equo processo nel diritto processuale civile internazionale europeo*, in *Rivista di diritto internazionale privato e processuale*, 2016, pp. 22-73.

LOPES PEGNA O., *Il regime di circolazione delle decisioni nel Regolamento (UE) n. 1215/2012 (Bruxelles I bis)*, in *Rivista di diritto internazionale*, 2013, pp. 1206-1220.

TUO C.E., *La rivalutazione della sentenza straniera nel regolamento Bruxelles I: tra divieti e reciproca fiducia*, Cedam, 2012.

Capitolo III

I procedimenti europei volti a favorire la circolazione dei titoli esecutivi

1. Armonizzazione processuale e soppressione dell'*exequatur*

L'art. 81 del trattato sul funzionamento dell'Unione europea, come si è osservato a suo tempo, attribuisce all'Unione il potere di adottare, fra le altre, delle misure volte ad eliminare gli ostacoli al «corretto svolgimento dei procedimenti civili», consistenti in norme di procedura civile uniformi applicabili negli Stati membri.

Le istituzioni dell'Unione hanno fatto uso di questa competenza, a partire dal 2004, per dare vita a dei veri e propri procedimenti europei: dei «percorsi» procedurali delineati da norme uniformi, i cui «prodotti» si caratterizzano – proprio per l'iter uniforme di cui costituiscono l'esito – per una speciale attitudine a circolare nello spazio giudiziario europeo, superando le frontiere nazionali.

Per cogliere il senso dell'operazione, che è praticamente senza eguali al di fuori del contesto europeo, occorre tornare con la mente a quanto si è detto all'inizio di questa Parte a proposito del ruolo che assolve la fiducia reciproca quale motore della circolazione delle decisioni. Tale fiducia è tanto più giustificata ove i prodotti giurisdizionali a cui uno Stato è invitato a dare ingresso nel proprio ordinamento sono simili – già per il modo in cui si sono formati – ai prodotti che le proprie autorità sono in grado di forgiare. Detto in altri termini, non vi è motivo per uno Stato di essere diffidente verso una decisione straniera se quella decisione è il frutto di un procedimento che potrebbe essere esperito negli stessi termini in detto Stato.

Specificamente, l'armonizzazione processuale è servita ad assicurare, in alcuni campi specifici, la soppressione dell'*exequatur*: ha permesso cioè, prima dell'avvento del regolamento Bruxelles I *bis*, di ottenere in uno Stato membro dell'Unione una decisione suscettibile di essere eseguita in un diverso Stato membro senza dover essere prima dichiarata esecutiva in tale Stato. Un'innovazione, questa, tesa ad agevolare in particolare la tutela del credito, eliminando un passaggio intermedio – l'*exequatur*, appunto – posto fra l'emanazione della decisione e la sua attuazione coattiva.

Non è possibile procedere in questa sede a un esame dettagliato delle norme procedurali elaborate dall'Unione a questo fine. Occorre limitarsi a tratteggiare nelle grandissime linee due dei procedimenti europei che hanno visto la luce in questi anni, per mettere in luce alcuni caratteri della tecnica in parola: il procedimento europeo di ingiunzione di pagamento e il procedimento per l'emanazione dell'ordinanza europea di sequestro conservativo dei conti bancari.

2. Il procedimento europeo di ingiunzione di pagamento (cenni)

Si deve al regolamento n. 1896/2006 l'istituzione di un procedimento europeo volto all'emissione di un'ingiunzione di pagamento europea. Applicabile nella sua interezza dal 12 dicembre 2008, ed emendato nel 2015 (con modifiche divenute operative nel 2017), il regolamento si propone, per un verso, di semplificare, accelerare e ridurre i costi dei procedimenti per il recupero transfrontaliero di crediti pecuniari non contestati e, per un altro verso, di assicurare la libera circolazione negli Stati membri delle ingiunzioni così emesse, definendo delle «norme minime il cui rispetto rende superflui, nello Stato membro di esecuzione, procedimenti intermedi per il riconoscimento e l'esecuzione».

Il procedimento istituito dal regolamento ha carattere opzionale. L'interessato può avvalersene nei casi previsti dal regolamento, ma è libero, in alternativa, di instaurare agli stessi fini un procedimento disciplinato dalle norme del foro. Se vuole godere dei vantaggi del regolamento, deve però sottostare alle sue regole. In pratica, il procedimento di ingiunzione previsto dal regolamento non soppianta gli analoghi procedimenti previsti dalle norme processuali nazionali, ma si aggiunge ad essi offrendo al creditore un'ulteriore opportunità di realizzazione del suo diritto.

Il regolamento n. 1896/2006 si applica «in materia civile e commerciale», ma con ampie esclusioni, solo in parte corrispondenti a quelle esaminate in relazione al regolamento Bruxelles I *bis*. Di fatto l'ingiunzione di pagamento europea è impiegata soprattutto per il recupero di crediti commerciali. L'ingiunzione non può peraltro essere chiesta per il recupero di crediti di fonte extracontrattuale (come il credito al risarcimento del danno cagionato ad un fatto illecito), a meno che non ricorrano certe condizioni (come il riconoscimento del debito da parte del responsabile). Come osservato all'inizio di questa Introduzione, il regolamento si applica solo ai casi transfrontalieri, secondo la definizione da esso fornita: occorre che almeno una delle parti abbia il domicilio o la residenza abituale in uno Stato membro diverso da quello del giudice adito.

I soli crediti per i quali ci si può avvalere del procedimento europeo di ingiunzione di pagamento sono i crediti pecuniari di uno specifico importo che risultino esigibili al momento della domanda di ingiunzione.

L'ingiunzione va chiesta al giudice competente a pronunciarsi sull'accertamento del credito in parola. Valgono a questo fine le norme del regolamento Bruxelles I *bis* o quelle che ne completano le disposizioni, o vi derogano, nei termini già visti.

Nella domanda di ingiunzione, che si forma compilando un apposito modulo allegato al regolamento, il ricorrente indica il titolo in virtù del quale reclama la somma in questione (ad esempio, il contratto concluso nella data tale per la vendita del bene tale). Fornisce altresì «una descrizione delle prove a sostegno della domanda». Non deve dunque provare il proprio credito, ma solo rappresentare l'esistenza di riscontri, documentali o di altra natura, del proprio diritto (ad esempio, la corrispondenza intercorsa con l'altra parte, il documento di trasporto che attesta l'avvenuta consegna delle merci, etc.).

La domanda non viene notificata all'altra parte prima di essere esaminata dal giudice (si tratta di un procedimento di tipo monitorio). Questi ne compie un controllo estrinseco e formale, e la rigetta nei soli casi previsti a questo fine dal regolamento. Non vi è, in questa fase, una vera e propria valutazione della fondatezza nel merito delle pretese del ricorrente. L'ingiunzione può essere rigettata per motivi di merito solo se il credito appare «manifestamente infondato». Dato che il creditore non deve provare il credito, una tale eventualità può ricorrere, di fatto, solo nella remota ipotesi in cui il ricorrente abbia dichiarato, nella domanda, di fondare le proprie ragioni su un titolo assolutamente inidoneo a produrre degli effetti obbligatori (ad esempio, un contratto irrimediabilmente nullo), o abbia allegato circostanze assolutamente inverosimili o contraddittorie.

Emessa l'ingiunzione (sempre attraverso la compilazione di un apposito modulo), questa dev'essere notificata al destinatario. Per questo tempo, essa resta priva di effetti esecutivi. La notifica – ecco un elemento cruciale per instaurare il clima di fiducia che si vuol costruire nello spazio giudiziario europeo attorno a questo genere di provvedimenti – deve seguire le modalità uniformi previste dal regolamento. In particolare, il regolamento distingue a questo effetto fra modalità che assicurano la prova dell'effettiva notificazione (ad esempio, la notifica «in mani proprie» del destinatario) e modalità che non garantiscono questo effetto (ad esempio, il deposito dell'ingiunzione nella cassetta delle lettere dell'ingiunto). La distinzione rileva ai fini del «riesame in casi particolari», di cui si dirà oltre.

L'ingiunto dispone di un termine di trenta giorni, a decorrere dal momento in cui riceve l'ingiunzione, per opporsi eventualmente alla stessa. L'opposizione consiste nella semplice dichiarazione di contestare il credito. L'ingiunto non è tenuto a precisare le ragioni della contestazione: per esempio, non deve specificare (né tanto meno provare) che il contratto da cui il creditore afferma derivare la pretesa non è mai venuto ad esistenza, o che il credito di cui è invocata la tutela si è estinto o deve ritenersi interamente compensato da un controcredito.

Si aprono a questo punto due strade, a seconda che l'opposizione sia formata nel termine appena indicato, o meno.

In caso di ingiunzione tempestiva, l'ingiunzione resta definitivamente priva di effetti, estinguendosi. Il procedimento, dice il regolamento, prosegue secondo le regole del «rito processuale civile nazionale appropriato», a meno che il ricorrente non abbia dichiarato nella domanda di voler far discendere dall'eventuale opposizione l'estinzione del procedimento. Spetta alle norme processuali interne del foro dire che cosa accada dopo un'opposizione tempestiva: di fatto, dopo la fase monitoria culminata nell'emissione dell'ingiunzione, le pretese del ricorrente formeranno l'oggetto di un accertamento in via contraddittoria secondo le modalità normalmente seguite per il genere di crediti in parola. La Corte di cassazione, rilevato che il legislatore italiano non ha ritenuto di fornire alcuna indicazione al riguardo, ha affermato che il giudice, al cospetto dell'opposizione, deve «limitarsi ad adottare un provvedimento con cui, essendo pendente un procedimento dinanzi al suo ufficio, dispone che esso prosegua secondo le regole di ordinaria procedura civile» [1]. Non spetta infatti al giudice, secondo la Cassazione, individuare quali siano queste regole: tale individuazione compete al creditore. Non essendo peraltro concepibile, ha aggiunto la Cassazione, che la prosecuzione della tutela giurisdizionale interrotta dall'opposizione possa essere consentita senza un termine, spetta al giudice stabilire detto termine, con l'intesa che la mancata osservanza di detto termine comporterà l'estinzione del processo nella sua interezza.

Nel secondo caso, quello della mancata o tardiva opposizione, il giudice che ha emesso l'ingiunzione ne dichiara l'esecutività. L'ingiunzione è, in tal modo, eseguibile in tutti gli Stati membri dell'Unione senza che si rendano necessari altri procedimenti «e senza che sia possibile opporsi al suo riconoscimento». Proprio quest'ultima indicazione mostra la distanza che separa l'ingiunzione di pagamento europea dichiarata esecutiva e un provvedimento nazionale, egualmente esecutivo, ammesso a circolare nello spazio giudiziario europeo ai sensi del regolamento Bruxelles I *bis*. Se è vero che in entrambi i casi non è richiesto l'*exequatur* nello Stato membro dell'esecuzione, resta possibile – nell'ambito del regolamento Bruxelles I *bis* – sollecitare in quest'ultimo Stato una verifica delle condizioni di riconoscibilità. Tale eventualità è invece preclusa nell'ambito del regolamento n. 1896/2006.

I soli rimedi offerti all'ingiunto per sottrarsi agli effetti dell'ingiunzione consistono nel «riesame in casi eccezionali», da parte dell'autorità competente dello Stato d'origine, previsto dall'art. 20 del regolamento. In particolare, l'ingiunto può far valere che l'ingiunzione gli è stata notificata con una modalità non implicante la prova della notifica e che non ne ha avuto notizia «in tempo utile a consentirgli di presentare le proprie difese per ragioni a lui non imputabili». Il riesame è ammesso altresì quando l'ingiunto non abbia avuto la possibilità di contestare il credito a causa di situazioni di forza maggiore o di circostanze eccezionali per ragioni a lui non imputabili. È causa di riesame, inoltre, la circostanza che l'ingiunzione sia stata «manifestamente emessa per errore». L'accoglimento dell'istanza di riesame comporta la nullità dell'ingiunzione.

L'ingiunzione di pagamento europea si presenta, in definitiva, come un prov-

---

[1] Cass., sez. unite, 31 gennaio 2019, nn. 2840 e 2841.

vedimento fondato su una dichiarazione asseverata fatta dal ricorrente circa l'esistenza, l'oggetto e il titolo della pretesa creditoria, sospensivamente condizionato alla mancata contestazione dell'ingiunto nel termine prescritto. Il procedimento obbedisce in questo senso a uno schema non distante da quello del c.d. procedimento monitorio puro, essendo sufficiente, ai fini della emissione dell'ingiunzione, la allegazione dell'oggetto e del titolo della pretesa creditoria, sia pure accompagnata dalla descrizione delle prove di cui il ricorrente conta di avvalersi per mostrare la fondatezza delle sue ragioni.

3. L'ordinanza europea di sequestro dei conti bancari (cenni)

Istituito col regolamento n. 655/2014, il procedimento volto all'emanazione della ordinanza europea di sequestro conservativo di conti bancari si propone l'obiettivo di agevolare la tutela cautelare, a livello europeo, dei crediti pecuniari. L'ordinanza «congela» uno o più conti correnti di cui sia titolare il presunto debitore in uno Stato membro, impedendo la disposizione delle somme ivi depositate. Può essere chiesta per assicurare la fruttuosità di un'attività di cognizione (iniziata o da iniziarsi) o di un'attività esecutiva, allorché il tempo normalmente necessario rispettivamente all'accertamento del diritto o all'attuazione del titolo esecutivo già ottenuto dal creditore metta a repentaglio l'effettivo soddisfacimento delle ragioni di quest'ultimo.

L'ambito di applicazione è esteso alla «materia civile e commerciale», con alcune significative esclusioni. I soli casi di cui si occupa il regolamento sono quelli transnazionali, per tali intendendosi, secondo un'esplicita indicazione, quelli in cui si faccia questione di un conto bancario tenuto in uno Stato membro che non sia lo Stato membro del giudice adito o quello in cui il creditore è domiciliato.

Come il procedimento europeo di ingiunzione di pagamento, anche il procedimento previsto dal regolamento n. 655/2014 ha carattere opzionale. Nulla impedisce che l'interessato persegua la tutela cautelare del proprio diritto nelle forme previste dalle norme processuali nazionali. Il principale vantaggio della ordinanza europea di sequestro conservativo dei conti bancari, se comparata alle misure analoghe contemplate a livello interno, risiede nella sua attuabilità transfrontaliera senza previa notificazione al destinatario. In pratica, l'ordinanza europea permette al ricorrente di conseguire un effetto c.d. sorpresa altrimenti precluso. Le ragioni della preclusione sono state esposte analizzando le norme del regolamento Bruxelles I *bis* relative all'efficacia delle decisioni, e in particolari i limiti che ne caratterizzano l'operare quando si tratta, appunto, di misure cautelari[2].

L'ordinanza è sempre emessa *inaudita altera parte*, dal giudice indicato come competente dal regolamento n. 655/2014, all'esito di una procedura dettagliatamente stabilita nel regolamento stesso. Non è possibile dar conto di tale procedura nel quadro di questo rapido sorvolo. Basti dire che il legislatore dell'Unione si è

[2] Parte quarta, Capitolo II, § 6.

sforzato di contemperare l'aspettativa del ricorrente di ottenere agevolmente il sequestro quando abbia motivo di temere che il patrimonio dell'altra parte possa essere disperso, e il diritto del destinatario dell'ordinanza – che potrebbe anche non essere debitore di alcunché, specie quando si fa questione di un sequestro disposto prima che il ricorrente si sia procurato un titolo esecutivo – non subisca un'ingiusta compressione del diritto di disporre dei propri beni.

Accanto alle norme propriamente processuali (concernenti l'introduzione della domanda, il suo esame, la notificazione dell'ordinanza al destinatario, i rimedi offerti a quest'ultimo per contrastarne gli effetti, etc.), il regolamento detta norme volte a rafforzare l'uno e l'altro degli obiettivi appena indicati. In funzione della tutela effettiva delle ragioni del ricorrente, il regolamento predispone, per esempio, un meccanismo di cooperazione che permette di ottenere informazioni sui conti correnti di cui il destinatario dell'ordinanza disponga in un dato Stato membro. Mira invece a rafforzare la tutela del destinatario dell'ordinanza l'introduzione di apposite disposizioni (anche materiali) concernenti la responsabilità a cui si spone il ricorrente per eventuali danni causati al debitore dall'ordinanza di sequestro (ad esempio, per aver omesso di chiedere il dissequestro di importi sequestrati in eccesso rispetto a quanto necessario per la protezione dei suoi interessi).

Bibliografia

In generale

ONTANU E.A., *Cross-border Debt Recovery in the EU – A Comparative and Empirical Study on the Use of the European Uniform Procedures*, Intersentia, 2017.

TARUFFO M, VARANO V. (a cura di), *Manuale di diritto processuale civile europeo*, Giappichelli, 2011.

Spunti per approfondire

BIAVATI P., *Il sequestro conservativo europeo su conti bancari: alla ricerca di un difficile equilibrio*, in *Rivista trimestrale di diritto e procedura civile*, 2015, pp. 855-872.

CUNIBERTI G., MIGLIORINI S., *The European Account Preservation Order Regulation: A Commentary*, Cambridge University Press, 2018.

FARINA M., *L'ordinanza europea di sequestro conservativo su conti bancari*, in *Le Nuove leggi civili commentate*, 2015, pp. 495-523.

FRANZINA P., LEANDRO A. (a cura di), *Il sequestro europeo di conti bancari – Regolamento (UE) n. 655/2014 del 15 maggio 2014*, Giuffrè, 2015.

LOPES PEGNA O., *La nozione di controversia «transfrontaliera» nel processo di armonizzazione delle norme di procedura civile degli Stati membri dell'Unione europea*, in *Rivista di diritto internazionale privato e processuale*, 2018, pp. 922-943.

ROMANO A., *Il procedimento europeo di ingiunzione di pagamento: regolamento (CE) n. 1896/2006, del 12 dicembre 2006*, Giuffrè, 2009.

Capitolo IV

L'efficacia delle decisioni secondo le norme generali di diritto comune

1. A colpo d'occhio

Le norme di fonte interna concernenti l'efficacia delle decisioni straniere trovano posto perlopiù nella legge n. 218/1995. Il già citato art. 64 della legge fissa le condizioni per il riconoscimento delle sentenze. Gli articoli 65 e 66, a cui sarà possibile dedicare in questa sede solo qualche cenno, dettano rispettivamente una norma speciale sul riconoscimento dei provvedimenti in materia di capacità delle persone, esistenza di rapporti di famiglia e diritti della personalità, e una norma speciale sul riconoscimento dei provvedimenti di giurisdizione volontaria. L'art. 67 tratta della attuazione dei provvedimenti stranieri riconoscibili in Italia e della eventuale contestazione del loro riconoscimento.

2. Il riconoscimento delle sentenze

Ai sensi dell'art. 64 della legge n. 218/1995, le sentenze straniere sono riconosciute in Italia «senza che sia necessario il ricorso ad alcun procedimento» quando risultino soddisfatte, cumulativamente, le condizioni illustrate in appresso.

L'art. 64, lett. *a*), della legge esige innanzitutto che il giudice che l'ha pronunciata potesse «conoscere della causa secondo i principi sulla competenza giurisdizionale propri dell'ordinamento italiano». Si tratta della condizione, in parte già illustrata, della c.d. competenza internazionale. L'impiego, da parte del giudice straniero, di un titolo di giurisdizione del tutto disomogeneo rispetto a quelli operanti in Italia per le medesime controversie comporta l'inefficacia della sentenza in Italia. Ai fini del riconoscimento, non occorre una perfetta concordanza fra i titoli di giurisdizione impiegati all'estero e quelli operanti in Italia: è sufficiente che i primi siano conformi ai «principi» che regolano la materia in Italia.

Il Tribunale di Port-au-Prince, ad Haiti, ha reso su domanda di Sempronia, una cittadina di Haiti, una sentenza che condanna il chirurgo estetico Tizio, di Bologna, a risarcire Sempronia del danno provocatole dalla cattiva esecuzione di un intervento di rinoplastica effettuato presso la clinica di Tizio in Italia. Può Sempronia invocare in Italia gli effetti della sentenza haitiana? La risposta è negativa se il giudice di Haiti si è dichiarato competente a pronunciarsi sulla domanda di Sempronia solamente in considerazione della cittadinanza haitiana di quest'ultima, conformemente alle norme sulla giurisdizione in vigore ad Haiti. La cittadinanza dell'attore non rientra infatti fra i titoli di cui può avvalersi il giudice italiano in relazione alle controversie di natura contrattuale. La condizione posta dall'art. 64, lett. *a*), della legge n. 218/1995 non risulta dunque soddisfatta.

Le condizioni contemplate all'art. 64, lett. *b*) e *c*), attengono al rispetto, nel procedimento straniero, delle garanzie del giusto processo. La sentenza straniera è riconosciuta, da un lato, solo se «l'atto introduttivo del giudizio è stato portato a conoscenza del convenuto in conformità a quanto previsto dalla legge del luogo dove si è svolto il processo e non sono stati violati i diritti essenziali della difesa». Dall'altro, occorre per il riconoscimento che le parti si siano costituite nel giudizio straniero secondo le pertinenti norme processuali straniere o che la contumacia sia stata dichiarata in conformità a tali norme. La condizione del rispetto dei «diritti essenziali della difesa» non può dirsi soddisfatta se nel procedimento straniero siano stati misconosciuti i diritti dell'equo processo, ad esempio perché è stato impedito a una parte di articolare delle istanze istruttorie tese e contrastare le prove prodotte dall'altra parte. Per stabilire se sia stata consumata una violazione dei diritti essenziali difesa occorre procedere ad un apprezzamento globale del procedimento. Così, una violazione anche significativa delle garanzie dell'equo processo non pregiudica la riconoscibilità della sentenza se nel corso del procedimento straniero è stato possibile rimediare alla violazione. I diritti della difesa di cui ragiona l'art. 64, lett. *b*), sono quelli sanciti dal diritto italiano. Ciò peraltro non significa che per affermare la ricorrenza di una violazione il parametro di valutazione sia rappresentato dalle norme processuali italiane: riferendosi ai diritti «essenziali» della difesa, il legislatore ha prefigurato una verifica ancorata al rispetto dei principi che ispirano le norme processuali, non alle loro particolari declinazioni nel diritto processuale interno.

Ai sensi dell'art. 64, lett. *d*), della legge del 1995 la sentenza straniera dev'essere passata in giudicato secondo la legge del luogo in cui è stata pronunciata. Le sentenze non definitive, ancorché magari esecutive nello Stato di origine, sono dunque radicalmente inidonee al riconoscimento.

L'art. 64 detta alle lett. *e*) e *f*) delle condizioni tese a scongiurare il pericolo che il riconoscimento di una sentenza straniera possa comportare un conflitto di giudicati. La riconoscibilità è subordinata infatti alla verifica che la sentenza straniera non sia contraria «ad altra sentenza pronunziata da un giudice italiano passata in giudicato», e che «non pende un processo davanti a un giudice italiano per il medesimo oggetto e fra le stesse parti, che abbia avuto inizio prima del processo straniero». Le norme sulla litispendenza, siano esse previste da norme uniformi o di matrice interna, dovrebbero in genere prevenire il verificarsi delle situazioni appena descritte. Ove ciò non accada, la sentenza straniera sarà inefficace in Italia.

Da ultimo, ai sensi dell'art. 64, lett. *g*), della legge n. 218/1995, il riconoscimento di una sentenza straniera è permesso soltanto se «le sue disposizioni non producono effetti contrari all'ordine pubblico». Si è già detto che cosa deve intendersi per ordine pubblico, e si è osservato che il concetto, quando viene in gioco in relazione alla efficacia di una decisione anziché in rapporto all'applicazione di una legge straniera, comporta una dimensione sostanziale e una processuale [1].

Capita talora che una medesima pronuncia appaia riprovevole sotto entrambi i profili. In una sentenza del 2020, per esempio, la Corte di cassazione ha fatto leva sull'art. 64, lett. *g*), per escludere la riconoscibilità in Italia di una decisione di ripudio emanata da un tribunale sciaraitico palestinese, equiparabile ad una sentenza statale di quel paese. La Corte l'ha ritenuta incompatibile con l'ordine pubblico italiano sotto il profilo tanto sostanziale quanto processuale. Dal punto di vista sostanziale, per via del carattere discriminatorio dell'istituto del ripudio nei confronti della donna, essendo solo il marito abilitato a servirsene per sciogliere il vincolo matrimoniale. Dal punto di vista processuale perché, nella specie, la moglie aveva avuto notizia del procedimento solo dopo l'emanazione del provvedimento del tribunale, oltretutto al solo fine di consentirle di comparire davanti ad esso per l'eventuale riconciliazione della coppia (quando ancora il marito poteva revocare gli effetti del ripudio stesso) [2].

Il limite dell'ordine pubblico – considerato in entrambe le declinazioni, sostanziale e processuale – resta soggetto alla direttiva generale, già discussa, che ne prescrive un impiego prudente, coerente al suo carattere eccezionale. La giurisprudenza italiana ha dato prova, in questo senso, di una buona dose di cautela. Di fatto, l'eccezione di ordine pubblico viene invocata con una certa frequenza davanti ai giudici italiani, ma viene effettivamente impiegata da questi in un numero relativamente ridotto di casi.

La Corte di cassazione, per esempio, ha escluso che la mancanza di motivazione della sentenza straniera giustifichi di per sé la non riconoscibilità di detta sentenza per ragioni di ordine pubblico [3]. Ha affermato che l'ordine pubblico non impedisce il riconoscimento in Italia di una sentenza straniera che abbia pronunciato il divorzio di due coniugi senza previa separazione, essendo necessario, «ma anche sufficiente», ai fini del rispetto dell'ordine pubblico, che il divorzio segua all'accertamento dell'irreparabile venir meno della comunione di vita tra i coniugi [4]. La stessa Cassazione, come già si è ricordato, ha invece negato, sul fonda-

---

[1] Parte quarta, Capitolo I, § 4.

[2] Cass., 7 agosto 2020, n. 16804.

[3] Cass., 15 aprile 2019, n. 1054.

[4] Cass., 21 maggio 2018, n. 12473.

mento della eccezione di ordine pubblico, la riconoscibilità in Italia di un provvedimento giurisdizionale straniero con cui sia stato accertato il rapporto di filiazione tra un minore nato all'estero mediante il ricorso alla maternità surrogata e il genitore d'intenzione cittadino italiano [5]. Ha peraltro ritenuto non contrastante con l'ordine pubblico italiano il riconoscimento di un provvedimento giurisdizionale straniero di adozione di minore da parte di una coppia omoaffettiva maschile che attribuisca lo *status* genitoriale secondo il modello dell'adozione piena, non costituendo elemento ostativo il fatto che il nucleo familiare sia omogenitoriale, ove non ricorra un accordo di surrogazione di maternità a fondamento della filiazione [6].

3. Gli articoli 65 e 66 della legge n. 218/1995

L'art. 65 della legge n. 218/1995 concerne il riconoscimento in Italia dei provvedimenti stranieri in tema di capacità delle persone, di esistenza di rapporti di famiglia e di diritti della personalità. Come ha chiarito la Corte di cassazione, la norma non è di applicazione esclusiva nelle materie ora indicate: il divorzio pronunciato all'estero può essere riconosciuto in Italia (ove non operino norme uniformi, europee o convenzionali) allorché soddisfi le condizioni, indifferentemente, dell'art. 64 o dell'art. 65 della legge n. 218/1995 [7].

Per essere riconosciuti ai sensi dell'art. 65 i provvedimenti relativi alle materie sopra indicate devono essere stati pronunciati dalle autorità dello Stato la cui legge è richiamata dalle norme di conflitto italiane, o devono essere efficaci nell'ordinamento di quello Stato, anche se pronunciati altrove. Occorre, in altre parole, che essi provengano dal paese in cui le norme italiane sulla legge applicabile scorgono la «sede» del rapporto, vuoi perché si tratta di provvedimenti adottati dalle autorità di quel paese, vuoi perché – pur essendo stati resi altrove – l'ordinamento del paese in questione ne riconosce l'efficacia.

Un provvedimento reso dalle autorità della Nuova Zelanda ha rettificato l'attribuzione del sesso di Tizio, cittadino neozelandese, risultante dai registri anagrafici di quel paese, e ne ha mutato il nome in Tizia. Tizia è ora sul punto di trasferirsi a Milano per lavoro e si interroga sulla efficacia del provvedimento in Italia. La risposta va cercata nell'art. 65 della legge (in concorso, se del caso, con l'art. 66). Va dunque stabilito, per cominciare, quale sia – da una prospettiva italiana – la legge regolatrice della situazione oggetto del provvedimento. Viene in rilievo a questo fine l'art. 24 della legge n. 218/1995, secondo cui i diritti della personalità (compresi quelli che attengono all'identità sessuale della persona) sono regolati dalla legge nazionale della persona di cui trattasi: nella specie la legge neozelandese. Per quanto concerne l'art. 65, ciò significa che sono riconoscibili in Italia (sempre che ne soddisfino le altre condizioni) i provvedimenti relativi ai diritti della personalità di Tizia pronunciati in Nuova Zelanda, o ivi efficaci (perché così dispongono le norme neoze-

[5] Cass., sez. unite, 8 maggio 2019, n. 12193.

[6] Cass., sez. unite, 31 marzo 2021, n. 9006.

[7] Cass., 28 maggio 2004, n. 10378.

landesi sulla efficacia delle decisioni straniere). La condizione della provenienza del provvedimento stabilita all'art. 65 appare pertanto soddisfatta nel caso di specie.

La riconoscibilità in Italia dei provvedimenti in parola è comunque subordinata alla condizione che essi non siano contrari all'ordine pubblico e siano stati rispettati i diritti essenziali della difesa. Ove siano soddisfatte tutte le condizioni predette, il riconoscimento si produce, come sotto l'art. 64, in modo automatico.

L'art. 66 della legge, infine, regola il riconoscimento in Italia dei provvedimenti stranieri di volontaria giurisdizione. I provvedimenti stranieri di volontaria giurisdizione sono riconosciuti – sempre senza che sia necessario il ricorso ad alcun procedimento – quando sono stati pronunciati dalle autorità dello Stato la cui legge è richiamata dalle norme di conflitto italiane o producono effetti nell'ordinamento di quello Stato (si tratta della medesima condizione che compare all'art. 65), come pure quando siano stati pronunciati da un'autorità che sia competente in base a criteri corrispondenti a quelli propri dell'ordinamento italiano (è, in sostanza, la condizione – già discussa – della competenza internazionale). Valgono anche qui gli ulteriori limiti stabiliti all'art. 65: devono essere stati rispettati i diritti essenziali della difesa (tenendo conto del fatto che qui si tratta di provvedimenti di giurisdizione volontaria, e che i diritti connessi al giusto processo si atteggiano diversamente da quanto accade in sede contenziosa) e il riconoscimento non deve produrre effetti incompatibili con l'ordine pubblico italiano.

4. L'attuazione in Italia delle sentenze e dei provvedimenti stranieri

L'art. 67 della legge n. 218/1995 stabilisce quali procedimenti debbano o possano essere instaurati quando una sentenza o un provvedimento straniero di cui si assuma l'efficacia in Italia non vengano ottemperati e si renda necessario assicurarne l'attuazione in via coattiva, oppure quando la loro riconoscibilità sia contestata. Vi si prevede che «chiunque vi abbia interesse» (cioè tipicamente il creditore della decisione se si tratta di metterne in esecuzione le disposizioni, oppure il debitore della sentenza se vengono messe in discussione le condizioni per il riconoscimento) può chiedere che venga accertata in giudizio la sussistenza dei requisiti del riconoscimento. Si segue, ai sensi dell'art. 30 del decreto legislativo 1° settembre 2011, n. 150, il rito sommario di cognizione. È competente la corte di appello del luogo di attuazione del provvedimento: ad esempio, quello in cui si trovano i beni del debitore che si tratta di sottoporre ad esecuzione forzata.

Costituiscono titolo per l'attuazione e per l'esecuzione forzata la decisione straniera unitamente al provvedimento italiano che accerta come sussistenti i requisiti per il riconoscimento.

L'art. 67, co. 3, riguarda l'accertamento in via incidentale delle condizioni di riconoscibilità. Se la sussistenza di tali condizioni è contestata nel corso di un processo, spetta al giudice adito compierne l'accertamento. La decisione emessa a questo fine ha peraltro un'efficacia limitata al giudizio.

Bibliografia

In generale

CARELLA G., *Sentenze civili e atti stranieri*, in *Enciclopedia del diritto* (Annali, vol. IX), Giuffrè, 2016, pp. 843-880.

D'ALESSANDRO E., *Il riconoscimento delle decisioni straniere*, Giappichelli, 2007.

Spunti per approfondire

CARLEVARIS A., *Violazione dei diritti essenziali della difesa nel giudizio estero e rispetto del contradditorio nel procedimento di riconoscimento delle sentenze straniere*, in *Rivista di diritto internazionale privato e processuale*, 2005, pp. 1017-1034.

LOPES PEGNA O., *I procedimenti relativi all'efficacia delle decisioni straniere in materia civile*, Cedam, 2009.

Parte quinta

La cooperazione fra autorità

Capitolo I

Il problema dell'assistenza giudiziaria internazionale e del dialogo inter-giurisdizionale

Sommario: 1. Presupposti e fonti di regolamentazione dell'assistenza giudiziaria. – 2. L'assistenza giudiziaria attiva e quella passiva. – 3. Dal dialogo episodico alle autorità centrali. – 4. Le comunicazioni giudiziali dirette e le reti giudiziarie.

1. Presupposti e fonti di regolamentazione dell'assistenza giudiziaria

Gli atti nei quali si concreta la sovranità di uno Stato possono essere materialmente compiuti, per regola, solo all'interno del territorio di detto Stato. Lo Stato che esercitasse delle funzioni sovrane sul territorio di un altro Stato, senza il consenso di quest'ultimo, commetterebbe un illecito internazionale.

Di fatto, quando l'espletamento efficace delle funzioni di uno Stato implica il compimento di un atto al di fuori del relativo territorio, sorge la necessità di ottenere la cooperazione dello Stato sul cui territorio l'atto in questione dev'essere compiuto. Rispetto al genere di fattispecie di cui si occupa il diritto internazionale privato, sorge una simile esigenza, ad esempio, quando bisogna assumere una prova all'estero; oppure quando un atto giudiziario – l'atto introduttivo di un giudizio, ad esempio – debba essere portato a conoscenza di una persona che si trovi in uno Stato diverso da quello in cui si svolge il processo, dato che l'avvenuta notificazione in tal caso va certificata dalle autorità di tale diverso Stato. La cooperazione che il primo Stato (detto anche Stato del processo o Stato richiedente) sollecita dal secondo (lo Stato territoriale, o Stato richiesto) prende il nome di assistenza giudiziaria internazionale.

Il diritto internazionale generale non obbliga gli Stati ad assistersi reciprocamente. Di fatto, però, gli Stati sono in genere inclini a cooperare fra loro, pur stabilendo a questo fine limiti e condizioni. Tale disponibilità non si deve solo a ragioni di «cortesia» internazionale. Riflette altresì la circostanza che, in fondo, un generale atteggiamento di disponibilità alla cooperazione giova a tutti gli Stati. E ciò non solo perché chi oggi fornisce assistenza potrebbe, domani, richiederne, ma anche perché l'efficace perseguimento di valori comuni a più Stati presuppone non di rado un'azione concertata. Insomma, autorizzando le proprie autorità ad assistere lo Stato X, lo Stato Y provvede nei fatti, in molti casi, a soddisfare un proprio bisogno. Gli Stati, in effetti, anche quando non pretendono di affidare ai propri giudici la composizione di certe liti o l'amministrazione di determinate situazioni, hanno spesso interesse a che la tutela giurisdizionale somministrata all'estero sia il più possibile efficace ed efficiente: prestare cooperazione ai giudici che si occupano del caso è, per i primi, un modo di agevolare tale obiettivo.

Pochi Stati, del resto, ambiscono a diventare un «porto sicuro» per coloro che cercano di sottrarsi alla giustizia, foss'anche all'estero. Uno Stato che, per esempio, si dichiarasse sistematicamente indisponibile a notificare sul proprio territorio gli atti giudiziari provenienti dall'estero, o che si rifiutasse per principio di disporre un'esibizione di documenti solo perché sia stata sollecitata da un giudice straniero, finirebbe con l'attrarre sul suo territorio proprio figure di questo genere.

Le regole con cui uno Stato stabilisce le condizioni a cui è disposto a cooperare con altri Stati possono essere dettate dallo stesso Stato interessato tramite le proprie fonti interne, oppure essere comuni a più paesi, perché stabilite in convenzioni o in atti di organizzazioni internazionali.

Come si è detto trattando della efficacia delle decisioni straniere, le regole di matrice interna (come, in Italia, l'art. 69 della legge n. 218/1995, non esaminato in queste pagine) presiedono a forme di cooperazione di tipo unilaterale: indicano, cioè, i presupposti a cui tale Stato è pronto a dar corso alle richieste avanzate da altri Stati, senza però dire alcunché circa la sorte delle analoghe richieste che il primo potrebbe rivolgere ai secondi. Le norme comuni a più Stati, contenute in convenzioni bilaterali e multilaterali o in atti dell'Unione europea, obbediscono invece, quasi immancabilmente, a una logica di reciprocità: i vari Stati vincolati da tali norme si impegnano a fornirsi l'un l'altro assistenza alle condizioni ivi stabilite. È il caso, ad esempio, della convenzione dell'Aja del 18 marzo 1970 sulla assunzione delle prove all'estero in materia civile o commerciale [1]. Essa permette alle autorità degli Stati contraenti di ottenere, a certe condizioni, l'assistenza delle autorità degli altri Stati vincolati dalla convenzione.

L'assistenza prestata su base bilaterale o multilaterale è in genere più intensa di quella somministrata a titolo unilaterale. Il principale incentivo che spinge uno Stato a concludere una convenzione bilaterale di assistenza giudiziaria o ad abbracciare un regime multilaterale consiste del resto proprio nella prospettiva di poter conseguire, per quella via, un'assistenza che, su base unilaterale, non verrebbe fornita, o verrebbe fornita con meno intensità o a condizioni meno vantaggiose.

2. L'assistenza giudiziaria attiva e quella passiva

Si è soliti distinguere fra assistenza attiva e assistenza passiva. La prima si traduce, per lo Stato richiesto, nel compimento di atti strumentali al soddisfacimento

[1] Attuata in Italia con legge 24 ottobre 1980, n. 745.

degli interessi dello Stato richiedente. La seconda comporta invece una semplice inerzia: lo Stato richiesto coopera con il richiedente tollerando che quest'ultimo compia certi atti sul suo territorio.

La convenzione dell'Aja del 1970, citata poc'anzi, contempla entrambe le vie. Nello Stato territoriale la prova può innanzitutto essere assunta sulla base di una «rogatoria», cioè di una richiesta rivolta alla competente autorità dello Stato territoriale affinché compia o faccia compiere l'atto istruttorio di cui trattasi. Alle condizioni fissate dalla convenzione, lo Stato richiedente può tuttavia anche domandare che la prova sia assunta da un proprio agente diplomatico o consolare, o da una persona incaricata a questo effetto dal giudice investito della causa.

La distinzione presenta un rilievo pratico non piccolo. L'assistenza attiva è in genere prestata secondo le regole dello Stato richiesto. Quando l'assistenza è fornita in modo passivo, invece, lo Stato richiedente è autorizzato ad operare secondo le proprie stesse regole, che potrebbero essere assai diverse da quelle locali.

Di fatto, l'assistenza passiva si rivela utile quando il «prodotto» della assistenza attiva (la prova assunta nello Stato territoriale), proprio perché conformato alle regole locali, non si inserirebbe agevolmente nel procedimento in funzione del quale viene sollecitata l'assistenza. Si supponga che nel quadro di un procedimento pendente a Boston, negli Stati Uniti, si renda necessario escutere un testimone che si trova in Italia. Se per l'assunzione viene sollecitata l'assistenza attiva delle autorità italiane, la prova verrà assunta – per regola – secondo le norme processuali italiane. Il loro impiego, però, rischia di rendere inutilizzabile, a Boston, la prova ottenuta. L'art. 253, co. 2, del codice di procedura civile italiano vieta infatti alle parti di interrogare direttamente il testimone: spetta al giudice, e solo a lui, la conduzione dell'esame. Il diritto processuale del Massachusetts, per contro, riconosce alle parti, anche nel civile, il diritto di interrogare e controinterrogare i testimoni. Il giudice, in quel sistema, sovrintende all'esame, ma non lo conduce: se lo facesse, verrebbe meno a un principio fondamentale di quel sistema. Problemi di questo genere vengono meno in radice se per l'assunzione della testimonianza viene chiesta (e concessa) una assistenza passiva, giacché l'atto istruttorio verrebbe allora compiuto secondo le norme che regolano il processo a cui la prova è destinata.

La strada della assistenza passiva, in realtà, non è sempre percorribile. Lo Stato richiesto potrebbe non essere disposto a consentire l'impiego, sul proprio territorio, di regole che differiscono marcatamente dalle proprie, discostandosi dai valori che le ispirano. Non è questo il caso, in Italia, di un esame testimoniale che si differenzi dalle regole italiane per il solo fatto che il teste viene interrogato direttamente dai difensori delle parti[2]. Possono però ugualmente darsi dei casi in cui l'applicazione delle regole dello Stato del processo violerebbe delle garanzie a cui lo Stato territoriale non è pronto a rinunciare (si pensi ad esempio alle regole che

---

[2] V. in tal senso, ad esempio, App. Brescia, 28 novembre 1991, in *Rivista di diritto internazionale privato e processuale*, 1992, p. 397.

determinano le modalità di escussione di un minore: un tema delicato, su cui il margine di tolleranza dello Stato richiesto potrebbe essere verosimilmente assai stretto).

Ciò detto, non sempre la diversità delle norme processuali in vigore rispettivamente nello Stato richiedente e nello Stato richiesto impongono il ricorso all'assistenza passiva. Lo Stato richiedente può in genere domandare che, nel fornire un'assistenza di tipo attivo, le autorità dello Stato richiesto seguano delle particolari modalità, da esso indicate: se si tratta di modalità diverse da quelle previste dal diritto locale, ma non incompatibili con esso e non implicanti altri inconvenienti di rilievo, nulla osta, in genere, a che lo Stato richiesto vi si conformi.

La flessibilità in tal modo conferita al sistema può rivelarsi preziosa. L'attività svolta dallo Stato richiesto a titolo di assistenza attiva gode dei privilegi che competono agli atti del sovrano territoriale. Ad esempio, ove si tratti dell'assunzione di prove, la mancata cooperazione del teste invitato a deporre o il rifiuto del terzo di esibire i documenti richiestigli potranno essere vinte tramite le misure coercitive previste dal diritto dello stesso Stato richiesto (in Italia, ad esempio, l'accompagnamento coattivo del teste ai sensi dell'art. 255 del codice di procedura civile). Nulla di tutto questo è possibile, in genere, in caso di assistenza passiva: lo Stato territoriale, ove pure tolleri lo svolgimento di funzioni sovrane altrui, non si spinge di solito fino a favorirne il compimento tramite delle misure di coercizione.

3. Dal dialogo episodico alle autorità centrali

L'intensificarsi della vita di relazione internazionale di persone e imprese ha accresciuto la frequenza con cui si rende necessario, in uno Stato, chiedere l'assistenza delle autorità di altri Stati. L'unificazione del diritto internazionale privato, dal canto suo, ha facilitato i contatti fra gli organi di Stati diversi: comunicare è più semplice, e più utile, se per gli stessi problemi si impiegano le medesime norme. In aggiunta, come osservato a suo tempo [3], alcuni testi uniformi propongono delle soluzioni «dialogate» per la regolamentazione della competenza giurisdizionale e per il coordinamento di procedimenti paralleli promossi in più Stati: tali soluzioni moltiplicano, di fatto, le occasioni in cui le autorità di un paese debbono confrontarsi con le omologhe autorità di paesi diversi.

Sulla spinta di questi fattori, l'assistenza giudiziaria internazionale ha gradualmente mutato la propria fisionomia, arricchendosi di nuovi contenuti.

Per un verso, il metodo della cooperazione fra autorità è divenuto usuale in settori nei quali, in precedenza, essa era sconosciuto o aveva fatto solo rare apparizioni. E siccome nei vari campi le esigenze sono diverse, la cooperazione ha preso ad essere declinata in forme diverse, adatte agli interessi in gioco: non solo, dunque, prove da assumere e atti da notificare, ma una gamma di attività diverse

---

[3] Parte seconda, Capitolo I, § 5.

da compiere nello Stato richiesto al fine di rendere fruttuoso un procedimento avviato nello Stato richiedente. Particolarmente significativi sono, in questo senso, gli scambi che possono aversi fra le autorità degli Stati membri dell'Unione con riguardo al recupero di crediti alimentari, in forza del regolamento n. 4/2009.

Per un altro verso, l'assistenza ha perso la natura esclusivamente episodica che la connotava in origine, finendo con l'assumere, almeno in qualche settore, i caratteri di una pratica quasi continuativa, alimentando un dialogo stabile fra gli apparati dei paesi coinvolti. Tale sviluppo è stato accelerato da un'innovazione tecnica collaudata in alcune convenzioni multilaterali degli anni '60 e '70 del secolo scorso, e da allora ripresa, con diverse varianti, in numerosi contesti: l'innovazione consiste nel dar vita a c.d. autorità centrali, incaricate di facilitare, nei vari Stati legati da un testo uniforme, l'applicazione efficace delle disposizioni di quel testo e, appunto, il dialogo inter-giurisdizionale.

Si consideri, ad esempio, la convenzione dell'Aja del 19 ottobre 1996 sulla protezione dei minori. Ogni Stato contraente è tenuto, in base alla convenzione, a designare una propria autorità centrale (o più d'una, se si tratta ad esempio di uno Stato federale). In genere, gli Stati indicano come autorità centrale un'articolazione del potere esecutivo: l'Italia, ad esempio, ha indicato la Presidenza del Consiglio dei Ministri (una scelta insolita, per inciso: per molti altri strumenti simili, è stato designato il Ministero della Giustizia, o un suo ufficio particolare). Due, ai sensi dell'art. 30, par. 1, della convenzione dell'Aja del 1996, i compiti di fondo delle autorità centrali: cooperare fra loro nel perseguimento dei fini della convenzione e promuovere la cooperazione fra le autorità competenti del proprio Stato. In pratica, le autorità centrali sono chiamate ad operare sia all'interno del rispettivo paese, fungendo da referenti per le autorità che trattano a livello periferico i casi soggetti alla convenzione (in Italia, a vario titolo, i tribunali, i tribunali per i minorenni, i servizi sociali, etc.), sia sul piano internazionale come interlocutrici delle autorità centrali degli altri Stati contraenti.

La loro istituzione consente di fare agevolmente ciò che, in mancanza di simili autorità, richiede in genere il ricorso ai canali di comunicazione diplomatica fra gli Stati e il coinvolgimento di figure che potrebbero non possedere le competenze professionali specificamente utili allo scopo. Fra i compiti specifici assegnati alle autorità centrali nominate ai sensi della convenzione del 1996 vi è quello di agevolare le comunicazioni fra i giudici dei rispettivi Stati contraenti quando sia in questione, ai sensi dei già ricordati articoli 8 e 9 della convenzione, il trasferimento della competenza dall'uno all'altro giudice (è questo, come si ricorderà, uno degli scenari tipici in cui entrano in gioco le soluzioni «dialogate» menzionate poc'anzi). Un altro compito espressamente menzionato nella convenzione consiste nell'aiutare, all'occorrenza, le autorità di uno Stato contraente a localizzare un minore che si presuma trovarsi sul territorio dello Stato a cui appartiene l'autorità centrale in questione, e che si ritenga possa avere bisogno di protezione.

Il diciassettenne Caio, che abita a Monfalcone, si reca periodicamente in Serbia, dove risiedono alcuni parenti. Il suo tutore Sempronio, non vedendolo tornare al termine di una breve vacanza a Belgrado, e non riuscendo ad ottenere sue notizie, informa della situazione il giudice tutelare di Trieste, competente a provvedere sulla protezione di Caio. Per sapere dove si trovi Caio e per sincerarsi delle sue esigenze, il giudice tutelare potrà rivolgersi all'autorità centrale nominata dall'Italia in relazione alla convenzione dell'Aja del 1996. Questa si metterà allora in contatto con l'autorità centrale serba (anche la Serbia è vincolata dalla convenzione), chiedendole di localizzare il minore. L'autorità centrale serba incaricherà verosimilmente delle indagini le autorità amministrative del posto. Le informazioni così raccolte saranno inviate all'autorità centrale italiana, che le farà pervenire al giudice tutelare di Trieste.

4. Le comunicazioni giudiziali dirette e le reti giudiziarie

L'avvento delle autorità centrali ha razionalizzato la comunicazione fra gli apparati di Stati diversi, accrescendo l'efficacia dell'assistenza prestata dagli uni a favore degli altri. In qualche caso, per la verità, è parso possibile compiere dei progressi ulteriori. Particolarmente significative, a tale proposito, sono la promozione delle c.d. comunicazioni giudiziali dirette e la creazione di specifiche reti giudiziarie di respiro internazionale, operanti a livello universale o regionale.

Si parla di comunicazioni giudiziali dirette per riferirsi ai contatti fra giudici di Stati differenti comportanti lo scambio di informazioni o di vedute in ordine al trattamento di concrete fattispecie di interesse comune. Si tratta, in breve, di scambi aventi lo stesso fine di quelle che le autorità centrali hanno in genere il compito di facilitare, che però avvengono direttamente fra le autorità periferiche interessate, senza l'intermediazione delle rispettive autorità centrali. La possibilità data ai giudici di uno Stato di mettersi in relazione in modo diretto con i giudici di altri Stati risponde a una duplice esigenza. Da un lato, aumentare l'efficienza della cooperazione giudiziaria, evitando passaggi non necessari. Dall'altro, assegnare agli stessi giudici – anziché a figure dell'esecutivo, per quanto preparate – il ruolo di «motori» della cooperazione, rafforzando in tal modo la garanzia dei diritti dei singoli: in fondo, se la legge esige che la tutela di certe posizioni giuridiche soggettive sia affidata all'autorità giudiziaria, e non ad organi di altra natura, ha senso fare in modo che l'intera attività nella quale si sostanzia la tutela (compresi i contatti con le autorità di altri Stati, ove necessari) faccia capo, appunto, a dei giudici, gli stessi a cui compete pronunciarsi sul caso.

La Conferenza dell'Aja di diritto internazionale privato si è spesa per promuovere le comunicazioni dirette fra giudici, in particolare nell'ambito delle convenzioni elaborate nel suo seno concernenti la protezione dei minori, segnatamente la convenzione dell'Aja del 25 ottobre 1980 sugli aspetti civili della sottrazione internazionale di minori e la stessa convenzione del 1996 che prefigurano la possibilità di simili contatti.

L'opera intrapresa a questo fine (col concorso dell'Unione europea) ha condotto alla elaborazione di appositi principi sulle comunicazioni giudiziali dirette, in sé non vincolanti ma ricognitivi di buone pratiche [4].

L'Unione europea, dal canto suo, ha ritenuto di poter fare in qualche caso del dialogo diretto fra le autorità degli Stati interessati il modo normale di avviare e condurre le pratiche di assistenza giudiziaria. Emblematico, al riguardo, è il regolamento 2020/1783 del 25 novembre 2020 relativo alla cooperazione fra le autorità giudiziarie degli Stati membri nell'assunzione delle prove in materia civile o commerciale, esaminato più avanti. Al pari del regolamento n. 1206/2001, di cui costituisce la rifusione, il regolamento 2020/1783 prevede che il giudice di uno Stato membro che debba compiere un atto istruttorio in un altro Stato membro e intenda sollecitare a tal fine l'assistenza attiva dei giudici di detto Stato debba rivolgere una richiesta a questo effetto direttamente allo specifico ufficio giudiziario che dovrà procedere all'assunzione.

Le comunicazioni dirette offrono dei vantaggi ma comportano anche limiti e inconvenienti. La lingua, ad esempio, può costituire un ostacolo importante. A differenza delle autorità centrali, abituate a lavorare in una lingua comune alle loro omologhe (quasi invariabilmente l'inglese), il giudice interessato a comunicare con un giudice straniero potrebbe non possedere delle competenze linguistiche adeguate. Si spiega alla luce di questa e di altre difficoltà il carattere non esclusivo delle forme di comunicazione diretta prevista da alcuni testi uniformi. Anche là dove i contatti diretti costituiscono la regola, è previsto, all'occorrenza, l'intervento di un'autorità centrale. Nel quadro del citato regolamento 2020/1783, ad esempio, benché le autorità periferiche dialoghino normalmente fra loro in modo diretto, ogni Stato membro è tenuto a designare un proprio «organo centrale». Questo ha il compito di fornire informazioni alle autorità giudiziarie interessate e di ricercare soluzioni per le difficoltà che possono sorgere in occasione di una richiesta di prova. L'organo centrale nominato ai sensi del regolamento può altresì trasmettere delle richieste di prova, ma solo in casi eccezionali.

La diffusione del dialogo inter-giurisdizionale ha messo in luce l'opportunità di creare dei luoghi stabilmente deputati al confronto fra le autorità di Stati diversi: non organi investiti di poteri decisionali, ma strutture organizzate capaci di fungere da cornice per le discussioni fra gli operatori.

Rispondono a questo bisogno, fra gli altri, l'International Hague Network of Judges, operante in relazione alle convenzioni dell'Aja relative alla protezione dei minori, citate sopra, e la Rete giudiziaria europea in materia civile e commerciale, istituita con la decisione del Consiglio 2001/470/CE, del 28 maggio 2001, modificata nel 2009.

La seconda delle due formazioni, l'unica delle quali è possibile dire qualche parola in questa sede, è stata istituita per agevolare la cooperazione giudiziaria in

[4] La più recente versione dei principi, del 2013, è reperibile nella sezione relativa alla sottrazione di minori del sito *web* della Conferenza: <http://hcch.net>.

materia civile e commerciale tra gli Stati membri e facilitare l'accesso effettivo alla giustizia da parte dei singoli diffondendo fra i pratici e il grande pubblico la conoscenza delle norme di diritto internazionale privato. La sua azione abbraccia l'intero spettro della cooperazione giudiziaria in materia civile ai sensi dell'art. 81 del trattato sul funzionamento dell'Unione: la decisione istitutiva della Rete è, in questo senso, l'unica misura di portata autenticamente generale adottata dall'Unione nel campo del diritto internazionale privato. Fanno parte della Rete, fra gli altri, i «punti di contatto» specificamente designati a questo effetto dagli Stati membri e le autorità centrali designate sempre dagli Stati membri in base ad atti dell'Unione europea e convenzioni internazionali.

La Rete, che si avvale delle risorse organizzative della Commissione europea, opera tramite riunioni periodiche dei suoi membri e sovrintende a numerose iniziative volte alla raccolta di dati e lo scambio di informazioni.

Bibliografia

In generale

FRIGO M., FUMAGALLI L., *L'assistenza giudiziaria internazionale in materia civile*, Cedam, 2003.

MCCLEAN D., *Judicial Cooperation: Resolving the Differing Approaches*, in V. RUIZ ABOU-NIGM, M.B. NOODT TAQUELA (a cura di), *Diversity and Integration in Private International Law*, Edinburgh University Press, 2019, pp. 128-143.

Spunti per approfondire

CORNELOUP S., CORNELOUP V., *Le contentieux de la coopération des autorités centrales dans le cadre des Conventions de la Haye: compétence administrative ou judiciaire?*, in *Revue critique de droit international privé*, 2000, pp. 641-680.

FRANZINA P., *Il ruolo della Rete giudiziaria europea nell'applicazione e nello sviluppo degli strumenti della cooperazione giudiziaria in materia civile*, in N. BOSCHIERO, P. BERTOLI (a cura di), *Verso un «ordine comunitario» del processo civile: pluralità di modelli e tecniche processuali nello spazio europeo di giustizia*, Editoriale Scientifica, 2008, pp. 185-199.

FRANZINA P., *Les acteurs de l'espace judiciaire européen en matière civile*, in M. DOUCHY-OUDOT, E. GUINCHARD (a cura di), *La justice civile européenne en marche*, Dalloz, 2012, pp. 7-20.

LAMONT R., *Central Authorities and the European Judicial Network: Mainstreaming Children's Rights into Cross-border Cooperation in EU Family Law*, in I. IUSMEN, H. STALFORD (a cura di), *The EU as a Children's Rights Actor – Law, Policy and Structural Dimensions*, Barbara Budrich Publishers, 2016, pp. 77-99.

RASS-MASSON L., *The HCCH and Legal Co-operation – Shaping the Fourth Dimension of Private International Law*, in T. JOHN, R. GULATI, B. KÖHLER (a cura di), *The Elgar Companion to the Hague Conference on Private International Law*, Edward Elgar, 2020, pp. 150-159.

Capitolo II

La cooperazione in materia di notifiche e prove nell'Unione europea

Sommario: 1. I regolamenti 2020/1783 e 2020/1784: considerazioni generali. – 2. Il regolamento sulle notifiche: cenni. – 3. Il regolamento sulle prove: cenni.

1. I regolamenti 2020/1783 e 2020/1784: considerazioni generali

I regolamenti 2020/1783 e 2020/1784 del 25 novembre 2020 disciplinano la cooperazione fra gli Stati membri rispettivamente nel campo della assunzione delle prove e nel campo della notificazione e comunicazione degli atti giudiziari ed extragiudiziali. Si applicano in materia civile e commerciale, senza esclusioni. In vigore dal 22 dicembre 2020, diverranno pienamente operativi il 1° luglio 2022.

Sono la più recente incarnazione di due regimi uniformi elaborati all'indomani della «comunitarizzazione» del diritto internazionale privato, sulla scia delle già ricordate convenzioni dell'Aja del 1965 e del 1970, rispettivamente sulle notifiche e sulle prove. Sul terreno delle notifiche, le prime norme uniformi elaborate dall'Unione con il regolamento n. 1348/2000, sono state rimpiazzate – prima dell'ultima rifusione – dal regolamento n. 1393/2007. Per le prove si è passati direttamente dal testo iniziale, il regolamento n. 1206/2001, alla rifusione del 2020.

Il regolamento sulle notifiche mira a semplificare e accelerare le procedure tramite le quali un atto giudiziario (ad esempio, l'atto introduttivo del giudizio) o un atto stragiudiziale (ad esempio, un'intimazione ad adempiere) vengono trasmessi dalle autorità di uno Stato membro ad un altro e qui portati a conoscenza del destinatario. Il regolamento sulle prove punta a fare altrettanto con riferimento alle procedure con cui le autorità di uno Stato membro si procurano in un altro Stato membro le fonti di prova ivi situate (ad esempio, una testimonianza o l'ispezione di luoghi e cose) necessarie alle loro determinazioni.

Per quanto la rifusione abbia comportato l'introduzione di modifiche operative di un certo rilievo, specie per l'ampio uso da essi prefigurato delle tecnologie dell'informazione, i nuovi strumenti restano legati ai loro rispettivi predecessori da un rapporto di continuità che, similmente a quanto osservato in relazione al regolamento Bruxelles I *bis* e al regolamento Roma I, assicura la persistente attualità dell'opera ricostruttiva condotta specie dalla Corte di Giustizia con riferimento ai testi precedenti.

2. Il regolamento sulle notifiche: cenni

Il regolamento 2020/1784, che qui può essere esaminato solo per sommi capi, disciplina innanzitutto la trasmissione degli atti fra gli organi mittenti e gli organi riceventi designati a questo scopo, cioè, rispettivamente, fra gli organi designati a questo effetto dallo Stato membro da cui origina l'atto (quello cioè in cui ci si propone di usare l'atto, una volta notificato) e quelli designati dallo Stato membro in cui l'atto stesso deve essere portato a conoscenza del destinatario. L'atto da notificare viene trasmesso per regola dai primi ai secondi attraverso un sistema informatico decentrato caratterizzato da determinati standard di sicurezza e affidabilità e, in caso di interruzione, tramite il mezzo alternativo «più rapido e appropriato». L'atto è corredato da una domanda di notifica, redatta utilizzando un apposito modulo.

Ricevuto l'atto, l'organo ricevente dichiara all'organo mittente l'avvenuta ricezione. Se rileva che mancano delle informazioni o che la domanda esula dall'ambito di applicazione del regolamento, ne informa l'organo mittente. Fa dunque il necessario, di regola entro un mese, affinché l'atto sia portato a conoscenza del destinatario, secondo le regole locali. Informa l'organo mittente dell'esito.

Il regolamento prevede le condizioni alle quali possono essere impiegati dei mezzi di trasmissione e notificazione degli atti alternativi a quello appena tratteggiato, segnatamente la trasmissione e la notificazione per via diplomatica e consolare, la notificazione tramite i servizi postali e per via elettronica.

Quanto al regime linguistico della notificazione, il regolamento prevede che il destinatario dell'atto, quale che sia il mezzo impiegato, possa rifiutare di accettare l'atto se questo non è redatto, o accompagnato da una traduzione, nella lingua ufficiale dello Stato membro in cui si trova il destinatario o in una lingua che questi comprende. Il rifiuto, ove non venga fatto constare al momento stesso della notificazione, può essere dichiarato dal destinatario nel termine di due settimane. È possibile sanare il rifiuto procedendo tempestivamente a una nuova notificazione, corredata della necessaria traduzione. In tal caso, la data di notificazione è quella in cui l'atto e la sua traduzione sono stati notificati secondo la legge dello Stato membro richiesto, con la precisazione, però, che, qualora la legge di uno Stato membro richieda che un atto vada notificato o comunicato entro un dato termine, la data da prendere in considerazione nei confronti del richiedente è quella di notificazione dell'atto originale. La sanatoria, in altre parole, evita a colui nel cui interesse viene fatta la notificazione di incorrere in preclusioni, se l'atto originario – quantunque privo di traduzione – è stato notificato nei termini.

Più in generale, il regolamento fissa il principio per cui la data della notificazione è quella in cui l'atto è stato notificato secondo la legge dello Stato membro richiesto. Se tuttavia, la legge di uno Stato membro prescrive che un atto vada notificato entro un dato termine, la data da prendere in considerazione nei confronti del richiedente è quella fissata dalla legge di quello Stato membro.

Il regolamento, che è di norma inapplicabile quando sia ignoto il recapito del destinatario dell'atto, esige che gli Stati membri si forniscano assistenza per il reperimento dei recapiti dei destinatari, ad esempio dando informazioni sui servizi e le risorse attivabili a questo fine.

3. Il regolamento sulle prove: cenni

Le autorità di uno Stato membro possono avvalersi del regolamento 2020/1783 nei casi in cui, conformemente alla propria legislazione, richiedono che l'autorità giudiziaria competente di un altro Stato membro proceda all'assunzione di certe prove, oppure quando intendono provvedere esse stesse all'assunzione delle prove direttamente in un altro Stato membro. La cooperazione prevista dal regolamento opera solo per le prove destinate a essere utilizzate in procedimenti giudiziari già pendenti o previsti. Sono dunque escluse richieste di natura meramente esplorativa.

È compreso nel concetto autonomo di assunzione di prova, agli effetti del regolamento, l'atto con cui il giudice di uno Stato membro dispone lo svolgimento di un'attività peritale su beni, luoghi o persone che si trovino un altro Stato membro.

Come ha chiarito la Corte di Giustizia nella sentenza *ProRail*, le autorità di uno Stato membro non sono sistematicamente obbligate a servirsi dei mezzi previsti dal regime europeo di cooperazione per assumere una prova in un altro Stato membro [1]. Tale regime mira a facilitare la cooperazione, senza escludere la possibilità che la prova sia assunta senza assistenza. Nel caso all'origine della pronuncia si faceva questione di una perizia disposta dalle autorità belghe chiamate a pronunciarsi in ordine a un incidente ferroviario avvenuto nei Paesi Bassi: perizia da eseguirsi per l'essenziale nei Paesi Bassi, per la quale le autorità belghe ritenevano di poter procedere senza la cooperazione delle autorità locali. La Corte di Giustizia, nell'affermare che in linea di principio nulla osta a che una simile perizia sia svolta senza cooperazione, ha rilevato che in determinate circostanze lo svolgimento dell'incarico del perito potrebbe incidere sui pubblici poteri dello Stato della prova, in particolare quando si tratta di una perizia effettuata in luoghi collegati all'esercizio di siffatti poteri o in luoghi per i quali l'accesso o qualsiasi altro intervento, in base alla legge dello Stato in questione, sono consentiti soltanto a persone autorizzate. In tal caso, la cooperazione si rende necessaria.

L'assistenza attiva delle autorità dello Stato della prova viene sollecitata attraverso una richiesta redatta utilizzando un apposito modulo standard, trasmessa attraverso un sistema informatico decentrato che soddisfi certi standard tecnici. La richiesta è fatta dall'autorità che intende servirsi della prova direttamente a quella, competente per territorio, che dovrà provvedere ad assumerla. Quest'ultima agisce, per regola, entro novanta giorni.

---

[1] Corte Giust., 21 febbraio 2013, *ProRail BV* c. *Xpedys NV e altri*, causa C-332/11, ECLI:EU:C:2013:87.

La prova viene assunta secondo la legge dello Stato della prova. L'autorità richiedente può peraltro domandare che la richiesta sia eseguita secondo una procedura particolare prevista dal proprio diritto nazionale. La domanda viene esaudita a meno che farlo sia «incompatibile» con il diritto dello Stato della prova o dia luogo a «notevoli difficoltà d'ordine pratico». Il regolamento disciplina le condizioni alle quali le parti del procedimento in funzione del quale viene assunta la prova possono assistere o partecipare all'assunzione, nonché i casi e le condizioni alle quali la richiesta può restare inevasa in ragione del rifiuto opposto dalla persona da ascoltare, quando questa invochi il diritto o l'obbligo di astenersi dal testimoniare.

L'autorità giudiziaria che intende acquisire le prove direttamente in un altro Stato membro contatta l'autorità competente di tale Stato, la quale dispone di trenta giorni per statuire sulla richiesta, dando indicazioni se del caso in ordine alle condizioni da seguire nell'assunzione. Diversamente da quanto accade per la prova assunta tramite rogatoria, che può giovarsi dei poteri coercitivi previsti dalla legge dello Stato della prova, l'assunzione diretta presuppone che sia possibile procedervi su base volontaria.

Bibliografia

In generale

DOMINELLI S., *Current and Future Perspectives on Cross-border Service of Documents*, Aracne, 2018.

RASIA C., *Il regolamento (CE) n. 1393/2007 del Parlamento europeo e del Consiglio, del 13 novembre 2007, relativo alla notificazione e alla comunicazione negli Stati membri degli atti e giudiziari ed extragiudiziali in materia civile e commerciale*, in M. TARUFFO, V. VARANO (a cura di), *Manuale di diritto processuale civile europeo*, Giappichelli, 2011, pp. 253-283.

TROCKER N., *Il regolamento (CE) n. 1206/2001 del Consiglio, del 28 maggio 2001, relativo alla cooperazione fra le autorità giudiziarie degli Stati membri nel settore della assunzione delle prove in materia civile e commerciale*, in M. TARUFFO, V. VARANO (a cura di), *Manuale di diritto processuale civile europeo*, Giappichelli, 2011, pp. 285-307.

Spunti per approfondire

FUMAGALLI L., *I valori fondamentali quali principi ordinatori nella riforma degli strumenti europei di assistenza giudiziaria internazionale in materia civile: il caso del regolamento sulle notifiche*, in A. ANNONI, S. FORLATI, P. FRANZINA (a cura di), *Il diritto internazionale come sistema di valori – Scritti in onore di Francesco Salerno*, Jovene, 2021, pp. 793-804.

RICHARD V., *La refonte du règlement sur la notification des actes judiciaires et extrajudiciaires*, in *Revue critique de droit international privé*, 2021, pp. 349-360.

RICHARD V., *La refonte du règlement sur l'obtention des preuves en matière civile*, in *Revue critique de droit international privé*, 2021, pp. 67-77.

Bibliografia generale

Manuali in lingua italiana

BALLARINO T., PRETELLI I., BALLARINO E., *Diritto internazionale privato italiano*[8], Wolters Kluwer, 2016.

BAREL B., ARMELLINI S., *Diritto internazionale privato – Manuale breve*[16], Giuffrè, 2021.

CARBONE S.M., IVALDI P., *Lezioni di diritto internazionale privato*, Cedam, 2000.

CARELLA G., *Fondamenti di diritto internazionale privato*[2], Giappichelli, 2021.

CONETTI G., TONOLO S., VISMARA F., *Manuale di diritto internazionale privato*[4], Giappichelli, 2020.

DE CESARI P., *Diritto internazionale privato dell'Unione europea*, Giappichelli, 2011.

MENGOZZI P., *Il diritto internazionale privato italiano*, Editoriale Scientifica, 2004.

MOSCONI F., CAMPIGLIO C., *Diritto internazionale privato: Parte generale e obbligazioni*[9], Utet Giuridica, 2020; *Statuto personale e diritti reali*[5], Utet Giuridica, 2019.

PAGANO E., *Diritto internazionale privato - Parte generale e diritto di famiglia*[4], Editoriale Scientifica, 2012.

SALERNO F., *Lezioni di diritto internazionale privato*, Wolters Kluwer, 2020.

VILLANI U., *Diritto internazionale privato: profili generali*, Edizioni Scientifiche Italiane, 2019.

VILLANI U., DI FABIO M., SBORDONE F., *Nozioni di diritto internazionale privato – Parte generale e obbligazioni*, Edizioni Scientifiche Italiane, 2013.

Manuali in altre lingue

AUDIT B., D'AVOUT L., *Droit international privé*, LGDJ, 2018.

BOGDAN M., PERTEGÁS SENDER M., *Concise Introduction to EU Private International Law*[4], Europa Law Publishing, 2019.

BRIGGS A., *The Conflict of Laws*[3], Oxford University Press, 2013.

BUCHER A., BONOMI A., *Droit international privé*[3], Helbing & Lichtenhahn, 2013.

BUREAU D., MUIR WATT H., *Droit international privé*[5], PUF, 2021.

CALVO CARAVACA A.-L., CARRASCOSA GONZÁLEZ J. (a cura di), *Tratado de derecho internacional privado*, Tirant lo Blanch, 2020.

CUNIBERTI G., *Conflict of Laws – A Comparative Approach*, Edward Elgar, 2017.

DE LIMA PINHEIRO L., *Direito internacional privado*[3], AAFDL, 2019.

GARCIMARTÍN ALFÉREZ F., *Derecho Internacional Privado*[5], Civitas, 2019.

JUNKER A., *Internationales Privatrecht*[4], C.H. Beck, 2021.

RAUSCHER T., *Internationales Privatrecht*[5], C.F. Müller, 2017.
TORREMANS P. (a cura di), *Cheshire, North and Fawcett – Private International Law*[15], Oxford University Press, 2017.
VAN CALSTER G., *European Private International Law – Commercial Litigation in the EU*[3], Hart, 2021.

Opere a carattere enciclopedico

BARATTA R. (a cura di), *Dizionari del diritto privato – Diritto internazionale privato*, Giuffrè, 2011.
BASEDOW J., RÜHL G., FERRARI F., DE MIGUEL ASENSIO P. (a cura di), *Encyclopedia of Private International Law*, Edward Elgar, 2017.

Raccolte ragionate di giurisprudenza

BARIATTI S., VIARENGO I., VILLATA F.C., *La giurisprudenza italiana sui regolamenti europei in materia civile e commerciale e di famiglia*, Wolters Kluwer, 2016.
DI BLASE A., *Guida alla giurisprudenza italiana e comunitaria di diritto internazionale privato*[2], Editoriale Scientifica, 2010.
MUIR WATT H., BIZIKOVÁ L., BRANDÃO DE OLIVEIRA A., FERNÁNDEZ ARROYO D.P. (a cura di), *Global Private International Law – Adjudication without Frontiers*, Edward Elgar, 2019.
PAYAN G. (a cura di), *Espace judiciaire civil européen – Arrêts de la CJUE et commentaires*, Bruylant, 2020.
VILLATA F.C. (a cura di), *La giurisprudenza italiana sui regolamenti europei in materia di recupero transnazionale dei crediti*, Wolters Kluwer, 2021.

Appendice

Le fonti di cognizione del diritto internazionale privato

Sono riportate di seguito alcune risorse utili al reperimento di informazioni nel campo del diritto internazionale privato. Non vi compaiono le fonti impiegate per reperire in generale, le norme, la giurisprudenza e la dottrina italiane, che si assumono note al lettore.

Norme

Le norme dell'Unione europea, comprese le convenzioni in vigore per l'Unione, sono reperibili nella banca dati EUR-Lex: *https://eur-lex.europa.eu*.

Ulteriori informazioni operative sulle norme dell'Unione si trovano nell'Atlante giudiziario europeo in materia civile: *https://e-justice.europa.eu/content_european_judicial_atlas_in_civil_matters-321-it.do*.

Per le convenzioni multilaterali elaborate in seno ad organizzazioni internazionali si vedano i siti *web* delle rispettive organizzazioni: per la Conferenza dell'Aja di diritto internazionale privato, *http://hcch.net*; per la Commissione internazionale dello stato civile, *http://ciec1.org*, etc.

Le convenzioni bilaterali e multilaterali concluse dall'Italia sono raccolte nell'Archivio dei trattati del Ministero degli Affari esteri: *http://itra.esteri.it*.

Giurisprudenza

La giurisprudenza della Corte di Giustizia si trova nella banca dati EUR-Lex, citata sopra, come nel sito della Corte: *http://curia.europa.eu*.

Per la giurisprudenza, della Corte e di giudici statali, relativa a una selezione di strumenti dell'Unione nel campo del diritto internazionale privato si veda la Raccolta JURE, inclusa nella citata banca dati EUR-Lex: *https://eur-lex.europa.eu/collection/n-law/jure.html*.

Varie banche dati settoriali agevolano il reperimento della giurisprudenza interna relativa a particolari strumenti di diritto internazionale privato uniforme. Fra queste: EUFams II – European private international law in family and succession matters: *http://www2.ipr.uni-heidelberg.de/eufams/index.php?lang=en*; IC2BE – Cross-Border Litigation in the European Union: *https://www.uantwerpen.be/en/*

projects/ic2be/; InterLex – Decision Support and Training on Internet-related Private International Law: *https://interlex-portal.eu/en/index.html*.

Dottrina

Per il reperimento di trattati e opere monografiche si rivelano utili i cataloghi *online* delle biblioteche specializzate: la biblioteca del Palazzo della Pace all'Aja: *http://ppl.nl*; la biblioteca del Max-Planck-Institut für ausländisches und internationales Privatrecht di Amburgo: *https://www.mpipriv.de*; la biblioteca dell'Istituto Svizzero di Diritto comparato di Losanna: *https://www.isdc.ch*.

Il catalogo della biblioteca del Palazzo della Pace riporta altresì le coordinate di un'ampia selezione di articoli comparsi in riviste e di saggi in opere collettanee.

Varie le riviste che si occupano (molte prevalentemente) di diritto internazionale privato. Fra queste: Anuario Español de Derecho International Privado, Cuadernos de Derecho Transnacional, Diritto del Commercio internazionale, International and Comparative Law Quarterly, IPRax – Praxis des Internationalen Privat – und Verfahrensrechts, Journal du droit international, Journal of Private International Law, Nederlands Internationaal Privaatrecht (NIPR), Rabels Zeitschrift für ausländisches und internationales Privatrecht, Revue critique de droit international privé, Rivista di diritto internazionale, Rivista di diritto internazionale privato e processuale, Yearbook of Private International Law, Zeitschrift für Europarecht, Internationales Privatrecht und Rechtsvergleichung, etc.

Una parte significativa della dottrina internazionalprivatistica viene prodotta in seno ad istituzioni scientifiche a carattere internazionale come l'Institut de Droit International, *https://www.idi-iil.org*, il Group Européen de Droit International Privé, *https://gedip-egpil.eu*, e l'Accademia di diritto internazionale dell'Aja, *http://hagueacademy.nl*, il cui *Recueil des cours*, la raccolta dei corsi, conta più di quattrocento volumi.

Attualità

Diversi blog propongono notizie e dibattiti sugli sviluppi del diritto internazionale privato. Fra questi: Conflict of Laws, *https://conflictoflaws.net*; il blog della European Association of Private International Law, *https://eapil.org/blog*; Justice Civile Européenne, *https://justicecivileeuropeenne.wordpress.com*. Si segnalano anche Letters Blogatory, sull'assistenza giudiziaria internazionale, *https://folkman.law/lettersblogatory*, e il blog di Geert van Calster, dedicato soprattutto alla giurisprudenza, *https://gavclaw.com*. Propone regolarmente notizie di interesse internazionalprivatistico anche il blog di Marina Castellaneta, *http://www.marinacastellaneta.it*.

Portali di informazione

Aggregano informazioni di diversa natura sul diritto internazionale privato i portali Aldricus, *https://aldricus.giustizia.it*, e LynxLex, *http://lynxlex.com*.

Indice analitico

D

S

T

U

V

W

Z

Finito di stampare nel mese di novembre 2021
nella Stampatre s.r.l. di Torino
Via Bologna, 220

lamiaLibreria

lamiaLibreria è un'area *in the cloud* totalmente gratuita che offre contenuti e servizi aggiuntivi legati a opere presenti nel catalogo Giappichelli.

Avvertenza

I materiali integrativi *on line* di ogni testo sono disponibili nell'area **lamiaLibreria** per tutto il tempo in cui il testo sarà presente nel catalogo Giappichelli.

Come accedere

Nel sito *www.giappichelli.it* cliccare su "*Accedi/Registrati*" posto nella barra in alto a destra.
Per accedere al servizio la prima volta è necessario registrarsi e impostare la propria *username* e *password*.

Come sbloccare i contenuti

All'interno de "*Il mio account*" cliccare su "*I miei contenuti extra*" e nella casella "*applica un codice*" digitare il numero di serie presente sul bollino SIAE che si trova nella prima pagina del volume.

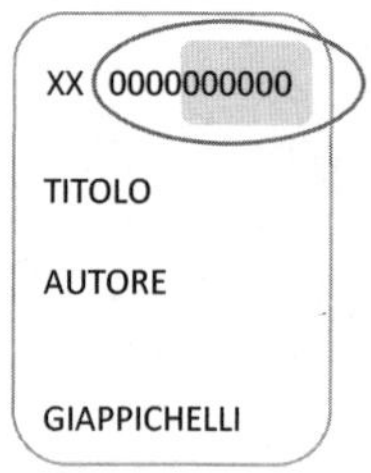

Cosa contiene

- Esercizi (svolti e non svolti) di tre tipi:
  (a) Casi pratici;
  (b) Analisi di pronunce;
  (c) Percorsi nella dottrina.

www.giappichelli.it